苏联外交战略和政策研究

邢广程 著

中国社会科学出版社

图书在版编目（CIP）数据

苏联外交战略和政策研究／邢广程著.—北京：中国社会科学出版社，2022.3
（2022.11 重印）
ISBN 978-7-5203-9772-8

Ⅰ.①苏⋯ Ⅱ.①邢⋯ Ⅲ.①外交战略—研究—苏联②苏联对外政策
Ⅳ.①D851.20

中国版本图书馆 CIP 数据核字（2022）第 038113 号

出 版 人	赵剑英
责任编辑	范晨星
责任校对	王　龙
责任印制	王　超

出　　版	中国社会科学出版社
社　　址	北京鼓楼西大街甲 158 号
邮　　编	100720
网　　址	http://www.csspw.cn
发 行 部	010-84083685
门 市 部	010-84029450
经　　销	新华书店及其他书店
印　　刷	北京明恒达印务有限公司
装　　订	廊坊市广阳区广增装订厂
版　　次	2022 年 3 月第 1 版
印　　次	2022 年 11 月第 2 次印刷
开　　本	710×1000　1/16
印　　张	27.25
插　　页	2
字　　数	461 千字
定　　价	139.00 元

凡购买中国社会科学出版社图书，如有质量问题请与本社营销中心联系调换
电话：010-84083683
版权所有　侵权必究

序　言

这部书是拙著《苏联高层决策70年——从列宁到戈尔巴乔夫》多卷本著作中关于苏联最高决策层外交战略和政策方面决策的相关章节的结集，主要论述从列宁到戈尔巴乔夫时期苏联外交决策的基本脉络、主要内容和外交决策得失，基本涵盖1917—1991年的时间段。

苏联与世界的关系问题并没有因苏联解体而淡出学术界的视野，恰恰相反，这一问题一直是国内外学术界都关注的学术话题。1917—1991年苏联最高决策层是怎样处理外交事务的，怎样处理与西方国家关系的，怎样应对各种复杂而棘手的外交危机的，所有这些都是人们关心的话题。尤其是进入21世纪后，俄罗斯与西方的关系越来越不顺畅，其结构性的矛盾越来越明显地暴露出来。这又使学术界关注苏联与西方关系的演化和纠缠混绕的复杂历史。俄罗斯方面也出版了很多学术专著和论文阐述相关问题。其中谢尔盖·尤里耶维奇·格拉济耶夫的一些观点特别值得关注。在我看来，这是俄罗斯学术界和政界对俄罗斯（苏联）与西方关系的最尖锐、最露骨和最直白的剖析和评论。格拉济耶夫在其著作《最后一场世界大战——美国挑起与输掉的战争》① 中的代引语中做了比较系统的阐述。

作者在代引语的一开头就抛出了引人注目的观点，世界处于战争状态。"当前，世界笼罩着战争的阴霾。确切地说，世界已经处于战争态势。尽管没有哪个国家正式宣布进入战争状态，但是人们却不该由此产生天下太平的错觉。"这是他对世界局势最基本的判断，那么世界开启了什么样的战争？是谁与谁之间的战争呢？他进一步解释道："尽管在我国许多专家看来，美国政治家的挑衅和猖狂十分可笑，但是我们仍然应该严肃地对待这种情况，因为美国政治家真正的目的就是要挑起战争，美国议长

---

① ［俄］谢尔盖·尤里耶维奇·格拉济耶夫：《最后一场世界大战——美国挑起与输掉的战争》，世界知识出版社2019年版，第4—26页。本书序言的具体引证都出于此，不再一一注释。

们那些公开的谎言和愚蠢的行为都只是为了掩护美国寡头政治的真实目的。美国要想保持其全球主导地位，只能发动世界大战，由于存在大规模杀伤性武器，这种战争的性质发生了变化。专家将其称为非传统性战争，因为战争过程中起主要作用的不是武装部队，而是信息、金融和宣传技术手段，美国人利用这些手段尽可能地迷惑敌人并削弱其实力。"这样，他认为美国所发动的"战争"不是传统性战争，不仅仅是"热战"，还有其他类型的战争，包括"非传统性"的。

第一个问题，西方为什么存在那么持久的仇俄反俄情节？格拉济耶夫的问题提得极其尖锐。他先提出了一个判断，即西方对俄罗斯的地缘政治策略未曾改变。西方大国对俄罗斯的态度没有变化，一贯如此。他将矛头直指西方的地缘政治学，认为这完全是国际关系中的"伪科学"，是西方国家"为了毁灭俄罗斯"而炮制出来的。请注意，西方为了毁灭俄罗斯而专门制造出了一个理论体系——地缘政治学。从"地缘政治学"出发，他认为西方针对俄罗斯的地缘政治策略从来没有改变过，"无论是世界社会主义阵营的瓦解，还是苏联的解体，西方的地缘政治策略都没有变化，仍然像俄罗斯帝国时期一样，反对俄罗斯的本质没有改变"。由此他提出了"一个问题"："为何盎格鲁撒克逊、德国乃至整个西方地缘政治流派的仇俄情绪始终都未曾削弱？"他进一步阐述说，"如果找不到这个问题的答案，就无法解释当前西方出现狂热反对俄罗斯的原因，也就更无法预测西方政治家下一步可能会采取的行动"。在他看来，这是问题的实质与核心。俄罗斯绕不开这个问题。

第二个问题，为什么到目前为止英国和美国能够成功地避免在自己的国土上进行战争？盎格鲁撒克逊人的地缘政治的奥秘何在？尽管格拉济耶夫将地缘政治学判定为"伪科学"，但这并不妨碍他借助这个理论来分析和判定西方，尤其是英美。"迄今为止，西方国家在同俄罗斯的交战中并未获利，相反，战争给欧洲带来的巨大损失不亚于给俄罗斯带来的损失。实际上。为了将侵略者赶回老巢，俄罗斯军队数次踏上欧洲大陆。但值得注意的是，并非整个欧洲都有俄罗斯军队的足迹。例如，在英国就从未燃起过战火，因为英国人一向都只是积极参与在别国领土上的军事行动。同样地，躲过两次世界大战悲剧的还有将自己视为战胜国的美国人。我不由地产生了一个问题——盎格鲁撒克逊人地缘政治的奥秘何在？正是凭借这种地缘政治策略，他们在两百多年间成功统治大半个地球，数次在各大洲发起战争，并且在这期间一次都未曾让敌人踏上过自己的领土。"

在这个大问题下，格拉济耶夫还进一步提出了具体的疑问。历史上拿破仑和希特勒都有进攻英国本土的可能性和基本条件，为什么他们却都毫无例外地没有"西进"英国而是转过头来"东征"俄罗斯？正如作者所言，这个问题并没有那么简单。"至少在1812年和1940年这两次战争中，拿破仑和希特勒都具备足以消灭英国的实力。然而在这种局势下，他们却没有继续攻打英国，而是集中力量打击俄罗斯。""那么为何当时欧洲这两个超级大国没有选择通过征服弱小的英国，从而统一欧洲乃至整个世界的道路，而是选择了同对方展开欧亚大国间获胜希望渺茫的战争。"作者的解释有两条，一条是俄罗斯的地缘政治策略出现了大问题；另一条是英国的狡诈和战略欺骗。"我对俄罗斯的地缘政治也产生了同样的疑问。地缘政治策略使俄罗斯陷入一场精疲力尽的战争之中，致使国家遭受了巨大的人员伤亡和物质损失。"他举了一些例子，如"德国法西斯政府及希特勒本人不仅在经济上受到了盎格鲁撒克逊人的帮助，在政治上也得到了他们的支持"。格拉济耶夫所总结的这两条若成立，则俄罗斯将来只能在避免犯地缘政治策略错误上做文章，而就不能指望英国进而是美国改变其本质特性。英国和美国还会对俄罗斯进行欺诈，那么俄罗斯又如何避免这种欺诈呢？

第三个问题，从地缘政治学出发，俄罗斯与西方战争不可避免。他提出了一个基本判断："美国的目的并不只是控制俄罗斯，它还有更大的企图——争夺世界领导权。"而美国维持世界霸权，就必然要与越来越强大的中国发生冲突，而在与中国发生碰撞之前，美国就必然要首先与俄罗斯发生冲撞。其原因就是西方绕不开地缘政治学。"按照欧洲地缘政治的传统。美国将侵略目标锁定为被视为充满神秘色彩的'心脏地带'——俄罗斯。正如英德地缘政治理论认为的那样，谁控制了'心脏地带'，谁就能统治世界。"从作者的逻辑上看，俄罗斯为什么一贯遭到西方的仇视呢？原因很简单，就是因为俄罗斯处于西方所认定的"心脏地带"，美国若控制世界就必须控制俄罗斯，进而控制全世界。那么，马上第四个问题就来了。俄罗斯长期盘踞在欧亚大陆的"心脏地带"，为什么俄罗斯自己就没有控制全世界呢？为什么苏联作为世界的两霸之一，作为世界上两个超级大国之一，为什么没有能够将西方排挤出局，一统天下？为什么让美国翻了苏联的"盘"？在这里作者运用了"伪科学"地缘政治学回答了他所提出的第一个问题。

　　第五个问题，中美俄三角戏怎么唱？他的药方是俄罗斯需要在平衡方面下功夫，避免成为他国的"外围"。"虽然中国没有实施全球政策的历史经验，但是制定了明确的发展战略。而俄罗斯虽有实施全球政策的经验，却没有发展战略。如果不制定发展战略，不真正贯彻落实这些战略，那么拥有再多的历史经验也毫无意义。为了避免再次落入'外围'国家的不利境地，俄罗斯必须要有明确的意识形态和发展战略。"

　　最后一个问题，即俄罗斯与美国的战争，哪一方将是胜者？"与即将在和美国争夺世界领导地位的角力中获胜的中国人不同，对于我们而言，美国情报机构占领乌克兰的非传统型战争具有存在主义的特征：要么美国的纳粹幻想被我们打破、俄罗斯世界停止分裂，要么我们被消灭。正如俄罗斯过去的两次抵御欧洲各国的卫国战争一样，非常直接的问题就是：哪一方将是胜者？"显然，作者给出了明确的答案，其书名已经非常直白地告诉世人，美国将输掉所挑起的战争。

　　因篇幅所限，我就不再展开对其观点的评价了，但是两点必须还要指出来并加以强调。一是，在他看来，俄罗斯与西方的关系是结构性的和战略性的，非具体领域的摩擦和博弈，非一时的矛盾和碰撞。二是，在他看来，搞垮苏联和俄罗斯是西方的战略目的。他认为，"美国情报机构的大力破坏加速了苏联的解体"，"苏联解体是迫于国内问题的压力——这种说法根本站不住脚"。明确地说，他认为苏联解体的根源不在内因，而在外因。如果这样定义"战争"的话，那么苏联解体就是美西方对苏联进行"战争"的结果。那么苏联与外部世界究竟是什么关系？苏联在外交战略和政策方面进行过什么样的决策，这些决策得失如何？这就引出了出版这部结集的必要性。

　　在《苏联高层决策70年——从列宁到戈尔巴乔夫》多卷本著作中，苏联外交决策问题的论述镶嵌在苏联高层决策的总体结构之中，显得比较分散。将苏联外交决策问题单独提炼出来结集，是非常有必要的，这有助于读者对苏联外交决策有一个比较完整的历史线索。本书以苏联高层外交决策角度作为切入点，比较系统而全面地评述了从列宁到戈尔巴乔夫时期70多年苏联外交决策的得失，从而使读者一目了然。需要指出的是，《苏联高层决策70年——从列宁到戈尔巴乔夫》是1998年出版的，至今20多年间俄罗斯披露了一些解密档案材料，原稿虽没有进行修订，但其结论和基本历史主线都是站得住脚的，结集出版有其学术价值。

需要向读者交待的是，在《苏联高层决策70年——从列宁到戈尔巴乔夫》著作中，苏联最高决策层的外交决策方面所占分量不是很大。在178万字的篇幅中，苏联外交决策也只占40多万字。因苏联对华外交决策部分准备单独结集，所以本书不包括苏联对华关系决策和中苏关系相关章节的内容。

有关《苏联高层决策70年——从列宁到戈尔巴乔夫》多卷本著作的出版过程和相关问题，我在《同盟、冲突和关系正常化——中苏关系演化轨迹》一书的序言部分做了交待，这里就不再重复。

苏联最高决策层在外交决策方面的研究是需要不断加深的，苏联外交战略和政策的研究也是如此。苏联与美西方的关系也许是一个永恒的受关注话题。2020年4月，在新冠肺炎疫情全球蔓延的非常时刻，俄罗斯和美国共同发表了纪念苏美军队在易北河会师75周年的联合声明，强调两国要发扬"易北河精神"。但话音未落，美国方面就传出声音，贬低苏联在反法西斯战争中的地位和作用，认为是美国和英国在世界反法西斯战争中扮演了关键性角色，这使俄美在历史问题上发生了尖锐对立。2020年6月，俄罗斯总统弗拉基米尔·普京在美国《国家利益》杂志刊登了一篇关于第二次世界大战的文章，系统阐述了俄罗斯在第二次世界大战中所起的重要作用，回击美国方面对这段历史的歪曲。可见，苏联虽然已经解体了，但相关历史问题依然处于纠缠状态。但愿这部书能给读者带来一些思考和帮助，也希望读者提出宝贵的意见和建议。

邢广程
中国社会科学院学部委员
中国社会科学院中国历史研究院
中国边疆研究所所长、研究员，法学博士
2020年6月22日

目　　录

第一章　最初的外交决策 ……………………………………………（1）
　　第一节　和平法令：一面和平的大旗 ……………………………（1）
　　第二节　处理罗马尼亚事件 ………………………………………（2）
　　第三节　布列斯特和约问题的争论 ………………………………（4）
　　第四节　围绕布列斯特和约而展开的外交斗争 …………………（11）
　　第五节　注视国际革命高潮的到来 ………………………………（13）
　　第六节　开创新的外交是一件很困难的事情 ……………………（16）

第二章　战争时期的军事和外交决策 ………………………………（22）
　　第一节　战争动员 …………………………………………………（22）
　　第二节　粉碎高尔察克和协约国的进攻 …………………………（26）
　　第三节　对欧洲革命态势的估计和态度 …………………………（29）
　　第四节　内战时期的党内军事分歧 ………………………………（34）
　　第五节　粉碎邓尼金及其协约国的进攻 …………………………（40）
　　第六节　西部打开窗口，东部建缓冲国 …………………………（43）
　　第七节　对契卡的限制 ……………………………………………（46）
　　第八节　粉碎波兰和弗兰格尔的进攻 ……………………………（49）

第三章　精心准备参加热那亚会议 …………………………………（52）
　　第一节　实行和平共处政策 ………………………………………（52）
　　第二节　热那亚会议前的筹划 ……………………………………（57）
　　第三节　热那亚会议上的较量 ……………………………………（67）
　　第四节　洛桑会议和黑海问题 ……………………………………（72）

第四章　如何同外国资本家打交道 …………………………………（75）
　　第一节　发展对外经济关系 ………………………………………（75）

第二节　租让政策的制定和实践 …………………………………（78）
　　第三节　外贸垄断制问题的争论 …………………………………（91）
　　第四节　对外贸易的开展 …………………………………………（97）

第五章　外交智谋 ……………………………………………………（102）
　　第一节　在资本主义世界相对稳定时期求生存 …………………（102）
　　第二节　利用资本主义世界经济危机 ……………………………（107）
　　第三节　集体安全体系计划 ………………………………………（108）
　　第四节　苏联的德国牌 ……………………………………………（118）
　　第五节　战争开始后的外交策略 …………………………………（130）

第六章　卫国战争考验——重拼反法西斯外交板块 ………………（140）

第七章　战后初期的外交动作 ………………………………………（152）
　　第一节　反击美国的遏制政策 ……………………………………（152）
　　第二节　封锁柏林 …………………………………………………（164）
　　第三节　对南斯拉夫的压制 ………………………………………（168）

第八章　比较灵活的外交政策 ………………………………………（184）

第九章　外交战略思想的重大转变 …………………………………（193）
　　第一节　新外交战略思想的基本内涵 ……………………………（193）
　　第二节　新外交战略思想提出的原因 ……………………………（197）
　　第三节　赫鲁晓夫外交战略思想与列宁、斯大林外交战略
　　　　　　思想的关系 ………………………………………………（199）
　　第四节　新外交战略思想的创新与局限 …………………………（203）

第十章　对波匈事件的反应 …………………………………………（207）
　　第一节　对波兰事件的反应 ………………………………………（207）
　　第二节　苏联与匈牙利事件 ………………………………………（214）

第十一章 设计对美政策 (226)
- 第一节 主动会见美国总统艾森豪威尔 (226)
- 第二节 处理 U—2 飞机事件 (229)
- 第三节 参加联合国大会 (237)
- 第四节 打肯尼迪的牌 (244)
- 第五节 处理第二次柏林危机 (249)

第十二章 制造古巴导弹危机 (258)
- 第一节 "导弹"冒险 (258)
- 第二节 苏美较量 (262)
- 第三节 赫鲁晓夫与卡斯特罗的信件往来 (269)

第十三章 入侵捷克斯洛伐克 (278)
- 第一节 对国际共产主义运动的基本看法 (278)
- 第二节 关注捷克斯洛伐克事态 (280)
- 第三节 "布拉格之春"与苏联对策 (282)
- 第四节 谈判与入侵 (289)
- 第五节 绑架下的莫斯科谈判 (297)
- 第六节 苏联对侵入捷克斯洛伐克看法的改变 (302)

第十四章 谋求世界霸权 (305)
- 第一节 苏共二十三大的外交方针 (305)
- 第二节 对美侵越的基本政策 (310)
- 第三节 介入中东事务 (313)
- 第四节 与美国第一阶段限制战略武器会谈 (315)
- 第五节 苏共二十四大对国际局势的看法 (322)
- 第六节 苏联的进攻性战略 (326)
- 第七节 出兵阿富汗：极其错误的决策 (333)

第十五章　外交新思维 ……………………………………（342）

第十六章　缓和与收缩外交 ………………………………（349）
  第一节　苏联对美政策的变化 …………………………（349）
  第二节　对西欧和其他地区的政策 ……………………（364）

第十七章　静观东欧剧变 …………………………………（371）
  第一节　1989 年以前对东欧的政策 ……………………（371）
  第二节　对东欧剧变的基本态度 ………………………（376）
  第三节　对德国统一态度的转变 ………………………（385）
  第四节　外交争论 ………………………………………（393）

第十八章　"伙伴"外交 ……………………………………（401）
  第一节　外交争论 ………………………………………（401）
  第二节　对美政策的重大变化 …………………………（406）
  第三节　对海湾危机的态度 ……………………………（414）
  第四节　苏美关系出现波动 ……………………………（416）
  第五节　乞讨外交 ………………………………………（418）

第一章　最初的外交决策

第一节　和平法令：一面和平的大旗

"和平"是布尔什维克夺取政权时期高举的一面旗帜，也是深深打动人民群众心灵的口号，因为当时俄国正处于第一次世界大战的漩涡之中，民众对和平的渴望是非常强烈的。

列宁领导布尔什维克夺取政权以后，立即发布《和平法令》。该法令谴责帝国主义战争，并向一切交战国的人民和政府提出建议：立即就和平问题进行谈判，立即签订停战协定。和平法令宣布苏维埃政府废除资产阶级的秘密外交，立即公布沙俄和临时政府所批准或缔结的全部秘密条约，并宣布这些秘密条约立即失效。

和平法令是苏维埃政权颁布的第一个外交政策文件，也是谋求和平的法令。颁布这个法令本身就证明了苏维埃政权反对帝国主义、反对殖民主义和争取和平的外交政策，表明了苏维埃政权与旧的沙俄和临时政府的外交政策彻底决裂。

列宁的和平法令是国际舞台上的一个标志，一个信号，一个里程碑。人类进化到20世纪初，出现了社会主义的外交思想、外交战略和外交实践。而且这种外交思想符合人类社会发展的方向。在这种外交思想和外交政策里没有强权、没有侵略、没有兼并、没有非正义的战争、没有秘密条约。苏维埃俄国政府是这样说的，也是这样做的。1917年11月9日，苏俄政府外交人民委员部发表了公布秘密外交文件的声明。在此后的一个月里相继公布了100多份秘密外交文件。这些文件的公布揭露了帝国主义国家外交上的贪婪和掠夺的本性，促进了各国人民反对战争运动的发展，加强了各国人民对苏维埃政权的同情、支持和理解。

尔后，1917年12月3日，苏维埃政权发表了《告俄国和东方全体伊斯兰教劳动人民书》，这是一份很重要的外交政策文件。它由列宁和斯大林共同起草。该文件提出，苏维埃政权对待东方被压迫民族的基本原则是反对民族压迫，坚持民族自决权，支持一切被压迫民族的民族解放运动。在该文件中，苏维埃政权宣布取消沙皇政府签订的瓜分波斯和土耳其以及俄国侵占君士坦丁堡的各种秘密条约。1918年1月25日，全俄第3次苏维埃代表大会通过了《被剥削劳动人民权利宣言》。这是一份十分重要的历史文件。它由列宁、斯大林和布哈林共同起草。该宣言表示，要把人类从金融资本和帝国主义的魔掌中拯救出来，"废除秘密条约，组织目前交战国双方军队中的工农进行最广泛的联欢，无论如何都要用革命手段争取在各国人民之间缔结以自由的民族自决为基础的、没有兼并没有赔款的民主的和约"。苏维埃争取"同资产阶级文明世界的野蛮政策彻底决裂"。[①]

1918年2月10日，苏俄政府颁布法令，宣布废除沙俄和临时政府时期的一切外债，尔后又相继将银行、铁路、一些工厂国有化。此举一方面维护了新生政权的独立地位和主权，另一方面也使帝国主义以经济债务为绳索企图扼杀新生政权的阴谋变成泡影。

苏维埃政权的外交政策遭到了帝国主义的强烈反对和攻击。当时的美国国务卿兰辛将《和平法令》称作"对各国现存社会制度的直接威胁"。所谓的"各国"当然是指帝国主义的一系列国家。在他看来，苏维埃政权对各个帝国主义国家构成了"直接威胁"，所以，必须将苏维埃政权扼杀在摇篮中。从帝国主义国家的本性出发，协约国三次对年轻的苏维埃俄国进行武装干涉。但苏维埃政权的和平外交政策得到了世界各国人民的拥护和赞扬。

为了实现自己对国内外的和平诺言，俄新政权宣布退出帝国主义战争，与德国签订了不平等条约，以空间换取时间，赢得了宝贵的短暂的"喘息"时间。

尽管苏俄新生政权刚刚夺取政权不久，但以列宁为首的苏俄高层对外交政策有着明确的原则和意图，有着相当高的外交艺术水平。

第二节　处理罗马尼亚事件

十月革命不久，俄国一部分军队仍驻扎在罗马尼亚，还没有来得及退

[①] 《列宁全集》第33卷，第227页。

回来。根据列宁的指示，驻扎在外国的俄国军队停止军事行动，不再参加帝国主义战争，返回苏维埃俄国。但是，罗马尼亚政府拒绝俄国军队返回俄国，解除了一些俄国军队的武装，还逮捕了士兵委员会的一些成员。1918年1月13日，苏俄政府向罗马尼亚政府提出强烈抗议，并发出最后通牒，要求释放被捕的全部俄国士兵，惩办肇事者，并保证以后不再发生类似事件。与此同时，列宁给陆军人民委员部发出命令："兹命令立即逮捕罗马尼亚大使馆、罗马尼亚使团的全体成员以及大使馆、领事馆和罗马尼亚其他官方机构的全体职员。"①

苏俄政府的行动引人注目。美国驻俄国大使维·罗·弗兰西斯要求列宁接见，商谈罗马尼亚事件。这表明美国准备介入该事件中来。1月14日，列宁会见了协约国和中立国驻彼得格勒的外交代表。他们向列宁递交了备忘录，要求释放被捕的罗马尼亚公使迪亚曼迪和其他外交官员。列宁趁机向代表们发表声明，阐明了苏俄政府在这个问题上的立场。列宁说，这次逮捕是对罗马尼亚政府无视苏俄主权的报复行动。列宁说，一个国家不经宣战就对俄国的军队采取军事行动，是绝对不可以的。在这种情况下，苏俄政府逮捕这个国家的外交代表不认为是不可以的。这些代表恐吓列宁，扬言苏俄政府的做法可能会引起战争。列宁针锋相对表示："不希望战争的各国人民能用各种手段防止战争"，而且，这个时代正在到来。

当天晚上，人民委员会开会研究这个问题，列宁报告了事态的发展情况。人民委员会认为可以满足外交使团的请求，释放被捕者，并向罗马尼亚公使声明：应在三天内采取措施释放被罗马尼亚政府逮捕的俄国士兵。同天，列宁给彼得保罗要塞政治委员发出命令："释放被捕的罗马尼亚公使和罗马尼亚大使馆全体官员，释放前要向他们声明，他们采取一切措施放回在前线被包围和被逮捕的俄军官兵。释放时要被捕的罗马尼亚人具结承认上述声明已通知他们。"②

但是，罗马尼亚政府没有履行这项要求，并继续推行反苏俄政策。1918年1月26日，苏维埃俄国政府决定同罗马尼亚断绝外交关系。罗马尼亚大使馆和军事使团人员被驱逐出境。

---

① 《列宁全集》第48卷，第39页。
② 《列宁全集》第48卷，第41页。

第三节　布列斯特和约问题的争论

1918年在布尔什维克党历史上是极不平常的一年。这一年，围绕对外对内政策，布尔什维克党内发生了严重的政治分歧。党内形成了强大的反对派别——"左派共产主义者"。党经受着"左倾"狂潮的猛烈冲击，面临着严重的政治危机。这场危机是由是否同德国签订布列斯特和约引起的。

苏维埃政权和平举动和德国的"高价"和谈条件

十月革命胜利了，但俄国还处在与同盟国交战的状态。三年多的帝国主义大战搞得俄国民不聊生，人民渴望和平，士兵厌战情绪激增。然而国际帝国主义，尤其是协约国却要俄国继续与同盟国作战，企图拖垮俄国，扼杀新生的苏维埃政权。为了巩固十月革命的胜利成果，布尔什维克党唯一正确的选择是尽快退出帝国主义战争，给人民以和平。为此，苏维埃俄国在和平建议被协约国政府拒绝后果断地同德国进行和平谈判。正式谈判于1917年12月3日开始，苏维埃俄国代表团团长先是越飞①，后是托洛茨基。德国代表团团长先是屈尔曼，后是霍夫曼将军。在谈判中，德方提出了掠夺性的和平条件：要求把波兰、立陶宛、爱沙尼亚的一部分、拉脱维亚、白俄罗斯割让给德国，并索取赔金30亿卢布。

党内三种决策选择：主战、主和以及不战不和

面对德方提出的掠夺性条件，布尔什维克党内在是否签订和约的问题上发生了尖锐分歧。列宁权衡国内外局势，主张接受德国条件，签订和约，以便得到喘息时机，保卫十月革命成果，巩固苏维埃政权，同意列宁主张的是主和派；以布哈林为首的"左派共产主义者"集团坚决反对签订和约，主张对国际帝国主义宣布革命战争，这是主战派；托洛茨基等人则主张苏俄应宣布停战，复员军队，但不签订和约，这是不战不和派。

1918年1月2日召开中央和地方负责人会议，出席会议的有60多人。其中主战派有32人，占绝对多数；不战不和派人数也有16人；只有

---

① 越飞·阿道夫·阿布拉莫维奇（1883—1927）：著名的俄国外交家。在党的六大上，他与区联派一起加入布尔什维克，并当选为中央委员。1925—1927年追随托洛茨基反对派，1927年自杀。

以列宁为代表的主和派人数很少，只有15人。列宁的主张未能得到中央多数的支持。

1918年1月，列宁尖锐地指出："如果仅仅因为德国革命可能在近期内，即可以用星期来计算的短时间内开始，就拿俄国已经开始的社会主义革命的命运孤注一掷，这是完全不能容许的策略。这种策略将是一种冒险。我们没有权利这样去冒险。"① 列宁警告说，如果现在不签订条约，那将来签约的将不是社会主义政府，而是其他政府。

但布哈林坚持自己的主张。他表示，必须从国际主义观点看待社会主义共和国。如果签约，社会主义共和国被保住了，但布尔什维克党却丧失了国际起义的机会。

在1918年1月24日召开的中央会议上，不战不和派思想占了上风。托洛茨基的"我们停止战争，不缔结和约，复员军队"的提案以9票对7票获通过。布哈林支持托洛茨基的立场。主战提案虽被否定，但列宁的主和提案也未获得多数。他不得不提出"我们竭力拖延和约签订"的提案，结果以12票对1票通过。列宁对这次会议结果并不满意。

托洛茨基自杀式声明

布列斯特谈判于1月30日恢复。在当时担任谈判代表团团长的托洛茨基动身之前，列宁和他约定："德国人不下最后通牒，我们就坚持下去，等他们下了最后通牒我们再让步。"② 由于德方同乌克兰中央拉达代表团签订了和约（根据这个条约，乌克兰拉达同意向德方提供大量粮食等物资，以换取德方的军事援助），所以，谈判重新开始后，德方立即向苏俄发出最后通牒，要求马上接受德方条件。2月10日，托洛茨基从布列斯特发来电报，询问应该如何对待德国的最后通牒。2月10日晚6时30分，列宁复电，"我们的观点您是知道的，在最近，特别是在越飞来信后，这一观点更加坚定了"。③

但是，托洛茨基并没有采纳列宁的建议，他郑重向德方声明："我们把我们的军队和人民撤出战争，以等待我们所期望的世界各国被压迫劳动阶级像俄国劳动人民那样把政权掌握在自己手里的即将到来的时刻。我们

---

① 《列宁全集》第33卷，第253页。
② 《列宁全集》第34卷，第27页。
③ 《列宁全集》第33卷，第339页。

的庄稼汉士兵要回家务农，以便在今春和平地耕种革命从地主手里夺来转交给农民的土地。我们的工人士兵要回到工厂，不是在那里生产用于破坏的工具，而是生产用于建设的工具，和庄稼汉一起建设新的社会主义经济。"托洛茨基声明："我们退出战争。我们把这一点通告各国人民和他们的政府。我们向目前正在抵抗德国、奥匈帝国、土耳其和保加利亚军队的我国军队发出了全面复员的命令。我们期待并且坚信，其他国家的人民不久也会效法我们的榜样。"托洛茨基在声明中还提出："我们拒绝承认德奥帝国主义靠利剑加在活着的各国人民身上的那些条件。我们不能以俄国革命的名义在给千百万活着的人带来压迫、痛苦和不幸的条件上签字。"他反复强调："俄国拒绝在割地的和约上签字，单方面宣布结束同德国、奥匈帝国、土耳其和保加利亚的战争状态。同时向各个战线的俄国军队发出全面复员的命令。"① 随后，他率领代表团离开了布列斯特。托洛茨基凭自己的想象力认为："德国军队向我们发动进攻在很大程度上是不可能的，如果把进攻的可能性化成百分比，那么，只有百分之十的可能性，而百分之九十是不可能的。"②

　　托洛茨基为什么发表这个声明？这是不是"叛卖性地违背了布尔什维克党的直接指示"③的行为？首先，托洛茨基违背的是同列宁的约定，而不是党中央的决定。其次，在1月24日党中央会议上托洛茨基的主张是经过表决多数通过的。可以说，托洛茨基的声明不是"违背"恰恰是执行在党中央会议上多数通过的决议，尽管这种思想是错误的。最后，这种做法是他主观主义意识所支配的结果。他认为，宣布复员军队，这是一个惊人之举。一方面向世人昭示苏俄的和平真意；另一方面，德方若进攻复员军队的国家必会使其处于尴尬境地，遭天下人耻笑。不仅如此，这还会引起西方的革命之火。托洛茨基太相信自己的幻想了。就在2月18日德军重新开始进攻时，他还在党中央委员会上表示："必须等一等，看这一切对德国人民产生什么样的印象。在德国，停战受到兴高采烈的欢迎，德国的进攻会在德国引起剧烈的爆炸性事件的可能性是不能排除的。要等

---

① 《俄共（布）第7次特别代表大会速记记录》，莫斯科1962年俄文版，第282、283页。
② 托洛茨基1918年2月17日在彼得格勒苏维埃的报告。
③ 《联共（布）党史简明教程》，人民出版社1975年版，第239页。

一等看效果如何，如果没有产生这种效果，那时还可以建议和谈。"①

德国的进逼

然而，局势已不能再等了。面对德国的大举进攻，2月18日，党中央委员会开了整整一天的紧急会议。但列宁关于立即签订和约的提案以7票反对、6票赞成又被否决。随后，中央又"挑灯夜战"，继续开会。经过激烈斗争，托洛茨基终于转向列宁。会议以7票赞成、5票反对、1票弃权通过了列宁的提案。列宁的主张在中央委员会首次获得多数票。苏俄连夜通知德方：同意签订和约。

但是，德国故意拖延答复，继续进攻，情况万分危急。而"左派共产主义者"则坚决反对缔结和约，他们以各种方式予以阻挠。于是，列宁在《真理报》上连续发表文章，揭露和批判他们的错误，从此党内争论公开化。2月23日，德国又提出更为苛刻的条件，并要求苏俄在24小时内答复。

列宁辞职通牒

2月23日，党中央召开紧急会议。这次会议具有重要意义，它决定着苏维埃政权的前途和命运。有15名中央委员出席会议，5名政府领导列席会议。会议气氛紧张，辩论激烈，措辞尖锐。布哈林等人叫喊立即进行"神圣的"革命战争。原先赞同和平的人，有的也附和主战派。列宁极度愤怒。他不停地在会议室里来回走动，说话声音都有些颤抖。当列宁意识到自己的主张无论怎样也不能占上风之后，不得不向中央委员会提出最后的要求：革命空谈的政策必须结束。如果继续这种政策，他就要退出政府和中央委员会。② 这是列宁继十月武装起义问题后第二次提出辞职问题。但布哈林等人并不理会，仍然坚持原来的主张，"寄希望于革命"。"左派共产主义者"洛莫夫③甚至宣称："既然列宁以辞职相威胁，害怕是无用的，应该争取一个没有弗·伊（列宁）的政权。应当开赴前线和尽力而为。"④

---

① 《俄国社会民主工党（布）中央委员会会议记录》，莫斯科1958年俄文版，第198页。
② 《俄国社会民主工党（布）中央委员会会议记录》，莫斯科1958年俄文版，第198页。
③ 阿·洛莫夫（1888—1938）：十月革命期间任莫斯科军事委员会委员。十月革命后参加第一届人民委员会，任司法人民委员。1918年是"左派共产主义者"分子。此后一直从事政府工作。
④ 《俄国社会民主工党（布）中央委员会会议记录》，第213、214页。

斯大林的动摇和托洛茨基的"弃权"

党中央面临着组织分裂的危险。党内危机达到顶点。关键时刻，斯大林发生了动摇。他说："可以不签字，但要开始谈判"①，这是托洛茨基的观点。列宁严厉地批评道："斯大林说可以不签订和约，那是不对的。必须签字接受这些条件，如果你们不签字接受这些条件，那么三个星期之后你们就得在苏维埃政权的死刑判决书上签字。"② 关键时刻，托洛茨基的态度也发生了改变。为不使列宁辞职，避免党内分裂，尽管他不同意列宁的提案，但在表决列宁的提案时，他投了弃权票。在他影响下，又有三人投了弃权票。结果列宁的"立即接受德方建议"的提案以 7 票赞同、4 票反对、4 票弃权而获通过。然而，托洛茨基没有意识到，他的做法虽然避免了列宁的辞职，却导致主战派辞职。"左派共产主义者"声明他们辞去党和国家的一切职务，并保留自己在党内外进行鼓动的充分自由。事后，托洛茨基说，如果他的弃权会导致同志们辞职也许会投另外一种票。③ 可见，托洛茨基的立场是很不稳定的。

2 月 24 日，中央开会讨论和研究谈判代表团的组成问题。由于托洛茨基已辞去外交人民委员职务，列宁建议卡拉汉④、越飞和季诺维也夫去参加谈判。越飞坚决不去谈判。拉狄克⑤尽管反对签订和约，但他同意去，只是波兰人不许他去。还有人提议派季诺维也夫和索柯里尼柯夫两人去，但索柯里尼柯夫声明，他不去布列斯特。如果中央委员会硬要他去，他就退出中央委员会。列宁请大家不要激动，并建议彼得罗夫斯基⑥可以以人民委员的身份参加代表团前往。最后，会议决定由索柯里尼柯夫、彼

---

① 《俄国社会民主工党（布）中央委员会会议记录》，第 212 页。
② 《列宁全集》第 33 卷，第 380 页。
③ 《俄国社会民主工党（布）中央委员会会议记录》，第 217 页。
④ 列夫·米哈伊罗维奇·卡拉汉（1889—1937）：苏联外交家，1923—1926 年为苏联驻中国全权代表。
⑤ 卡尔·伯恩哈多维奇·拉狄克（1885—1939）：原为奥地利人，1917 年加入布尔什维克。十月革命后，在外交人民委员部工作，后任共产国际执行委员会书记。1923 年为托派骨干分子。1936 年被开除出党，1939 年被处决。
⑥ 格里哥里·伊万诺维奇·彼得罗夫斯基（1878—1958）：参加过十月革命。1926—1939 年为中央政治局候补委员。

得罗夫斯基、卡拉汉和契切林①组成代表团。他们于3月3日签订了布列斯特和约。契切林说,德国是"用手枪顶着革命的额头"签订掠夺性和约的。

布列斯特和约虽然签订了,但党内危机并没有消除。"左派共产主义者"集团的组织活动中心、党中央的全权代表机关俄国社会民主工党(布)中央莫斯科区域局通过决议,拒绝服从中央的签订布列斯特和约的决定。该决议宣称:"党在最近将来的分裂恐怕难避免","为了国际革命的利益,我们认为,作好可能丧失目前完全流于形式的苏维埃政权的准备是合适的。"② 3月5日,"左派共产主义者"以彼得格勒党组织的名义创办了自己的派报《共产主义者报》。

在党的七大上,列宁痛斥"小贵族"

1918年3月6日至8日,举行了党的第7次特别代表大会。这是布尔什维克党夺取政权后党召开的第一次代表大会。代表大会是专门为批准和约而召开的。列宁就战争与和平问题作了报告;布哈林以《媾和反对者集团向党的代表大会提出的关于战争与和平的提纲》为题作了副报告。会议气氛依然十分紧张。"左派共产主义者"纷纷发言,反对签订和约。例如,乌里茨基对列宁说:"事实不是在反对我们,而且在相当大的程度上反对您,列宁同志""签订和约,我们就是在打击那些满怀热情参加红军的同志"。③ 梁赞诺夫说:"列宁准备退让、退让、再退让,就是当托洛茨基拉他的衣襟时也是如此。我要说,退让是有限度的。我不想说,这是'背叛和出卖'。"④ 梁赞诺夫还说:"我知道,我们参加的那个党在夺取政权的时刻应当作出抉择,应当解决这样的问题:它是依靠农民群众,还是依靠西欧无产阶级。列宁同志以及党内跟他走的那一部分人宁愿依靠农民——我们以后找个时间来分析这些条件。在我们这一派内我已经给列宁同志的政策下了定义。列宁想利用托尔斯泰的口号,——按照我们所处的时代略加修改。托尔斯泰建议用庄稼汉、用傻瓜的办法建设俄国;列宁则建议用庄稼汉、用士兵的办法建设俄国。我们现在已尝到这种政策,庄稼

---

① 格奥尔基·瓦西里耶维奇·契切林(1872—1936):著名外交家。1918年5月—1930年任苏俄和苏联外交人民委员。

② 《列宁全集》第33卷,第416页。

③ 《俄共(布)第7次特别代表大会速记记录》,莫斯科1962年俄文版,第42—47页。

④ 《俄共(布)第7次特别代表大会速记记录》,莫斯科1962年俄文版,第76页。

汉和士兵政策的果实。"① 布哈林对布列斯特和约进行抨击，认为其"有利方面最多不过是得到几天的喘息时机，不利方面是全线投降，对外投降，对内投降"。他坚持说："俄国革命或者是为国际革命所拯救，或者是在国际资本的打击下毁灭。""归根到底，国际革命，也只有国际革命，才是我们的救星。"②

列宁及其支持者则据理反驳。在一天半中，列宁就发言18次之多。列宁对"左派共产主义者"居然办起报纸表示不满，他讥讽道："他们的报纸名叫《共产主义者》，其实应该叫作《小贵族》，因为它看问题活像一个小贵族，死到临头还手握利剑，摆出一副了不起的姿态说：'媾和是耻辱，战争才是光荣。'他们谈论问题是用小贵族的观点，而我却是用农民的观点。"③

在这次大会上，拉狄克指责托洛茨基投弃权票。他认为外交人民委员在表决战争与和平问题时是不能弃权的。④ 托洛茨基在发言中解释道："鉴于中央形成的力量对比，有很多取决于我这一票，取决于这个问题的解决。因为一些同志赞成我的立场。我之所以弃权，是因为我不能对未来党的分裂承担责任。我认为，退让比签订和约造成虚假喘息更合适，但我不能在这种情况下承担领导党的责任。我认为，在国家所处的目前局势下，在心理上和政治上发生分裂是不可设想的。拉狄克同志说的完全正确，外交人民委员无权对战争与和平问题投弃权票，因此我当时在那次党的会议上辞去了外交人民委员的职务。"托洛茨基在代表大会上还表示："我们投弃权票的人表示了巨大的自我克制精神，因为我们在如此重要的时刻为了挽救党的统一而牺牲了自'我'。你们应向对方说，你们走上的那条道路有着某种现实的希望。但这是一条危险的道路，他可能引起这样的结果：挽救了生命，但抛弃了生命的含义。你们应当在这个决议中向我们保证，你们的退却有一个限度，超出这个限度，中央委员会和人民委员会就不容许了。你们应当说明，中央委员会的道路是不对的，你们应当指出你们的人民委员们不应超出的限度。"⑤

---

① 《俄共（布）第7次特别代表大会速记记录》，第73页。
② 《俄共（布）第7次特别代表大会速记记录》，第24、31、32页。
③ 《列宁全集》第34卷，第19页。
④ 《俄共（布）第7次特别代表大会速记记录》，第60页。
⑤ 《俄共（布）第7次特别代表大会速记记录》，第69、70页。

最后，大会进行表决，结果以 30 票赞成、12 票反对、4 票弃权批准列宁的主张。托洛茨基后来承认了自己的错误。他在 1918 年 10 月初的一次讲话中公开表示，列宁以惊人的远见卓识，不顾大家的反对，顽强地坚持自己的主张。"现在我们必须承认，我们错了。"① 然而，"左派共产主义者"不承认失败，居然认为党的七大决议是"十分错误"的，并拒绝担任中央委员和中央候补委员职务。

第四节　围绕布列斯特和约而展开的外交斗争

苏维埃政权一开始就积极提出和谈建议，反对最后通牒和强迫的方法，主张用和平谈判的方法作为解决争端和分歧的方法。但英、美、法协约国各国没有给苏俄政府答复。他们就像没有收到苏俄政府的建议一样。对此，列宁在给美国工人的信中表示，"正是英、法、美三国的资产阶级没有接受我们的建议，正是他们甚至拒绝同我们商谈普遍和约！正是他们背叛了各国人民的利益，正是他们延长了帝国主义大厮杀！"② 正是由于协约国不理睬苏俄的和平建议，所以，苏俄才不得不与德国单独媾和。

苏俄政府与德国的和平谈判，刺激了协约国集团。美国大使弗兰西斯以美国政府的名义向俄军总司令杜鹤宁将军建议，要他不要服从苏维埃政府，不同德国统帅部进行谈判。这是典型的干涉别国内政的行为。不过这种行为在美国看来是习以为常的事。不仅如此，美国的军事代表凯尔特到杜鹤宁大本营进行活动。美国武官、驻彼得格勒军事代表团团长杰德逊声明："只有在一个坚强的并能得到美国承认的政权成立之后，才能恢复对俄国的出口。"③ 英、法、美的意图是想使苏俄政府继续进行与德国的战争。通过战争，一方面可以利用德国的军队扼杀苏维埃政权，另一方面削弱德国。在这种情况下，苏俄政府于 1917 年 11 月 7 日给杜鹤宁将军发去训令："人民委员会为了执行全俄工兵代表会议的决议，兹责成在接到本通知后立刻向敌军军事当局建议马上停止军事行动，以便开始谈判。"④

---

① 托洛茨基：《我的生平》，1930 年英文版，第 393、394 页。
② 《列宁全集》第 35 卷，第 51、52 页。
③ 斯坦因：《苏联外交政策（1917—1923 年）》，莫斯科 1945 年版，第 51 页。
④ 《苏联对外政策文件集》第 1 集，第 16 页。

但杜鹤宁将军拒绝人民委员会的训令，公开倒向协约国立场。于是人民委员会撤销了杜鹤宁的所有职务。为使各主要交战国参加停战谈判，苏俄政府于1917年11月8日向美国、英国、法国、意大利、塞尔维亚和比利时大使发去照会，正式提出关于在各战线立即停战和开始和谈的建议。但这些国家的大使甚至拒绝将其转呈给自己的政府。1917年11月28日，英、美、法集团最高委员会在巴黎开会，此次会议实际上通过了对苏俄进行武装干涉的决议。前英国驻俄国大使证实，协约国参加和谈问题将取决于俄国的社会制度。协约国在声明中表示："协约国将采取措施"，以便"对俄国的外交政策的发展建立真正的控制"。"在进行这种控制时，美国和日本将起主要的作用。"① 美国政府破坏苏俄政府同德国的和谈。

关于协约国对布列斯特和约的态度，当时的苏俄政治家认识得很清楚。1918年1月6日《真理报》刊登一篇文章，题目是《他们的计划》。文章说，英国首相劳合—乔治的讲话的意思是：让俄国先确定同德国和奥匈帝国的未来疆界，然后再来全面的和谈。而"协约国官方政论家们讲得更坦率：对盟国来说，把俄国排除在外进行和平谈判将更加有利，因为俄国是共同企业里的一个有亏欠的股东"。这篇文章的结论是：盟国正在试探对德和平谈判的基础，"但盟国认为先让德国同俄国清账更为有利。德国应该……靠牺牲俄国获得补偿"。《真理报》文章的分析是正确的，因为美国总统的举动完全证明了这一点。1918年1月8日，美国总统发表了给国会的一份报告。这就是所谓的威尔逊"十四点"。它主要是针对苏俄政府的和平法令和苏俄政府一系列和平建议而提出的，力图缩小苏俄政府在国际上的影响。

就在苏俄政府同意与德国签订布列斯特和约之时，在1918年3月第4次全俄苏维埃代表大会召开、准备批准布列斯特和约之际，美国总统威尔逊发来信函，表示谴责德国对俄国人民的侵略，并且表示美国政府利用一切机会去保证俄国的主权和独立。美国的这一做法实际上是为了阻止此次代表大会批准布列斯特和约。由此可见，当时的国际社会围绕布列斯特和约而展开的斗争也是非常激烈的。布列斯特和约是苏维埃政府与别国签订的第一个条约，也是苏俄政府与不同制度国家签订的第一个条约，是苏俄政府第一次重大的外交实践。尽管这次外交实践的代价十分巨大，但这

---

① 《消息报》1917年11月22日。

是以空间换取时间的最好的外交策略，是苏俄政府的一次重大的和成功的外交实践。列宁说："布列斯特和约的重大意义，在于我们能够在极端困难的情况下第一次大规模地利用了帝国主义者之间的矛盾，使社会主义终于占了便宜。"① 德国战败以后，苏俄政府宣布废除布列斯特和约。德国给苏俄政府和人民所造成的沉重负担一下子去掉了。

第五节 注视国际革命高潮的到来

关心芬兰革命

列宁对芬兰的革命运动十分关心。1917年11月24日，他在给芬兰同志的信中表示，"我可以代表俄国革命的无产阶级满怀信心地宣称，芬兰工人的伟大组织才能、他们的高度素养以及在民主体制下所受到的长期的政治训练，将帮助他们卓有成效地实现芬兰的社会主义改造。我们期望得到革命的芬兰社会民主党兄弟般的援助"。列宁对曼纳、西罗拉、库西宁等领导芬兰社会民主工党的革命派"正在为无产阶级社会主义革命事业而斗争"感到高兴。②

受到俄国革命形势的影响，1917年12月6日，芬兰议会通过了宣布芬兰为独立国家的宣言，12月18日，人民委员会通过了关于芬兰独立的法令。列宁将法令文本交给了芬兰政府代表团团长、芬兰政府首脑佩埃·斯温胡武德。全俄中央执委会于1917年12月22日批准了关于芬兰独立的法令。这样，芬兰就获得了独立国家的地位。

1918年1月14日，在芬兰南部工业区爆发了芬兰革命。1月27日，芬兰赤卫队占领了芬兰首都赫尔辛福斯，资产阶级的斯温胡武德政府被推翻。1月28日，芬兰工人建立了芬兰革命政府，即人民代表委员会。参加芬兰革命政府的有库·曼纳、奥·库西宁、尤·西罗拉等。芬兰国家政权的基础是由工人选出的工人组织议会。芬兰革命政府执政后采取了许多革命性质的措施。如将一部分工商企业和大庄园收归国有；将芬兰银行收归政府管理，对私营银行进行监督；建立工人对企业的监督；无偿将土地分给佃农；等等。2月，根据芬兰工人政府人民代表委员会的倡议，苏俄

---

① 《列宁全集》第1版，第31卷，第400页。
② 《列宁全集》第33卷，第86页。

与芬兰两个社会主义国家举行谈判。俄芬协商委员会草拟条约草案。2月25日，苏俄人民委员会批准了该条约。3月1日，芬兰和俄国双方签署了条约。这是历史上第一个社会主义国家之间的条约。列宁对这个条约十分重视，亲自参加了条约的制定工作，并同芬兰代表举行了会谈。

列宁对芬兰革命的到来表示非常兴奋。1918年1月31日，在全俄工兵农苏维埃三大上，他说："芬兰的工人和农民刚一把政权夺到手中，就向我们表示他们对世界无产阶级革命的忠诚，并向我们祝贺，从他们的贺词中可以看出他们沿着'国际'指出的道路同我们一道前进的不可动摇的决心。"①

但芬兰革命是在南部取得胜利的，北部的局势没有得到控制。斯温胡武德政府以芬兰北部为基地，集结了一切反对革命的政治势力，向革命政府反扑过来。在德国政府的帮助下，资产阶级政治势力又夺回了政权。经过激烈的国内战争，芬兰革命于1918年5月被镇压下去。

芬兰革命的失败对俄国革命者是一个沉重的打击，因为俄国中央最高决策层对芬兰革命寄予很大的希望。但是，列宁没有因芬兰革命失败而使自己的情绪受到挫折，他对欧洲革命寄予很大的希望，充满了必胜的信心。

对国际革命的基本估计

1918年3月，列宁对国际形势有一个基本估计。在列宁看来，苏维埃政权不可能与帝国主义和睦相处，冲突是不可避免的。他在俄共（布）第七次特别代表大会上表示："国际帝国主义拥有雄厚的资本，拥有非常先进而成为国际资本真正实力和真正堡垒的军事技术装备，它在任何情况下，在任何条件下，都不能和苏维埃共和国和睦相处，无论按其客观地位来说，或按它所体现的资本家阶级的经济利益来说，都是这样，——其所以不能，是由于贸易联系，是由于国际金融关系。在这方面，冲突是不可避免的。在这里，俄国革命最大的困难，最大的历史课题就是：必须解决国际任务，必须唤起国际革命，必须从我们仅仅一国的革命转变成世界革命。摆在我们面前的这个任务是非常非常困难的。"② 列宁指出，现在历史使我们处于非常困难的境地。我们在进行空前困难的组织工作时必将经受一系列痛苦的失败。从全世界历史范围来看，如果我国革命始终孤立无

---

① 《列宁全集》第33卷，第287、288页。
② 《列宁全集》第34卷，第6页。

援，如果其他国家不发生革命运动，那么毫无疑问，我国革命的最后胜利是没有希望的。我们已经把全部事业掌握在布尔什维克一党的手里，当我们肩负起这个事业时，确信各国的革命正在成熟起来，不管我们会遇到怎样的困难，不管我们会遭到多大的失败，国际社会主义革命最终（不是马上）一定会到来，因为它正在到来；它一定会成熟，因为它正在成熟起来，而且会完全成熟。我再说一遍，能把我们从所有这些困难中拯救出来的，是全欧洲的革命。

列宁对社会主义在世界取得胜利信心十足。1918年4月24日左右，列宁在致美国国际主义社会党人的信中表示："我坚信，社会革命终将在所有的文明国家中获胜。当这种革命在美国爆发时，它将远远超过俄国革命。"1918年4月30日，列宁在给雷蒙德·罗宾斯的信中表示："我相信，新的民主制度即无产阶级的民主制度必将在所有国家建立，必将摧毁新旧两大陆上的一切障碍以及帝国主义资本主义制度。"①

1918年7月29日，列宁在全俄中央执行委员会、莫斯科苏维埃、工厂委员会和工会联席会议上发表讲话，阐述了对形势的基本看法。列宁说："我们知道：我们的努力必然会导致世界革命；帝国主义政府发动的战争不可能靠帝国主义政府的力量来结束。这场战争只有靠全体无产阶级的努力才能结束，在我们这个无产阶级的共产党掌握政权而其他国家还保留资产阶级资本主义统治的时候，我们的任务，我们的迫切任务，再说一遍，就是保持住这个政权，保持住这个社会主义的火炬，继续使它尽可能迸发出更多的火花，促使社会主义革命的熊熊烈火烧得更旺。"列宁在这次会议上还说："目前我们的任务就是维护、捍卫和保持住这个社会主义力量，这个社会主义火炬，这个对全世界有着强烈影响的社会主义策源地；在当前的情况下，这个任务就是军事任务。"1918年8月2日，列宁在霍登卡红军战士大会上的讲话中说："俄国革命给全世界指出了通向社会主义的道路，使资产阶级看到他们得势的时代就要结束。"列宁还说："革命是不能按订单制造的，但是确有迹象表明，全世界正酝酿着大事变。"1918年8月，列宁说："我们看到，西欧革命的大火迸射火花和烈焰已经日益频繁，这使我们坚信国际工人革命的胜利已经为期不远。"②

---

① 《列宁全集》第48卷，第124、130页。
② 《列宁全集》第35卷，第8、13—14、26、34页。

1918年8月23日，列宁在综合博物馆群众大会上说："我们曾期望德国发生革命，但是当时革命还没有成熟。现在革命正在成熟，革命无疑在酝酿中，它必然会到来。不过只有傻瓜才会问西欧革命什么时候到来。革命是无法推算的，革命是无法预报的，它是自然而然地发生的。它逐渐成熟，而且一定会爆发。"列宁还说："因此我们必须把苏维埃政权保持到西欧革命开始的时候，我们的错误应当成为西欧无产阶级的教训，成为国际社会主义运动的教训。俄国革命以至国际革命的生路，都在反对捷克斯洛伐克军的战线上。"①

不仅列宁，当时布尔什维克党的领袖基本上都持这种观点。列宁和布哈林关于国际革命的看法的一致表现在：（1）苏维埃国家和帝国主义国家是无法和平共处的；（2）俄国革命依赖于国际革命；（3）国际革命是不可避免的。布哈林认为："我们过去和现在都说，整个事情最终取决于国际革命的成败。"②

从上述言论中我们可以清楚地看到，列宁、整个布尔什维克党都将俄国革命的胜利同世界革命，尤其同欧洲革命联系起来。当时，列宁的基本思想是，在第一次世界大战极其复杂和特殊的历史条件下，俄国无产阶级完全有可能从帝国主义的最薄弱的环节取得胜利，并有可能暂时避免帝国主义的联合围攻。但是俄国革命仅仅是世界革命的第一把火，俄国革命的最重要的作用就是起一种关键性的"引燃"和"引爆"作用，通过俄国革命点燃欧洲革命的熊熊烈火。没有其他欧洲国家取得革命的胜利，没有其他欧洲国家革命的支持，俄国革命不会坚持多久。这就是当时列宁和布尔什维克全党对俄国革命和欧洲革命的基本看法。所以，从这个角度出发，列宁和其他领袖不能不怀着热切的期待心情关注欧洲国家的革命形势，欧洲国家每一次革命形势的到来就会使列宁和他的战友们欢欣鼓舞。在当时，欧洲革命问题关系到俄国革命的成败。

第六节 开创新的外交是一件很困难的事情

苏维埃政权与其他一切政权不同，其性质决定了它还必须砸碎一切旧

---

① 《列宁全集》第35卷，第70、71页。
② 《俄共（布）第7次特别代表大会速记记录》，第31页。

的国家机器，建立新的符合人民利益的上层建筑。苏俄政府的外交也与旧的沙皇政府和临时政府的外交政策性质有着根本性的区别。全新的外交政策需要全新的外交机构和外交人才加以体现和贯彻。

大使对外交人民委员的批评太过分了

应该说，在苏俄政府创建初期，苏俄外交界还处于探索和形成规范阶段。同其他职能部门一样，外交人民委员部也存在着许多缺点和不足，其中苏俄外交界人员之间存在着很深的矛盾。列宁经常调解这样的矛盾。1918年5月，越飞和明仁斯基"怒气冲冲"地给列宁写信，表达了"悲观失望"的心理，对外交人民委员契切林进行了指责。5月24日，列宁给他们回信，解释契切林的立场。信中说："你们对契切林的责难，有一部分落到了我的身上。譬如，是我坚决主张通过德国人发出租让企业的提纲的，目的是让他们看看，我们对建立切实的经济关系是多么认真。（提纲是在拉狄克和另外一些'左派愚蠢主义者'参加下共同制定的）我们租让企业的这些条件，如果德国人接受了，对我们只有好处。"列宁还说："你们对契切林的不满我看是太过分了。但无论如何我是同意帮助你们的，请你们竭力采取切实可行的办法改进工作。为此，我建议准确地提出具体意见（把电报和信件中最实际的部分摘要抄寄给我，因为我实在没有时间全读）。"列宁同意越飞提出的外交重心向德国倾斜的建议。列宁表示："用什么办法把重心更多地移到柏林（我同意予以帮助），你们应该考虑一下，并为此提出很策略的（注意）、具体而实际的措施。我将采取各种可能措施并努力使之实现。"列宁指示他们，"如果能为与芬兰、乌克兰和土耳其签订和约（这是关键）提供帮助，就应该随时尽力去做（当然，没有任何新的兼并和贡赋是办不到的）。为了加速签订这种和约，我愿付出许多代价"。列宁劝说道："你们也不要急躁。校正（和开创新的）外交——是一件困难的事情。勿仓促从事。"[①]

在德国问题上，越飞怎么能够"大削价"呢？

1918年春天，德国占领乌克兰，侵入克里木。俄国黑海舰队的基地塞瓦斯托波尔受到威胁。苏俄中央发出命令，黑海舰队的主要船只必须转移到新罗西斯克。这项工作必须在4月29至30日间完成。但5月11日，

---

① 《列宁全集》第48卷，第157页。

德国统帅部向苏俄政府发出最后通牒，要求所有舰队返回塞瓦斯托波尔基地，认为这是违反布列斯特和约的。德国还扬言，要继续进攻黑海沿岸。针对德国野蛮的最后通牒，苏俄政府向德国政府发出了强烈外交照会，抗议德国政府占领克里木。照会表示："德国政府从来没有在任何文件中向我们声明说我们的舰队在乌克兰参加了对德军的战斗。"因此，德国政府的有关声明是"不正确的""找不到证据"。"我们的舰队离开塞瓦斯托波尔，只是在德国人发动进攻和向塞瓦斯托波尔进犯以后。可见，在这种情况下破坏布列斯特和约的显然是德国人，而不是我们。""事实证明，我们是坚决遵守布列斯特和约的，而德国人却背弃这个条约，占领了整个克里木。"照会表示，既然目前德国政府改变立场，要求得到克里木的全部或一部分，或提出其他的领土要求，那我们认为，彻底澄清这个问题是绝对必要的，而且我们再一次正式声明，我们坚决同芬兰、乌克兰和不顾布列斯特和约而继续打仗的土耳其缔结切实的和约。①

但是，越飞越权以自己的名义向德国发去照会。越飞同意交出黑海舰队船只，条件只是与乌克兰签订和约。然而，苏俄政府的立场是，第一，和乌克兰、芬兰、土耳其都签订和约；第二，不兼并塞瓦斯托波尔。可见，越飞的照会内容与政府的立场有相当大的距离。契切林马上向列宁告了越飞的状。列宁责备说："越飞怎么能犯这样的错误呢？他怎么能这样'大削价'呢？如此重要的问题怎么能不经过商量就以自己的名义发照会呢？我不理解……"②

面对德国的政治压力，列宁表示俄国要运用外交手段与德国周旋。5月24日，列宁给邵武勉写信表示，为摆脱巴库的艰难处境，要施展外交手腕。③

但德国不理会苏俄政府的照会，继续进攻黑海地区。在无法挽救黑海舰队的情况下，列宁指示最高军事指挥部门毁掉舰队船只，不使舰队落入德国人手中。这是一个非常痛苦的决定。结果大部分船只沉入了海底。

列宁说，摩擦会消除的

外交人民委员部的分歧仍然存在。有人指责越飞将外交人民委员部搬

---

① 《列宁全集》第 34 卷，第 299、300 页。
② 《列宁全集》第 48 卷，第 158 页。
③ 《列宁全集》第 48 卷，第 160 页。

到柏林去了。列宁写信给越飞,提醒说:"您同契切林之间的摩擦有时被人利用(与其说是有意的,毋宁说是无意的)来加剧这种摩擦。我相信,您定会留神不使这些摩擦加剧。我仔细研究了您的多次来信,坚信这些摩擦没什么了不起(到处都乱七八糟,到处都漫不经心——各委员部都是这样,治愈这种毛病是慢的)。有了耐心和毅力,摩擦是会消除的。契切林是个出色的工作人员,您的做法是在完全忠实地执行布列斯特和约,依我看,已经取得了成绩。因此,我们是容易消除摩擦的。"列宁还透露说,布哈林、索柯里尼柯夫和拉林组成代表团去柏林同德国政府就缔结经济协定进行谈判。列宁对这三个人进行了评价,"布哈林是忠实的,但深深陷入了'左派愚蠢主义'。索柯里尼柯夫疯病又发了。拉林是个爱折腾的知识分子,头号马虎人。因此,同所有这些最可爱、最最出色的代表打交道要极其留神。索柯里尼柯夫是个极可贵的工作人员,但有时'好犯病'(现在正是这样),他会因奇谈怪论而'摔家什'。如果您不提防,他会摔掉您好多家什的。而布哈林则更甚。您要注意!我希望,克拉辛和加涅茨基这两位办事认真的人能给您帮助,一切都将安排好"①。

列宁对外交人民委员部的矛盾十分关注。因为当时俄国的国际环境极为不利,外交人民委员部应承担更多的任务和责任。契切林是外交人民委员,而越飞是苏俄驻德国大使。当时的苏俄对同德国发展关系十分重视。于是,越飞和契切林的关系就成为一个很重要的问题。从上述情况看,列宁一直在努力调解他们之间的关系。另外也可以看出,布尔什维克党夺取政权之后,在管理国家方面遇到了很大的困难,党中央机关之间和政府各部门之间的矛盾和问题越来越暴露出来,形成了各种摩擦。机关内部领导干部之间的关系也出现了不协调现象,相互之间出现矛盾和斗争。应该说,这种内耗现象从俄国无产阶级夺取政权之后的那一天起就开始存在了。如何妥善地加以克服,或者如何将这种内耗的消极作用减少到最低限度,这是几十年来苏联共产党没有很好解决的大问题。

列宁训斥越飞大使

但是,列宁的努力没有什么实际结果。越飞继续攻击契切林。1918年7月1日,列宁给越飞写信:

---

① 《列宁全集》第48卷,第169页。

亲爱的越飞同志：

老实说，我非常生您的气。人手少，大家忙得不可开交，而您却搞这种名堂：在给我的私人信中（最近一封，用铅笔写的），写了许多公务并掺杂了对契切林的许多人身攻击、中伤、挖苦以及诸如此类的东西（"不称职的"_м——р〈看来是 министр 部长的意思——俄文版编者注。〉，等等）。而在给契切林的信中却说："前景写在给列宁的信中。"

天晓得这是怎么回事！

当然，契切林向我要信，我是不能给他看的，因为我不愿成为制造纠纷的工具。结果是损害事业和破坏关系。

契切林是个极出色的、极认真的、聪明而懂行的工作人员。这样的人应当珍惜。至于他的弱点——缺乏"指挥员气魄"，这没什么了不起。世上具有相反弱点的人还少吗？

同契切林是可以共事的，容易合作；但即使同他一起也能把工作搞坏。

您挑剔他，但是外交人民委员部也有权告您的状，因为您瞧不起它，而未经外交人民委员的同意和批准，大使当然是无权采取决定性步骤的。

我希望您尽量想办法克服这些缺点。

您"推动了"克拉辛，这很好。请竭力督促什克洛夫斯基，他是个懒汉；要求他不断汇报，要吓唬他。①

列宁对越飞和契切林的关系不放心，他专门给在德国的克拉辛发去了秘密私人电报。列宁说："我十分重视和无条件地赞赏越飞的工作，但坚决要求越飞守大使的本分，他上面有外交人民委员，要求他注意礼貌，不要骂人，不要看不起别人，一切重要事务都要请示外交人民委员。只有这样，我才能支持并继续支持越飞大使。希望您能有分寸地在这方面开导越飞大使，盼复。"②

列宁有一个非常鲜明的执政特点，那就是他对党的高级干部的特性了

---

① 《列宁全集》第48卷，第221、222页。
② 《列宁全集》第48卷，第223页。

如指掌，竭力发挥他们的长处，克服其短处。同时，列宁还特别善于调解高级干部之间存在的矛盾和冲突，他为此耗费了很多时间和精力。对于初建的苏维埃政权来说，是十分重要的政治因素。

"总不能把生过孩子的妇女再变成处女"

列宁确实十分关心越飞的工作，并欣赏越飞的才干。但列宁经常批评越飞。1918年7月31日，协约国武装干涉者在奥涅加登陆并占领了该地。这是协约国对苏俄采取的侵略行为。但此时越飞仍然表示，与协约国的关系不能破裂。8月3日，列宁给越飞发电，训斥了这位能干的大使。列宁说："您最近几封信提到的一切，荒谬到了极点。在奥涅加事件之后再实行'先前的'同协约国不决裂的政策是可笑的。总不能把生过孩子的妇女再变成处女。"列宁说："把协约国已夺得的东西给德国人，从而使英、美、日难于扼杀俄国，不能马上扼杀俄国——我们正在继续这样随机应变。把这一切说成是武装干涉或援助都是可笑的。"列宁激烈批评说："您不了解事实，又不深入思考事实，所以您和您的备忘录等文件便陷入错误之中。如果您要坚持错误，那请向中央委员会提出声明。在您向中央委员会提出声明之前，在中央委员会接受您的辞呈之前，在派人接替您的工作之前，在接替您的人到达之前，您作为一个党员（您自己也是这样写的），当然要履行自己的职责。"[①] 可见，列宁对越飞大使在工作问题上是毫不姑息的。

苏俄政府在外交战线上的成就是十分突出的。布列斯特和约，是20世纪世界外交谋略中的一个典型范例。苏维埃政权之所以能够巩固下来，除其他原因以外，就是布尔什维克党在列宁领导下，紧紧依靠工人阶级和农民群众，制定了一系列正确的方针和政策，作出了一系列重大的富有气魄和胆识的决策。这些重大的决策不仅表现在政治方面和外交方面，而且更主要地体现在经济方面。

---

① 《列宁全集》第48卷，第263页。

第二章　战争时期的军事和外交决策

第一节　战争动员

战争乌云笼罩

布列斯特和约签订后,苏维埃俄国获得了短暂的"喘息"时间。但 1918 年夏天,外国武装干涉和国内反革命分子公开掀起的内战,将年轻的苏维埃俄国又一次推入战争的轨道。苏维埃俄国淹没在一片战火之中。

1918 年 4 月 5 日,日本军队在符拉迪沃斯托克(海参崴)登陆。西伯利亚苏维埃中央执行委员会抗议日本政府的非法入侵行为,西伯利亚处于战争状态。中央政府责成各地苏维埃组织红军。苏维埃政府立即与美、英、法代表就日军入侵事件进行谈判。同时,列宁指示符拉迪沃斯托克苏维埃,一定要做好战争准备,因为协约国所有国家都可能帮助日本,"只有我们自己认真做好战备工作才是唯一可靠的保证"。[1] 果不出列宁所料,美日帝国主义者在远东的海参崴一带施威,他们开始占领滨海等地区。

不仅如此,整个伏尔加河中游地区、乌拉尔、西伯利亚直到远东都被捷克斯洛伐克军占领;俄国北方地区受到英国军队的占领;在北高加索地区,邓尼金将军的白卫军转入进攻;哥萨克首领克拉斯诺夫盘踞在顿河流域;乌克兰、白俄罗斯、波罗的海和南高加索地区被德国占领;外里海则被英国占领。苏维埃政权被团团包围,四周都是战火。苏俄与主要产粮区和原料区的联系被切断。

9 月 2 日,全俄中央执委会通过决议,把全国变为军营,转入战时轨道。11 月 30 日,成立国防委员会,即工农国防委员会。列宁被任命为国防委员会主席。国防委员会是苏维埃俄国的非常最高机关,有动员一切人力、财力和物力,保卫苏维埃国家的全权。中央及地方各部门、机关、全

---

[1] 《列宁全集》第 48 卷,第 103 页。

体公民必须执行国防委员会的命令。它是组织全国战时经济和编制计划的中心。同时，它还是最高军事决策机关。革命军事委员会和其他军事机关都在其严格的监督下。后来，1920年4月初，国防委员会改组为劳动国防委员会，主要任务是指导各经济人民委员部和全部国防机构的活动。

战争开始了。刚刚开始的社会主义建设进程被战争打断。国际帝国主义勾结俄国的地主、资本家策划了这场残酷的反革命战争。第一次世界大战结束后，协约国腾出手来对苏维埃政权进行武装干涉，它们害怕俄国革命向西欧推进，同时这些国家的资本家不可能容忍苏俄建立社会主义国家并没收其在俄国的财产。其实，早在1917年12月，英法帝国主义者就开始秘密达成协议，企图瓜分苏俄。法国的"活动范围"是比萨拉比亚、乌克兰、克里木和顿巴斯；英国的"活动范围"是北高加索、南高加索和中亚地区。美国也不甘落后，1918年10月，这个国家提出一个瓜分整个俄国的计划，口气很大，气焰十分嚣张。美国把消灭苏俄作为自己的任务，千方百计地对苏俄进行各种形式的干涉。苏俄国内的各种反革命势力无不受到美国的资助和支持。这些反革命势力从美国那里得到充足的武器装备和其他军需物资。这从捷克斯洛伐克军的叛乱中看得十分清楚。

捷克斯洛伐克军武装叛乱

这次叛乱是由协约国帝国主义者一手策划的。在俄国的捷克斯洛伐克军有两个师和一个预备旅，共有5万人。这支部队由第一次世界大战期间捷克斯洛伐克军队的战俘和侨居俄国的捷克斯洛伐克人组成。本来，苏俄政府已经同这支部队进行了多次谈判，并达成了一些协议。1918年3月26日，苏俄政府决定同意捷克斯洛伐克军绕道远东地区，经过符拉迪沃斯托克（海参崴）撤出俄国。条件是该军团将主要武器交给当地苏维埃政府。列宁当时的考虑是尽快解决这个问题。因为不管怎样，这是一支具有战斗力的军队，是苏俄大地上的一个不安定因素。

帝国主义者看准了这颗定时炸弹。十月革命后，协约国帝国主义者也同捷克斯洛伐克军秘密接触，策动该军叛乱，反对苏俄政府。协约国表示提供精良的武器和军费。捷克斯洛伐克民族委员会主席托·马萨里克同法国达成协议，宣布在俄国的捷克斯洛伐克军是法军的部队。随后，协约国代表要求苏俄政府遣送该军回法国。然而，该军向远东移动之时，在协约国和俄国右派社会革命党人的策动下发生了叛乱。1918年5月14日，在车里雅宾斯克，捷克斯洛伐克军代表、协约国代表和右派社会革命党人举行会议，决定公开反对苏维埃政权。右派社会革命党造谣说，苏俄政府要将士兵解除武装，将其关进集中营，并煽动该军士兵杀开血路，奔向海参崴。5月25日和26日，叛乱从马林斯克和车里雅宾斯克开始。社会革命党的白卫军也同叛军结合在一起，从而形成一股强大的军事逆流。这股逆流迅速地占领了乌拉尔、伏尔加河领域以及西伯利亚的大部分地区。这股逆流所到之处，苏维埃政权被解散，苏维埃干部和倾向于苏维埃政权的工农群众被杀。那里是一片白色恐怖。消灭当地苏维埃政权后，这股军事逆流又建立了反革命政治权力机关，如在萨马拉建立立宪会议委员会，在叶卡捷琳堡建立乌拉尔政府，在托木斯克建立西伯利亚临时政府，等等。立宪会议委员会从萨马拉向东发出一趟"死亡列车"，车上载着2700多名被捕的共产党员、工人和农民，其中有200人被杀害或折磨致死。在伏尔加河和卡马河上时常漂流着"死亡驳船"。

列宁的战争动员

列宁在判断着形势。1918年7月29日，列宁在全俄中央执行委员会、莫斯科苏维埃、工厂委员会和工会联席会议上发表讲话，阐述了对形势的基本看法，进行了战争动员。列宁认为，此时的国内危急局势已经到了"顶点"。"捷克斯洛伐克军的行动是英法帝国主义者蓄意扼杀苏维埃俄国、把俄国重新拖入帝国主义战争旋涡的一贯政策的一个环节。现在这个危机必须由苏维埃俄国的广大群众来解决，因为现在摆在我们面前的这个危机是一场保卫苏维埃社会主义共和国的斗争，不仅要粉碎捷克斯洛伐克军的反革命阴谋，粉碎任何反革命阴谋，而且要打退整个帝国主义世界的进攻。"列宁在分析共和国当时所面临的军事形势和总的战略形势时表示，"我们看到，北方有摩尔曼，东部有捷克斯洛伐克军的战线，东南方有土耳其斯坦、巴库和阿斯特拉罕，英法帝国主义铸造的包围圈几乎已经合围了。"列宁分析说，"现在的情况是，我们在一个方面摆脱了同一个联盟的战争，立刻又在另一方面遭到帝国主义的进攻"。"在目前，战争问题、军事事件问题又作为革命的主要问题、根本问题出现于舞台。"列宁说："形势的这种变化又把一切都归结于一定的战争。我们又陷入了战争，我们正处于战争状态，这场战争不仅是一场同现在已联合起来反对我们的富农、地主和资本家进行的内战，现在与我们对峙的还有英法帝国主义；英法帝国主义受地理条件的限制，还不能把大批军队开到俄国，但它在用一切办法，用千百万金钱，用一切外交联系和外交力量来帮助我们的敌人。我们正处于战争状态，我们能够胜利地结束这场战争。"列宁说："我们的国家又陷入了战争，现在革命的结局完全取决于谁在这场战争中取胜；这场战争的主角是捷克斯洛伐克军，而事实上操纵和推动战争的是英法帝国主义者。俄罗斯社会主义联邦苏维埃共和国的存亡问题，俄国社会主义革命问题，完全归结为战争问题。""不管我们愿意不愿意，问题就是这样摆着：我们正处在战争状态，革命的命运就取决于这场战争的结局。这应当成为我们的鼓动工作以及一切政治的、革命的和改造的活动的出发点和落脚点。我们在短时期内做了很多事情，但是应当把一切工作进行到底。我们的全部活动应该完全服从于这个决定着革命命运和结局、决定着俄国革命和国际革命的命运的问题。"①

这表明，列宁又一次进行了党和国家战略上的转变，"建设"问题退居次要位置，"捍卫政权"、"守住政权"成为压倒一切的政治任务。

捷克斯洛伐克军被击溃

捷克斯洛伐克军集中在喀山一带。他们从这里对斯维雅日斯克展开进攻。红军在此地与叛军展开对峙。列宁命令波罗的海舰队派若干艘驱逐舰经伏尔加河开往斯维雅日斯克。1918年8月，3艘驱逐舰开到斯维雅日斯克，突入白卫军阵地，击毁了敌军的驳船和汽船。驱逐舰的到达大大地加强了红军方面的力量。9月初，红军向喀山发起反攻。

9月8日，列宁给托洛茨基发报："收复喀山的战役进展缓慢，使我感到诧异和不安；如果你们完全能用炮兵消灭敌人这一报告属实，那就更使我感到诧异和不安了。我认为，如果喀山确已陷入铁的包围圈，就不能因吝惜城市而再拖延下去，因为必须无情地消灭敌人。"② 9月10日，红军攻克喀山。列宁致电红军，祝贺胜利。9月12日，瓦·古比雪夫的钢铁师解放了列宁的故乡辛比尔斯克。红军战士给列宁发去了电报："亲爱的伊里奇，攻克您的故乡，这是对您所受的第一枪伤的回答，对第二枪伤的回答将是攻克萨马拉。"③ 电报之所以这样写，是因为当时正值列宁遇刺受伤之时。10月7日，红军解放了萨马拉。至此伏尔加河流域的捷克

---

① 《列宁全集》第35卷，第2、7、12、13页。
② 《列宁全集》第48卷，第347页。
③ ［苏联］安·潘克拉托娃主编：《苏联通史》第3卷，生活·读书·新知三联书店1980年版，第410页。

斯洛伐克军团和白卫军被击溃。

因军事上的失利，捷克斯洛伐克军开始瓦解。他们拒绝同白卫军一起与红军作战。1919年下半年，该军随高尔察克军队东撤。1920年2月7日，红军与其签订了停战协定。1920年春，捷克斯洛伐克军集中于海参崴撤出俄国。

还值得一提的是，1918年7月6日至8日，美国和协约国分子同俄国的白卫分子在莫斯科周围的23个城市策动叛乱，其中雅罗斯拉夫尔的叛乱规模很大。7月21日，红军才从白卫军手中夺回该城。

组建军队

十月革命胜利后，加入红军的约有10万名志愿军。在红军中最有战斗力的是无产阶级赤卫队。军队中实行政治委员制度。政治委员从政治上教育和团结战士，鼓励士兵为祖国、为苏维埃政权英勇战斗。1918年5月，苏俄政府颁布志愿兵制度改为工农义务兵制度的法令。1918年秋，列宁提出要建立300万红军的口号。1918年11月30日，工农国防委员会成立，这是苏俄政府的最高军事指挥部门，列宁为该委员会的主席。

第二节　粉碎高尔察克和协约国的进攻

打击高尔察克

协约国在打败德国及其盟国后，便将注意力集中于扼杀苏维埃政权方面来。1919年春，在东方战线上，高尔察克在协约国的支持下集中了30万大军，越过乌拉尔山，向苏俄腹地，向莫斯科推进。10万干涉军也同高尔察克一起参加了军事行动。这次进攻以高尔察克的东部战线推进为主，同时，尤登尼奇指挥的白卫军队在英国、芬兰和爱沙尼亚的白卫军的配合下，重点攻击彼得格勒；邓尼金从南方进攻；米列尔将军从北方发动进攻；乌克兰的白卫分子发动反革命叛乱；英国占领军和巴斯马奇匪徒在中亚地区进攻。这就是高尔察克和协约国进攻的完整计划和进攻态势。

高尔察克的军队对苏俄政权形成了巨大威胁。苏维埃政权处于极其危险的状态之中。1919年4月11日，列宁起草了《俄共（布）中央关于东线局势的提纲》，并在《真理报》上发表。列宁分析说，"高尔察克在东线的胜利给苏维埃共和国造成了非常严重的威胁"。列宁表示："必须竭尽全力粉碎高尔察克。"① 列宁和俄共（布）提出的攻击口号是："大家都到东方战线去！""大家都要支援东线！"

为粉碎高尔察克的进攻，莫斯科和彼得格勒的共产党员和工会会员奔赴东方前线。东方战线的主力兵团是南路兵团，司令是米·伏龙芝，革命军事委员会委员是古比雪夫。他们是俄国国内战争中涌现出来的卓越军事家。伏龙芝从1918年12月起就是第4集团军司令，在东线指挥作战。

1919年4月，伏龙芝南路兵团发起全面攻击，击退了高尔察克的军队，解放了乌法等城市。高尔察克军队全军溃退。

为支援高尔察克，邓尼金从高加索方面向伏尔加河扑来，企图与高尔察克会合，从而形成战略上的优势。若阻止高尔察克和邓尼金的会合，只有保卫住阿斯特拉罕，别无选择。基洛夫于1919年来到阿斯特拉罕，组织力量，整顿革命秩序。基洛夫在受到高尔察克和邓尼金军队的两面夹击和英国军舰在里海进攻的情况下，沉着迎击，击退了敌人的进攻，并出奇制胜，有效地隔离了高尔察克和邓尼金的军队。

尤登尼奇为缓解高尔察克的压力，在彼得格勒附近发起攻击，来势十分凶猛。这时在彼得格勒的季诺维也夫表现得惊慌失措。在关键时刻，列宁将斯大林调往彼得格勒战线，击溃了尤登尼奇的进攻。

苏俄为什么能够战胜协约国集团呢？协约国已经打败了德国，而德国攻打俄国军队简直是势如破竹。只要协约国拿出1/10的军队，苏俄政权就只能是昙花一现的政权了。但苏俄政权创造了奇迹，协约国居然没有能够亲自扼杀了苏俄政权。什么原因呢？列宁总结得非常精辟。列宁说："这是我们第一个胜利，也是基本的胜利，因为这不仅是军事上的胜利，甚至根本不是军事上的胜利，而是劳动者国际团结的实际胜利。我们发动整个革命正是为了这种团结。"列宁说："证明这一点的是：在最粗暴的物质因素起着首要作用的事情上，即在军事上，我们靠夺走协约国穿着军装的工人和农民而战胜了协约国。"② 在列宁看来，苏俄粉碎高尔察克和协约国的进攻是国际工人和农民巨大支持的结果。

在战场上激烈拼杀的同时，苏俄政权与协约国在外交战线上斗智斗勇，展开激烈的外交较量。

---

① 《列宁全集》第36卷，第263页。
② 《列宁全集》第37卷，第376页。

苏俄和平外交的努力

德国的重负卸下了，但苏俄所面临的国际局势却更加危险。协约国在打败德国以后，很快腾出手来，对苏俄进行直接的武装干涉。俄国陷入了危急之中。就是在这种危急的形势下，苏俄政府也没有放弃和平解决问题的希望。这期间苏俄政府多次向美、英等国提出和谈建议。英、美、法等国玩弄外交手段，以配合战场上第一次向苏俄的进攻。1919 年 1 月 22 日，美、英、法等国首脑在巴黎会议上达成协议，决定于 1919 年 2 月 15 日在王子岛召开解决"俄罗斯问题"的会议，邀请所有俄罗斯交战力量参加。但他们没有邀请苏俄政府。这表明帝国主义国家在玩弄外交上的花样。列宁敏锐地观察到了帝国主义国家政治家阴险的外交手腕。列宁主动表示参加此次会议，并希望上述国家对苏俄政府发出正式邀请。1919 年 2 月 4 日，苏维埃政府致电美、英、法、日、意各国政府，明确表示参加会议和早日结束战争的态度。列宁的决策表明，苏俄政府和人民希望和平解决问题。不仅如此，列宁为缓解苏维埃政权的危机，主动提出了关于偿还债务、贷款给俄国、俄国以原料偿付利息、向资本家实行租让等十分灵活的政策。在苏俄政府积极主动的外交攻势下，帝国主义国家的外交政客们开始退却。他们宣布，鉴于在俄罗斯境内只有俄罗斯政府愿意进行和平谈判、其他力量拒绝参加会议的情况，预定的王子岛会议不再举行。列宁灵活的外交政策又一次取得了胜利。

为探听苏俄政府的虚实，美国总统威尔逊和英国首相劳合·乔治于 1919 年 3 月派全权代表威·布利特到莫斯科与苏俄政府进行非正式谈判。为早日结束这场残酷的战争，列宁对这次谈判十分重视。列宁仔细地研究了谈判策略和让步方式。谈判中列宁提出了立即停止军事行动的具体建议，即从俄罗斯撤出外国军队，停止帝国主义国家对反革命集团的援助，撤销对苏俄的封锁。苏俄政府的让步是，同意现有的反革命政府可以保留所占据的领土，可以使用其所盘踞的铁路和港口。列宁再次提出可以考虑偿还前俄罗斯帝国的债务问题。这对苏俄政府来说是巨大的让步。但帝国主义国家出尔反尔，他们拒绝了列宁提出的条约草案，并向全世界撒下弥天大谎。威尔逊和劳合·乔治声称他们没有派遣威·布利特去莫斯科与列宁进行谈判。他们这样做，是为了配合向苏俄政府的第一次军事进攻，企图一举消灭苏维埃政权。但帝国主义的进攻被苏俄政府和人民所击退。

苏俄高层在同敌人进行殊死搏斗时，密切地注意欧洲的革命形势，追切希望欧洲革命早日到来。

第三节 对欧洲革命态势的估计和态度

一定要抚养匈牙利苏维埃政权这个孩子！

1918年10月22日，匈牙利爆发了革命。资产阶级的自由主义激进派政党和社会民主党组成了政府。匈牙利革命的发生是非常奇特的。1918年，这个联合政府没有能力控制局面，于是资产阶级自由主义激进派退出政府，宣布辞职，并建议由社会民主党单独组阁。但社会民主党不敢成立没有共产党参加的政府。于是，当匈牙利资产阶级政府辞职后，匈牙利的妥协派到监狱中将库恩·贝拉请出来执政。匈牙利的资产阶级社会党同匈牙利布尔什维克党合并，成立匈牙利社会党。1919年3月21日，匈牙利苏维埃共和国宣告成立。

如何对待新生的匈牙利苏维埃政权？

1919年4月，列宁在莫斯科工人和红军代表苏维埃全会非常会议上说："匈牙利的革命已经证明我们说过的话：我们进行斗争不仅是为了自己，而且是为了全世界的苏维埃政权；红军战士在这里流血不仅是为了挨饿的同志，而且是为了苏维埃政权在全世界的胜利。匈牙利的例子证明，这不仅仅是一种预见和诺言，这已是看得见摸得着的活生生的现实。"列宁说："库恩·贝拉同志是我们的同志，是一位完全走过了俄国布尔什维主义的实际道路的共产党员。在我用无线电和他通话的时候，他说：'我在政府中没有掌握多数，但我定能取得胜利，因为群众都拥护我。现在正在召开苏维埃代表大会。'这是一个具有世界历史意义的转变。"列宁说："匈牙利的例子对无产阶级群众、对欧洲的无产阶级和劳动农民将具有决定的意义，这个例子表明，在困难关头，除了苏维埃政权以外，谁也不能管理国家。"列宁说："我们记起了一个比喻，老人们常说：'孩子们长大成人了，我们可以死啦。'我们不打算死，我们正在走向胜利。但当我们看到成立了苏维埃政权的匈牙利这样的孩子时，我们说，我们不仅在俄国而且在国际范围内也完成了自己的事业，我们要经受住一切最严重的困难，以便获得完全的胜利，以便除俄罗斯和匈牙利苏维埃共和国之外，还再增添一个国际苏维埃共和国，而我们一定会看到它是怎样出现的。"列宁估计说："匈牙利的革命终于表明，苏维埃运动正在西欧发展起来，它的胜利为期不远了。"①

列宁对匈牙利革命的到来欢欣鼓舞。1919年4月17日，列宁表示："匈牙利与俄国相比，是一个小国，但是匈牙利革命在历史上所起的作用也许比俄国革命更大。这个有文化的国家吸取俄国革命的全部经验，坚决实行社会化，并在更好的基础上，更有计划更成功地建造社会主义的大厦。"② 1919年4月，库恩·贝拉代表匈牙利苏维埃政府发表告红军中匈牙利战士书。该书用匈牙利文印出，在苏俄国内战争的各个战线上散发。1919年4月23日，列宁在告匈牙利国际主义者书上加的附言中表示："我完全赞同号召书，相信各条战线上的匈牙利无产者不会不看到，只要为国际无产阶级利益再奋斗几个月，胜利就将属于我们——这将是决定性的和可靠的胜利。"③

1919年5月27日，列宁向匈牙利工人致敬。他说，我们从匈牙利苏维埃活动家那里得到的消息，使我们感到欢欣鼓舞。匈牙利的苏维埃政权成立以来不过两个多月，但从组织程度方面说，匈牙利的无产阶级看来已经超过了我们。这是可以理解的，因为匈牙利居民的一般文化水平较高，而且，产业工人在全体居民中所占的比重也大得多（现时匈牙利有800万人口，300万集中在布达佩斯），最后，匈牙利过渡到苏维埃制度即无产阶级专政比我国容易得多，和平得多。列宁说："匈牙利的无产阶级革命甚至使盲人也重见光明。匈牙利过渡到无产阶级专政的形式与俄国截然不同：资产阶级政府自动辞职，工人阶级的统一、社会主义的统一立刻在共产主义纲领上恢复起来。苏维埃政权的实质现在表现得更加明显了，现在除了苏维埃政权以外，除了无产阶级专政以外，世界上任何地方不可能有一种政权是得到以无产阶级为首的劳动者拥护的。"④ 列宁说："匈牙利的工人同志们！你们一下子就在真正无产阶级专政的纲领上把一切社会主义者联合起来了，你们给世界树立了比苏维埃俄国更好的榜样。现在你们面前摆着一个极有希望但极困难的任务，就是要在反协约国的艰苦战争中支持下去。希望你们坚定不移。如果在昨天加入你们无产阶级专政的社会

---

① 《列宁全集》第36卷，第249—252页。
② 《列宁全集》第36卷，第306页。
③ 《列宁全集》第36卷，第310页。
④ 《列宁全集》第36卷，第374、175页。

主义者中间或在小资产阶级中间有人表现动摇，你们就要无情地制止这种动摇。枪毙，这是胆怯者在战争中应得的命运。""你们进行着唯一合理的、正义的和真正革命的战争，这是被压迫者反对压迫者的战争，劳动者反对剥削者的战争，争取社会主义胜利的战争。全世界工人阶级中的一切正直的人都是站在你们一边的。世界无产阶级革命一月比一月地接近了。"①

1919年6月18日，列宁给库恩·贝拉打电报，提醒他一分钟也不要相信协约国，认为协约国只会扼杀苏维埃政权。

但是，匈牙利共和国仅存在了133天，就被匈牙利国内外反革命势力所扼杀。匈牙利革命的失败对处于极端困难的俄国苏维埃政权来说是一次心理上的巨大打击。但列宁领导俄国无产阶级挺过来了，仍然对欧洲革命寄予巨大希望。

就在这期间，波兰也出现了革命形势。华沙工人代表苏维埃于1918年11月11日成立。这是俄国十月革命影响的结果。波兰各城市先后成立了100多个苏维埃，有的地方甚至成立了农民苏维埃。但1919年夏天，波兰资产阶级反对派和妥协派联合起来摧毁了苏维埃。

支持巴伐利亚苏维埃共和国

列宁一直认为德国具备革命的条件和形势。1918年10月1日，列宁在给斯维尔德洛夫和托洛茨基的信中判断说，德国事态发展得如此"迅速"，我们也不能落后。一周以来，国际革命越来越逼近，甚至应该作日内就要爆发的估计。所以，列宁提出的方针是不同德国威廉政府结成任何联盟。列宁指示，我们都愿为支援德国工人把业已开始的德国革命推向前去而献身。结论：（1）要用十倍的努力去弄到粮食（既为我们也为德国的工人收净全部存粮）；（2）要十倍地征兵入伍。为了援助国际工人革命，春季以前我们应该建立一支拥有300万人的军队。② 1918年10月22日，德国革命家卡尔·李卜克内西从苦役监狱被释放出来。列宁得知后非常高兴。列宁马上于23日给越飞大使打电话，请他迅速向李卜克内西转达他的"最热烈的敬意"。列宁的判断是："德国革命工人的代表被释放出狱，是新时代即胜利的社会主义时代的征兆，现在，这个时代正展现在

---

① 《列宁全集》第36卷，第377、378页。
② 《列宁全集》第48卷，第358、359页。

德国和全世界的面前。"①

1919年4月，以恩·托勒尔为首的独立社会民主党在巴伐利亚宣布建立一个苏维埃共和国，但这个共和国是徒有虚名的，根本不具备苏维埃的性质。托勒尔的目的就是麻痹革命工人，阻止革命运动在巴伐利亚蔓延。然而，巴伐利亚的反革命政治势力于4月13日发动了反革命叛乱，企图建立资产阶级的政权。4月13日，在巴伐利亚首府慕尼黑街头革命工人和反革命政治势力发生了激烈的冲突和战斗，结果，无产阶级取得了胜利。这天晚上，召开了工厂委员会和士兵苏维埃会议，成立了由15人组成的共和国最高权力机关——行动委员会，选出了行动委员会的执行机关——执行委员会。该执行委员会以莱维纳为首，由4名成员组成。这是最高执行机关。独立社会民主党人也参加了行动委员会和执行委员会。这样，在巴伐利亚诞生了苏维埃共和国。巴伐利亚共和国政府成立后，实行了一系列无产阶级专政的措施，如武装无产阶级和解除资产阶级武装，成立红军，将银行收归国有，实行工人监督，等等。

巴伐利亚革命的到来使列宁的革命情绪十分高涨。4月7日，列宁给库恩·贝拉打电报，请他向巴伐利亚苏维埃共和国表示祝贺，并希望库恩·贝拉提供有关巴伐利亚革命的详细情况，因为列宁感到在莫斯科对其他情况毫无所知。1919年4月27日，列宁向巴伐利亚苏维埃共和国致敬，衷心祝贺巴伐利亚共和国成立。在这份致敬信中，列宁询问了一系列的问题。这些问题都是关系到巴伐利亚苏维埃共和国巩固的大问题。

巴伐利亚苏维埃共和国政府的一系列主张和措施引起了反革命政治势力极大的仇恨。德国谢德曼政府和一些州的军队联合起来向新生的苏维埃政权猛扑过来。关键时刻，独立社会民主党叛卖共产党。4月27日，他们把共产党排挤出领导决策层。5月1日，政府军进攻慕尼黑。工人群众抵制了三天，最终失败。巴伐利亚共产党和革命工人遭到反革命的屠杀。莱维纳牺牲。

把宝押在国际革命上面

列宁期待着西欧革命的到来。俄国革命激起西欧革命的火焰，这种火焰会越烧越旺，将帝国主义世界烧得片瓦不留。烧出来的只能是一个红彤彤的无产阶级世界。这是当时列宁的希望。1919年4月11日，列宁在全

---

① 《列宁全集》第48卷，第383页。

俄工会中央理事会全会上的报告中表示："要是注意到欧洲中部出现了苏维埃共和国，以及苏维埃形式的发展的不可抑制，十分冷静地观察了形势之后，可以毫不夸大地说，我们在国际范围内的胜利是完全有把握的。"①1919年12月，列宁在全俄苏维埃七大上的报告中说："在谈到我们工作的政治总结和政治教训时，自然要把苏维埃共和国所处的国际形势放到第一位。无论在十月革命前或十月革命中，我们一直说，我们把自己看作是而且只能看作是国际无产阶级大军中的一支部队，我们这支部队所以走在前面，决不是由于我们的程度高，素养好，而是由于俄国的特殊条件，因此，社会主义革命至少要无产阶级在若干先进国家中取得胜利后，才能说取得了最终的胜利。正是在这种情况下，我们不得不经受最大的困难。"列宁明确说："总的看来，把宝押在国际革命上面——如果可以用这种说法的话——是完全正确的。"②

观察国际形势，列宁一直对国际革命抱有乐观态度和信心。1919年7月15日，列宁在霍登卡卫戍部队非党红军战士代表会议上说，现在很清楚，高尔察克已经灭亡，对邓尼金的胜利即将来临；这次胜利将以西欧无产阶级的胜利而告完成，因为西欧各地的工人运动都带有布尔什维主义的性质。建立了苏维埃政权的俄国起初是孤独的，随后出现了匈牙利，德国的政权正在转归苏维埃，全欧洲联合成为一个统一的苏维埃共和国去消灭全世界资本家统治的日子已经不远了。布哈林更乐观，他在俄共（布）第8次党的代表大会上说："我们写我们的党纲不仅是为我们自己，在相当大的程度上也是为西欧和美国的同志们"，"在我们革命之后发生的任何革命都应该向他学习"。③ 这种情况表明，在俄国竭尽全力抗击帝国主义者和国内反动派时，苏俄政府多么需要西欧革命的火焰！苏俄革命的一切就是为了点燃西欧革命的熊熊烈火。这几乎成为列宁及其战友的一种理念和强大的精神支柱。

战争是力量的较量，也是智慧的较量。军事决策更需要艺术性和科学性。指挥战争和赢得战争除了其他因素外，还要求善于用人。列宁十分善于用人，所以，列宁能够赢得战争。

---

① 《列宁全集》第36卷，第269页。
② 《列宁全集》第37卷，第371、372页。
③ 《俄共（布）第8次代表大会·记录》，第37页。

第四节　内战时期的党内军事分歧

在这生死攸关的时刻，党内斗争并没有停止。党内在军事问题上发生尖锐分歧，党内出现了军事反对派，其中一部分原来的"左派共产主义者"也参加了军事反对派。更为重要和复杂的是，斯大林和托洛茨基也卷入了这场斗争，并产生很深的矛盾。这给以后的党内斗争带来很大影响。

1918年，苏维埃政权既面临着军事威胁，又面临着饥饿的威胁。布尔什维克党不仅要在第一线——军事战线上作战，而且还要在第二战线——粮食战线作战。列宁派托洛茨基去第一战线搞军事，派斯大林去第二战线搞粮食。托洛茨基作为最高军事委员会主席，乘坐他那富于传奇色彩的装甲指挥车，亲临察里津战线指挥作战。而斯大林也赶到察里津筹集粮食，以解救莫斯科的饥荒。在察里津，斯大林同察里津战线指挥员伏罗希洛夫①和米宁一起同托洛茨基发生矛盾。其实，在军事问题上，中央高层决策不断出现意见分歧，这些军事决策分歧时大时小。其中任命旧军官问题的争论就是一个插曲。

任命旧军官问题上的分歧

布列斯特和约签订后，苏俄在西部边界组成了"西方的帷幔"。在组成"西方的帷幔"过程中，共和国最高军事委员会主席托洛茨基任命了几名旧将军为"西方的帷幔"部队的军事领导。这引起士兵们的愤怒，他们强烈要求托洛茨基将这些旧军官从军队中清除出去，否则士兵将处决这些旧军官。"西方的帷幔"部队司令员别尔津专程赶到莫斯科向斯大林汇报。斯大林同意必须将旧将军从军队中清除出去，但他说："我不能作出任何决定，要知道，我是分管民族事务的，所有军事问题得由'老头'（指列宁——作者注）自己处理。"列宁得知这件事后，马上表示："我今天就叫托洛茨基发命令撤销这些旧将军的红军职务，并且要他明天把这个命令的核实过的副本交给你们。"托洛茨基马上发了命令，撤销旧将军的

---

① 克里门特·叶弗列莫维奇·伏罗希洛夫（1881—1969）：苏联党和国家著名军事活动家，苏军元帅。

红军职务。① 其实，列宁同意任命有觉悟的旧军官为苏维埃政权服务，只是因为那里的士兵出现了愤怒情绪需要加以平息。

斯大林抒发对托洛茨基的不满

斯大林抵达察里津后，提出了与托洛茨基不同的作战方案。1918年7月10日，斯大林从察里津给列宁写信，表达对托洛茨基的强烈不满。信中说：如果托洛茨基不改变原来的做法，那可以肯定地说，一个月以后我们在北高加索的一切将全部垮台，我们将完全丧失这个边区。托洛茨基在"给苏维埃政权丢脸"。他在信中还要求军事指挥权。他说："粮食问题同军事问题是自然地交织在一起的。从工作利益着想，我必须有军事全权。这一点我过去提过，但没有得到答复。好吧。在这种情况下，我将自己作主，不经形式手续把那些损害工作的集团军司令员和政治委员撤职。工作的利益要我这样做，当然，我决不因为没有托洛茨基的公文而不去行动。"②

9月17日，苏维埃政权革命军事委员会决定，任命斯大林、谢·康·米宁、方面军司令帕·巴·瑟京和副司令克·叶·伏罗希洛夫为新组建的南方革命军事委员会委员。不久，亚·梅霍诺申也成为该委员会的委员。在南方军事委员会中，以斯大林、米宁和伏罗希洛夫为一方，以瑟京和梅霍诺申为另一方，展开了斗争，产生严重的意见分歧。其实质是，察里津的干部不愿意执行党关于在红军建设中使用旧军事专家的政策，主张实行已被废防的集体指挥军队的制度。托洛茨基采取粗暴的态度来处理这个问题，致使矛盾越来越尖锐。为了改变这种状况，南方面军革命军事委员会进行了改组，由瑟京、梅霍诺申和列格兰组成。

这样安排之后，中央还不放心。10月2日，全俄中央执委会主席斯维尔德洛夫打电报给斯大林、伏罗希洛夫和米宁："革命军事委员会的一切决议，前线军委必须执行。没有服从就不可能有统一的军队。在执行决议的同时可以向最高机构——人民委员会和全俄中央执委会提出申诉，最后还可以向中央申诉。恳切建议你们实行革命军事委员会决议……任何冲

---

① 米·卡·帖尔-阿卢丘年茨：《弗·伊·列宁——苏维埃政权建立时期的军事领导人》，转引自《回忆列宁》第3卷，第33、34页。

② 《斯大林全集》第4卷，第108、109页。

突都不应该出现。"①

托洛茨基电告中央，要求召回斯大林

但是，斯大林和托洛茨基的冲突无法避免。10月4日，托洛茨基从坦波夫通过专线向列宁和斯维尔德洛夫通电："我坚决主张把斯大林召回莫斯科……我继续让他（伏罗希洛夫）担任第10军（察里津部队）军长，条件是他必须服从南线司令员的指挥……我要他们每天向司令部报告作战情况和侦察情况，如果他们明天还拒不执行的话，我就拿伏罗希洛夫问罪，并且通报全军。很快就要发动进攻。……我们没有时间进行'外交'谈判了。"②

列宁非常了解这两个人的性格和作风。托洛茨基孤傲专横，而斯大林则比较粗暴。两雄并立，必有一争。于是，列宁及中央决定调回斯大林，任命他在共和国最高军事委员会任职。列宁还派斯维尔德洛夫代表中央委员会乘专列来接斯大林。斯维尔德洛夫和斯大林回莫斯科的专列与托洛茨基去察里津的专列在途中相遇了。这真是巧合。经过斯维尔德洛夫的精心安排，斯大林在托洛茨基的专列上见了对手。托洛茨基后来回忆道，斯大林问："您真要把他们全部撤掉吗？这些小伙子可都是好样的！"而他回答道："可是这些好样的小伙子将会断送革命！我们总不能等到他们成熟起来再去打仗。"③

列宁调解斯大林和托洛茨基的关系

列宁对托洛茨基与斯大林的关系十分关注，并想方设法来改善他们的关系。10月22日，列宁写信给托洛茨基："斯大林今天到达，带来了我军在察里津附近取得三次重大胜利的消息……斯大林已说服伏罗希洛夫和米宁（他认为这两人是非常宝贵和难得的干部）不要离开并完全服从中央机关的命令；据斯大林说，他们俩不满的唯一原因，就是炮弹和子弹到得太晚，甚至不送去，这样，20万人的士气高昂的高加索集团军也同样会覆灭的。"列宁接着说："斯大林很想在南方面军工作；他非常担心不熟悉这条战线的人会犯许多错误，这方面的例子他举出了很多。斯大林希望自己能在工作中证实他的看法是正确的。他并没有提出解除瑟京和梅霍

---

① 《斯维尔德洛夫选集》第3卷，莫斯科1960年版，第28页。
② ［苏联］托洛茨基：《我的生平》下册，华东师范大学出版社1982年版，第490页。
③ ［苏联］托洛茨基：《我的生平》下册，华东师范大学出版社1982年版，第489页。

诺申职务的最后通牒,同意在南方面军革命委员会中同他们共事,还表示愿意担任共和国最高军事委员会委员。"列宁对托洛茨基说,"我把斯大林所有这些意见告诉您,请您仔细考虑并答复:第一,您是否同意亲自向斯大林解释一下,他为此同意去您那里;第二,您看是否认为在一定的具体条件下有可能消除从前的摩擦并处好共事关系。这是斯大林所希望的。至于我,则认为必须竭尽全力处好与斯大林的共事关系"。①

托洛茨基复电,完全同意列宁的意见。于是,斯大林被任命为南线革命军事委员会委员。南线大本营设在哈尔科夫。但托洛茨基对伏罗希洛夫在察里津的表现仍不满。12月14日,他打电报给列宁:"再不能让伏罗希洛夫继续任现职,他使所有和解努力归于失败。我认为必须重新组织革命军事委员会,另指派指挥员去察里津,同时把伏罗希洛夫调往乌克兰。"② 这个建议被采纳,伏罗希洛夫调往乌克兰。

斯大林和伏罗希洛夫在乌克兰又会合了。他们继续与托洛茨基相对抗。斯大林对总司令部命令的态度是:"不予理睬!"③ 托洛茨基对此不能容忍。1919年1月10日,他打电报给斯维尔德洛夫:"我坚决声明,决不允许导致察里津部队土崩瓦解的察里津政策在乌克兰重演……斯大林、伏罗希洛夫及其一伙所推行的路线将毁灭整个事业。"列宁和斯维尔德洛夫复电,仍希望他们能够和解。托洛茨基再次致电列宁和斯维尔德洛夫:"和解当然是必要的,但不应当是虚假的和解。事实上,察里津的那些人现在全部聚集在哈尔科夫……我认为斯大林支持的察里津政策是最危险的病源,这比军事专家的背叛还坏……"④

列宁对托洛茨基的评价

托洛茨基常常乘着他的专列巡行在各个战区,但托洛茨基到达某一个战区后,就常常发布命令,改变原有的战斗计划。这种情况曾不止一次地造成了战区指挥的混乱。当时的指挥员卡·达尼舍夫斯基面见列宁,要求将托洛茨基调回莫斯科。列宁说:"托洛茨基是个大人物,他很有办法,为吸引旧军官参加红军做了很多工作,为组建红军出了很多力。但他不是

---

① 《列宁全集》第48卷,第382页。再参见托洛茨基《我的生平》下册,第490、491页。
② [苏联] 托洛茨基:《我的生平》下册,第491页。
③ [苏联] 伏罗希洛夫:《斯大林与苏联武装力量》,1951年俄文版,第27页。
④ [苏联] 托洛茨基:《我的生平》下册,第491、492页。

自己人，对他不能完全信任：谁也不知道他明天会干出什么事来。要密切注意他。我们暂不把他召回。你回去以后，把情况调查了解清楚，详细地向我报告，那时再作决定。也许要给这类通信规定一套专用密码，请写给我本人……"① 列宁一番话使达尼舍夫斯基很受震动。这表明列宁对托洛茨基抱有警惕态度，但列宁仍然给予他最重要的军事指挥权，这也表明列宁善于发挥他的才能为苏维埃政权服务。

党内"军事反对派"的出现和解散

党内在军事问题上的分歧和斗争成为俄共（布）八大的重要内容。托洛茨基没有参加这次大会，他在前线指挥作战。在这次代表大会上，"军事反对派"已成为一个有纲领的派别组织。公开参加"军事反对派"的有：伏罗希洛夫、米宁、戈洛晓金、雅罗斯拉夫斯基、萨法罗夫、斯米尔诺夫、皮达可夫等人。他们中间有些人是原来的"左派共产主义者"成员。斯大林虽然支持"军事反对派"，但他没有直接参加。

会上，索柯里尼柯夫作了关于军事问题的报告。这个报告的提纲是托洛茨基提出、经过俄共（布）中央批准的。斯米尔诺夫②代表"军事反对派"作了副报告。他在报告中反对建立正规红军，反对在军队中实行铁的纪律，反对任用军事专家。由于要求发言的代表很多，代表大会决定将讨论放到军事小组会议上进行。在军事小组会上，出现有意思的局面，即以多数票通过把"军事反对派"的提纲作为讨论基础之后，拥护俄共（布）中央提纲的代表们当即要求把讨论改在代表大会全体会议上进行。小组会议否定了这个建议。于是，他们在逐节讨论"军事反对派"的提纲时退出了军事小组会议。

面对军事小组内部的严重对立，3月21日晚，俄共（布）八大召开秘密全体会议。列宁就军事问题发表讲话。列宁严厉批判了"军事反对派"的错误观点，认为"军事反对派"的批评超过了应该批评的界限，太"冲动"了。列宁说："你们反对派的全部错误就在于，你们由于把自己的经验同这种游击习气连在一起，把那些永志不忘的英雄主义传统同这

---

① 《回忆列宁》第3卷，第529页。
② 弗拉基米尔·米哈伊洛维奇·斯米尔诺夫（1887—1937）：1907年入党，十月革命后任最高国民经济委员会委员。1918年是"左派共产主义者"的骨干分子，1919年是"军事反对派"首领之一，1920—1921年是民主集中派骨干分子，1923年属于托洛茨基反对派，1937年被枪决。

种游击连在一起，你们不想知道现在是另一个时期。现在，首要问题是应该有正规军，应该过渡到拥有军事专家的正规军。"列宁指出，反对利用军事专家"就是在破坏整个党的路线和整个党的纲领"。党与"军事反对派"的"分歧的根源就在这里"。① 列宁认为伏罗希洛夫和戈洛晓金身上存在着旧的游击习气，察里津集团军具有崇高的英雄主义，但在没有军事专家的情况下却损失了6万人。列宁表示，中央委员会的过错在于党的路线没有得到贯彻；伏罗希洛夫的过错在于他不愿意抛弃旧的游击习气；皮达可夫和布勃诺夫的错误也在于他们赞同这种游击习气。针对反对派成员戈洛晓金对托洛茨基的指责，列宁说："您提出这样的指责，您作为党代表大会上的一名重要发言人，可以指责托洛茨基，说他不执行中央委员会的政策，但这是一种狂人的指责。您一点根据也拿不出来。如果您能证明这一点，那么，无论是托洛茨基，还是中央委员会就都没有什么用处了。"列宁说："我们经常产生意见分歧和错误，这一点谁也不否认。斯大林在察里津枪毙人，我就认为这是个错误，我认为他们枪毙错了。伏罗希洛夫同志引证的那些文件（文件举出第10集团军中，包括伏罗希洛夫同志在内，有许多英雄事迹）揭露了我们的错误。我的错误也被揭露出来了，我不是打过电报吗，我说：要谨慎。我犯了错误。之所以如此，因为我们大家都是人。……斯大林同我有过意见分歧。斯大林证实过，并且谁也不会由此得出结论说中央委员会的政策在军事部门没有执行。这种指责是往整个军事部门和中央委员会脸上抹黑。你们现在不愿意说出这一点，但你们曾打算说出这一点。"列宁表示，军队里需要集中。列宁说，不幸的是伏罗希洛夫把全部注意力都放在了察里津。一个战役付出了6万人的代价太大，如果有军事专家的话，就不会付出这样大的代价。列宁最后表示，游击活动时代已经结束，"如果有人说要回到游击活动时代，那么我们就最坚决地说：永远永远不行！"②

尽管斯大林反对托洛茨基的主张，支持伏罗希洛夫等人，但在这次代表大会上，斯大林仍站在列宁的立场上批评了"军事反对派"。

会议讨论结束后进行表决，赞成以托洛茨基提纲为基础的中央决议案的代表有174名，赞成"军事反对派"决议案的代表有95名。

---

① 《列宁全集》第36卷，第170—175页。
② 《列宁全集》第36卷，第171—176页。

问题没有解决。代表大会选出了由多数派和反对派代表组成的协商委员会。3月23日,协商委员会终于作出"一致决定":同意中央的提案。"军事反对派"成员雅罗斯拉夫斯基向代表大会表示原则上接受中央多数派的主张。

这样,经过"文字上修改"的托洛茨基提纲,除一人弃权外,在大会上予以通过。"军事反对派"作为一个反对派不存在了。然而,党内的军事分歧仍然存在。尤其是斯大林和托洛茨基之间的个人摩擦为以后的党内斗争埋下伏笔。

党内军事分歧的产生、发展和消除是同战争联系在一起的。帝国主义者和国内反动派的第一次进攻失败后,经过准备又对苏维埃政权发起了新的攻势。

第五节　粉碎邓尼金及其协约国的进攻

大家都去同邓尼金作斗争!

高尔察克的失败使帝国主义者和俄国反革命分子更加恼火。他们组织了第二次进攻。1919年秋,协约国发动了进攻。这次进攻的特点是协约国撤出自己的军队,改为逼迫苏俄周围的小国来进攻苏俄,并许诺给这些小国以经济援助。如果说协约国第一次进攻是直接的进攻,这次则是以金钱雇用周围小国来攻打苏俄的间接进攻。这是一次联合的进攻。这一次由邓尼金、尤登尼奇同时发动进攻。进攻的重点在南方,邓尼金是这次进攻的主力。1919年7月3日,邓尼金下令分三路进攻莫斯科:右路是弗兰格尔指挥的军队;中路是顿河军队;左路是邓尼金的王牌军——"志愿军"。邓尼金的军队气势汹汹,给苏维埃政权造成了极大的压力。同时,尤登尼奇又一次向彼得格勒发起进攻。反苏维埃分子甚至悬赏100万卢布给邓尼金首先进入莫斯科的军队。邓尼金军队沿着哈尔科夫—奥廖尔—库尔斯克—图拉—莫斯科一线向莫斯科进军。邓尼金还制造了一列"向莫斯科进军号"装甲车企图向苏维埃政权的心脏发起致命的攻击。莫斯科岌岌可危。

形势十分严峻。1919年7月3日至4日,俄共(布)中央全会召开,专门讨论协约国进攻、苏维埃政权所面临的种种重大问题。列宁起草了一系列文件。列宁写了《大家都去同邓尼金作斗争!》一文。鉴于该文非常重要，俄共（布）中央决定将其作为党中央给各级党组织的信加以公布。列宁在这份文件中表示："社会主义革命的一个危急关头、甚至可能是最危急的关头到了。"列宁要求全体共产党员、全体同情分子、全体正直的工农、全体苏维埃工作人员，"都要按战时要求紧张行动起来，把自己的工作、精力和注意力尽量转到完成直接的战争任务上，转到迅速击退邓尼金的进犯上，并减少和改变自己其余的一切活动，使之服从于这个任务"。"苏维埃共和国已在敌人包围之中。它应当不是在口头上而是在实际上成为一个统一的军营。""所有机关的全部工作都要适应于战争，都要按战时要求加以改造！"① 邓尼金的进攻给苏维埃政权造成了最严重的威胁。但是，应该说，反苏维埃政权的政治和军事实力并不是协调一致的，它们之间也存在着很大的矛盾和斗争，所以，苏维埃政权能够在极其危险的夹缝中得以生存。据莫洛托夫回忆："内战时有过这样的时刻，当邓尼金逼近莫斯科时，马赫诺②突然解救了苏维埃共和国；从侧翼攻击了邓尼金。为了反击马赫诺，邓尼金撤走了军团。你看，就连马赫诺有时也带来好处。也有过这样的情况：列宁把我们召集起来说：'苏维埃政权停止存在。党转入地下。'当时还为我们准备了文件、秘密接头的暗号……"③ 可见当时情况的危急。

击败邓尼金和高尔察克

就在前线吃紧之时，红军指挥系统内部出现矛盾。1919年8月，伊·斯米尔加给俄共（布）中央写信。他在信中报告了南线的严重情况："我们失利的主要的和基本的原因是南方面军革命军事委员会不会指挥和管理军队……现在的革命军事委员会班子没有工作能力。互不了解到如此厉害的程度，以致不能指望会'协调一致'。"他点名批评了托洛茨基和索柯里尼柯夫，认为他们起了有害的作用。④ 列宁协调这里的关系。列宁给斯米尔加写信："托洛茨基正在这里，看来要待一周左右。希望您能同他建立和谐的工作关系。您来谈谈不好吗？不要急躁，不要过分挑剔。如不来，请更经常地通消息。"⑤ 这种矛盾在战争时期经常出现。

---

① 《列宁全集》第37卷，第40、41页。
② 马赫诺（1889—1934）：苏俄内战时期反革命武装首领之一，1921年流亡罗马尼亚。
③ 《莫洛托夫访谈录》，第208页。
④ 《列宁全集》第49卷，第691页。
⑤ 《列宁全集》第49卷，第65页。

这期间，俄共（布）进行了几次"征收党员周"，有 20 万新党员加入了党的队伍。在战争中涌现出布琼尼这样英勇善战的指挥员。他指挥红军骑兵集团军不断地重创敌人，取得了重大的胜利。在红军的打击下邓尼金军队迅速走向溃败。与此同时，尤登尼奇的军队也被红军击溃。邓尼金和尤登尼奇的溃败加速了高尔察克的灭亡，红军向东追击高尔察克的残部。1919 年 8 月 24 日，列宁发表了《为战胜高尔察克告工农书》，强调必须竭尽全力把高尔察克、日本人和其他外国强盗赶出西伯利亚，必须努力地消灭敌人，绝不允许敌人一次又一次地来为非作歹。1919 年 11 月 1 日，红军攻克了高尔察克的首府鄂木斯克。高尔察克被处决。

协约国的第二次进攻又失败了。什么原因呢？列宁总结说："第二阶段，我们夺走了它们的小国，尽管这些小国一直是反对我们的，尽管那里统治国家的都不是苏维埃政权，而是资产阶级政权。这些小国对我们采取了友好的中立态度，反对称霸世界的协约国，因为协约国是要压迫它们的强盗。"① 在第二阶段中，不仅小国的工人和农民不愿意来攻打苏俄，就连这些小国的相当一部分资产阶级也不肯来攻打苏俄。如，芬兰的资产阶级政府尽管对布尔什维克的政策表示反对，但他们对攻打苏俄采取消极态度："如果我们按协约国的指示去做，那一定会丧失任何独立的希望"。② 所以，列宁分析说，这些小国不来攻打我们，"并不是因为波兰、芬兰、立陶宛、拉脱维亚的资产阶级觉得布尔什维克的眼睛漂亮，执行这种政策可以得到愉快（这当然是胡说），而是因为我们正确地判定了世界历史的力量：或者是野蛮的资本取得胜利（不管是哪一个民主共和国），那它就会扼杀世界上所有的弱小民族；或者是无产阶级专政取得胜利，那全体劳动人民和各被压迫的弱小民族就有了希望。"③

苏俄政府和人民又赢得了第二次战争的胜利。但战争给俄国人民带来无穷的灾难。苏俄军队受到虱子、伤寒和斑疹的摧残。

虱子与社会主义

由于战争的原因，当时在俄国伤寒斑疹和虱子蔓延。这些都大大地削弱了苏俄军队的战斗力。为了提高军队和居民的健康水平，列宁决定成立

---

① 《列宁全集》第 37 卷，第 380 页。
② 《列宁全集》第 37 卷，第 378 页。
③ 《列宁全集》第 38 卷，第 379 页。

卫生人民委员部。据谢马柯什回忆，当时在成立卫生人民委员部的问题上中央高层曾进行过激烈的争论。负责经济方面的人士表示反对成立这个浪费钱财的人民委员部。托洛茨基也表示反对。但所有关于建立卫生人民委员部的反对意见都被列宁驳回去了。当时，列宁非常支持卫生人民委员部的工作。1919年底俄国虱子、斑疹伤寒非常流行。列宁对此十分忧虑。在1919年12月的全俄苏维埃第七次代表大会上，列宁表示，苏维埃政权的头号问题是粮食问题；第二号的问题是燃料问题；第三号的问题是虱子、斑疹伤寒问题。这是俄国的第三种灾难。虱子、斑疹伤寒在"吞噬着我们大批军队"。列宁说："同志们，你们在这里想象不出斑疹伤寒流行地区的惨状，那里的居民没有物质资料，个个虚弱无力，一切生活和社会活动都停止了。因此我们说：'同志们，把全部注意力集中在这个问题上。或者是虱子战胜社会主义，或者社会主义战胜虱子！'"在这里列宁赞扬了医生的忘我工作，认为医生的工作"不亚于任何军事专家"。①

战争是政治的延续。军事行动需要政治的配合，更需要外交的帮助。外交行动和军事行动往往是不可分割的。有时军事上难于取得的东西，通过外交途径可以达到。这一时期，列宁运用外交决策艺术，与军事行动相配合，取得了巨大的成功。

第六节　西部打开窗口，东部建缓冲国

同波罗的海沿岸国家建立友好关系

到1920年，列宁成功地分化了帝国主义阵营中大国和小国的矛盾，打破了帝国主义对苏俄政府的进攻和封锁体系，冲破了帝国主义国家设置的所谓针对苏俄的"防疫线"。在外交方面，列宁有着高超的艺术。1918年5月14日，列宁在给邵武勉的信中就表达了自己的外交谋略，列宁说："您采取坚定而果断的政策，我们感到非常高兴。要把这种政策同无疑为当前极端困难的形势所要求的十分审慎的外交活动结合起来，这样我们才会取得胜利。""困难重重。目前只有帝国主义者之间的矛盾、冲突和斗争才能解救我们。要善于利用这些冲突，现在就要学会搞外交。"② 这是

---

① 《列宁全集》第37卷，第391、392页。
② 《列宁全集》第48卷，第147页。

列宁外交策略的指导原则。

在敌强我弱之时要特别善于利用帝国主义国家之间的矛盾，求得自我生存。列宁的这种外交谋略效果甚佳，这也是列宁决策艺术的精湛体现：善于借用别人的能力为自己的目的服务；善于在不利的国际大环境中营造有利于自己的小环境；善于挑动帝国主义之间的利益冲突，缓和自己的压力；善于集中精力寻找外交上的突破口，摆脱孤立状态；善于寻找外交上的融洽点，减少外交上的摩擦。

1920年，苏俄政府与爱沙尼亚签订了和约。双方达成了建立外交关系的协议。苏俄政府正式承认爱沙尼亚的独立和自主。双方强调承担不允许在自己的领土上有反对另一方的组织和集团存在的义务。苏维埃政府向爱沙尼亚移交了价值1500万卢布的黄金和在爱沙尼亚领土上的前俄罗斯帝国的动产和不动产。爱沙尼亚有优先租借俄罗斯森林的权利。这样，俄罗斯就在西部给自己打开了一个窗口，打破了帝国主义封锁俄罗斯的计划。1920年2月5日，列宁在莫斯科枢纽站铁路员工代表会议的演说中表示："在国际形势方面，最突出的事情是同爱沙尼亚签订了和约。这项和约是一扇通向欧洲的窗户。它使我们有可能同西欧各国进行商品交换。"1920年2月6日，列宁说："我们得以同爱沙尼亚签订了和约。在这方面我们取得了一项主要的成就，这就大大巩固了我们的地位，我们很有可能还会同所有其他边境上的国家签订和约，到那时候，协约国实际上就再也不可能侵犯我们。"列宁在1920年2月7日又进一步表示："我们已赢得了第一个和约，表明我们的国际政策胜过世界各国联合起来的资本家的政策。全世界的资本家竭力阻挠爱沙尼亚同我们缔结和约。我们战胜了他们。我们同爱沙尼亚缔结了和约，这是第一个和约，随之而来的将是其他的和约，这个和约使我们有可能同欧洲和美洲进行商品交换。"1920年2月25日，列宁重申："我们现在同爱沙尼亚缔结了和约，有了一扇通向欧洲的窗户，能从那里取得主要产品。我们所处的国际形势确有很大的好转，对苏维埃共和国来说，来自外部的危险已消除了十分之九。"①

同爱沙尼亚签订和约是俄罗斯政权外交上的成功范例。此后，苏俄政府一鼓作气，与立陶宛和拉脱维亚进行接触和谈判。随着苏俄政府的节节胜利及其国际地位的提高，拉脱维亚外交部于1920年3月25日向苏俄政

---

① 《列宁全集》第38卷，第119、122、131、174页。

府提出了和谈建议。4月26日，苏维埃俄国政府与拉脱维亚政府在莫斯科就签订和约问题开始谈判。1920年7月12日，苏维埃俄国政府先与立陶宛签订和约，尔后于1920年8月11日与拉脱维亚签订了和约。这些和约都承认了这些国家的独立和自主与经济合作。列宁的外交政策的胜利就是帝国主义的失败，因为这使帝国主义在波罗的海三国失去了军事基地。帝国主义孤立苏俄的图谋成为泡影。列宁在外交上继续扩大战果。1920年10月14日，苏俄政府与芬兰签订了和约。苏俄政府再次承认芬兰的独立，两国建立了外交关系。在这项和约中芬兰政府承担义务，在北冰洋海面上只允许有100吨以下的舰只和25艘400吨以下的军舰；保证芬兰湾的中立化；不在海湾沿岸设立远程炮台。

建立远东缓冲国

苏俄政府不仅对西部安全环境进行了必要的调整，而且在远东地区也进行了周密的部署。建立远东缓冲国就是苏俄决策高层的一个重大政治和外交决策。当时，远东地区的形势十分复杂。为避免两线作战，防止与日本发生军事冲突，有效地消灭远东地区的白卫军，苏俄中央高层决定，成立缓冲国。1920年，在东西伯处亚和远东地区建立民主共和国，首都先建在乌金斯克（即现在的乌兰乌德），后迁至赤塔。远东共和国政府领导人是布尔什维克亚·克拉斯诺晓科夫、米·尼基福罗夫等。苏俄政府于1920年5月14日正式承认远东共和国，并提供了财政、外交和军事等方面的援助。

1920年7月17日，远东共和国外交部长、俄共（布）中央委员会远东局委员亚·克拉斯诺晓科夫给中央来电，请求指示。列宁的答复如下：召开代表大会，哪里都行；选举可以采取普遍的、平等的、直接的和无记名投票的方式进行；宪法和经济政治的原则，可以采用对共产党人稍加优待的民主制；苏维埃俄罗斯与远东共和国正式的相互关系的规定性是友好；鉴于某些州不服从中央的指令和过几天即将召开预备会议，必须重新准确表述远东共和国的原则并确定其权限。要听中央的，否则就赶走。①

为加强对远东共和国的领导和指挥，成立了俄共（布）远东局，组织领导远东和西伯利亚的工作。后来俄共（布）远东局又改为俄共（布）中央远东局，直属于党中央领导和指挥，以保证俄共（布）中央和俄罗

---

① 《列宁全集》第49卷，第470页。

斯联邦人民委员会对远东共和国内外政策起决定性的作用。远东共和国在苏俄处于非常危急状态的时刻对缓和远东和西伯利亚地区的紧张局势起了重大作用。这也是苏俄党中央和政府决策高层决策艺术的精湛体现。国家转入和平发展时期后，远东共和国的存在就失去了必要。1922年11月14日，远东共和国国民议会作出了加入俄罗斯联邦的决定。1922年11月15日，全俄中央执行委员会宣布远东共和国为俄罗斯联邦的一部分。

第七节 对契卡的限制

契卡的打击面不能过大

1918年至1919年，契卡组织规模不断扩大。契卡直接指挥的特种部队1918年4月有750人，共六个连队，而到1920年1月增加到68322人。契卡的权力也不断增加。人民委员会于1918年9月5日授予契卡全权：把一切阶级敌人关进监狱；把所有参与反革命阴谋和组织的人就地处决，然后再公布名单和处决的原因。[①]

列宁对契卡的作用作过评价。列宁说："对我们来说，重要的是肃反委员会在直接实现无产阶级专政，它在这方面的作用是不可估量的。要解放群众，除了用暴力镇压剥削者，别无他法。肃反委员会就是干这个的，它对无产阶级的功绩就在这里。"[②]

列宁在肯定契卡工作积极方面的同时，也十分注意契卡工作中的问题。契卡有时打击面过大，一些人被误判、误杀。列宁对这种现象非常关注。

1919年3月4日，察里津省肃反委员会工作人员卡拉什尼柯夫在察里津第三区房管科室里发现了一张被人涂抹过的列宁画像。这张画像是从一本列宁传略的小册子上撕下来的。契卡展开调查。涂抹画像的是房管科女职员比尔施科娃，她17岁，是一个原林业资本家的女儿。她以反革命罪名立即被捕。察里津警察分局局长乌萨恰夫和红军战士米宁打电报给列宁，请求释放这个女职员。3月6日，列宁给察里津省执委会发去电报，询问事情的起因。3月8日，列宁再次给察里津方面打电报表示，因涂抹

---

① 索费诺夫：《全俄非常委员会史纲》，莫斯科1960年版，第39、110、194、249页。
② 《列宁全集》第35卷，第169页。

画像而逮捕人是不行的。① 在列宁的干预下察里津方面撤销了对这个女职员的立案。

米哈伊洛夫因被指控进行反革命活动而被捕。北德维纳省克拉斯诺戈尔斯克肃反委员会已作出决定：把他作为苏维埃政权的敌人枪决。米哈伊洛夫的家人向列宁求救。1919年2月10日，列宁给沃洛格达肃反委员会发出电报，指示将这件事的结论性意见报来。② 在列宁的过问下，米哈伊洛夫的案件转到全俄肃反委员会特别部。该部认为证据不足，将此案交全俄中央执委会革命法庭审理。1919年3月17日，米哈伊洛夫获释回家。一场冤案被列宁及时地制止。

列宁的前任秘书犯了错误，契卡准备从严惩处。1918年3月4日（2月19日），列宁给捷尔任斯基写信："来人西多连科曾给我当过几天私人秘书。我对他十分满意。他被免职是因为据说他有一次喝醉了酒，叫喊自己是'列宁的秘书'。西多连科对我说，他深感后悔。我个人也愿意完全相信他。小伙子年轻，我看他很好。对青年人应当宽容。请您酌情处理，看给他安排一个什么工作合适。"③

1919年9月4日，彼得格勒第一师范学院和幼儿师范学院的教授萨宗诺夫被彼得格勒省肃反委员会逮捕，罪名是参加了"人民自由党"（即立宪民主党）。科学院研究人员斯特罗耶夫等三人从彼得格勒打电报给教育人民委员部部务委员克鲁普斯卡娅，"请求协助释放我们在科学院、人民委员部的同事萨宗诺夫教授。萨宗诺夫不是立宪民主党人，我们对此全力担保"。④ 9月9日，列宁在这封电报上作了批示："捷尔任斯基：我的意见可以释放（如果没有罪证），要找两名保人，逃跑了可以惩治他们。此件抄送米。尼·波克罗夫斯基。"⑤ 1919年9月18日，彼得格勒省肃反委员会会务委员会决定释放萨宗诺夫。

这样的例子非常多，以上仅举四例。列宁非常了解契卡的工作，了解契卡工作的独特性，了解非常时期契卡工作的一些不可避免的失误。列宁对待契卡有两个基本原则：（1）从大处着眼，从捍卫无产阶级专政的高

---

① 转引自《列宁与全俄肃反委员会》上册，第179、180页。
② 《列宁全集》第48卷，第492页。
③ 《列宁全集》第48卷，第87页。
④ 《列宁与全俄肃反委员会》上册，第286页。
⑤ 《列宁全集》第49卷，第83、84页。

度来认识其重要性。列宁说："我们不仅听到敌人而且常常听到朋友攻击肃反委员会的工作，这是毫不奇怪的。我们肩负着艰巨的任务。既然我们担负着管理国家的工作，自然难免犯许多错误，而肃反委员会的错误自然最惹人注目。庸俗的知识界抓住这些错误不放，不愿深究问题的本质。在指责肃反委员会错误的叫声中，令我奇怪的，是他们不善于从大处着眼提出问题。我们有些人只盯着肃反委员会的个别错误。大哭大闹，纠缠不休。"（2）"要从错误中学习"，"问题当然不在于肃反委员会工作人员本身，而在于他们工作的性质；这种工作要求果断、迅速、而主要的是忠诚"。"我们可以根据经验说，剥夺资产阶级是通过艰巨斗争即通过专政来实现的。"因此，"我们只好一方面学习如何进行创造性的工作，一方面粉碎资产阶级的反抗"。① 列宁主张把肃反委员会中的异己分子运用自我批评的办法赶出去，纯洁肃反委员会的队伍，同时，力争使肃反委员会尽量少犯错误。

调解契卡与其他机关的矛盾

在内战时期，随着契卡权力的不断扩大和活动领域的不断扩展，它与其他机关的矛盾就越来越大。列宁拿出许多精力来调解这些矛盾。契卡同各级苏维埃发生了很大矛盾。契卡从上到下自成体系，不接受各级苏维埃的领导。1918 年 8 月 29 日，肃反委员会主席捷尔任斯基说："各级契卡毫无疑义是独立的。它必须无保留地执行最高机构（全俄契卡）的一切指示。各地契卡只需向苏维埃提交报告，而苏维埃或它的任何部门，在任何情况下，都不得取消或延误全俄契卡的指示。"② 对此情况，内务人民委员彼得罗夫斯基尖锐地批评道："一切权力归苏维埃将很快被一切权力归契卡所取代。"③

契卡成立铁路局后，又与交通人民委员部产生了摩擦。铁路肃反委员会干涉铁路部门的行政工作。例如，斯维尔德洛夫来电，抗议铁路肃反委员会干涉科斯特罗马火车站行政部门的工作。1919 年 2 月 24 日，列宁主持国防委员会会议，专门作出《关于铁路肃反委员会不得干涉铁路部门行政事务的决议》，并规定了全俄肃反委员会、铁路肃反委员会和交通人民委员部之间的相互关系。

---

① 《列宁全集》第 35 卷，第 168、169 页。
② 参见乔治·莱盖特《契卡与共产党良心的危机》，英国《综揽》1980 年第 3 期。
③ 《真理报》1918 年 10 月 18 日。

契卡同其他机关的矛盾，一方面表明新政权成立后政治机制还不完善；另一方面国内战争的非常局势，也使契卡有时不得不越权处理紧急事务，以扭转局势。

第八节　粉碎波兰和弗兰格尔的进攻

教训波兰

就在高尔察克和邓尼金被击败之后，波兰和在克里木邓尼金残部的白卫将军弗兰格尔又对苏维埃政权形成现实威胁。波兰当局在协约国的支持下试图乘苏俄军队极度疲惫之机，捞取乌克兰领土，建立一个"大波兰"，将其边界线由波罗的海扩展到黑海岸边。乌克兰的粮食和顿巴斯的煤炭，令波兰地主朝思暮想。波兰地主之所以有如此胆量，原因是有协约国的全力支持。1920 年 4 月，波兰不宣而战，侵入乌克兰。当时乌克兰红军只有 1.5 万人，而波兰军队则为 5 万人，实力相差悬殊。波兰军队占领了乌克兰大片领土。

红军迅速组织军事力量进行反击。1920 年 5 月 5 日，列宁在对开往波兰战线的红军战士的讲话中表示，波兰地主和资本家在协约国的唆使下，把一场新的战争强加于俄国。列宁号召俄国的士兵打败波兰的地主和资本家武装。1920 年 6 月 12 日，列宁在全俄农村工作干部第二次会议上讽刺协约国。列宁说，"真是上帝要惩罚谁（当然，如果真有上帝的话），就使谁丧失理智。毫无疑问，领导协约国的是一些聪明绝顶的人，是一些卓越的政治家。可是这些人干的蠢事却层出不穷。他们把一些国家一个接着一个地发动起来，使我们有可能把它们各个击破"。协约国没有能力将这些国家联合起来共同反对苏俄。在这篇讲话中，列宁分析了俄罗斯人的特点。列宁说："俄国人性格的特点是：一件事都还没有做成，如果没有受到大力督促，立刻就会松劲。应该同这种特点进行最无情的斗争。"列宁说："应该有这样一个口号：一切为了战争！否则我们就不能战胜波兰的贵族和资产阶级；为了结束战争，必须给那个竟还敢于玩弄战火的最后一个邻国永远不能忘记的教训。我们应该好好教训他们一顿，让他们告诫自己的子孙后代永远不再玩火。"但即使这时，列宁仍然表示，"我们过去承认现在还继续承认波兰的独立,承认波兰人民共和国"①。

斯大林、伏罗希洛夫、布琼尼、图哈切夫斯基等率领红军将波兰军队赶出了乌克兰,并进入了波兰境内,包围了利沃夫,直逼华沙。

这时的苏俄最高决策层的意图是,拿下波兰,使波兰成为社会主义国家,并使革命之火通过波兰燃向其他欧洲国家。在列宁等领导人看来,波兰工人阶级会欢迎俄国红军进入波兰,因为从阶级本质上看,俄国红军的到来是将他们从资产阶级压迫下解放出来的重要条件。但令列宁和其他领导人感到震惊的是,波兰工人阶级并没有将俄国红军进入波兰看成是一种解放行动,而是拿起武器抵制和打击红军。波兰人民在捍卫自己的家园。苏维埃俄国的输出革命行动与波兰维护民族国家主权的行动发生了激烈的碰撞。因红军先头部队和后续部队脱节,攻取华沙的军事行动失败,红军被迫后退。而波兰军队也无心恋战。双方进行谈判。1920年10月20日,苏维埃俄国与波兰在里加缔结了和约,并于1921年3月18日签字。

消灭弗兰格尔军队

就在波兰军队大举进攻苏俄之时,弗兰格尔军队也在克里木进行准备,与波兰军队相配合。列宁将弗兰格尔和波兰形容为帝国主义者的两只扼杀苏俄政权的毒手。就在红军打击波兰军队之机,弗兰格尔军队准备从后方突袭红军。1920年8月,弗兰格尔战线被中央划定为独立战线。

但是,斯大林对这样划分战线不满意。他1920年8月2日给列宁发去电报,"残酷的战斗愈来愈激烈,大概今天要丢掉亚历山德罗夫斯克。收到了您的关于划分战线的短信,政治局本来不该论这些琐事。我最多还能在前线工作两个星期,需要休息一下,请物色一个代替我的人。总司令的诺言我一点也不相信,他的这些诺言只能让人上当。至于谈到中央内部的倾向同波兰媾和的情绪,不能不指出,我们的外交有时非常成功地破坏了我们军事上的胜利成果"。列宁8月3日给斯大林打电报:"我不十分理解,为什么您对划分战线不满意。讲讲您的理由。我认为,既然来自弗兰格尔的危险不断增长,就必须这样做。关于接替者的人选问题,请把您的意见告诉我。同时也请告诉我,哪些诺言总司令迟迟没有履行。我们的外交服从于中央,只要弗兰格尔的危险不引起中央内部的动摇,那么我们

---

① 《列宁全集》第39卷,第133、136、102页。

的外交在任何时候也破坏不了我们的胜利。"① 在这里列宁实际上批评了斯大林。

中央原先派斯大林任指挥,因斯大林有病,由伏龙芝接任。1920年11月11日,南方面军司令米·伏龙芝为避免继续流血,通过无线电建议弗兰格尔停止抵抗,保证对放下武器者实行赦免。弗兰格尔没有将伏龙芝的建议通报给其手下的官兵。列宁得知这个消息后,于12日打电报给托洛茨基,批评伏龙芝的建议,认为:"你们的条件让步太多,使我极为惊讶。如果对方接受这些条件,那就应当切实保证能缴获整个舰队,不放走一条船;如果对方不接受这些条件,那么我看这些条件就不要再提了,而是必须无情地镇压。"② 伏龙芝用兵得当,将弗兰格尔残部消灭在克里木半岛上。弗兰格尔乘英国军舰逃走。至此,苏维埃三次赢得了协约国和国内反动派强加给苏俄人民的战争。和平曙光又一次照耀在苏俄大地上。

---

① 《列宁全集》第49卷,第755、482页。
② 《列宁全集》第50卷,第9页。

第三章　精心准备参加热那亚会议

第一节　实行和平共处政策

谁给谁唱挽歌？

在战争时期，苏俄政府实行的是与国内外敌人进行斗争的政策，与帝国主义者打交道主要体现在军事上的较量，希望通过战争激发起西欧革命的火焰，烧毁帝国主义世界。帝国主义世界和社会主义世界的关系是你死我活。这种思想当时在中央一直占有主导地位。1920年12月6日，列宁在俄共（布）莫斯科组织积极分子大会上说："只要存在着资本主义和社会主义，它们就不能和平相处，最后不是这个胜利，就是那个胜利；不是为苏维埃共和国唱挽歌，就是为世界资本主义唱挽歌。这是战争的延期。"① 这是列宁对上述思想的经典描述。

所以，当时党中央的主要外交战略就是同帝国主义进行斗争，从而激起欧洲革命。在他们看来，只有欧洲革命，才能使俄国革命取得最后的成功。1918年夏，契切林曾经说，俄国对外政策的基本特点是革命攻势。对世界革命的迫切期望，决定了俄国对外政策的方向。当时认为，俄国革命只不过是世界革命的先声。俄国具有强烈鼓动性的攻势，都是特意用来激发各国革命的无产阶级去进行反对帝国主义、反对资本主义制度的国际革命斗争的。②

其实，早在战争即将结束之时，列宁就十分敏感地察觉了这种均势和平衡。因为欧洲一些国家的革命先后被镇压，欧洲革命出现低潮。这是俄共最高领导层必须考虑的客观现实。所以，作为总决策师的列宁于1920年初就认为，西欧不会很快就开始社会主义革命，从而改变了自己和党以

---

① 《列宁全集》第40卷，第78页。
② J. 德格拉斯：《苏联对外政策文件》Ⅴ·Ⅰ，(1917—1924)，伦敦1951年英文版，第18—21页。

前的判断。既然西欧革命不会很快爆发，那么俄国革命若取得胜利，就必须靠自己的艰苦努力，走自己的发展道路，以便长期地保持无产阶级专政。这就需要政策的转变。1920年11月21日，列宁在俄共（布）莫斯科省代表会议上发表讲话，对苏维埃俄国所面临的形势进行了正确的分析。列宁认为，苏维埃政权在外交政策方面取得的成就是巨大的。三年前当我们提出关于俄国无产阶级革命的任务及其胜利的条件的问题时，我们总是明确地说，没有西欧无产阶级革命的支持，这个胜利就不可能巩固；只有从国际的观点出发才能正确估价我们的革命。为了取得巩固的胜利，我们必须使无产阶级革命在一切国家或者至少在几个主要的资本主义国家取得胜利。经过三年残酷而激烈的战争，我们看到，我们的预言在哪些方面没有得到证实，在哪些方面已经得到证实。我们没有能迅速而轻易地解决这个问题，在这方面我们的预言没有得到证实。当然，我们谁也没有想到，俄国抗击世界资本主义列强这样一场力量悬殊的斗争竟能延续三年之久。结果，无论这一方还是那一方，无论俄罗斯苏维埃共和国还是整个资本主义世界都没有获得胜利，也没有遭到失败；其次，虽然我们的预言没有轻易地、迅速地、直接地实现，但是主要的一点我们办到了，就这方面说预言实现了，因为主要之点就在于：即使全世界的社会主义推迟爆发，无产阶级政权和苏维埃共和国也能够存在下去。所以在这方面应该说，共和国现在所处的国际形势，最好地最确切地证实了我们的一切估计和我们的整个政策都是正确的。列宁还说，我们现在的情况是：我们虽然没有获得国际胜利，即对我们来说是唯一可靠的胜利，但是却给自己争得了能够同那些现在不得不与我们建立贸易关系的资本主义列强并存的条件。在这场斗争的过程中，我们给自己争得了独立生存的权利。所以，列宁清楚地看到，"我们不仅有了喘息时机，而且进入了一个新的阶段：尽管存在着资本主义国家的包围，我们已经基本上能够在国际上生存下去"。①

均势与和平共处

粉碎外国武装干涉和国内反革命之后，苏俄的国际环境发生了根本性的变化。当时国际形势的特点是，苏俄国家和帝国主义国家进入了两种不同社会制度和平共处的时期。

在转入新经济政策时期，列宁在1921年5月28日表示："自然，在

---

① 《列宁全集》第40卷，第22—24页。

我们制定一个长期实行的政策时,我们一分钟也没有忘记,国际革命及其发展的速度和条件可能改变一切。目前国际上已经形成了一种均势,虽然这是一种暂时的、不稳定的均势。"列宁还表示:"现在我们是通过我们的经济政策对国际革命施加我们的主要影响。"① 1921年6月,列宁在共产国际第三次代表大会上说:"目前俄罗斯联邦所面临的国际形势的特点是存在着某种均势,这种均势虽然极不稳定,但毕竟造成了世界政治中一种特殊的局面。这种特殊局面表现在:一方面,国际资产阶级疯狂地仇恨和敌视苏维埃俄国,时刻准备侵犯它,扼杀它;另一方面,国际资产阶级花了几亿法郎进行的一切军事干涉行动以完全失败而告终,虽然当时苏维埃政权比现在还弱,而俄国地主资本家在俄罗斯联邦境内还有大批军队。"② 1922年7月5日,列宁在共产国际三大上谈到俄共策略时说:"关于我们共和国所面临的国际形势,从政治上说,应当考虑到这样一个事实:现在无疑出现了一种均势,这是为了维护各自的领导阶级的统治而手执武器公开进行斗争的力量之间的均势,是资产阶级社会即整个国际资产阶级与苏维埃俄国之间的均势。当然,所谓均势,也只是从一定的意义上说的。我认为,仅仅是在军事斗争方面国际形势中出现了某种均势。当然,必须强调指出,这里所说的只是一种相对的均势,一种极不稳定的均势。"列宁的策略是,在思想上必须明确,目前存在着一种不稳定的均势,苏维埃政权应当利用这种极不稳定的均势、这个喘息机会,使苏俄的策略适应这个特点,同时一分钟也不忘记武装斗争仍然可能突然发生。

列宁将这种均势看成是"不稳定的""难以理解的但在某种程度上又是不容置疑的"均势。1921年12月,列宁在全俄苏维埃第九次代表大会上说:"在国际关系中已经形成某种均势,这种均势虽然极不稳定,但终究是一种均势。现在我们都看到这种均势了。"列宁还说:"我们看到还是形成了某种均势。这是不取决于我们的胜利的客观政治形势。它说明我们估计到了造成帝国主义战争的那些矛盾的深度,说明我们比过去任何时候、比其他任何强国都估计得正确。其他强国虽然取得了这样那样的胜利,虽然拥有极大的实力,但是至今没有找到而且也找不到出路。这就是国际形势的本质,也就是造成现在我们所看到的这种局面的原因。我们现

---

① 《列宁全集》第41卷,第335、336页。
② 《列宁全集》第42卷,第1页。

在面临着某种极不稳定但毕竟是确定无疑、不容置辩的均势。这种均势能否长久保持下去,我不知道,而且我认为无法知道。因此,我们必须慎之又慎。"① 列宁明确表示,社会主义共和国在资本主义包围中可以生存。这在政治上和军事上又都已经证明了是可能的。② 从这里可以看出,列宁和平共处的思想不是在十月革命胜利后立即提出的,而是经过几年的实践,根据变化了的国际形势提出的。列宁是一个现实主义者,他善于从实际出发,作出正确的决策。但列宁的和平共处的思想具有一定的策略性质。因为在列宁看来,这种均势极不稳定、极不可靠,社会主义共和国在资本主义包围中生存下去——这"不是长期的"③。在列宁看来,与资本主义国家可以和平共处,但不会特别持久。

均势和世界革命

为了加强国际共产主义运动、促进国际无产阶级的合作、尽可能地促使欧洲革命早日爆发,列宁领导了共产国际第三次代表大会的全部筹备工作。1921年6月22日—7月12日,共产国际第三次代表大会在莫斯科召开。这次代表大会的主要内容,就是在新的条件下制定共产国际的策略,研究共产国际的组织问题。在这次代表大会上,列宁同中派危险、同"左的"和宗派主义作斗争,提出了争取群众转到无产阶级方面来、实现统一战线策略的任务。

列宁在这次代表大会上的观点是,"资本主义国家也和那些到目前为止都被看作历史的客体而不是历史的主体的殖民地和半殖民地国家一样,积聚了很多易燃物。因此在这些国家里迟早会突然发生暴动、大的战斗和革命。这是完全可能的。近几年来,我们看到国际资产阶级直接同第一个无产阶级共和国进行斗争。这场斗争曾经是整个世界格局的焦点,而现在正是在这方面发生了变化。由于国际资产阶级扼杀我们共和国的企图未能得逞,目前出现了一种均势,自然。这是一种极不稳定的均势。"列宁将均势同世界革命联系起来加以考察。列宁说:"国际形势中出现某种均势的事实对我们的实际政策具有一定的意义,但这只是说明,我们必须承认,虽然革命运动向前推进了,但今年国际革命并没有像我们所期望的那

---

① 《列宁全集》第42卷,第320—325页。
② 《列宁全集》第42卷,第328页。
③ 《列宁全集》第42卷,第2页。

样直线发展。"列宁说:"当初国际革命是由于我们来开头的,我们这样做,并不是由于我们相信我们能够使国际革命的发展提前,而是因为有许多客观情况促使我们这样做。我们曾这样想:或者是国际革命将会援助我们,那我们的胜利就有充分的保证;或者是我们将做自己的一份小小的革命工作,即使遭到失败,我们为革命事业仍然尽了力量,我们的经验可供其他国家的革命借鉴。我们懂得,没有国际上世界革命的支持,无产阶级革命是不可能取得胜利的。还在革命以前,以及在革命以后,我们都是这样想的:要么是资本主义比较发达的其他国家立刻爆发或至少很快爆发革命,要么是我们灭亡。尽管有这种想法,我们还是尽力而为,做到不管出现什么情况无论如何都要保住苏维埃制度,因为我们知道,我们的工作不仅是为了自己,而且是为了国际革命。这一点我们是知道的,我们在十月革命以前、在十月革命刚胜利的时候以及在签订布列斯特—里托夫斯克和约时期,都一再表示了这种信念。这样想总的说来是正确的。"列宁话锋一转:"可是实际上运动并没有像我们所期望的那样直线地进展。直到目前,在资本主义特别发达的其他大国中,革命还没有到来。诚然,革命正在全世界发展,这一点我们可以满意地肯定下来。正因为如此,国际资产阶级不能扼杀我们,虽然他们在经济上和军事上比我们强大百倍。"①

在整个20年代前期,党中央最高决策层都是从这个判断出发进行决策的。世界革命仍是布尔什维克应该追求的战略目标。

帝国主义改变政策

帝国主义国家的政治家们承认以武力的办法解决不了问题,打不垮苏维埃政权,所以,他们指望用经济的办法使苏维埃俄国改变颜色。如英国的劳合·乔治就表示:"我们没有能用武力恢复俄国。我相信,我们能通过贸易做到这一点并挽救它。"英国大臣霍恩表示,对苏维埃俄国的贸易渗透是摧毁布尔什维克的最好办法。② 于是,这时期帝国主义国家一方面竭力想让苏维埃俄国取消贸易垄断制,准备在经济上控制俄国;另一方面它们利用苏俄出现的饥荒态势,竭力向俄国渗透。尤其是美国在"救济"俄国饥民的幌子下,通过美国救济署向外国渗透。该救济署甚至在俄国建

---

① 《列宁全集》第42卷,第39、40页。
② 伏尔科夫:《英国对苏维埃国家的干涉和外交孤立政策的破产》俄文版,第173、174页。

立间谍网，搜集有关俄国各地的经济情况和国家粮食储备情况的情报。美国甚至提出美国救济的粮食要由它们的一套网络向饥民发放，苏维埃政府不能过问。英、法、美等国家委任前法国驻俄国资产阶级临时政府的大使努兰斯为国际救济灾民组织的主席。1921 年 9 月 4 日，努兰斯要求苏维埃俄国允许他率领大批所谓的"工作人员"进入俄国。列宁考虑其中可能出现的后果，果断地拒绝其入境。1921 年 9 月 7 日，苏维埃俄国政府发表照会，揭露努兰斯的阴谋。但帝国主义国家并没有就此罢休。1921 年 10 月 6 日，努兰斯在布鲁塞尔召开了一次欧洲会议，表面是讨论灾民问题，实际是为压制苏俄政府而鸣锣开道。他们在会上提出苏维埃政府应该偿还前政府所欠下的债务，归还苏俄政府没收的外国在俄罗斯的财产。

帝国主义国家以武力消灭不了苏维埃政权，于是它们就改变策略，准备将苏维埃俄国在国际舞台上控制起来，加以限制。控制和限制都是以间接地承认苏维埃俄国的存在为前提的。1922 年 1 月 6 日，在戛纳举行的协约国最高委员会上的声明中表示，任何民族都无权强迫其他民族一定要根据某些原则去建立其所有制、国内经济生活和政体；每一个民族在这方面都有权为自己选择自己所愿意的制度。从这里可以看出，帝国主义国家的政治家们已经意识到，同苏维埃俄国达成协议是不可避免的，苏维埃俄国的存在是事实，必须与其发生关系。但在声明中，这些国家还表示选择新制度的国家和人民如果要获得新的贷款就必须承认旧政府的债务。在这次会议上，协约国最高委员会决定召开国际经济会议。所有欧洲国家包括德国、俄罗斯、奥地利、匈牙利和保加利亚都参加会议。协约国决定给苏俄发去邀请书。该邀请书通过意大利政府转交苏维埃政府。在邀请书中协约国表示希望列宁亲自出席这次会议。

第二节　热那亚会议前的筹划

这时期，苏俄政府在列宁领导下，制定了正确的外交政策和外交策略。列宁的一个明确的观点是，必须与西方国家建立经济贸易往来。只有这样才能恢复俄国的经济。为此，列宁积极敦促有关部门通力合作，打开同西方国家开展经济贸易合作的通道。在这种思想的指导下，俄国迅速地与挪威、奥地利、意大利、丹麦、捷克斯洛伐克等国签订了贸易协定。1921 年底俄国已同 14 个资本主义国家建立了贸易关系，其中有一半国家没有同苏俄建交。

组成最高级的政府代表团

苏维埃政权立即注意到了帝国主义国家态度的变化。收到邀请书之后，苏维埃政府立即研究这个问题。最后，全俄中央执行委员会临时会议通过决议，批准以列宁为首的代表团出席这次会议，并任命契切林为副团长。苏俄外交人民委员部在照会中强调，如果列宁因健康原因或由于工作繁重不能出席会议时，则代表团仍具有很大的权力。

其实，召开国际会议的建议是苏维埃政府首先提出来的。1921年10月，苏维埃政府在给西方国家声明中就提出这个建议。①

苏维埃政权积极准备参加此次会议。1921年2月1日，列宁在给热那亚会议代表团副团长和全体团员的指示草案中强调，全体团员一般都必须对会议将要提出和可能出现的所有政治问题和财政问题做好准备。此外，每一个团员还必须分别就某个极其重要的外交问题和某个极其重要的财政问题做专门的特别详细而周密的准备。每一个团员2月22日在政治局开会前都必须就外交和财政方面所有重大问题写出阐述"我们的观点"和政策的非常简短的提要，最多两三页，用电报文体。列宁建议契切林和李维诺夫应负责事先收集好各种文字的全部有关资料以及俄文的系统的文件汇编，发给团员。列宁指示，全体团员必须"非常熟悉"凯恩斯的书《和约和经济后果》以及资产阶级和资产阶级和平主义者的有关书籍和书籍的有关章节，如兰辛论战争和1918年和约的"帝国主义"性质，等等。列宁说，应该这样准备：在发言和声明中简要阐述共产主义的观点时要附带说明，虽然我是共产党人，持有某种共产主义观点，但我愿意为在座的听众引用非共产党人的话，并按照资产阶级的观点提出废除一切债务的必要性等问题。列宁还提出，我们要尽力避免会议破裂，但我们要简要而明确地阐述共产主义的全部观点。列宁估计到，参加会议的所有资产阶级代表将立即形成一个心照不宣而又很牢固的同盟，既利用格鲁吉亚问题，又利用小资产阶级和大资产阶级外交界和民主派惯用的各种责难来攻击我们。对此我们必须事先做好准备，到时候一定要先发制人，要分化各国，促使它们之间争吵。先发制人主要采用隐蔽方式，例如采用"暗示"（或从有关著作中引用资产阶级的言论）的方式影射帝国主义关系中最忌讳和最不光

---

① 《列宁全集》第42卷，第213页。

彩的问题。在挑选专家方面要杜绝孟什维克的观点的专家，防止他们将出国之行变成休养。还要负责挑选出一个能禁止熬夜等荒唐行为的秘书长。[①]

有人认为，大战略家和大决策者都只管大事，都着眼于总的、宏观的方面。这样理解是正确的，但不全面。大战略家和大决策者不仅关注"总的方面"，而且认真推敲"细节"和问题的各个"部件"。列宁就是如此。

1922年2月4日，列宁给莫洛托夫写信并转政治局委员，提请注意《路标转换》第13期的克柳奇尼科夫的《热那亚会议》一文。列宁建议，吸收克柳奇尼科夫担任代表团专家。列宁还责成整个代表团设法在报刊上发表几篇与上文同一主题的文章，只是要写得更详细、更周密，把问题阐述得透彻而全面；责成每一个希望成为专家出国或我们打算指定担任这一职务的人，在10天内从他所选定的专业的角度，撰写出一篇详细阐明俄国对外关系问题的文章。其中那些没有任何秘密的文章（或文章的某些章节）应立即在报刊上发表；责成契切林和李维诺夫在一星期后把按照第一、二点分配文章的题目的情况和作者姓名报告政治局。[②] 这体现了列宁对热那亚会议的重视程度。在外交问题上，列宁从不马虎。

极其严格地挑选团员

列宁于1922年2月6日起草了俄共（布）中央给出席热那亚会议的苏维埃代表团的指示草案。列宁在该草案中表示，在批准专家名单以前，中央建议列入名单的人员在一周内拟出整个热那亚会议的纲领和策略的提要（按本人的专长分题）。所有人民委员在两天内给自己推荐的专家作出书面鉴定和担保。如果专家在欧洲出丑，他们的人民委员都要承担责任。作为对关于热那亚会议的指示的阐述和补充，列宁提出以下几点：第一，中央不事先规定我们代表团采取相应行动的形式和时间，但他认为代表团绝对必须就所有根本性问题阐述全面、独立、完整的纲领。第二，这个纲领应当是资产阶级和平主义的，但是，我们代表团要及时地、明确地声明，我们之所以在这里不提出唯一符合我们观点的共产主义纲领，是因为在英国和其他资本主义国家里，一些具有资产阶级观点的人已经就部分问题提出了许多治标的办法和改良主义性质的措施。在一定条件下，这种治标的纲领总还能够缓和一下当前的严重局势。列宁提出纲领的大致要点，

[①] 《列宁全集》第42卷，第399—401页。
[②] 《列宁全集》第42卷，第405页。

如废除一切债务，等等。列宁还指示，只有那些能够阐发、论证（从某一方面）这样的纲领并证明确实具有这种能力的人才允许担任专家。专家应当用自己的名义向欧洲发表自己的纲要和提纲。① 列宁起草的指示草案于2月8日被中央政治局批准。

出色的决策者特别关心其决策的执行环节和贯彻力度，而精干的干部队伍是必备的条件之一。列宁当然要把最优秀的外交干部充实到热那亚会议俄国代表团里来。

应该把我们的大炮全部准备好、部署好

2月7日，列宁给契切林回信。他认为契切林信中大量推测性的评价"根本上都是不正确的"，列宁说："代表团团长（这次也包括副团长）的权力看来非常大，几乎相当于专制君主的权力。""您的（特别是克拉辛的）信表现出（确切点说，曾经表现出）惊慌失措。这比什么都危险。我们丝毫不怕破裂，因为明天我们会有一个更有利的会议。孤立、封锁现在吓不倒我们，武装干涉也如此。"列宁指示，要提出一个内容广泛的议程，要暗示我们有自己的包含有许多一般性措施的"治标"纲领。如果他们拒绝，听便！列宁指示，一有机会我们就用代表团某个团员的名义发表我们的内容广泛的纲领。这个团员可以辞职——当然，要取得中央的同意。列宁说："如果你们不喜欢内容广泛的纲领，那我们就提出窄一些的：我们也可以采用分期付款的办法！"列宁表示："我们甚至同意内容极为狭窄的纲领，只是决不接受任何对我们不利的东西。我们决不屈服于最后通牒。如果你们只愿意'做生意'，那就来吧！但是，没有看到的货色我们是不买的，而且不把'要价'一分一厘都算清楚我们也决不成交。"列宁部署道："应当把我们的大炮全部准备好、部署好，至于哪些用来示威，哪些用来开火，以及在什么时候开火，我们随时来得及作出决定。"②

把大炮全部准备好、部署好，这是多么形象的比喻呀！列宁的外交策略具有通盘性、系统性和联系性。

1922年2月13日，克拉辛给列宁来电。电文表示，英国劳合·乔治说："如果苏维埃政府拒绝承认戛纳决议，整个会议就受到破裂的威胁"，至少会使法国更有理由退出……列宁就此问题给契切林写信，指示说，

---

① 《列宁全集》第42卷，第409—411页。
② 《列宁全集》第42卷，第412、413页。

"为了准确地和正式地核实事实,必须把全部资料收集起来"。"我认为有三个事实是无可争辩的:(1)在邀请我们时,并没有要求明确地、正式地声明我们承认戛纳条件。(2)我们在答复中没有作这样的声明,而他们并没有通知我们说我们的答复不完满。(3)英国所有的资产阶级报刊在同法国人争论时都承认无须以承认戛纳条件作为先决条件。"①

备用班子和反击方案

为准备热那亚会议,俄共(布)中央尽最大努力去考虑每一个细节和构思每一个与帝国主义国家打交道的思路。1922年2月24日,列宁起草了俄共(布)关于出席热那亚会议的苏维埃代表团的任务的决定草案。列宁在该草案中表示,李维诺夫对所面临的形势和任务的估计是正确的。中央批准副团长契切林拥有代表团团长的全部权力。万一契切林生病或离开,其权力依次交给以下两个三人小组之一:(1)李维诺夫、克拉辛、拉柯夫斯基;(2)李维诺夫、越飞、沃罗夫斯基。可见,列宁对准备工作十分认真,以求万无一失。

列宁反复推敲苏俄代表团的策略和行动方案。他同高级领导人一起设计了几个方案,其中有一些是备用方案。以下是列宁对参加热那亚会议的一些考虑,从中展示了列宁的外交谋略。关于戛纳条件,列宁表示,我方代表团应竭力回避。如果回避不成,如果直接向我们提出最后通牒,那就把克拉辛的方案提出来试一试:"所有国家都承认它们的国债,并负责赔偿由本国政府的行动造成的损失。"如果这也不行,那就准备破裂,同时明确声明我们准备承认私人债务,但是我们不愿意躲躲闪闪,而要指出,我们认为这些债务,和我们的其他全部债务一样,已经被我们的反要求抵消了。我们不允许在我们与所有资产阶级国家之间有一个最高仲裁,因为争执是在两种不同的所有制之间进行的。列宁提出,还可以对这些资本家作一个最大限度的让步:给他们优先承租权。考虑到资产者可能竭力不让我们充分阐述自己的纲领,我们必须努力做到,在第一次发言时就阐述纲领,即使不能充分阐述,也要讲一下,或者提一下,哪怕是点一下也好。列宁还说,我们的纲领应不隐瞒我们的共产主义观点,但只限于最一般地和扼要地提一提这些观点,并直率地声明,我们认为这里宣传我们的观点是不适宜的,因为我们是来签订贸易协定,是来谋求同另一个阵营中的和

---

① 《列宁全集》第42卷,第421、422页。

平主义部分达成协议的。列宁提出，热那亚会议的主要政治任务之一，如果不说是唯一的主要政治任务的话，就是把资产阶级阵营的这一翼从整个阵营中划出来，努力迎合这一翼，并且公开宣布，在我们看来，可以而且欢迎同他们签订贸易协定，甚至签订政治协定。把它当作资本主义向新制度和平演变的不多的机会之一。要想尽一切办法加强资产阶级的和平主义一翼，哪怕能给这一翼竞选中增添一线胜利的希望也好，这是第一。第二，分化在热那亚会议上彼此联合起来对付我们的资产阶级国家。这就是我们在热那亚会议上的双重政治任务。绝对不是充分阐述共产主义的观点。尽一切努力详细阐述和广泛宣扬在俄国和在欧洲恢复国民经济的计划。如果资产阶级阵营在热那亚会议上向我们提出最后通牒，要求不得涉及和平主义问题，只谈狭窄的贸易问题，那么我们应当表示遗憾，但是应当接受这个最后通牒，并说明我们参加这个会议有两个目的：和平主义的目的和贸易的目的，现在只剩下一个目的了。列宁提出，中央在把详细研究如何阐述和平主义纲领的任务交给代表团时，仅给予一般的指示：要尽量广泛地阐述这一纲领，以便加深国际资产阶级的和平主义阵营同暴虐的资产阶级、侵略的资产阶级、反动的资产阶级的阵营之间的裂痕。在贸易和租让问题上（包括借款问题）可以提出北方的森林等作为主要担保。我们不做有损我国权利的事。未经中央委员会来电特许，不得签署条约。[①] 1922年2月28日，列宁的这个协议草案连同斯大林的补充意见一起由中央政治局通过。斯大林的补充意见是："1. 关于承认苏维埃政权的问题不在会议开始时，而在会议结束时（即为达成经济协议作多种尝试以后）提出，并且也不要以此作为最后通牒；2. 在会议上不要（像克拉辛那样）把中央消费合作总社、农业合作社等提出来作为俄国方面（订立协议）的主体，而要记住只有一个主体，这就是俄罗斯国家。"[②] 斯大林的这个补充意见十分重要，也表明斯大林的外交悟性很好。

外交艺术

列宁在这期间与契切林等人保持密切的联系。2月24日，列宁在收到契切林、越飞、克拉辛和李维诺夫的便条以后，给莫洛托夫写便条并转俄共（布）中央政治局委员。列宁说，看到这些便条后"热那亚会议问

---

① 《列宁全集》第42卷，第436—438页。
② 《列宁全集》第42卷，第603页。

题已经清楚了"。列宁提出一份决定草案，并指示："设想：全体政治局委员试用书面方式达成一致意见。如果不行，就全体集中，单独（不带秘书）开一小时会。然后同代表团一起开一两个小时的会，就了结了。"列宁建议作出如下决定：政治局委托契切林给意大利发一份照会，不妨长一些，要非常客气，但又要大加挖苦，说破坏首批"条件"之一即破坏3月8开会的并不是我们；我们建议：（1）确认3月8日开会；（2）如果多数反对，我们就提出抗议，并建议3月15日开会。俄共（布）当天开会通过了列宁的建议，并由契切林就热那亚会议召开时间问题给意大利外交部长发去了无线电报。2月25日，列宁给斯大林和加米涅夫写去便条，反对契切林的建议。契切林的建议是，在列宁不能出席热那亚会议的情况下，成立一个三人领导小组来行使代表团团长的权力。列宁说："我坚决表示异议并坚持我原先的建议。"列宁在另一张便条中表示："今天我在报上看到意大利关于推迟召开热那亚会议的声明。我坚决维护我昨天送去的建议：委托契切林尽快发出一份用词极其辛辣的照会，建议把会期就定在3月15日。照会发出以前，草稿送政治局委员审阅。"[①] 列宁对热那亚会议的准备工作非常细致。关于法典问题，列宁指示说："不要盲目地跟着外交人民委员部走。不要迎合'欧洲'，而要在加强国家对'私法关系'和民事案件的干预方面有所突破。"列宁说："正是在热那亚会议召开以前，不能乱了步调，不能畏缩不前，不能放过扩大国家对'民事'关系的干预的任何一点可能。"[②]

对于决策者来说，重在把握政策和策略的"度"。外交是一个没有硝烟的战争，有时需要虚张声势，有时需要适度反应，有时则需要低调处理。这些情况都与具体的外交背景联系在一起，没有固定模式。

加强外交人民委员部

越飞给列宁写信，提出了一些有创建的想法，其中越飞提出成立一个外交政策委员会，以协调外交人民委员部同对外贸易人民委员部和财政人民委员部的工作。1921年7月13日，列宁给莫洛托夫写信并转中央政治局委员。列宁在信中表示，要"好好考虑一下'外交政策委员会'计划，

---

① 《列宁全集》第42卷，第439—442页。
② 《列宁全集》第42卷，第444页。

并建立这样一个委员会,以越飞为主席,但机构从简"。① 这个方案很好,一是外交政策需要几个部委相互配合,相互协调;二是需要从战略上、宏观上把握世界大局。

为了使契切林能够精力充沛地参加热那亚会议。列宁多次提出关于契切林休假的问题。中央政治局也多次讨论过这个问题。但契切林不同意,他强调部里缺乏训练有素的干部,致使工作混乱。他还认为,外交人民委员部里没有一个熟悉全盘工作的人,所以他目前不能休假。由于参加热那亚会议,留在国内的外交人民委员部成了空架子。列宁紧急部署,解决这个问题。1922 年 1 月 16 日,列宁给莫洛托夫写信并转中央政治局全体委员。信中说:"看来,外交人民委员部的情况很糟很危险。把外交人民委员部的优秀力量全派到热那亚去,部里剩个空架子,这不危险吗?这个问题应当受政治局最密切的、直接的监督。"列宁提出建议:"应当责成一些人(也许可责成李维诺夫+沃罗夫斯基+越飞+帕•哥尔布诺夫?)在契切林和整个代表团去热那亚期间,专门负责将外交人民委员部的全部事务十分有条理地移交给某些人。在整个热那亚会议期间,应当从最有经验的外交人员中留下一名来领导外交人民委员部。"② 1922 年 1 月 26 日,中央政治局经过研究,决定责成越飞、加涅茨基和哥尔布诺夫使外交人民委员部的工作在契切林和李维诺夫动身之前处于有条不紊、准确无误的状态。政治局还决定,应考虑到,在契切林和李维诺夫暂离期间,有可能召回卡拉汉,也可能从代表团的外交人员中抽出一两个同志轮流留在莫斯科主持工作。

这期间,列宁对外交工作特别关心。1921 年 5 月 9 日,列宁说:"外交家要善于守口如瓶,或者话要说得等于不说。"③ 列宁的这句话十分精彩,值得外交官们细细品味。

关于远东共和国的策略

在全力准备热那亚会议同时,列宁没有放松对其他外交问题的注意。1921 年秋,远东共和国政府请求政治局对以下问题作出决定:(1)日美两国在不承认俄罗斯联邦的情况下承认远东共和国是否可取;(2)是否接受外国人向远东共和国提供国家贷款的建议;(3)远东共和国是在形

---

① 《列宁全集》第 51 卷,第 58 页。
② 《列宁全集》第 52 卷,第 198 页。
③ 《列宁全集》第 50 卷,第 315 页。

式上还是在实际上独立而不附属于俄罗斯联邦。外交人民委员部的意见是：（1）它们承认远东共和国是可取的，但不得将远东共和国的结构在条约中固定下来；（2）在维护远东共和国主权的条件下外国贷款是有益的；（3）远东共和国仅在形式上不附属于俄罗斯联邦。1921年10月7日，外交人民委员契切林给俄共（布）中央政治局发去请示信。7日或8日，列宁起草了俄共（布）中央政治局关于远东共和国问题的决定草案。草案表示："建议同意契切林的意见，并委托他以批示草案的形式拟定一项关于远东共和国的明确而简短的指示。"① 10月8日，中央政治局通过了列宁的指示。10日，俄共（布）中央政治局批准了外交人民委员契切林提出的给远东共和国的指示草案。

帝国主义国家并不是铁板一块

列宁在认真研究对手，细细观察帝国主义国家的一举一动。列宁敏锐地发现，帝国主义国家并不是铁板一块。戛纳会议表明，帝国主义国家相互之间的矛盾很深。如法国政府坚决反对苏俄和德国出席这次国际会议。当时的法国总统埃米尔表示，在俄国未恢复旧制度以前，根本谈不上与俄国建立正常的关系问题。因为此事，法国政府甚至出现危机。法国议会对主张让苏俄参加会议的总理白里安表示不信任。白里安也被持强硬立场的恩加赛替代。此人的策略就是破坏会议的召开，他提出两点要求：一是此次会议不能修改凡尔赛和约；二是建立反对苏维埃俄国的统一战线，否则，法国政府不参加此次会议。法国政府的强硬立场引起英国的反应。

为协商立场，1922年2月25日，英法两国政府首脑在布伦会晤。这次会议通过了关于成立专家委员会的决议，拟订首先对付苏维埃俄国的共同行动方案。1922年2月，努兰斯在巴黎主持召开"俄国的债权人"会议。一些十月革命前在俄国拥有私人财产或与此有关的代表参加了会议，逼迫苏俄偿还其财产。1922年3月20日至28日，专家委员会在伦敦进行工作，为热那亚会议作准备。该委员会起草了一份报告。这份报告分两个部分：第一部分是有关俄国的"复兴"问题；第二部分是关于欧洲的"复兴"问题。这份报告的主调是如果不改变苏维埃俄国的社会和政治制度，若让其归还旧有的财产是不可能的。该报告要求苏维埃俄国偿还战前债款90亿—100亿金卢布，战时债款80亿—90亿金卢布。报告还建议国

---

① 《列宁全集》第42卷，第157页。

际成立一个"俄国债务委员会",旨在对苏维埃俄国的经济进行控制。

而苏维埃俄国的最高决策层也在积极而认真地进行准备,对可能发生的一切事情进行充分的估计和预测,制定行动纲领和策略,选择谈判的突破口。列宁为苏俄参加热那亚会议制定了一系列原则性的立场和策略。1922年3月15日,苏维埃政府在致会议发起国的照会中表示:"俄国政府并不掩饰各苏维埃共和国的政治制度和经济制度同资产阶级国家的制度之间的根本差别,但同时认为签订目的在于使这两种制度的国家在经济基础上进行有效合作的协议是绝对可能的。""苏维埃政府将参加热那亚会议,并坚决希望与一切互相保证其内部的政治及经济组织不受侵犯的国家进行经济合作。"①

这时期,在俄罗斯周围相继建立了一些苏维埃共和国,但西方国家只邀请了苏维埃俄国,而且苏维埃俄国面临着帝国主义国家的联合压力。所以,苏维埃共和国之间有必要协商,由苏维埃俄国代表它们去参加会议,维护其利益。因此,苏维埃俄国、白俄罗斯、乌克兰、花拉子模、布哈拉、远东、阿塞拜疆、格鲁吉亚、亚美尼亚在热那亚会议召开之前缔结了协定。后八个苏维埃共和国的利益由苏维埃俄国全权代表。为反击西方国家的关于偿还旧债问题,苏维埃政府也准备了对策。该对策是一种反击性很强的计划。各地苏维埃机关统计外国武装干涉给俄国带来的损失。这种统计共分四类,其中前三类的损失数目就达390多亿金卢布。苏维埃俄国有权要求武装干涉苏俄的国家向俄国赔偿这些损失。苏维埃政府还尽力预想帝国主义国家会提出什么意想不到的问题。同时苏维埃政府在照会中警告会议发起国不要搞突然袭击。照会说:"列强在会议前的行动,使人不得不担心被邀请国将注定要碰到某些政府事先准备好的决议。俄罗斯不仅不能自由地交换意见,反而会遭到新式抵制的威胁。"②

列宁和俄国决策高层估计到了帝国主义国家不会铁板一块,它们之间一定会有矛盾和利益冲突。这些矛盾和利益冲突就是苏维埃俄国可利用的突破口。苏俄高层估计在帝国主义国家之间会有三种形式的矛盾,即战胜国之间的矛盾;战胜国和战败国之间的矛盾;大国和小国之间的矛盾。这三种矛盾苏维埃俄国都有利用的可能性,而且利用了就会产生巨大的政治

---

① 《热那亚会议资料》速记记录全文,莫斯科1922年版,第38—41页。
② 《热那亚会议资料》速记记录全文,莫斯科1922年版,第39页。

作用。列宁估计到在战胜国之间英法两国的矛盾可以利用;在战胜国和战败国之间战胜国和德国的矛盾是最为突出的;在德国和小国之间,苏维埃俄国要将东欧一些国家纳入自己的影响之下。

苏维埃政府有条不紊地行动。苏俄政府代表团在去热那亚途中,与波兰、拉脱维亚、爱沙尼亚等国进行了会谈和谈判。结果,1922年3月30日,在里加苏维埃俄国与波兰、拉脱维亚和爱沙尼亚缔结了经济合作和共同安全的协定。四国决定要在热那亚会议上协调行动。这样,苏维埃政府在热那亚会议尚未开始实际上就赢得了主动。这只是苏维埃政府的第一步。列宁认为,战胜国和德国的关系是苏维埃俄国最可能利用的突破口。因为,第一,同苏维埃俄国保持友好关系对于德国有着十分重要的意义;第二,战胜国处处限制德国的行动,不让其与俄国发展比较密切的商务往来,这就使苏维埃政府成功地利用这些矛盾成为可能。在热那亚会议前夕,苏维埃政府与德国进行了谈判,这为日后在热那亚会议上两国关系发生大变动埋下伏笔。

第三节 热那亚会议上的较量

1922年4月10日,有29个国家参加的热那亚会议开幕。英国、法国、意大利、比利时、日本对会议施加了重要影响。美国虽然宣称不参加会议,只派观察员与会,实际上它在操纵会议。苏维埃政府代表团副团长契切林在会上发言,阐明了苏俄的原则性立场。他说,苏维埃俄国一方面坚持共产主义的原则,另一方面承认旧的社会制度和新的共产主义制度可以和平共处。两种不同制度间的国家可以进行经济合作。这对欧洲经济的复兴是非常必要的。他表示,苏维埃政府参加此次会议,就是"为要在互惠、平等和完全的无条件的承认的基础上与各国政府及工商界人士建立事务性的联系"。[①] 契切林还倡议各国普遍裁军,禁止使用野蛮的作战手段,如施放毒瓦斯。然而,苏维埃政府的倡议遭到了帝国主义国家的拒绝。

帝国主义者同床异梦

这次会议上,各国对苏维埃政府的态度是有很大差别的,而且这种差别与其同苏维埃俄国的利益有着密切关系。在十月革命以前,外国资本在

[①] 《热那亚会议资料》速记记录全文,第79页。

俄国股份公司中的投资的比重是：法国占 32.6%；英国占 22.6%；德国占 19.7%；美国占 5.2%；其他国家占 5.6%。① 由此可见，法国在俄国的股份投资最多，因而在苏维埃政府宣布废除一切外债后，法国的损失也就最大。所以，法国对苏维埃俄国态度最为强硬。比利时和美国支持法国的立场。而英国与苏维埃俄国的关系则很微妙，这两国原来就是一对传统的贸易伙伴。第一次世界大战后，英国经济处于危机状态，经济利益的驱使促使英国在此之前就与苏维埃俄国缔结了贸易协定。从这里可以看出，实际上英国对俄国的态度比法国的强硬态度较为温和，在对"债务"和"财产"问题的态度上也比较灵活。列宁分析说："英国比法国更容易接受租让，因为法国还在幻想收回债款，而比较精明的英国资本家已经不再想这一点了。"② 意大利与法国的态度也不一样。意大利更需要俄国的粮食、煤、石油等产品。何况，意大利在俄国的"损失"没有法国大，所以当然不会与法国采取一致的立场。德国从会议的一开始就显示出自己的观点。德国总理兼代表团团长维尔兹批评战胜国的政策。他认为，各战胜国是在力图损害德国的利益和幸福来增进自己的利益和幸福。

就在帝国主义国家之间争吵不休的时刻，1922 年 4 月 14 日至 15 日，在亚尔培别墅进行了非正式会议，以缓解会议上出现的僵局。英国在非正式会议上提出建议，即可以同意苏俄政府不归还债务和财产，而以租借方式弥补，但先决条件是苏俄政府必须放弃对外国武装干涉所造成的损失的赔偿要求。其实这是一个比较好的妥协方案，但法国政府否决了这个方案。就在这个时候，热那亚会议出现了重大的政治变动。

拉巴洛条约：苏俄与德国的外交杰作

1992 年 4 月 16 日，苏维埃俄国和德国在拉巴洛附近正式签订了条约。这是一个十分重要的条约。该条约规定，苏俄和德国相互放弃关于赔偿战争费、赔偿由于在战区内的军事措施（包括在对方领土内的征用）而对另一方及其平民造成的损失的要求。这就表明，德国正式放弃了 1918 年 11 月 13 日由苏俄政府废除的布列斯特和约。而苏俄政府则放弃了俄国根据凡尔赛和约应从德国获得的赔款。该条约还规定，德国放弃对被没收的外国财产（无论是外国的，还是私人的）的要求，这一条与法

---

① 伏尔科夫：《英国对苏维埃国家的干涉和外交孤立政策的破产》，第 282 页。
② 《列宁全集》第 1 版，第 31 卷，第 430 页。

国政府形成鲜明对比。

为什么德国会如此迅速地与苏维埃俄国签订了该条约？原因是多方面的。主要原因是英国、法国对德国压制太甚，以至于德国感到透不过气来。实际上，关于拉巴洛条约，早在热那亚会议之前两国就原则上达成一致，但德国对热那亚会议还抱有幻想，认为在会上可以与协约国讨价还价一番，所以，德国要看一看会议的结果再决定是否签订该条约。不料英国和法国等战胜国对德国毫不放松和让步。不仅如此，专家委员会规定承认俄国有权得到德国的赔款，这使德国大为恼火。德国欲同苏俄签订条约给战胜国一点颜色看看。另一个原因是德国工业界对政府的压力很大，他们希望与苏俄进行贸易往来。因为在 1914 年以前，德国出口的 1/8 商品是输出俄国的，其所需粮食都是从俄国进口的。1920 年，德国电气公司头面人物就上书政府，要求与苏俄加强经济联系，认为俄国与德国之间的关系决定着德国政治经济未来的命运，并认为俄德之间的利益存在着自然的共同性。他们还建议，要在俄罗斯"开始钉下第一批木桩，以便在这一基础上奠定稳步通向东欧的桥梁"①。

协约国恼羞成怒，另玩花招

苏俄和德国签订拉巴洛条约，给其他帝国主义国家以沉重的打击。这一方面说明，帝国主义对抗苏维埃政权的计划失败，统一战线不复存在；另一方面也表明，苏俄的国际地位不断上升。就德国而言，到 1922 年底，德国对俄国的出口增加了一倍，而进口增加了 13 倍。拉巴洛条约的签订是苏维埃俄国外交政策的巨大胜利。全俄中央执委会认为这是调整不同社会制度国家之间关系的榜样，是相互之间和平共处和合作的范例。

拉巴洛条约的签署使那些战胜国非常恼怒。英国、法国、美国等国家操纵热那亚会议将德国开除出政治委员会，对德国与苏俄缔约进行报复。

苏维埃政府在签署拉巴洛条约后，对会议专家委员会提出的报告给予正式答复。1922 年 4 月 20 日，苏维埃政府在给热那亚会议参加国的备忘录表示，为使各资本主义国家与苏维埃俄国关系正常化，则必须与苏俄建立外交关系。备忘录表示，专家报告违背 1922 年 1 月 6 日戛纳会议的建议。1922 年 5 月 11 日，苏维埃政府对协约国 5 月 2 日的备忘录进行复照。复照表示，如果资本主义国家放弃对战时债务的要求，并赔偿它们在干涉

---

① 苏联《国际生活》1957 年第 1 期，第 184、186 页。

时期给苏维埃俄国造成的损失，则苏维埃制度准备偿付战前的外债。苏维埃政府表示，该政府已经应各国的邀请派遣自己的代表团到热那亚去，该代表团携有贷款的计划和建议，并将为贷款作实际的保证。"俄罗斯政府派遣它的代表团参加热那亚会议，是希望在会议上同这样一些资本主义国家达成协议，即这些国家不侵犯革命以后和胜利地击退干涉者以后在俄罗斯建立起来的社会制度和政治制度，这些国家应当不是增加，而是减轻俄罗斯经济和财政方面的困难，同时还为改善欧洲的经济状况扫清道路……俄罗斯并不是战败国。只有用平等的国家间在谈判时通常所用的谈判口吻才能达成共同的协议。"① 协约国本想将俄国也开除出政治委员会。但它们之间的矛盾太大，以至于没有形成统一战线。英国同意在某些先决条件下给予俄国一些贷款，而法国则坚决加以反对。美国是反对苏维埃俄国参加热那亚会议的。苏维埃政府清楚这一点。如1922年1月27日，俄国外交人民委员部在给全俄中央执行委员会的报告中表示，美国是苏维埃人民的死敌。

美国没有正式参加热那亚会议。这样做的原因有三：一是，美国反对苏俄参加会议；二是，美国害怕与会各国提出取消协约国之间的债务问题，因为它正是利用债务问题来对欧洲国家施加影响的；三是，英美矛盾。它们之间在争夺控制欧洲的领导权。虽然美国宣称不参加会议，但观察员比正式代表的活动还要大。1922年4月底，美国官方曾发表声明表示，美国"不能容忍任何一个不许美国资本参加的有关俄国石油租赁权的协定"②。

热那亚会议没有结果，陷入僵局。这个僵局的焦点就是如何对待苏俄问题。为打破僵局，热那亚会议的操纵国提出另召开一个会议，代替热那亚会议专门讨论"俄罗斯问题"。美国积极支持这个建议。法国代表甚至提出，不邀请苏俄代表参加新的会议。这样，热那亚会议就被破坏了。1922年5月19日，热那亚会议第三次会议宣布暂时休会，并宣布在海牙继续举行会议。英法两国操纵会议，将会议的性质变成是咨询性质的，派去参加会议的代表将不是全权代表，而是专家，其任务是草拟报告。经过争论，会议又邀请苏俄参加会议。于是，除德国和冰岛之外，所有参加热

---

① 《热那亚会议资料》速记记录全文，第240页。
② 转引自［苏联］伊·费·伊瓦辛《苏联外交简史》，世界知识出版社1960年版，第88页。

那亚会议的国家都参加了海牙会议。

海牙会议

1922年6月26日，海牙会议开幕。在会议上，帝国主义国家和苏维埃俄国展开了激烈的斗争。斗争的焦点就是"债务"和"财产"问题。帝国主义国家的代表凭借会议多数，向苏维埃俄国施加了巨大的压力。债务小组委员会宣称，苏维埃俄国只有在承认全部债务的条件下才能希望得到贷款。这就是经济上的条件。这一手直到现在资本主义国家的政客们仍在运用着。外债小组还提出苏俄必须取消对外贸易垄断制的要求。这些国家的代表提出的方案一个比一个强硬。法英代表提出监督苏俄政府所获得贷款的使用情况；法国代表要求苏俄将其铁路租给外国资本家经营，作为贷款的保证；丹麦代表的建议更为离谱：要求对苏维埃国家的收入进行国际监督；美国代表也提出苛刻的政治条件。

苏维埃代表在会议上犹入狼群，受到各方面的进攻。但苏维埃俄国代表团在列宁的方针指导下，不为这些国家代表种种语词所动。苏俄参加会议的目的就是，一方面揭露帝国主义的本质；另一方面尽可能利用帝国主义之间的矛盾取得经济上的好处，争取到贷款，尽可能多地与这些国家达成经济合作协议。列宁对代表团的指示是，了解帝国主义国家提供贷款的条件和可能提供贷款的数目。苏俄政府的底牌是尽可能争取到32.24亿金卢布的贷款，为期3年。但苏俄政府的条件是不受外来干涉，贷款用于发展对俄国国民经济十分需要的部门，而且大部分贷款用于购买西方国家的工业设备。苏维埃政府还提出，可以把原来的或其他的企业租借给其企业已被没收的原来的外国业主，并给予这些业主以优先的承租权。苏维埃政府考虑到这些原来的业主对企业比较了解，会更快地将企业引向正常的轨道。① 苏维埃政府还提出了对外国租让的工厂、矿山、石油产地、森林区等清单，以表明苏俄政府与西方国家经济合作的诚意。苏俄代表再次强调，如果帝国主义国家放弃战时债款，则苏俄也放弃关于赔偿干涉所造成损失的赔款要求。如果帝国主义国家提供贷款，苏俄政府准备承认战前债务，但不付利息。

苏俄代表的立场起到了分化帝国主义国家联合战线的作用。法国和比利时的代表仍对苏俄持强硬态度，而英国代表则与苏俄代表进行了非正式

---

① 《海牙会议文件集》，1922年版，第41页。

会晤，提出可以用补偿代替恢复原状，表示应集中讨论补偿问题。意大利代表倾向于以租让制代替恢复原状的谈判。在这种情况下，美国代表赤膊上阵，公开表示美国不允许与苏维埃俄国达成协议。美国的这个决议在海牙会议上获得了通过。海牙会议就此结束。

必须紧紧地掌着舵，走自己的路

尽管苏俄政府在热那亚会议上和海牙会议上没有取得西方国家的贷款，但苏俄政府的进退自如的外交立场使帝国主义国家感到不好对付。帝国主义一方面要遏制苏俄，另一方面又非常迫切地同苏俄进行贸易往来。苏俄最高决策层就是利用这一点来最大限度地实现自己的利益。有一次列宁曾对斯大林说："它们都贪得无厌，彼此深恶痛绝。它们会打架的。我们不必急。我们的道路是正确的：我们主张和平和协议，但我们反对奴役和带奴役性条件的协议。必须紧紧地掌着舵，走我们自己的路，决不要上别人阿谀奉承或恫吓讹诈的当。"[1] 列宁就是这样与帝国主义国家周旋的。

第四节　洛桑会议和黑海问题

第一次世界大战后，土耳其作为战败国接受了奴役性的色佛尔条约。但帝国主义国家还不满足，它们要将土耳其塑造成包围苏俄的一个重要环节。在这种态势下苏俄政府致电多国，阐述了近东出现的严重态势，建议召开有关黑海沿岸国家的国际会议，以便确认土耳其人民的独立和主权。同时该声明公开表示，没有苏维埃国家参加而通过的任何有关海峡制度的决定，都将不是最后的和能够持久的，它们只能造成冲突的根源。

但英法国家不理会苏俄政府的声明。它们另开了一个会议，并排斥苏俄政府参加。不仅如此，会议期间英国在君士坦丁堡的占领政权禁止苏俄商船通过海峡。1922年9月30日，苏联政府提出严重抗议。10月20日，苏联政府照会英国和意大利政府，表示就像日本这样与近东和黑海海峡关系不大的国家都参加了会议，为什么不邀请苏联参加？照会表示："确立近东的和平和长期解决与它有关的问题，无论如何也不能没有俄国参加。"[2] 苏维埃政府要求参加会议。在苏维埃政府的要求下，1922年10月

---

[1]　《斯大林全集》第5卷，第111、112页。
[2]　《苏联对外政策文件集》第2集，第637页。

27 日，苏维埃政府被邀请参加会议，但不是参加全部会议，只是允许参加研究海峡问题的一个小组委员会。苏维埃政府 11 月 2 日照会参加会议的多国，要求参加全部会议议程。苏维埃政府还表示乌克兰、格鲁吉亚也应该参加会议。在苏维埃政府的强大攻势下，英国、法国和意大利于 11 月 14 日表示同意苏维埃政府参加全部会议，乌克兰和格鲁吉亚的代表包括在苏俄代表团里参加会议。1922 年 11 月 20 日，洛桑会议在瑞士召开。苏维埃政府代表团由契切林率领参加了洛桑会议。由于帝国主义国家的百般阻挠，苏维埃政府代表团只参加了黑海海峡小组会议的工作。

关于黑海海峡制度问题，英国的意图是让土耳其成为中立国，各国军舰可以自由通过海峡，解除海峡武装，由国际委员会控制海峡。这样，英国就可以在海峡国际委员会中起主导作用。美国反对英国垄断黑海海峡。美国提出，必须使军舰能够进入黑海海峡，起到警察的作用。言外之意，美国要取代英国控制黑海海峡。

苏维埃政府对黑海海峡的立场是明确的。列宁就黑海海峡问题向苏维埃政府提出原则性的立场。列宁 1922 年 10 月 27 日对《观察家报》和《曼彻斯特卫报》记者说，苏维埃政府对解决黑海海峡问题的三个条件是：第一，满足土耳其的民族愿望；第二，不论平时还是战时不准任何军舰通过海峡；第三，商船有充分的航行自由。列宁的决策昭示了苏维埃政府的和平意愿和维护正义的信念。1922 年 12 月 18 日，苏维埃代表团从列宁的原则性立场出发，提出了各种商船通过黑海海峡的公约草案。该公约草案的特点是：充分维护了土耳其的主权；保证贸易航行的自由；除土耳其外其他国家的军舰不准在黑海海峡通过。最后一点尽管对苏维埃政府也有不利的影响，但出于和平和安全的考虑必须这样做。但苏维埃政府的公约草案被帝国主义国家否决。关于黑海海峡问题也移至没有苏维埃政府代表参加的其他委员会去讨论。苏维埃政府代表团从容让步，提出可以允许辅助性军舰能够在特殊的情况下通过海峡，但帝国主义国家没有理会这个让步。实际上苏维埃政府被排斥在关于黑海海峡问题的谈判之外。为破坏苏维埃政府代表团参加洛桑会议，帝国主义国家不惜采取暗杀手段阻止苏维埃代表与会。最后，土耳其与帝国主义国家妥协，签署了不利于黑海沿岸国家的公约、协定、议定书等一揽子文件。1922 年 7 月 17 日，苏维埃政府在指出了海峡公约的缺点之后，参加了该公约。

从热那亚会议到拉巴洛条约，再到海牙会议和洛桑会议，苏维埃政府在国际舞台上同一群帝国主义国家较量，充分显示了苏维埃政府的爱好与维护和平和主持正义的力量和才能。在此以后，苏维埃政府与帝国主义国家的摩擦也时有发生，但苏维埃政府已经具备了对付这些帝国主义国家挑衅行为的经验和办法。1923年5月8日，英国大臣寇松向苏联政府提出最后通牒，指责苏联政府在阿富汗、伊朗和印度进行反英宣传。英国要求召回苏联驻阿富汗和伊朗的外交使节，抗议苏联对反革命分子的镇压。寇松以断绝商务关系来威胁苏联政府。5月11日，苏联政府针锋相对，照会英国政府："最后通牒和威胁不是消除国家间局部的和次要的误会的办法，无论如何，用这种办法不可能同苏维埃共和国建立正确的关系。"照会强调，苏联不允许任何国家用恐吓和最后通牒的方式来同其对话。英国应该"消除在建立对双方有利的正常而和睦的关系方面存在的最重要的障碍"①。

1924年是苏联政府对外政策上的一个突破年。许多国家在这一年与苏联建立了外交关系。

---

① 《苏联对外政策文件集》第2集，第757、761页。

第四章　如何同外国资本家打交道

第一节　发展对外经济关系

借助资本的力量发展和壮大自己

苏联是第一个社会主义国家，也是当时世界上唯一的社会主义国家。苏维埃政权能否与资本主义国家发生经济联系，如何同资本主义国家进行经济交往，这是一个十分重要的问题。列宁高瞻远瞩，明确提出社会主义国家可以而且必须同资本主义国家发展经济关系。因为在列宁看来，无产阶级是在落后的俄国取得胜利的，若巩固这种胜利，就必须向世界上生产力最发达的国家学习，学习它们的经济管理的经验和技术，为我所用。而且列宁认识到，落后的俄国只有利用资本主义的资本、技术和经验才能尽快地建设社会主义。早在1920年列宁就在思考，"现在是否必须这样提出任务：鉴于苏维埃政权因经济破坏和落后而面临垮台的巨大危险、落后和赶不上的危险，只能这样提出任务：借助联合外国资本赶上去？"[①] 1920年11月26日，列宁在俄共（布）莫斯科组织支部书记会议上说："在革命还没有到来以前，资产阶级的资本对我们是有利的。当我们国家在经济上还极其薄弱的时候，怎样才能加速经济的发展呢？那就是要利用资产阶级的资本。"[②]

列宁脑海里仍然盘旋着怎样将苏维埃俄国的经济搞上去的问题。1921年2月列宁在《给巴库同志们的信的提纲》中提出了一些这方面的问题，而且有自己的答案：

　　△"经济问题：先进的资本主义目前在技术和组织方面是不是比我们高明？"

[①] 《列宁全集》第40卷，第376页。
[②] 《列宁全集》第40卷，第42页。

△"现在是否可以给我们提出任务：应该自己搞好，要么这是左派幼稚病，要么这是愚蠢的学理主义？"

△"现在是否必须这样提出任务：鉴于苏维埃政权因经济破坏和落后而面临垮台的巨大危险、落后和赶不上的危险，只能这样提出任务：借助联合外国资本赶上去？"

列宁的答案是："'如果租让1/4，2/4就不会落后'，这是理想；这一点我们一年内不能解决，如果五年能解决，那就是伟大的胜利。这才是切实地，而不是幼稚地提问题的方法。"在此，列宁提出了一个公式，即"经济意义＝（仅）同先进的国家资本主义缔结联盟反对小资产阶级的和落后的自发势力＝（B）同一个帝国主义托拉斯缔结联盟反对另一个"。①列宁这句话的深刻含义，就是利用资本主义反对小生产，利用资本主义之间的矛盾达到自己的目的。列宁告诫同志们，"我们认真地学习，而不叫喊'我们投鞭就能断流'"②。

利用资本主义？这是多么令人担忧的事情！当时许多人都对列宁的这一主张表示怀疑和不解。但列宁的主张不是随便提出的，因为列宁看到了为克服这种落后性就必须利用资本主义。列宁1921年2月曾经明确表示，"应该善于利用，善于请教'资产阶级专家'，善于了解他们的'力量'在哪里"。列宁强调不要当唱得有点刺耳，好在滴酒不进的"心地善良的共产主义音乐家"。③

世界经济关系的魅力：你离不开我，我离不开你

列宁不愧为革命的政治领袖，列宁在提出利用资本主义国家的资本、技术和经验时就判断出，资本主义国家离不开俄国，就像俄国离不开世界资本主义国家一样。因为共同的世界经济联系造成了这种经济联合的态势，这是问题的一个方面。另一方面，资本主义国家有着无产阶级政权可以利用的矛盾和缝隙，而且无产阶级政权必须利用这些矛盾和缝隙。1921年4月11日，列宁在全俄中央理事会共产党党团会议上关于租让问题的报告中指出："每一项租让仿佛都是一场新的战争，不过这是在另一个领域内即在经济领域内进行的战争。……我们的目的只有一个，就是要在资

---

① 《列宁全集》第40卷，第376页。
② 《列宁全集》第40卷，第377页。
③ 《列宁全集》第40卷，第375页。

本主义包围中利用资本家对利润的贪婪和托拉斯与托拉斯之间的敌对关系，为社会主义共和国的生存创造条件。社会主义共和国不同世界发生联系是不能生存下去的，在目前情况下应当把自己的生存同资本主义的关系联系起来。"① 1921年12月，列宁在全俄苏维埃九大上说："但是我们知道，封锁我们的那些国家的经济状况很脆弱。有一种力量胜过任何一个跟我们敌对的政府或阶级的愿望、意志和决定，这种力量就是世界共同的经济关系。正是这种关系迫使它们走上这条同我们往来的道路。"② 1922年4月14日，列宁在同《纽约先驱报》记者谈话时表示："俄国需要同资产阶级国家做生意。另一方面，各国资产阶级政府也很清楚，没有俄国，欧洲的经济生活就不可能调整好。"③

作为明智的决策者，列宁注意到了俄国与世界资本主义国家之间的联系。有联系就会有俄国生存的空间和资源。有这些联系就会使俄国有可能改善自己的国际环境。

著名的社会主义公式

其实，列宁不仅将俄国利用资本主义国家的资本、技术看成是一种手段，而且在列宁看来，社会主义归根到底是一个具有高度经济发展水平、高度科学技术水平的社会。列宁将社会主义同发达的科学技术水平紧紧联系到一起。列宁有一个非常著名的公式，列宁说："乐于吸取外国的好东西：苏维埃政权＋普鲁士的铁路秩序＋美国的技术和托拉斯组织＋美国的国民教育等等等等＋＋＝总和＝社会主义。"④ 列宁在1921年还精辟地说："没有建筑在现代科学最新成就基础上的大资本主义技术，没有一个使千百万人在产品的生产和分配中严格遵守统一标准的有计划的国家组织，社会主义就无从设想。"⑤ 列宁还提出过人人皆知的口号："社会主义就是苏维埃政权加电气化。"这表明，列宁的社会主义思想是建立在高度发达的科学技术水平和管理水平基础上的。

---

① 《列宁全集》第41卷，第167页。
② 《列宁全集》第42卷，第332页。
③ 《列宁全集》第43卷，第156页。
④ 《列宁全集》第34卷，第520页。
⑤ 《列宁全集》第41卷，第199页。

第二节　租让政策的制定和实践

租让思想的萌生和政策的形成

列宁在对外经济关系方面有一整套原则和规范，同时，列宁也在寻找具体的同资本家联合的形式。租让制是列宁在实践中的创造。他将租让制看作是俄国对外经济关系中的主要形式。列宁租让制的思想是在实践中逐步形成的。早在1918年春天"喘息"时期，列宁就提出了租让制的思想。1918年5月，列宁倡议同美国发展经济关系。在列宁的领导下，苏俄最高国民经济委员会对外贸易委员会制订了关于俄美经济关系发展的初步计划。苏俄政府在该计划中表示愿意以农产品和采掘工业产品偿付从美国购买的货物，该计划还表示愿意像对其他国家一样向美国提供承租权。该计划1918年6月最初发表在《工商业人民委员部通报》上。1918年5月14日，列宁给雷蒙德·罗宾斯上校写信：

> 亲爱的罗宾斯先生：
> 随信附上发展我国与美国的经济关系的初步计划。这项初步计划是经过我国最高国民经济委员会对外贸易委员会仔细研究的。
> 我希望这项初步计划对您同美国外交部和美国出口事务专家的会谈能有所裨益。
> 请接受我深切的谢意！
>
> 您的真诚的　列宁[①]

但战争使租让政策停止实施，而且也没有实施的可能性。帝国主义的武装干涉给苏俄人民带来无穷的灾难，只是到了1920年底苏俄大地上才出现了和平的曙光和希望。列宁又一次将租让政策提到了议事日程。1920年11月15日，人民委员会委托列宁等人起草关于租让问题的决定草案，提出了三个原则：第一，关于提供租让的总的亦即原则性的决定；第二，极简短地说明租让的一般经济条件和法律条件；第三，开列租让项目，并

---

① 《列宁全集》第48卷，第149页。

对每个租让项目的经济意义作出相当清楚的说明。① 11月23日，人民委员会批准了列宁等人起草的租让法令。该法令具有十分重要的地位。法令指出，实行租让制是"为了广泛采用这种恢复和加强共和国和整个世界经济的生产力的方式"，法令表示应该"同认真的值得信任的外国工业团体和组织签订合同的租让项目"，该法令强调了租让项目的一般经济条件和法律条件，如规定：对承租人，将用合同中规定的部分产品给予报偿；承租人有权将产品运出国外；对承租人投入企业的财产决不实行国有、没收和征用，等等。1920年12月，在全俄苏维埃八大上列宁又进一步阐述了租让制问题。列宁说："在租让谈判上，我们的主要利益是政治上的利益。最近的事态也十分清楚地证明，光是谈谈租让问题，我们就得到了好处。……这就是说，这个问题在经济上是十分次要的，它的全部实质是在于它的政治意义。"② 列宁重申了租让制的三种主要形式：第一种是北部边远地区的森林租让，第二种是粮食租让，第三种是西伯利亚的矿业租让。

在和平建设时期来临之时，列宁正在苦苦追求一种有效的恢复经济、发展经济的途径和方法。在列宁看来，租让政策就是苏俄应该而且必须实行的政策。实行这种政策只会对苏维埃政权有利，也会在国际舞台上成为利用帝国主义国家之间关系矛盾、加深它们之间矛盾裂痕的有效手段。列宁认为，租让政策具有重要的政治意义，同时又具有现实的经济意义。关键在于操作，在于控制尺度。

转入新经济政策以后，俄共（布）高层对实行租让政策更加热心，积极推进租让政策的实施。列宁多次发出指示，部署租让政策的实施和贯彻。中央领导层也多次开会研究租让政策问题。列宁还发表文章，从理论的角度分析和论述租让政策，澄清一些是非。

租让政策带来的困惑

刚才还斗个你死我活，紧接着苏维埃政权就同资本主义国家握手进行经济合作谈判，刚刚放下枪炮就同资本家做生意，这是一个多么大的转弯呀！人们在问："我们把本国的剥削者赶走了，又要把外国的剥削者请进来，怎么能这样呢？"基层发出了担心旧日的资本家卷土重来的呼声。关于租让制的问题引起的一些困惑和不解表现在苏俄各个层面，其中包括中

---

① 《列宁全集》第40卷，第15页。
② 《列宁全集》第40卷，第99页。

央决策层。1920 年苏维埃八大收到了许多条子，对租让制提出许多问题。这些问题十分有意思，现摘录一些，因为这些疑虑在后来的国际共产主义发展进程中屡屡遇到：

"同志们！我们派遣你们去参加全俄代表大会，同时我们声明，我们农民愿意再受三年饥寒，再承担三年义务，只是你们不要用租让的办法出卖我们的俄罗斯母亲。"

"我们正经历着经济危机和经济破坏，不能像资本家那样满足工人的要求，那么资本家承租人会不会以此来煽动工人无产者群众反对苏维埃政权呢？"

"如果可以，请说明，堪察加要租让多久（或者打算租让多久），除了政治上的好处外，对俄罗斯联邦有没有经济上的好处？表现在哪里？"

"我们实行租让，这是否就是承认资本主义国家长期存在，是否就是认为我们关于世界革命即将到来的论点是不正确的？"

"如果日本不让我们把堪察加租让给美国，而出兵强占它，并宣布堪察加是他们的，那怎么办？""请讲一讲，资本家从哪里弄劳动力？自己带来吗？未必。如果要招收俄国工人，那么除了俄国工人又要受资本家控制以外，还会造成我们劳动市场的紊乱，从而会打乱统一的经济计划。"

"实行租让后，一旦承租人开始工作，俄国共产党在租让合同规定的地域内做工的工人中建立共产党支部的工作，能公开进行还是只能秘密进行？"

"如果说在美国，失业正在促进革命，那么，我们对美国实行租让，岂不是让它摆脱危机，也就是说让它阻碍革命吗？"

"资本家是否会利用租让来防止本国发生危机，并以此推迟社会革命？"

"能不能指出哪些条件能保证我们不会发生歪曲苏维埃国家制度和培植资本主义制度的危险？"

"您说，租让给被压迫国家（如德国）的资本家，比租让给其他国家意义更大。但是，被压迫国家的资本家取得租让后将会改善本国的经济状况，从而会推迟国内革命，对这一点您有什么看法？"

"如果（1）承租人违反俄罗斯联邦的法律，（2）同承租人所代表的国家发生战争和（3）同其他国家发生战争，将如何处理租让企业以及承租人修建的工程和建筑？"

"逃亡国外的俄国资产阶级，会用自己的资本来参加租让企业的经营。这岂不是从前的老板打着外国资本的招牌又回来了吗？"

"您曾经指出并强调租让的政治意义。这是可以理解的。但是最使地方上不安的是：要租让，要贸易往来。这样做会给共和国带来什么样的威胁和危险，苏维埃制度会从内部被瓦解和被破坏（例如，投机倒把会猖獗，等等）吗？怎样防备这些威胁和危险？"

"请讲一讲如何处理沙皇欠下的债务，不偿还债务，协约国是否会同意做些生意？"①

……

列宁给困惑者解惑

无产阶级革命队伍中有些人一时转不过弯来，这是正常现象。急剧的转变给思想观念带来很大冲击。但作为中央决策层应该及时、准确和通俗地向无产阶级革命队伍中的困惑者解释这一切。列宁承担了这个任务，而且，每当重大转折时刻列宁都是这样做的。宣传鼓动工作、启发教育工作对于列宁来说是一件法宝。因为只有群众弄懂了中央高层决策的意义，才能跟着中央向前进。这时期，列宁连续发表文章和报告，阐述租让政策。在从战时共产主义政策向新经济政策转变时期，列宁注意将租让政策提到很重要的位置上。1920年11月26日，列宁在俄共（布）莫斯科组织支部书记会议上阐述了租让政策的原则性问题。1920年12月6日，列宁在俄共（布）莫斯科组织积极分子大会上作了关于租让的报告。列宁提出了有关租让制的一系列问题，旨在消除人们对租让制的忧虑。1920年12月21日，在俄共（布）党团会议上，列宁一一回答了这些问题，澄清一些人心中的糊涂认识。

实行新经济政策以后，列宁在1921年4月11日全俄工会中央理事会共产党党团会议上说："同志们！租让问题在我们这里引起的意见分歧，大大出乎我们的意料，因为还在去年秋季以前，这个问题在原则上似乎就

---

① 《列宁全集》第40卷，第119—128页。

已经肯定下来了,而当人民委员会在去年11月23日颁布租让法令时,党内,至少在负责工作人员中间,并没有人出来反对,而且也看不出有什么意见分歧。"① 反对租让制的人提出各种各样的理由。他们有的说,"我们要自己'想办法',干吗把外国人叫来";有的说,"那些在同资本家斗争中受过考验的老工人不能容忍再退回去受资本家的奴役",等等。针对这些意见,列宁斩钉截铁地表示:"我认为,如果我们不能实行租让政策,不能把外国资本吸收到租让企业中来,那就根本谈不上采取重大的、实际的措施来改善我们的经济状况。如果不实行租让政策,不抛弃偏见,不抛弃地方'爱国主义',不抛弃行会'爱国主义'和所谓我们自己'想办法'的看法,我们就不能认真地提出立即改善经济状况的问题。"② 列宁教育那些对租让政策有疑义的同志:"你们从这里就可以看出针对目前金融资本以及托拉斯与托拉斯之间进行激烈斗争的情况而制定的租让政策的实质。租让政策是一方为了反对另一方而缔结的联盟。现在我们的力量还不够强大,我们应当利用托拉斯之间的敌对关系,以便使我们能够支持到国际革命的胜利。"③ 可见,列宁主张租让制是为了改善俄国的经济状况,是为了发展俄国经济。

在这里,列宁深刻地阐述了未来和现实的关系。列宁说:"未来是非常美好的。可是决不能把这两方面的事情混淆起来:一方面要进行宣传鼓动,加速这个未来的到来;另一方面要使自己现在能够在资本主义的包围中生存下去。如果我们办不到这一点,那就会像一个谚语所说的,'等到太阳升东方,眼珠已被露水伤'。我们应当有本事根据资本主义世界的特点,利用资本家对原料的贪婪使我们得到好处,在资本家中间——不管这是多么奇怪——来巩固我们的经济地位。事情似乎很奇怪:社会主义共和国怎么能依靠资本主义来改善自己的状况呢?但是在战争中我们已经看到过这种情况。我们在战争中取得了胜利,这并不是因为我们强,而是因为我们虽然弱,却利用了资本主义国家之间的敌对关系。现在,若不利用托拉斯之间的敌对关系,我们就不能适应资本主义的特点,就不能在资本主

---

① 《列宁全集》第41卷,第153页。
② 《列宁全集》第41卷,第154页。
③ 《列宁全集》第41卷,第159页。

义的包围中生存下去。"①

我们可以看出，列宁实际上又提出了实行租让制的另一个政治意图，即利用帝国主义国家之间的矛盾，使俄国在敌对包围中生存下来。

最后，列宁反驳了施略普尼柯夫的观点。这位反对租让政策的政治家表示，最好把企业租让给俄国工人。列宁说他的这种说法"太可笑了"。"一般说来，同俄国工人签订任何一种租让合同，在原则上是完全允许的。但是这种解决问题的办法对我国的大工业是不严肃的，因为我们什么也不能保证供应，而外国的承租人则可以把必需品从国外运来。这就是同外国资本家签订租让合同的不同之处。"② 列宁反对那种观点，即认为实行租让会延迟欧洲革命，"我们不去推断从签订第一个租让合同到欧洲爆发第一次大规模革命将相隔多少天"。③

列宁的这篇讲话起了非常大的作用，全党在租让问题上有了一个比较一致的认识。

1921年4月21日，列宁发表了《论粮食税——新经济政策及其条件》一文。该文非常重要，也是统一全党思想的一篇重要文献。在这篇文献中，列宁将租让看成是国家资本主义的最典型的形式。

为宣传党的政策，其中包括租让政策，列宁多次利用各种报告机会加以论述。1921年4月25日，列宁在留声机录音讲话中集中阐述了租让政策。苏维埃政权赶走了俄国资本家和地主，而现在却把外国资本家请到俄国来，这样做对吗？列宁回答："这样做是对的，因为，既然其他国家的工人革命迟迟没有到来，那我们就不得不作出某种牺牲，只要能迅速改善甚至立即改善工农的生活状况。"

把资本家请到俄国来不危险吗？这不是意味着发展资本主义吗？列宁回答："是的，这是意味着发展资本主义，但是这并不危险，因为政权掌握在工农手中，地主和资本家的所有制不会恢复。租让是一种特殊的租借合同。根据合同，资本家在一定期限内是一部分国家财产的租借者，但不是所有者。所有权仍然属于国家。"④

---

① 《列宁全集》第41卷，第162、163页。
② 《列宁全集》第41卷，第176页。
③ 《列宁全集》第41卷，第178页。
④ 《列宁全集》第41卷，第238、239页。

看来，一项政策的制定、实施和革命队伍对该项政策的理解程度和支持程度有着密切的关系。若让政策能够按照决策者意图贯彻下去，就必须让群众明了政策的实质和含义，让群众懂得如何去实行该项政策。列宁在决策中所体现出的这种才能，应该值得后人认真去学习和领会。

列宁给困惑者解惑的具体内容在以下节目中体现出来。

租让政策的含义

一项政策的出台，必须给其下一个精确的定义。列宁在制定租让政策时也是这样做的。列宁说："苏维埃政权怎样把资本主义的发展纳入国家资本主义的轨道，苏维埃政权怎样'培植'国家资本主义，可以说明这一点的最简单的事例，就是租让。"列宁阐述了租让政策的含义："就各种社会经济结构及其相互关系来看，苏维埃制度下的租让是什么呢？这就是苏维埃政权、即无产阶级的国家政权为反对小私有者的（宗法式的和小资产阶级的）自发势力而和国家资本主义订立的一种合同、同盟或联盟。承租人就是资本家。他按资本主义方式经营，是为了获得利润，他同意和无产阶级政权订立合同，是为了获得高于一般利润的额外利润，或者是为了获得用别的办法得不到或极难得到的原料。苏维埃政权获得的利益，就是发展生产力，就是立刻或在最短期间增加产品数量。"[①] 后来，列宁在另一个场合又论述说："苏维埃政权邀请了那些愿意在俄国经营租让企业的外国资本家到俄国来。"那么，什么是租让呢？列宁回答："它是国家同资本家订立的一种合同，资本家负责安排或改进生产（如采伐和浮运木材，开采煤炭、石油和矿石等等），把所得的一部分产品交给国家，另一部分作为利润归自己所有。"[②] 那么，租让政策有没有阶级斗争的内容呢？

租让不是和平，而是另外一种形式的战争

列宁决定实行租让制是有原则性界限的。在列宁看来，"租让并不是和平，它也是战争，不过是用另外一种、对我们比较有利的形式进行的战争。从前战争是靠坦克、加农炮等等进行的，而这些东西妨碍了我们的工作，现在这场战争将在经济战线上进行。……租让是战争在经济方面的继续，不过在这场战争中我们已经不是在破坏而是在发展我们的生产力"。[③]

---

① 《列宁全集》第41卷，第211、212页。
② 《列宁全集》第41卷，第238页。
③ 《列宁全集》第40卷，第43页。

列宁说：实行租让制是"共产主义和资本主义这两种方式、两种形态、两种经济的军事较量"，"这也将是一场不能作丝毫让步的战争"。① 在列宁看来："从资本主义同布尔什维克冲突的危险性来看，应当说租让是战争的继续，但这是另一种范围内的战争。必须监视敌人的每一个行动。需要用各种办法来进行管理、监督、影响和诱导。这同样是一场战争。"②

列宁同时也告诫说："要把适应资本主义生产的租让制同苏维埃观点结合起来，自然不是一件容易的事，正像我所说的，这方面的一切努力，都是资本主义同社会主义斗争的继续。这场斗争的形式变了，但它仍然是一场斗争。……当然，在这方面的斗争比缔结任何和约的斗争都需要更大的随机应变的本领。每次缔结和约时都要进行斗争，而且都有资产阶级列强在背后参与斗争。……我们必须这样来缔结和约：一方面要使资产阶级共和国能够生存，另一方面又要使苏维埃政权在世界外交方面得到好处。在同资产阶级列强缔结的每一个和约中，有些条文是经过一场战争才订下来的。同样，租让合同的每一项条文都带有战争性质，因为每一项条文的制定都要经过一场战争。因此，必须善于在这场战争中保卫自己的利益。这是可以做到的，因为资本家从承租企业中得到大量利润，而我们则要使我国工人的生活状况有所改善，通过提成多得到一些产品。"③ "租让政策执行得恰当而谨慎，无疑能帮助我们迅速（在某种不大的程度上）改进生产状况，改善工人和农民的生活，——当然要以某些牺牲作代价，要以把千百万普特最宝贵的产品交给资本家作代价。租让在什么程度上和什么条件下对我们有利而无害，这要取决于力量的对比，取决于斗争，因为租让也是一种斗争形式，是阶级斗争在另一种形式下的继续，而决不是用阶级和平来代替阶级斗争。至于斗争的方式如何，将由实践来表明。"④ 列宁表示："租让合同就是介乎布列斯特条约和同资产阶级列强签订的这类条约之间的一种条约。"列宁说："共产党人懂得，租让就是一个布列斯特条约。由于我们这个农民占人口绝大多数的国家遭到破坏，我们才不得不去签订这个条约。任何人都知道，没有大工业，国家的复兴是不可能的。"⑤

---

① 《列宁全集》第 40 卷，第 77 页。
② 《列宁全集》第 40 卷，第 78 页。
③ 《列宁全集》第 41 卷，第 163、164 页。
④ 《列宁全集》第 41 卷，第 212、213 页。
⑤ 《列宁全集》第 41 卷，第 171、175 页。

列宁的这些论述表明，租让制具有强烈的政治色彩和阶级内容。列宁在制定租让制时已经充分估计到了资本家利用租让制给苏维埃政权可能带来的消极影响。

利用和加深资本主义国家之间的矛盾

利用资本主义国家之间的矛盾来达到苏俄的目的，这是列宁对外经济决策中的重要考虑和策略。1920 年 11 月 26 日，列宁在俄共（布）莫斯科组织支部书记会议上估计道，现在美国和日本之间疯狂的敌对情绪日益增长。我们正利用这一点，提议出租堪察加，从那里得到一部分产品，对我们有利得多。何况事实上我们反正也无法支配和利用堪察加。合同还没有签好，日本就"怒不可遏了"。"我们利用这个合同更加加深了我们敌人之间的分歧。"① 列宁说："租让问题上的基本原则，从政治上来考虑（对这个问题有政治上的考虑，也有经济上的考虑）就是：应该利用两个帝国主义之间、两个资本主义国家集团之间的对立和矛盾，使他们互相争斗。这个原则我们不仅理论上已经懂得了，而且实际上已经在运用；对我们来说，社会主义在全世界最终胜利以前很长的时期内，这将是一个基本原则。只要我们还没有夺得全世界，只要从经济和军事的角度来看我们仍然比资本主义世界弱，就应该坚持这样一个原则：应该善于利用帝国主义者之间的矛盾和对立。如果我们不坚持这个原则，我们大家早就被绞死了，这正合资本家的心意。"② 在列宁看来："现在我们处在两个敌人之间。如果不能同时战胜这两个敌人，那就应该想办法使他们互相打起来，因为两贼相争，好人总会得利，但是，一旦我们强大到足以打倒整个资本主义，我们立刻就要把它推翻。"③

在苏俄政权还很虚弱之时，为了能够在帝国主义重重包围中生存下去，就必须利用帝国主义国家之间的矛盾，尽可能地促使它们相互之间进行争夺和摩擦。必要时苏俄政权可以抛出一些政治诱饵和经济诱饵，促使它们争斗。列宁分析道："人们生活在国家里，而每一个国家又生存在由许多国家构成的体系中，这些国家彼此都处于一定政治均势的体系中。"④

---

① 《列宁全集》第 40 卷，第 42、43 页。
② 《列宁全集》第 40 卷，第 59 页。
③ 《列宁全集》第 40 卷，第 61 页。
④ 《列宁全集》第 40 卷，第 62 页。

列宁的政治意图非常明确:"在政治上我们应该利用敌人之间分歧,并且只利用由最深刻的经济原因引起的深刻分歧。如果我们企图利用微小的偶然的分歧,我们就会成为渺小的政客和一钱不值的外交家。"① 列宁认为,在当前的资本主义世界中有没有我们应该利用的根本性的对立呢?有三种根本性的对立:一是美国和日本的对立;二是美国和其他资本主义国家的对立;三是协约国和同盟国集团之间的对立。列宁认为,现实应该首先利用美国和日本的对立。由此可见,列宁在指定对外经济战略时,时刻从国际环境和国际政治力量对比的变化中寻找支点。

不懂生意经就进疯人院

与狼打交道要学会狼的语言。同资本家打交道不懂得生意经,就等于被资本家所征服。列宁十分重视与资本家打交道时的规则的运用。列宁说:"租让政策是由作为执政党的共产党领导执行的。这并不是什么巧妙的把戏,这些文献已经译成各种文字。……教他们这些资本家学共产主义是没有必要的。我们是优秀的共产党员,但是我们并不想通过租让来建立共产主义制度。租让是同资产阶级强国签订的条约。如果有这样的共产党员,他想根据共产主义的原则同资产阶级强国签订条约,那我们就要把他送进疯人院,并且对他说,'你虽然是一个优秀的共产党员,到资产阶级国家去做外交官却不合适'。还有这样的共产党员,他们在考虑租让政策时想在合同中体现出共产主义原则,这种人也快要进疯人院了。在这方面必须懂得资本主义的生意经,不懂是不行的。"② 列宁强调:"无论如何要实行这种租让。任何一项租让都会带来好处,都能立即改善一部分工人和农民的生活状况。"③ 可见,列宁完全是从实际出发考虑问题的,没有受条条框框的约束。

全部困难在于权衡、控制、监督和执行

列宁说:"租让制这种国家资本主义,和苏维埃体系内其他形式的国家资本主义比较起来,大概是最简单、明显、清楚和一目了然的形式。在这里,我们和最文明先进的西欧资本主义直接订立正式的书面合同。我们确切知道自己的得失、自己的权利和义务,我们确切知道租让的期限,如

---

① 《列宁全集》第 40 卷,第 62 页。
② 《列宁全集》第 41 卷,第 165、166 页。
③ 《列宁全集》第 41 卷,第 167、168 页。

果合同规定有提前赎回的权利，我们也确切知道提前赎回的条件。我们给世界资本主义一定的'贡赋'，在某些方面向他们'赎买'，从而立刻在某种程度上使苏维埃政权的地位得到加强，使我们经营的条件得到改善。在租让方面，任务的全部困难就在于，当订立租让合同时，一切都要经过深思熟虑，反复权衡，而订立之后还要善于监督该合同的执行。"①

在这里，列宁阐述了高层决策的一个十分重要的定律。列宁说："所以为了使'我们'能顺利地完成我们直接向社会主义过渡的任务，就必须懂得，需要经过哪些中间的途径、办法、手段和辅助办法，才能使资本主义以前的各种关系过渡到社会主义。关键就在这里。"② 列宁的这个分析具有现实意义。

租让制的实践

有了这样的思想必然会推动苏维埃政府积极地与资本主义国家的资本家进行谈判。例如，1920年秋，苏维埃政府就同美国万德利普辛迪加的代表华盛顿·万德利普在莫斯科进行接触，并举行了租让谈判。其租让项目就是在堪察加开采石油和煤炭。苏维埃政府非常重视，专门成立了由最高国民经济委员会、外交人民委员部和外贸人民委员部的代表组成的专门委员会，与万德利普举行租让谈判，双方起草了合同草案。根据合同草案，万德利普辛迪加将获得为期60年的租让权。但满35年后，苏维埃政府有权提前赎回租让企业。如果满60年，租让企业及其设备无偿地转归苏维埃俄国所有。但美国政府对这项租让项目不感兴趣，持不支持的立场，万德利普辛迪加最终没有与苏维埃政府签订这项租让合同。

转入新经济政策以后，苏维埃政府更加积极推进租让政策的实施。比较典型的是苏俄政府与厄克特的租让谈判。厄克特十月革命前是俄亚联合公司的董事长，俄国一些大型矿业企业的业主。1921年以后，苏俄政府准备将厄克特十月革命前的原有企业租让给他，由他经营。苏俄政府十分重视这个问题。苏俄政府派对外贸易人民委员列·克拉辛同厄克特进行谈判。1921年6月，谈判在英国伦敦开始进行，随后又多次在莫斯科进行。但到10月，厄克特中断谈判，企图通过压力和讹诈捞取更多的好处，逼迫苏俄政府作出重大让步。但苏俄政府没有屈服于这种讹诈。1922年谈

---

① 《列宁全集》第41卷，第213页。
② 《列宁全集》第41卷，第216页。

判恢复。列宁十分关心这个谈判。1992年9月4日，列宁给斯大林写信并转俄共（布）中央政治局，指示"只有在向我们提供大笔贷款的条件下，才能租让给厄克特"。① 9月9日，双方在德国柏林签订了租让初步合同。初步合同规定，原俄亚联合公司乌拉尔和西伯利亚的企业租让给厄克特。根据合同，苏维埃政府应给予承租者物质资助，以供恢复其流动资本和修复企业之用。承租者独享使用森林和矿产资源的权利，承租者有权在一定条件下在俄罗斯或在国外出售所开采的原料和产品。租让企业免交地方捐税。合同规定，承租者必须将其开采的供直接销售的金属和各种矿物数量的6%，开采的煤、泥炭或原料数量的6%以货币（英国货币）或实物（由苏俄政府酌定）扣交俄罗斯联邦政府，其他生产品（包括加工的材料、成品、制品）按成本的4%以现金扣交。苏俄政府有权收购承租者生产的金属和产品、开采的矿物以及生产的其他商品的50%。租让期限为99年；签订合同日起满40年后苏俄政府有权提前赎回所有企业；租让期满后所有企业无偿移交苏俄政府。②

这份合同的分量很重。决策高层采取了慎重的态度。1922年9月14日、21日、28日，俄共（布）中央政治局几次开会，研究对策，估量这份合同。10月5日，俄共（布）中央全会也讨论了这份合同。最后全会否定了这个合同。其"否决的理由之一是同英国的通商条约不稳固，它可能在任何时刻被英国单方面废除。基本理由则是，鉴于英国目前在对俄国极端重要的达达尼尔海峡问题上采取了敌对的政策，签订一个在范围和意义方面都异乎寻常的租让合同对苏维埃俄国来说是不允许的。这个理由绝对必须在人民委员会的正式决定中提出"。③

9月12日，列宁再次给斯大林写信并转中央政治局。他指示："看了克拉辛同厄克特的合同，我不同意批准它。……建议否决这项租让合同。"列宁认为这项合同是"奴役和掠夺"。列宁嘱咐斯大林将此事通知政治局委员。④ 在列宁的建议下，人民委员会否定了这个合同草案。10月6日，列宁给皮达可夫写信。他建议皮达可夫再审查一下这项租让问题。他指示说：

---

① 《列宁全集》第43卷，第202页。
② 《列宁全集》第43卷，第530页。
③ 《列宁全集》第43卷，第530页。
④ 《列宁全集》第43卷，第204页。

"依我看，审查应主要放在垄断问题上；这是问题的中心。租让在财政上是否有利的问题是第二位的。"① 同厄克特的租让谈判最终没有成功。

列宁十分重视同美国哈默的合作。1922年5月11日，列宁给季诺维也夫写信："恳请尽力帮助来人阿尔曼德·哈默同志，他是第一个办理承租的美国同志。最最重要的是，要使他的全部事业取得圆满成功。"② 5月11日，列宁给季诺维也夫打电话："今天为美国同志阿尔曼德·哈默写了一封介绍信给您和您的副手。他的父亲是个百万富翁，共产主义者（关在美国监狱中）。他同我们签订了对我们很有利的第一个租让合同。他要去彼得格勒，以便第一船小麦卸货时在场并为他承租的企业［（石棉矿）］接收机器进行安排。"列宁说："恳请立即指示所属，不得有任何拖延耽搁，并要由可靠的同志亲自监督，使为该租让企业进行的各项工作能圆满迅速地完成。这是最最重要的。阿尔曼德·哈默与他的公司经理米歇尔先生同行。"③ 但彼得格勒方面没有很好地接待哈默一行。哈默给列宁写信说接待他们的别格缺乏礼貌，具有官僚主义。5月22日，列宁给季诺维也夫写信，严厉地进行了批评。列宁说，哈默的同事米歇尔对接待"颇有怨言"，"我要向中央控告别格的行为。鬼知道这是怎么回事！竟然不顾我写给您和您的副手的专函，完全顶着干！！"列宁要求对别格施加影响。④ 5月24日，列宁给斯大林写信并转中央政治局委员。列宁说："我以个人名义特别推荐阿尔曼德·哈默和Б. 米歇尔，请全体中央委员大力支持这两个人和他们的事业。这是通向美国'实业'界的一条小径，应该千方百计加以利用。如有不同意见，请打电话告诉我的秘书（福季耶娃或勒柏辛斯卡娅），以便我动身之前，即近几天，能及时弄清情况（并通过政治局彻底解决）。"⑤ 1922年6月2日，列宁的建议在中央政治局获通过。

列宁十分关心哈默的事业。1922年5月24日或27日，列宁给阿·朱·哈默写了介绍信并给秘书下了指示。列宁说："持件人阿尔曼德·朱利耶维奇·哈默博士是美国联合公司的秘书。该公司是从我国获得承租权即乌拉尔石棉矿承租权的第一家股份公司。这个公司还承办供应俄国一批

---

① 《列宁全集》第43卷，第206页。
② 《列宁全集》第52卷，第430页。
③ 《列宁全集》第52卷，第430、431页。
④ 《列宁全集》第52卷，第457、458页。
⑤ 《列宁全集》第52卷，第460、461页。

粮食以换取俄国的商品，此外它还有专为俄国开设的代理机构，经营美国'福特'工厂的汽车、卡车和拖拉机以及美国一家大公司'莫林农具公司'的农具。"介绍信说："美国联合公司同一般资本主义公司不同，它同情苏维埃俄国，所以，使它有充分可能顺利完成自己的任务，对我们是十分有利的。"因此，列宁"坚决要求对外贸易人民委员部、铁路管理部门的全体代表以及苏维埃政府在国内的及驻国外的其他代表都能对该公司的代表不仅给予应有的关照和礼遇，而且竭力给予可能的协助，切勿拖延耽搁等等"。列宁指示秘书："把介绍信全文抄在我的公文纸上，不要删节；同时要把英译文也抄上。"①

虽然列宁和苏俄政府积极推行租让政策，但当时的客观国际环境限制了租让政策的实施。事实上租让制在苏俄和后来的苏联没有大规模地推行起来。列宁也承认，"租让在我国并未得到多大的发展"②。帝国主义的阻挠起了很坏的作用。但租让思想给后来的社会主义发展提供了重要的理论依据。

第三节　外贸垄断制问题的争论

外贸垄断制是苏维埃俄国对外贸易的基本原则。1918 年 4 月 22 日，苏俄人民委员会颁布关于对外贸易国有化的法令，确立了外贸垄断制的基本原则。列宁把外贸垄断制看作是维护和发展苏维埃经济的重要支柱。实行新经济政策之后，苏维埃俄国实行对外开放政策，扩大了与外国的经济联系。

在新经济政策条件下，国家对外贸易垄断制是否有存在的必要？俄共（布）出现意见分歧。布哈林、索柯里尼柯夫等人反对外贸垄断制。布哈林建议允许农民单独签订外贸契约，国家只是对这些契约进行调节。斯大林对此持什么态度呢？他曾明确表示："我不反对在现阶段'正式禁止'放松对外贸易垄断方面的步骤。但我仍然认为，放松将是不可能避免的。"③可见，斯大林的观点同列宁的观点并不一致。放松外贸垄断的结

---

① 《列宁全集》第 52 卷，第 462 页。
② 《列宁全集》第 43 卷，第 366 页。
③ 《列宁文稿》第 4 卷，第 519 页。

果意味着取消外贸垄断。所以,列宁批评布哈林等人的主张,坚决维护外贸垄断制。

中央全会建议修改外贸垄断制

反对对外贸易垄断观点在党中央占了上风。1922 年 10 月 5—6 日,中央全会作出决定,修改外贸垄断制,允许一系列商品自由输入输出。该决定是根据索柯里尼科夫的报告通过的。该决定的主要内容是:(1)在对外贸易垄断方面不宣布作任何改变,而通过劳动国防委员会关于暂时准许某几类商品或在某些边境进出口的若干决定;(2)建议劳动国防委员会立即实行上述措施,而不要延至拟出准予进出口的货物的总清单以及进出口的港口和边境名单之后;(3)为监督劳动国防委员会在最近两星期内拟出进出口港口、边境和商品清单,成立由索柯里尼科夫、波格丹诺夫、弗鲁姆金和列扎瓦组成的委员会,同时必须吸收对外贸易人民委员部的代表参加。① 列宁因病没有参加全会。但列宁不同意全会的决定。10 月 13 日,列宁就外贸垄断问题给斯大林和其他中央委员写信,认为决议"会破坏对外贸易垄断"并要求推迟执行该决议。对外贸易人民委员克拉辛赞成列宁的观点,他向中央政治局陈述了自己的看法。由于列宁就这一问题同斯大林谈过话,因而政治局事先知道列宁的观点。还在接到列宁此信之前,10 月 12 日政治局在研究了克拉辛的文章后通过下述决定:(1)责成书记处就延期两个月执行全会关于对外贸易制度的决议问题征询所有在莫斯科的中央委员的意见;(2)由中央委员们委托克拉辛在两周内向中央提出自己对这一问题的意见,由书记处负责分送全体中央委员;(3)如果征询结果未获得绝对多数,把问题提交中央政治局决定。②

10 月 13 日,中央书记处向中央委员们分发了列宁的信和克拉辛提交的《对外贸易人民委员部关于对外贸易制度的提纲》。多数中央委员表示支持列宁的建议。但斯大林给中央委员们写信说:"列宁同志的信没有说服我放弃 10 月 6 日中央全会关于对外贸易问题的决定是正确的这一看法……然而,鉴于列宁同志坚决建议推迟执行中央全会决议,我投票赞同延期,以便下次全会在列宁同志参加下把问题重新提出讨论。"而季诺维也夫则反对不论从形式上还是从实质上重新审查全会通过的关于对外贸易

---

① 《列宁全集》第 43 卷,第 535 页。
② 《列宁全集》第 43 卷,第 535 页。

制度问题的决定。10月16日，中央委员以14∶1票就列宁的建议通过决定："延至下次全会决定这一问题。"①

列宁请托洛茨基为外贸垄断制辩护

列宁主张对外贸易垄断制的思想虽然没有得到最后胜利，但却暂时遏制了取消对外贸易垄断制决议的执行。列宁的"延缓"策略十分有效，这使他赢得两个月的时间做各种准备。列宁组织人员收集关于外贸状况的材料并成立研究这些材料的委员会，对俄罗斯联邦各驻外商务代表处的活动进行调查，同中央委员们，同党、苏维埃和经济部门的负责人员交谈，写了许多书信和便条，要那些还在犹豫的同志相信保持对外贸易垄断的必要性，同支持他的观点的人商妥，由他们在全会上发言。从这些大量工作中可以看出，列宁对外贸垄断制问题极其重视，绝不退让，志在成功。

12月12日，列宁给托洛茨基写信："托洛茨基同志：现将克列斯廷斯基的信送上。您是否同意，请尽快写封短信来；我将在全会上为维护垄断而战斗。"②

然而，由于病情恶化，列宁不能亲自在其全会上为垄断制而战了。他对此十分不安。外贸垄断制是极为重要的原则问题，绝不能等闲视之。一旦中央全会否决外贸垄断制，其结果不堪设想。列宁给副工农检察人民委员阿瓦涅索夫写信，他是主张保持外贸垄断的。列宁在信中请他好好地考虑一下，对关于对外贸易垄断的信需要补充什么，如何展开斗争。但列宁还不放心。他必须委托一个能在全会上代表他的观点并为外贸垄断制进行强有力辩护的人。这个人就是托洛茨基。

从12月12日至15日，列宁三次给托洛茨基写信，请他出山。12月13日，列宁写道："我觉得我和您的意见完全一致"，"不管怎样，恳请您在即将召开的全会上出面维护我们的共同观点，即保留和加强对外贸易垄断是绝对必要的。由于上次全会在这方面通过了与对外贸易垄断完全背道而驰的决定，又由于在这个问题上不能让步，我认为，正如我在给弗鲁姆金和斯托莫尼亚科夫的信中所说的，在这个问题上一旦我们失败，我们就应该将问题提交党代表大会。为此，有必要向参加即将举行的苏维埃代表大会的党团简略地陈述一下分歧的所在。如果来得及，我就把它写出

---

① 《列宁全集》第43卷，第535—536页。
② 《列宁全集》第52卷，第547页。

来，如果您也这样做，我将十分高兴。在这个问题上摇摆不定会给我们造成前所未有的危害，而反对的理由无非是指责办事机构不完善。而在我们这里办事机构不完善到处都很突出，由于办事机构不完善就取消垄断，岂不等于把孩子和水一起从澡盆里泼出去"。①

12月15日，列宁又给托洛茨基写信：

> 托洛茨基同志：
> 我认为，我们已经完全谈妥了。请您在全会上声明我们两人意见一致。我相信，我们的决定一定能通过，因为在十月全会上投反对票的一些人，现在正部分地或者完全地转到我们这一边来。
> 万一我们的决定通不过，我们就向苏维埃代表大会党团声明，要求将问题提交党代表大会。
> 那时请通知我，我也将寄去自己的声明。

列宁在附言中表示："如果这个问题在这次全会上被撤销（我想是不会这样做的，而您当然应该以我们两人的名义全力反对这样做），那么我想，还是应当向苏维埃代表大会党团提出，要求把问题提交党代表大会，因为继续动摇不定是绝对不能容许的。我给您送去的全部材料可以在您那里放到全会开完以后。"② 12月15日，列宁又给托洛茨基写信。他说："我也认为，一劳永逸地彻底解决这个问题是绝对必要的。如果有人担心这个问题会使我感到不安，甚至会使我的健康状况受到影响，我认为这是完全不正确的，因为拖而不决将使我们在一个根本问题上的政策完全稳定不下来，这就更会使我一万倍地感到不安。因此，我请您注意附去的信，恳请支持立即讨论这个问题。我确信，如果我们有失败的危险，那么在党代表大会召开之前失败并立即向苏维埃代表大会党团提出声明，总比在党代表大会召开之后失败有利得多。或许，我们可以接受这样一种妥协，即我们现在作出一个确认垄断的决定，但问题仍然向党代表大会提出来，并立即就这一点谈妥。依我看，从我们的利益和事业的利益出发，其他任何

---

① 《列宁全集》第52卷，第548、549页。
② 《列宁全集》第52卷，第550页。

妥协都是我们根本无法接受的。"①

与此同时，列宁两次（12月13日、15日）电话口授给斯大林并转中央全会的信。

列宁是有威信的，但列宁的意见并不是能够一下子被全党所接受。每当处于少数时，列宁总是竭力运用各种方式，向领导层和党员解释他的主张，联合意见一致的人共同行动。

列宁批评布哈林的错误观点

布哈林说："对外贸易人民委员部因其'原则'结构而造成的工作无能，使国家经济遭受无数损失，无论列宁还是克拉辛都对此一声不响；由于我们自己没有能力（由于完全可以理解的原因，长时期内也不会有能力）调动农民的商品储备并把它投入国际商品流转，我们受到了损失，他们对此也都只字不提。"列宁认为这种观点是"完全不正确的"。列宁说，回避问题实质的是布哈林，"他不愿意看到，'调动农民的商品储备'会使收益完全落到耐普曼的手里。问题在于我们对外贸易人民委员部是为耐普曼工作呢，还是为无产阶级国家工作。这是一个根本问题，为了这个问题绝对可以而且应该在党代表大会上作一番斗争"。列宁还批评了布哈林关于租让问题的观点。布哈林曾经指责列宁和克拉辛没有看到我们必须完善我们的关税政策，同时指责列宁在全国设稽查员。列宁批评道："布哈林的反驳又以其轻率而令人吃惊，而且没有谈到点子上，因为克拉辛不仅看到，不仅完全承认我们的关税政策必须改善，而且毫不含糊地准确地指出了这一点。这种改善就在于：第一，我们采取了对外贸易垄断制；第二，我们采取了成立合营公司的办法。"列宁批评说："布哈林看不到，在帝国主义时代，在国与国之间贫富悬殊得惊人的时代，任何关税政策都不会有效果。这是他最令人吃惊的错误，而且是纯理论性的错误。……因此布哈林关于关税政策的一切议论，实践上无非是使俄国工业完全失去保护，在一层薄薄的面纱的掩盖下改行自由贸易制。对此我们必须全力反对，要把这个斗争一直进行到党代表大会上去，因为现在，在帝国主义时代，除了对外贸易垄断制以外，任何切实有效的关税政策都谈不上。"布哈林还有一个观点，就是说，农民会不会进行有利的交易，在他看来是无关紧要的。斗争不是在农民与苏维埃政权之间，而是在苏维埃政权与出口

---

① 《列宁全集》第52卷，第551页。

商之间进行的。列宁批评说："这又是根本不对的……在实践上，布哈林是在保护投机商、小资产者和农民上层分子，反对工业无产阶级。如果工业得不到保护，工业无产阶级是绝对不能恢复自己的工业、使俄国成为工业国的，而能保护工业的只是对外贸易垄断，决不是关税政策。在目前俄国的条件下，任何别的贸易保护主义都是完全虚假的、纸上空谈的贸易保护主义，对无产阶级一点好处也没有。因此这个斗争对无产阶级及其工业具有最根本的原则的意义。成立合营公司的办法是能真正改善对外贸易人民委员部这个糟糕的机关的唯一办法，因为实行这个办法，外国商人和俄国商人就会在一起工作。"①

列宁将维护外贸垄断制问题提到相当重要的地位。列宁与布哈林的差别就在于列宁完全是从政治上、从战略上考虑问题的。

列宁向斯大林施加压力

列宁知道斯大林反对自己的观点。12月15日，列宁向斯大林表示，"我坚决反对把对外贸易垄断问题拖下去。不管出于何种考虑（包括希望我能参加这个问题的讨论这种考虑），如果想推迟到下次全会讨论，我坚决反对，因为我相信，托洛茨基维护我的观点，一点也不比我差，此其一；其次，您和季诺维也夫，听说还有加米涅夫的声明证实，一部分中央委员已改变了自己原先的观点；第三，也是最主要的，在这个极端重要的问题上继续犹豫不定是绝对不能容许的，是会破坏全部工作的。"这实际上列宁在向斯大林施加政治压力。12月15日，列宁就轻松地说："我现在已经把自己的事务清理完毕，可以安心地走了。还同托洛茨基谈妥，由他来维护我在对外贸易垄断问题上的观点。"②

斯大林明显感到列宁在这个问题上的坚定性。他开始转变立场。12月15日，他给中央委员写信。信中说："鉴于最近两个月积累的有关对外贸易问题的材料说明必须保持对外贸易垄断……我有责任声明，收回我两月前书面通知中央委员们的反对对外贸易垄断的意见。"③ 在12月中央全会上，通过了列宁的建议，撤销了10月全会的决定，并重申外贸垄断是绝对必要的。

---

① 《列宁全集》第43卷，第328—332页。
② 《列宁全集》第43卷，第333、334页。
③ 《列宁全集》第43卷，第556页。

列宁乘胜追击

列宁在病榻上得知这个消息十分兴奋。他写信给托洛茨基:"好像仅仅调动了一下兵力,就一枪不发地拿下了阵地。我建议不要停顿,要继续进攻,为此要通过一项提案,即向党代表大会提出加强对外贸易和改进对外贸易的措施问题。这件事要向苏维埃代表大会党团宣布。我希望您不会表示异议,也不会拒绝向党团作报告。"① 列宁和托洛茨基乘胜追击,外贸垄断制最终在俄共(布)十二大决议中得到确认。决议写道:"代表大会无条件地确认对外贸易垄断是坚定不移的,不允许有任何的违背和执行时有任何动摇,并责成新的中央委员会采取一系列的措施来巩固和发展对外贸易垄断。"②

第四节 对外贸易的开展

我们愿意同美国进行贸易往来

列宁没有满足已有的外交胜利。他准备将同美国的关系发展起来。1920年2月18日,列宁在回答美国世界新闻社驻柏林记者卡尔·维干德问时阐述了对美国的立场。问:"同美国保持和平的基础是什么?"答:"请美国资本家不要触犯我们。我们是不会触犯他们的。我们甚至准备用黄金向他们购买运输和生产用机器、工具及其他东西。而且不仅用黄金买,还要用原料买。"问:"实现这种和平的障碍是什么?"答:"我们这方面没有任何障碍。美国的(还有其他各国的)资本家奉行的帝国主义才是障碍。"问:"我们对于美国把俄国革命者驱逐出境的看法如何?"答:"我们接收了他们。我们国内是不怕革命者的。我们根本不怕任何人。如果美国还有那么几百个或几千个本国公民使它感到害怕,那我们准备就我们接收美国所害怕的一切公民(当然,刑事犯除外)问题举行谈判。"问:"俄国是否还必须担心外来的反革命干涉?"答:"很遗憾,还必须担心,因为资本家是些愚蠢而贪婪的人。他们多次进行过这种愚蠢而贪婪的干涉活动。因此,在每个国家的工人和农民没有把本国的资本家改造好以前,还必须担心资本家故技重演。"问:"俄国是否愿意同美国有

---

① 《列宁全集》第52卷,第553页。
② 《苏联共产党代表大会、代表会议和中央全会决议汇编》第2分册,第249页。

生意往来？"答："当然愿意，正如我们愿意同一切国家有生意往来一样。我们同爱沙尼亚缔结了和约，对爱沙尼亚作了巨大的让步，就证明我们愿意这样做，为此，在一定条件下甚至愿意实行租让。"① 1921 年 3 月 17 日，列宁说："我们是十分重视我们今后同美国的生意往来的……我们主要致力于生产和贸易。"②

列宁的贸易牌打得十分出色，因为资本家就是资本家，他们是现实主义者，当他们感到能够从俄国取得巨大经济利益时，他们便将意识形态搁置一边，同苏维埃政权进行合作。

同一天，列宁在与美国《世界报》记者林肯·埃尔的谈话时表示："为什么像我们这样的社会主义国家不能同资本主义国家有无限制的生意往来，我看不出有任何理由不能这样做。我们并不反对使用资本主义国家的机车和农业机器，那么，为什么他们要反对利用我们社会主义国家的小麦、亚麻和白金呢？要知道社会主义国家粮食的味道同任何其他国家粮食的味道是一样的，不是吗？当然，他们不得不同可怕的布尔什维克，即同苏维埃政府有生意往来。但是，同苏维埃有生意往来，对美国企业家，比如对生产钢的企业家来说，并不比他们在战时同协约国各国政府在军事装备问题上打交道更困难。"③ 列宁抓住每一个机会，向西方宣传自己的政策。

但美国政府对苏维埃俄国采取敌视态度。美国国务卿柯尔贝甚至向苏俄政府提出了敌视色彩浓厚的照会。1920 年 9 月 10 日，苏维埃俄国外交部遵照列宁的指示致电美国政府："柯尔贝先生提出只有在资本主义制度统治俄罗斯的条件下，它和美国的关系才能正常的说法是极为错误的。相反，苏维埃俄国政府认为，尽管俄罗斯同美国的社会和政治制度不同，但是为了俄国和美国的利益起见，现在建立友好关系是必需的而且是完全正当的。"④ 到 1920 年底，苏俄政府同美国企业家代表万德里普进行了关于租让问题的谈判。随后，苏俄政府又一次向美国政府就两国建立贸易关系问题提出了建议，并表示苏俄政府可以到美国举行谈判。但美国拒绝了苏俄政府的屡次建议。

---

① 《列宁全集》第 38 卷，第 158—160 页。
② 《列宁全集》第 50 卷，第 165 页。
③ 《列宁全集》第 38 卷，第 165 页。
④ 《苏联对外政策文件集》第 1 集，第 505、506 页。

同英国进行贸易

美国拒绝同苏俄进行贸易往来,这没有关系,会有其他西方国家愿意同苏俄进行贸易往来的。列宁利用经济上的因素成功地分化了帝国主义国家之间的关系。就在国内战争即将全面胜利之时。列宁抓住英国政府想同苏俄政府进行贸易的时机,积极地同其进行谈判。

在所有的资本主义国家中,英国对同苏俄发展贸易关系最感兴趣。因为苏俄的市场对英国的吸引力太大了。1920年5月31日,以克拉辛为团长的苏俄贸易代表团在伦敦同英国进行贸易谈判。这次谈判提出了发展两国贸易的具体纲领。但是,这时正值外国武装干涉俄国处于高峰时期,英国对签订贸易协定采取了拖延的策略。6月30日,英国在一份备忘录中宣布英国准备签订"关于互相停止敌对行动并恢复贸易关系的协定"。英国方面提出的条件是:双方都应"保证不再采取反对另一方的任何敌对行动和措施,并不再进行任何公开的宣传",英国不再像以前那样强调立即解决债务问题。苏俄政府立即作出了积极的反应。1920年7月7日,苏俄外交人民委员部照会英国,声明同意接受这些条件。

其实,在英国内阁里,各位大臣的意见也很不一致。丘吉尔、霍恩、寇松等对苏俄采取极端仇视的态度。霍恩曾经说:"我们能够打倒布尔什维克主义的唯一途径就是贸易。"而英国首相劳合·乔治则主张与苏俄发展贸易关系。他认为,英国政府必须考虑英国的利益,因为英国正在经受着困难的时刻。"没有订货,消费者不愿购买,我们很有可能面临着我们中间任何人、在任何时候都没有见过的最严重的失业时期。俄国人准备用黄金支付,可你们却不想卖给他们。我们不是也在同所罗门群岛上的吃人生番进行贸易吗?"乔治还认为:"近两年来我已经多次听到过关于苏维埃政府崩溃的预言了。邓尼金、尤登尼奇、弗兰格尔都失败了,而我却看不到苏维埃政府在近期内有垮台的危险。"① 1920年11月18日,英国内阁会议作出决定,同俄国签订贸易协定。

1921年3月16日,英俄签订了恢复两国贸易关系的协定。两国政府交换了享有相当大的外交代表权的正式代表。在贸易协定中双方指出,放

---

① [苏联]葛罗米柯等:《苏联对外政策史》上卷,中国人民大学出版社1988年版,第144、145页。

弃相互的敌对行动，同意不建立并且不支持封锁，而且采取措施立即消除在恢复贸易道路上的一切障碍。这是列宁外交政策取得重大胜利的具体表现。帝国主义联合对付苏俄政府的局面不复存在。这个贸易协定意义重大，因为这不仅仅是一个贸易协定，实际上这是一个带有强烈政治性质的协定。实际上等于英国承认了苏俄政府。对苏维埃政府来说，这是一个对外经济战线上的重大胜利。这是苏俄政府与西方国家签订的第一个经贸合作条约。列宁说："而对我们来说，重要的是把一扇又一扇窗户打开。同英国签署的条约是社会主义共和国同一个资产阶级国家签订的条约，是一项给我们增加一定负担的条约。……而结果证明，由于签订了这个条约，我们才开了一扇窗户。"① 这是列宁外交政策的巨大胜利，也是分化帝国主义国家、利用他们之间矛盾最成功的范例。

对外贸易的全面发展

俄国无产阶级夺取政权以后，列宁就强调要大力发展与西方资本主义国家的经济贸易关系。1920年12月，列宁就表示："既然我们想同外国进行商品交换，我们想这样做，我们懂得进行商品交换的必要性，那么我们主要应该关心的是尽快地从资本主义国家获得机车、机器、电气器材等等生产资料，没有这些生产资料，我们便不能稍许像样地恢复甚至根本不可能恢复我们的工业，因为我们得不到工厂所需要的机器。要用加倍的利润收买资本主义。"②

1920年，苏俄先后与爱沙尼亚、立陶宛、拉脱维亚和芬兰等国进行贸易谈判，并缔结了贸易条约，达成了互惠贸易协定。

转入新经济政策以后，苏俄政府与西方国家签订的贸易协定越来越多，苏俄的对外贸易得到了迅速的发展，先后与德国、意大利等国建立了贸易关系。1921年12月，在全俄苏维埃九大上，列宁说："1921年是我们同国外进行贸易的头一年，这一年我们前进了一大步。"列宁还举出了一系列的数字。③

列宁明确表示，苏俄政府决定参加热那亚会议的目的就是发展同资本主义国家进行贸易往来。这是苏俄政府外交的主要内容。列宁在俄共

---

① 《列宁全集》第41卷，第172、173页。
② 《列宁全集》第40卷，第112页。
③ 《列宁全集》第42卷，第329—332页。

（布）十一大上的报告中说："我们以商人的身份到热那亚去"的，"我们到热那亚去的实际目的是：扩大贸易，为最广泛最顺利地发展贸易创造条件"。①

---

① 《列宁全集》第43卷，第70页。

第五章 外交智谋

第一节 在资本主义世界相对稳定时期求生存

自 1924 年起,国际局势出现了新的变化,资本主义世界出现了暂时的稳定局面,资本主义经济有所发展。苏联中央高层梦寐以求的世界革命的局面没有出现。这是一个十分重要的国际现象。随后自 1929 年起资本主义世界发生了经济危机,因此,正确地估计国际局势,制定出符合苏联实际情况的外交战略和政策,十分迫切地摆在苏联中央高层决策者面前。

激烈反击"道威斯计划"

外交就是要全力捍卫国家的利益。尽管处在帝国主义的战略包围之中,但苏联从容不迫地同帝国主义国家进行斗争和共处。苏联外交上与帝国主义国家斗争的一个典型例子表现在反对"道威斯计划"上。

为解决法国和德国的矛盾,1923 年 11 月成立了以美国垄断集团代表道威斯为首的专家委员会。该专家委员会提出了一份报告,即"道威斯计划"。8 月伦敦会议通过了这个报告。"道威斯计划"之所以受到苏联的激烈反击,是因为该"计划"中存有相当露骨的反苏内容。"道威斯计划"中一个主要内容是,阻止苏联的工业化,将苏联设想为德国的原料基地和商品市场。计划的起草者主张苏联应该从德国和其他国家购买工业品,而苏联提供原料和粮食。因为在美国看来,德国若赔偿战争损失和偿还对美国的债务,就必须使德国获得国外市场,当然美国和其他西方国家的市场是不可能让给德国的,所以,美国政府就想出了一个一箭双雕的办法,即将苏联的市场让给德国,这样既可以使德国经济发展起来,又可以遏制苏联的工业发展。英国和美国决策者的意图是扶持德国,使德国成为反对苏联的主力军。

"道威斯计划"一出笼就引起苏联政府的激烈反击。苏联中央高层指示外交部门一定要不遗余力地揭露"道威斯计划"的本质。斯大林在

1924年的十四大上表示,"这个计划整个是编得很好的,但它是在没有主人参加的情况下编制成的,因为它对德国人民来说是双重压榨,即德国资产阶级对无产阶级的压榨和外国资本家对德国全体人民的压榨"。斯大林预言,"道威斯计划"必定会引起德国革命。斯大林说:"这个计划的第二部分规定德国应当靠剥削俄国市场来为欧洲榨取金钱,这也是在没有主人参加的情况下做出的一种决定。为什么呢?因为我们决不愿意变成受其他任何国家(其中包括德国)支配的农业国。我们自己要生产机器和其他生产资料。所以,指望我们会同意把我们的祖国变成受德国支配的农业国,那就是指望在没有主人参加的情况下处理问题。在这方面,道威斯计划是毫无根基的。"①

洛迦诺会议

值得一提的是,帝国主义经过一系列的武装的和非武装的扼杀苏维埃政权的尝试之后,也准备同苏联进行长期的较量,帝国主义世界力图建立一个反对苏联的国际战线,削弱苏联在国际舞台上的影响。在这里英国和美国反对苏联的声音特别响亮。英美的意图十分明显,它们准备扩大自己的反苏力量,力图将德国拉入反苏阵营,瓦解苏联和德国建立在拉巴洛条约基础上的苏德合作关系,用德国的力量来反对苏联。正是出于这种考虑,英美积极筹备国际联合,洛迦诺会议就是它们反苏的一个杰作。1925年10月,英国、美国、法国、意大利等国召开了洛迦诺会议。在这次会议上它们提出让德国加入国联的方案。同时,这次会议签订了莱茵公约,法国、比利时、德国、英国和意大利等国之间达成了一项保证条约,旨在让德国向东拓展,"接触"苏联。这个条约很有意思,英国提出要为德国西部邻国提供边界保障,但却拒绝为德国的东部邻国的边界提供安全保障。这在外交上准确无误地向德国表明,这些国家无意阻拦德国向苏联方向拓展。这种做法严重地威胁了德国东部国家波兰和捷克斯洛伐克的国家安全利益,进而威胁苏联的国家安全利益。

德国高层犹豫不决,正在判断怎样做才对德国更为有利。苏联中央高层预见到了德国高层的犹豫心态,积极向德国发出主动的外交信号,以阻止德国加入反苏同盟。1924年9月,副外交人民委员李维诺夫同德国驻苏临时代办拉多维茨进行会谈。这位苏联杰出的外交谈判代表向德国临时

---

① 《斯大林全集》第7卷,第226页。

代办说，如果德国加入国际联盟，就一定会破坏苏联与德国之间的友好关系，并有可能危害德国自身的利益。① 随后，李维诺夫又向他提出苏联政府的建议，即"与德国政府缔结正式协定，按照这个协定，任何一方均无权在未征得另一方同意的情况下加入国际联盟"。1924年12月，苏联外交人民委员契切林向德国表示，苏联不加入反德同盟，德国也不能加入反苏同盟。但是，德国准备加入国联。苏联中央高层对此十分担心。他们在给德国政府的备忘录中竭力劝阻德国加入国联，认为德国加入国际联盟就意味着德国完全转向西方，就会加入反苏联盟。后来德国加入了国际联盟，但德国同苏联政府签订了中立条约。斯大林对洛迦诺会议进行了评论。他说："至于洛迦诺条约，它不过是凡尔赛和约的继续"，"如果说道威斯计划孕育着德国的革命，那末洛迦诺公约却孕育着欧洲的新战争。英国保守党人既想用保持'现状'的办法来对付德国，又想利用德国来对付苏联。他们不是太贪得无厌了吗？"② 斯大林分析大国主义的图谋真是入木三分。

同英国展开外交战

20年代中期，虽然国际局势呈现出一派比较稳定的景象，但是帝国主义对苏联的孤立政策没有实质性的改变。国际局势对于苏联来说仍是十分复杂的。1927年4月，中国大革命遭到镇压。在此前后，英国向苏联发难，准备在国际上掀起反苏高潮。契切林将这个行动形容为建立"反对苏维埃俄国的精神统一战线"③。1927年2月23日，英国政府照会苏联政府，抗议苏联进行的"反英"宣传。英国这样做显然是在制造借口，以达到经济上的目的，即迫使苏联取消对外贸易垄断制。苏联政府反唇相讥，在致英国政府的复照中强硬地表示，威胁是吓不倒苏联人民的，并警告英国恶化两国关系将要造成的严重后果。但是英国没有就此罢手，4月份，苏联驻中国大使馆遭到袭击，英国及其盟友的策略是竭力挑起中苏军事冲突。事态还在发展。1927年5月12日，伦敦发生突袭苏英贸易公司事件，英国方面撬开该公司的保险柜，搜查所谓苏联代表反英的证据。5月27日，英国政府单方面宣布断绝同苏联政府的外交和贸易关系。英国政府孤立苏联的政策显然进一步得到贯彻。

---

① 《苏联外交政策文件汇编》第8卷，莫斯科1963年版，第784页。
② 《斯大林全集》第7卷，第226、227页。
③ 1927年8月18日，契切林同记者的谈话。

党中央密切注视事态的发展，作出了一系列的指示和对策。5月28日，苏联政府复照英国政府并表示："苏联人民及其政府对不列颠帝国的人民从不抱有丝毫敌意，愿意同他们保持正常和友好的关系。毫无疑问，不列颠帝国的人民也会有着同样的愿望。但是英国政府过去和现在都不想保持这种正常关系，该政府从成立的第一天起，就竭力使同苏联的关系处于经常的紧张状态，并力图使双方关系进一步尖锐化。"① 1927年夏天，党中央举行联席全会，讨论苏联面临的国际形势。全会认为国际反苏战争的危险和苏联与资本主义之间的矛盾尖锐化了。但全会并没有排除同另外一些资本主义国家改善关系的可能性。全会在决议中指出："为了争取和平，苏联政府应该同各资本主义国家建立在经济上有利的联系。"② 在党的十五大上中央一致做出了决议，对国际局势进行了判断："包围苏联的各资产阶级国家和因胜利发展而破坏着世界资本主义统治基础的苏联之间的矛盾尖锐化了。""在伦敦保守党内阁的领导下，国际资产阶级反动分子已开始为武装进攻苏联准备基地，对苏联进行了一连串的挑衅。"③

为回击英国政府的反苏行动，苏联政府动用了贸易这个杠杆。1927年6月16日，一位苏联副外交人民委员给党中央写信，提出了很好的建议："在经济方面，局势迫使我们要迅速地千方百计地使那些同我们有正常关系国家对于同我们保持贸易联系有更大的兴趣。首先必须重视意大利。我坚决建议立即将某几笔大宗订货分配给意大利，甚至不必等待新的贷款建议。同时必须在法国和斯堪的纳维亚国家，特别是在瑞典进行同样的工作。我们应当……从当前政治局势的角度……重新审查我国进口计划中对某些国家订货的分配额。"④ 这种思想被党中央接受。契切林曾向德国表示，由于英国的行动将为德国创造长期有利的条件，"我国源源不断的贸易将由英国转向其他国家，我国同德国的贸易一定会增加"。⑤

6月7日，苏联驻波兰全权大使沃义可夫遭暗杀。紧接着，6月14日，在日内瓦召开了西方6国外长会议，张伯伦号召"和共产国际作斗争"，并提出了反苏联合声明，但联合声明没有得到通过。

---

① 《苏联外交政策文件汇编》第10卷，第246页。
② 《苏联外交政策文件汇编》第10卷，第274页。
③ 《苏联外交政策文件汇编》第10卷，第357、358页。
④ 转引自《苏联对外政策史》上卷，中国人民大学出版社1988年版，第285、286页。
⑤ 《苏联外交政策文件汇编》第10卷，第303页。

苏联在竭力分化帝国主义阵营。德国明确表示，"德国对苏联的态度依然不变"。1927年9月17日，法国内阁会议通过决议表示："目前没有任何事实可以证明与苏联断交是可行的。"① 英国政府本想孤立苏联，在苏联问题上自己却陷入了孤立的境地，什么好处也没有捞到。在这种情况下英国不得不重新同苏联恢复正常的外交关系和贸易关系。

对白里安—凯洛格公约的态度

1927年4月，法国外长白里安照会美国国务卿凯洛格，建议法国和美国签订双边条约，彼此承担不向对方开战的义务。美国抓住了法国的建议，进一步提出动议：签订的不是双边条约，而是普遍条约。但是该条约根本没有邀请苏联参加。1928年8月15日，苏联外交人民委员契切林发表谈话，认为这个条约谈判在没有苏联的参加下进行是十分不正常的。"很明显，这一公约的发起者的真正目的过去是、现在仍是力图把它作为孤立苏联并对苏联进行斗争的武器。缔结所谓白里安—凯洛格公约的谈判，显然是包围苏联政策的组成部分……"该公约"是反苏战争的组成部分"。② 在苏联政府的督促下西方国家邀请苏联参加该公约的谈判。1928年，苏联和其他国家签署了巴黎公约。苏联政府将此看作是粉碎帝国主义孤立苏联的一次具有成效的外交行动。

提出裁军建议

苏联在外交上一直采取比较主动的态势。经过中央高层的认真讨论，1926年，苏联外交人民委员部向国际联盟表示，苏联准备参加裁军会议。在此之前，1925年12月，国际联盟大会成立了一个由英、法、美、苏等21个国家代表组成的裁军筹备委员会。1927年11月30日，苏联代表在会议上提出了内容全面的裁军建议，引起舆论界的广泛关注，随后苏联代表又向国际联盟秘书长递交了《关于立即全面彻底裁军的公约草案》文本和说明书。但是，苏联的建议遭到西方国家拒绝。苏联政府并没就此罢休。苏联政府又提出了一项《关于裁减军备的公约草案》，详细地阐述了裁军的原则和具体做法。英美等国表示反对。苏维埃第五次代表大会在一项决议中对这件事作出了反应：裁军筹备委员会否决了苏联提出的各种裁军草案，作为国联成员国各资本主义国家不愿意在裁军问题上取得哪怕是

---

① ю. в：《苏法关系（1921—1945年）》俄文版，第79页。
② 《苏联外交政策文件集》第3卷，俄文版，第257页。

微小的进展，这一切再次证明，这些国家"把它们本国的全部政策都立足于准备新的世界大战上"。①

苏联政府提出裁军建议在外交上是十分高明的，这使苏联在国际上和舆论上占有相当大的主动地位，其意义是非常重大的。实际上苏联提出的裁军建议，表明苏联第一次正式提出了实现裁军的基本任务。苏联学者认为这是"人类历史上第一次提出了全面彻底裁军因而也就是要消灭战争的建议"②。

第二节　利用资本主义世界经济危机

从1929年起，资本主义世界陷入了严重的经济危机之中。这个危机一直持续到1933年。这是资本主义历史上危机规模最大、影响最深、危害最严重的一次危机。经济危机必然引爆资本主义世界的政治危机。这个时期，资本主义世界一片昏暗。

同资本主义世界相对比的是苏联的经济发展十分迅速，工业化运动如火如荼。面对资本主义世界的经济危机，苏联采取了一系列对策，竭力从资本主义世界中获得最大的利益和经济好处。

斯大林和苏联其他领导人面对资本主义世界对苏联的虎视眈眈，全力推行发展重工业的计划，同时以最快的速度发展那些能使苏联摆脱依赖资本主义世界的产品，扶持那些生产部门。在这个战略方针的指引下，苏联的机器制造业有了蓬勃的发展，1928年工业生产值比1913年增加32%，其中生产资料的生产增加55%。机器制造业以更快的速度发展。③ 随着机器制造业的发展，苏联在技术上依赖西方国家的情况有所改变。1912年俄国进口设备占使用的工业设备总量的比重达55%，到1928/29年度降为21%。④

在1929—1933年资本主义世界的经济危机时期，国际上出现了两种非常有意思的现象，一方面，随着经济危机的蔓延，世界上反苏情绪高涨

---

① 《全俄及苏维埃代表大会的决议和决定汇编》，莫斯科1935年版，第405页。
② 《苏联对外政策史》上卷，中文版，第294页。
③ 《苏联的工业》，莫斯科国家统计出版社1957年版，第9、203页。
④ 《1929—1932年苏联的工业化》（文件和材料汇编），莫斯科科学出版社1970年版，第296页。

起来；另一方面，经济危机的压力迫使西方资本家十分愿意同苏联扩大经济贸易往来。所以，苏联在同前一种现象作斗争的同时，竭力同西方资本家进行经济贸易活动。为遏制西方国家对苏联出口产品的限制行动，1930年10月，苏联人民委员会通过了《关于规定对苏联贸易有特别限制办法的许多国家的相互经济关系》的决议，限制歧视苏联的国家的产品的进口，以进行经济报复。在五年计划的四年中，机器和金属的进口超过计划5.7%，工业设备的进口超过7.8%，重工业需用的原料超过26.20%。[1]到五年计划末，苏联进口的机器和设备在世界上占第一位。1931年全世界出口机器的1/3左右，最后一年是1/2左右，都是发往苏联的。[2]

由于这个时期苏联实行了大转变的方针和政策，所以，租让企业的政策受到冲击和限制。1927年苏联有租让企业73家，但从1928年起租让企业就减少了。1930年党中央研究了租让企业的状况之后，提出了一个重大决策：废除租让合同，当然要在不与外国发生不必要冲突的条件下进行。在这种政策的指导下，苏联在1930年至1932年就停办了36个租让企业，到第一个五年计划末期，苏联全国只有24个租让企业。

如果说中央高层不断地减少租让企业，那么，这时期苏联竭力引入技术咨询。1929年10月1日，苏联政府批准了70个有关外国技术援助和技术咨询的协议，其中24个协议在冶金工业和金属加工工业，55个合同是由苏联与美国和德国的公司签署的。[3] 美国福特汽车公司为苏联下新城的汽车制造厂提供技术咨询。

在提供技术咨询的同时，许多外国专家在苏联企业中工作，进行技术指导。为管理这些外国专家，1929年5月，苏联中央高层决定在苏联最高国民经济委员会的建设委员会下设立中央外国咨询中央局，以便更有效地利用和借鉴外国的先进技术和设备。

第三节　集体安全体系计划

经济危机使德国的经济受到了极大的冲击。德国资产阶级为摆脱困

---

[1]　《苏联发展国民经济第一个五年计划的执行总结》俄文版，第12页。
[2]　《1918—1966年苏联的对外贸易》（统计汇编），第8页。
[3]　《政府工作年鉴》1930年版，第320页。

境，于1933年1月将法西斯政党扶持上台，希特勒成为德国总理。希特勒上台后首先向共产党开战，宣布共产党为非法组织。德国的战争机器从此高速度地运转起来。

党的十六大对国际局势的分析和看法

1930年6月，党召开了第16次代表大会。这是在国际局势发生动荡的时期召开的。斯大林在报告中表示，世界经济危机正在加深，并分析了经济危机发生的根源。同时，斯大林指出，资本主义各种矛盾尖锐化，主要表现在以下几个方面：各主要帝国主义国家之间的矛盾尖锐化；战胜国和战败国之间的矛盾尖锐化；帝国主义国家同殖民地和附属国之间的矛盾尖锐化。斯大林指出，除了上述矛盾之外，在世界上还存在着另一种矛盾，这就是苏联和资本主义国家之间的矛盾。"它是整个资本主义和正在建设社会主义的国家之间的矛盾。"斯大林分析了世界上存在的两种相反的趋势：一种是执行破坏苏联和资本主义国家的经济联系的政策，对苏联进行挑衅性的袭击，公开和隐蔽地准备对苏联进行武装干涉。这些都是威胁苏联国际地位的因素；另一种趋势是，资本主义国家的工人同情并支持苏联，苏联的经济实力和政治威力增长，苏联的国防力量加强，苏维埃政权开始始终不渝地执行和平政策，这些都是巩固苏联国际地位的因素。苏联的外部状况是由这些因素的斗争决定的。斯大林主张同一切国家加强贸易联系，他说："今后我们还要用一切力量，用一切方法继续执行这个和平政策。别人的土地我们一寸也不要，自己的土地呢，自己的土地一寸也不给任何人。（鼓掌）"①

提出侵略定义问题

尽管裁军建议遭到拒绝，但苏联政府并没有退却。1933年2月6日，苏联政府提出了关于给侵略者下定义的宣言草案提交给了日内瓦裁军会议，要求讨论。苏联提出这个问题实际上就是提醒国际社会：一国对另一国所造成的威胁是现实的，国际社会应该拿出方案来，制止战争的爆发。该草案的主要内容是，谁首先使用武力这个问题具有极为重要的意义。至于实行武装进攻是否经过宣战或未经宣战，则是次要问题，是形式问题，而不是本质性的问题。这个草案提出了侵略的定义：向另一个国家宣战者；虽未经宣战，但其武装力量侵入另一国领土，轰炸另一国领土；或者

---

① 《斯大林全集》第12卷，第227页。

袭击该国船只，或对另一国海岸或港口实行海上封锁者，为侵略国。草案还指出："任何政治、战略或经济方面的考虑，无论是企图在被侵犯国领土上开发自然资源或攫取任何其他利益或特权，也无论是借口在该国领土上有大量投资或其他特殊利益，还是企图否定一个国家的特征，都不能成为侵略的理由。"① 但是，英国和意大利等国坚决反对苏联的草案，并将这个草案束之高阁。苏联中央高层分析了关于侵略定义的建议草案的实际可能性之后，决定改变策略，从周边国家入手，签订侵略定义协议书。但是，苏联在同波兰商谈这个问题时遭到拒绝。不过苏联政府一直没有放弃这个设想。终于，苏联同爱沙尼亚、拉脱维亚、土耳其、波兰、波斯、罗马尼亚、阿富汗、捷克斯洛伐克、南斯拉夫和立陶宛等国签署了侵略定义的公约。后来，芬兰也签署了这个公约。

集体安全体系计划的提出

苏联全面彻底的裁军倡议没有得到实际的结果，在日内瓦裁军会议上遭到了否决。面对法西斯国家咄咄逼人的军备态势，苏联中央高层关注战争问题，竭力避免战争的爆发。但避免战争必须提出一个可以操作的建议，全面彻底的裁军建议固然好，但在当时紧张的军备条件下其操作的现实程度很小。党中央在加紧研究这个问题，中央高层指示外交部门一定要拿出一项新建议来，寻找避免战争的新途径。这项建议很快就制定出来了。1933年12月，联共（布）中央通过了一项意义十分重大的决议。决议提出：为在欧洲建立有效的集体安全体系以维护和平和防止侵略而斗争。② 中央高层制定的集体安全体系考虑到了世界和平不可分的思想和用国际集体力量变为和平力量的原则。苏联中央高层认为，这项建议是各国人民完全可以接受的现实的措施，集体安全原则是抵制战争的一个强有力的武器。从集体安全出发，苏维埃国家和对和平感兴趣的资本主义国家可以找到共同点。苏联外交人民委员部继续研究这个问题，随后提出了一份关于建立欧洲集体安全的一揽子计划。12月20日，中央政治局研究和讨论了这个计划，并得到通过。该计划主要有以下几点：

△苏联同意在一定的条件下加入国际联盟；

△苏联不反对在国际联盟范围内签订区域性的防止德国侵略的相互保

---

① 《苏联对外政策史》第16卷，第80、81页。

② 转引自《第二次世界大战史（1939—1945年）》第1卷，莫斯科1973年版，第283页。

卫协定；

△苏联同意比利时、法国、捷克斯洛伐克、波兰、立陶宛、拉脱维亚、爱沙尼亚和芬兰或上述国家中的某些国家参加这一协定，但法国和波兰必须参加；

△关于确定未来相互保卫协定的义务问题，可根据整个事件和协定草案倡导者法国的提议开始谈判；

△一旦遭到上述协定未曾预见到的军事进攻时，各缔约国应不受相互保卫协定所列义务之限制，保证相互提供外交上、道义上以及可能的物质援助，并且适当地影响自己的报刊。

计划还指出："苏联将坚持要求所有其余的国联成员国恢复同它的正常关系，或者至少是要把所有国联成员认为要相互恢复正常外交关系并相互承认的决定列入国联章程或由国联会议予以通过。"[1] 在此之前，苏联于1933年11月向美国政府提出了签订区域性的太平洋公约的建议，明确表示应该由日本、美国、苏联、中国等国家参加签署这个公约。该公约实际上是与集体安全体系的构想相配套的。

加入国联

苏联集体安全体系的计划最先得到了法国的响应，因为德国和意大利的法西斯主义的崛起直接威胁着法国的安全和利益。法国开始认真考虑苏联集体安全体系的建议。苏联和法国进行了频繁的外交接触，进行关于缔结区域性多边互助条约的谈判。在德国和意大利退出国联之后，国联许多成员国对苏联加入采取了支持态度，国联出现了一种新的与过去不同的气氛。在这种情况下苏联决定加入国联，以使国联成为维护世界和平的中心。同时，苏联中央高层也清楚地认识到，国联内部是不团结的，1934年9月15日，《真理报》发表文章表示，苏联政府和苏联各族人民"非常清楚，不是所有加入国联的国家都能真正地为保卫和平而斗争。苏联加入国际联盟正是为了支持那些为维护和平和巩固和平而斗争的国家"。苏联最高领导人对国联的态度反映在斯大林答《纽约时报》记者杜兰特问上。杜兰特问："你对国际联盟是不是任何时候都采取绝对否定的态度？"斯大林答："不，不是任何时候也不是任何情况下都这样。你大概不十分了解我们的观点。尽管德国和日本退出了国际联盟，或者也许正因为如

---

[1] 《苏联外交政策文件汇编》第16卷，莫斯科1970年版，第876、877页。

此，国际联盟才能够成为制止或阻碍军事行动发生的一种因素。如果真是这样，如果国际联盟能够起微小的作用，哪怕只是使战争受到一点阻难而在某种程度上促进和平事业，那末我们也就不反对国际联盟。是的，如果历史事变的进程将是这样，那末尽管国际联盟有很大的缺点，我们也不会不支持它。"[①] 1934 年 9 月 15 日，苏联收到加入国际联盟的邀请信，这封邀请信代表了 30 个国家。苏联马上复信，准备加入国际联盟，并准备在国际联盟中获得应有的席位，当然要承担由此产生的国际义务。9 月 18 日，苏联成为国际联盟成员并获得国联行政院的常任席位。

围绕东方条约而展开的外交战

法国对德国的公开武装和提出领土要求十分警惕。1933 年，法国外长波尔·邦库尔就认识到德国对法国的巨大威胁。他竭力想达到这样一个目的，即如何加强法国的国际地位并尽可能同苏联结盟以求抵御德国的威胁。邦库尔外长是一个头脑比较清楚的外交家，他对同苏联发展关系持积极的态度。他任外长期间多次同苏联外交官接触，商谈双方合作加强和平基础的问题。他还希望与苏联签订互助条约来加强法苏关系。苏联对法国外长的态度表示很感兴趣，1933 年 12 月 28 日，苏联驻法国全权代表多夫加列夫斯基向波尔·邦库尔转交了苏联政府关于签订一项区域性的互助公约的建议。其中心内容是防止侵略，维护和平。邦库尔十分欣赏苏联的态度，并对苏联的建议表示积极的支持和合作，法国承担了起草有关公约草案的工作。但是，这时候法国国内对国际事务的分歧很大，邦库尔同苏联结盟的思想受到了亲德势力的干扰。1934 年 2 月，法国新政府上台，巴尔都外长继续前任邦库尔的政策，同苏联进行谈判，寻找维护和平之路。他还对苏联在国际舞台上的作用给予了积极的评价，认为苏联是维护世界和平的重要因素。他任外长期间，有关公约问题的谈判重新开始。但是法国外交界对公约十分谨慎，为避免过分刺激德国，不给德国以法苏联合起来保卫自己的感觉，法国提议德国也加入苏联和法国商谈的公约。巴尔都还采纳了苏联政府的建议，用以补充 1925 年洛迦诺协定。苏法商谈的这项公约被称为东方公约。法国和苏联准备扩大该公约的作用。1934 年 6 月 27 日，法国政府把东方公约草案递交给英国政府。英国政府对这项公约采取两面手法。伦敦方面的反应是，英国支持签订该公约，但条件

---

① 《斯大林全集》第 13 卷，第 249、250 页。

有两个：一是苏联和法国相互提供的保障也同样适用于德国；二是敦促法国在武装德国问题上作出让步。苏联政府立即作出反应。1934年7月14日，苏联政府表示，苏联不反对德国加入法苏保障协定，并且强调，无论是法国还是苏联的保障都使用于德国。① 7月16日，苏联外交人民委员部正式通知法国外交部：苏联不反对德国加入东方公约。东方公约作为区域性的公约，参加签约的国家应该是波兰、捷克斯洛伐克、德国、苏联、波罗的海沿岸国家和芬兰。根据公约的内容，这些签约国家相互保证边界不可侵犯，在某个缔约国受到别国进攻时，其他国家应该给予支持。但是，英国实际上是准备阻止东方公约正式生效，竭力阻止苏法两国签订军事同盟协定。德国对东方公约草案反应十分谨慎，对这项公约草案迟迟不作出评论和答复。最后，希特勒政府于9月10日作出答复。在德国政府给英国政府的备忘录中说，德国政府"在其他国家认为德国在军事方面可以享受平等权利以前，不会参加任何性质的新的国际安全体系"。②

苏联反对同德国签订双边互助条约

希特勒十分傲慢。德国政府表示对苏联和法国的保证不感兴趣，反对苏联和法国单独签订协定。这实际上表明德国拒绝参加东方公约。与此同时，德国政府突然向周边国家提出了签订双边条约的建议。苏联外交人民委员部立即对德国的"双边条约运动"给予批评。苏联政府的态度是："情况很明白，双边互不侵犯条约并不总是为和平目的服务的。侵略国自己明明知道，可以同一些国家签订互不侵犯条约，以便保证自己的后方和两翼而放手去进攻另外一些国家。我们知道有这样的例子：一个国家顽固地拒绝同一个邻国缔结互不侵犯条约，却又同样顽固地把这种条约强加给另一个国家，这就是推行'分而治之'的原则。"③

但是苏联阻止德国与邻国签订双边关系条约的尝试没有奏效。1934年1月26日，波兰同德国签订了互不侵犯条约。这实际上是德国外交方面的重大胜利，从而突破了德国在世界上的孤立地位。"希特勒所以需要这个条约，是要瓦解维护集体安全的队伍，并以这一事例表明，欧洲需要

---

① 苏联《国际生活》1963年第6期，第158页。
② 《德国对外政策文件（1918—1945年）》第3卷，华盛顿1959年英文版，第397、398页。
③ 《苏联外交政策文件汇编》第17卷，第430页。

的不是集体安全，而是双边协定。它能使德国侵略者得以自行决定进攻谁和什么时候进攻。毫无疑义，德波条约是集体安全大厦上的第一个极为重大的缺口。"① 波兰在此前后对苏联一直没有好感。尽管苏联和波兰也曾签署过互不侵犯条约，但波兰对苏联的戒心是非常大的，同时苏联对波兰从内心中也存有很大的偏见。波兰不同苏联积极接触，而同德国签署互不侵犯条约，具有很深的国际历史背景和现实利益选择，当然也有波兰当局对局势判断失误的因素。后来证明，第一个同德国签署互不侵犯条约的波兰首先遭到了德国的入侵，这真是历史的巨大讽刺！

希特勒为阻止苏法接近，竟然采取了卑鄙手段，法国巴尔都外长被暗杀了。希特勒的暗杀图谋奏效，新任法国外长赖伐尔采取了与巴尔都完全不同的外交政策，他认为法国应该利用关于东方公约的谈判来对希特勒施加压力，迫使德国接受法国的方案，实际上赖伐尔是以此为招牌同德国进行谈判，达成协定。法国外交政策的突变，引起苏联中央高层的严重不安。经过研究，苏联提出了一个对策，由苏联外交人民委员向法国提出签订苏法议定书。议定书的主要内容是：这两个国家中的每一国保证，在没有通知对方政府之前，不同德国签订任何政治协定，并且要相互通报它们同德国方面不论将以什么方式向它们提出的所有政治建议，相互通报它们同德国代表进行谈判的情况。法国接受了苏联提出的苏法议定书，1934年12月5日，该议定书生效。随后，捷克斯洛伐克也参加了这一协定。但是，事实并不简单。法国政府在赖伐尔的政策指引下，对东方公约采取轻视的态度。英国和法国的意见十分相近，它们都主张与德国谈判。英国和法国政府甚至发表声明，东方公约的签订要看是否能与德国达成"总的安排"而定，其中包括德国武装完毕这样的"微妙的问题"②。

苏联中央高层对英国和法国的态度表示严重不满。2月17日，苏联政府向英国政府公开表示："苏联公众认为英国对德国顽固地反对在东欧建立安全体系一事负有责任。"③

就在德国竭力通过签订双边协定来破坏集体安全体系的时候，苏联中央高层明确表示不同德国签订互不侵犯条约。1935年斯大林在同来访的艾

---

① 《揭露历史捏造者（历史事实考证）》，莫斯科1948年版，第14页。
② 《国际事务概览》第1卷，伦敦1935年版，第122、123页。
③ 《苏联外交政策文件汇编》第18卷，第112页。

登会谈时说:"德国政府对待自己的国际义务如同儿戏,有什么保证它会遵守互不侵犯条约呢?什么保证也没有。因而我们不能只满足于同德国签订互不侵犯条约。为了保障和平,我们需要更为实际的保证,这种实际保证只能是东方互助公约。"① 1935年3月28日,苏联外交人民委员对艾登说:"希特勒现在把向东扩张提到首位,是想让西方国家陷入他的圈套,并且得到它们对其军备的认可。但是一旦希特勒在军备上如愿以偿,大炮就会掉转过来,完全对着另一个方向。"② 然而苏联的警示是徒劳的。英国没有采纳苏联的建议,而同德国进行广泛的接触。1935年英德海军协定签订。艾登只有在大战结束后才认识到:"签订东方公约可能会防止希特勒对捷克斯洛伐克的侵略并使慕尼黑协定得以避免。"③ 由于英国和法国政治家和外交家缺乏历史的远见,遏制希特勒战争机器的时机一再被错过。

党的第17次代表大会对国际局势的分析和认识

1934年1月,党召开了第17次代表大会。斯大林在大会上作了政治报告,对国际局势进行了分析,代表了当时党中央对国际局势的基本看法。斯大林的分析是,在经济方面资本主义的经济危机还在延续;政治方面资本主义国家之间的关系和这些国家内部的关系更加尖锐化。斯大林说:"在这种经济震荡和军事政治灾祸的汹涌浪潮中,苏联却似中流砥柱,巍然屹立,继续进行自己的社会主义建设事业和维护和平的斗争。在资本主义国家那里,经济危机仍然闹得很凶,而在苏联,无论工业或农业都在继续高涨。在资本主义国家那里,正在疯狂地准备重分世界和势力范围的新战争,而苏联却继续进行反对战争威胁和保卫和平的一贯而坚决的斗争,并且不能说苏联在这方面的努力没有得到任何成就。"④ 斯大林的判断是:"新的战争显然逼近了。""资产阶级和平主义现在正苟延残喘,而废除军备的空谈正在被扩充军备和补充军备的'认真的'言论所代替。"⑤ 在这里斯大林激烈地批判了法西斯主义。他说:"无怪乎法西斯主义在好战的资产阶级政治家中间现在成了最时髦的商品。我指的不仅是一般的法西斯主义,而首先是德国式的法西斯主义,这个法西斯主义叫作国

---

① 《苏联外交政策文件汇编》第18卷,第112页。
② 《苏联外交政策文件汇编》第18卷,第235页。
③ 《艾登回忆录——面对独裁者》,伦敦1962年版,第171页。
④ 《斯大林全集》第13卷,第252页。
⑤ 《斯大林全集》第13卷,第259页。

家社会主义是不正确的,因为即使经过最精密的检查,也不能在它里面发现一点点社会主义的成分。"① 斯大林又强调了一句:"由此可见,作为摆脱现状的出路的新的帝国主义战争日益逼近了。"② 斯大林说:"我们的对外政策是明明白白的。它是维护和平并加强和世界各国的贸易关系的政策,苏联不想威胁任何人,更不想侵犯任何人。我们主张和平并捍卫和平事业。但是我们不怕威胁,我们准备以打击回答战争挑拨者的打击。(热烈鼓掌)谁愿意和平并力求和我们建立事务联系,谁就一定会得到我们的支持。而那些企图侵犯我国的人会遇到毁灭性的回击,使他们以后再也不敢把自己的猪鼻嘴伸到我们苏联的菜园子里来。(掌声如雷)"③

苏美建交

20 世纪 30 年代初,国际形势的突变引起了美国政策的改变。在美国看来,德国和日本这样的国家对美国也构成了威胁。所以,美国朝野出现了同苏联建立正常关系的强大呼声,美国实业界对推动与苏联建交起到了巨大的作用。1933 年,美国总统罗斯福给苏联中央执行委员会主席加里宁写信,表示愿意就美苏关系正常化问题进行谈判。苏联中央高层听到这个消息十分振奋。加里宁于 10 月 19 日复信表示,苏美两国关系不正常状态不仅对两国不利,而且对整个国际形势也产生了不利影响。加里宁表示,苏联方面将派外交人民委员李维诺夫去美国进行谈判。其实,这样的决策是斯大林作出的,只是以加里宁名义发出的。这样,苏美关系实现了正常化。1933 年 12 月 25 日,斯大林在和《纽约时报》记者杜兰特谈话时对苏美关系做了评论。斯大林说:"如果说到美国和苏联之间的关系,那末我对恢复邦交这件具有重大意义的事情当然是满意的,因为从政治上来说,它增加了维护和平的可能;从经济上来说,它消除了偶然因素,使我们两国有可能在实事求是的基础上讨论双方所关心的问题;最后,它为互相合作开辟了道路。"④ 斯大林在党的十七大上谈到苏美关系正常化时表示:"毫无疑问,这件事在整个国际关系中具有极重大的意义。问题不仅在于这件事增加了维护和平事业的机会,改善了两国之间的关系,加强

---

① 《斯大林全集》第 13 卷,第 260 页。
② 《斯大林全集》第 13 卷,第 261 页。
③ 《斯大林全集》第 13 卷,第 270 页。
④ 《斯大林全集》第 13 卷,第 246 页。

了两国之间的贸易联系，打下了相互合作的基础。问题在于这件事在新旧两个时期之间立下了界标：在旧时期中，各国把美国当做一切反苏趋向的堡垒，而在新时期中，这座堡垒已经自愿拆除以适应两国双方的利益。"①

苏法和苏捷互助条约

东方公约成为历史。苏联集体安全体系的计划受到严重挫折。在这种情况下，苏联只能采取操作性更强的外交建议，以实现自己的最初目标。于是，苏联向法国提出新的建议，即苏联和法国回到1933年的谈判基点上，从那时的草案出发。该条约草案实际上是苏法双边条约草案，就是说苏法准备通过签订两国双边互助条约，逐步建立欧洲安全体系和机制。当时苏联外交部门表示："只有互助条约是为维护和平事业服务的"，而互助条约是开放型的，凡是想维护和平的国家都可以自由加入。苏联还不指明地向德国暗示，"只要他同其他缔约国一样渴望和平，就谁也不会感到自己被包围或者遭到了某种危险"②。苏联的建议得到了法国的回应。法国不能不回应，因为德国的战争意图十分明显，全国实行了普遍义务兵役制。法国感到了来自的德国的军事压力，于是1935年5月2日，苏联同法国签订了互助条约。在条约中苏联和法国都声称，两国仍然愿意签订关于集体安全的区域性公约。条约还规定，如果缔约一方受到某个欧洲国家进攻的威胁时，法国和苏联应该立即进行协商，以便按照相互保证领土完整的原则采取措施，进行支援和协助。条约有效期为五年。苏法互助条约的签订是苏联外交战线上的一大胜利，也是苏联外交方面经过艰苦努力取得的重要成果。这主要给阴云密布的欧洲带来一线和平的希望。这项条约的签订提高了苏联和法国在欧洲的国际地位。这项条约实际上主要是针对德国的，它对德国有着很大的强制力，因为德国如果进攻法国就等于要冒着两线作战的危险。同时还要看到，这项互助条约意义主要表现在政治上，而实际军事上的作用并不大。其原因是，苏法互助条约没有规定援助的义务可以自动生效，这就使条约的实际操作意义大大降低，尤其是军事方面的操作意义受到限制。由于法国不想同苏联签订一个意义重大的条约，所以，法国只准备将苏法互助条约局限在政治上和口头上的"威慑"方面，仅此而已。由于存在着这样的考虑，当然在签订互助条约之时也没

---

① 《斯大林全集》第13卷，第268、269页。
② 《苏联外交政策文件汇编》第17卷，第430页。

有提出签订两国的军事条约，使苏法互助条约具体化和完整化。

苏法互助条约的签订激发了捷克斯洛伐克与苏联签订条约的兴趣。1935年5月16日，苏捷签订了两国互助条约。这项条约基本上是照搬苏法互助条约模式的。所不同的，只是苏捷互助条约第二条规定："同时两国政府承认，只有具备本条约规定的条件，即只有当法国对被侵略的一方给予援助时，双方之间才履行相互援助的义务。"① 这实际上是一个极其重要的保留意见，也是十分可笑的。这就是，在苏联或捷克斯洛伐克遭到侵略时，苏联或者捷克斯洛伐克必须要看法国如何行动。捷克斯洛伐克外交部在给其大使的指示中说得更为明确：贝奈斯（捷领导人——作者注）"在条约的文本中加进了一句话，即只有当条约的义务适用于法国的情况下，才适用于我们，他想用这个办法来阻止条约自动生效"②。其实，捷克斯洛伐克就是准备对条约的作用加以限制，将法国的援助与否作为苏捷相互援助的必要和先决条件，从而给条约设置一些障碍。不过，这个十分不合逻辑的苏捷互助条约还是得到了苏联的欢迎。苏联外交界仍然认为这是苏联外交的又一次胜利。

苏联还跃跃欲试，建议签订区域性的太平洋公约，可能参加该公约的有苏联、美国、日本、中国。1933年，苏联外交人民委员李维诺夫正式向美国总统罗斯福提出签订区域性的太平洋公约。罗斯福总统对这个设想很感兴趣，但最终没有实现，因为美国准备通过军备竞赛拖垮日本。1937年，罗斯福总统说对苏联全权代表说："公约是靠不住的"，真正的保证只有强大的海军舰队。③

第四节　苏联的德国牌

苏联对西班牙内战的政策

1936年2月，西班牙人民阵线党取得了选举胜利，并且组建了人民阵线政府。这个政府成立后进行了一系列的改革。西班牙人民阵线政府的建立引起了德国和意大利法西斯政府的强烈不满。这两个法西斯国家策动

---

① 《苏联外交政策文件汇编》第18卷，第336页。
② 《捷克斯洛伐克对外政策论文集（1918—1939年）》，莫斯科1959年版，第366页。
③ 参见苏联对外政策档案：苏联驻美全权代表1937年6月29日同罗斯福的谈话记录。

西班牙反动势力，进行反击。正是在这两个法西斯国家的支持下，佛朗哥反动军官集团向人民阵线政府发动武装叛乱。同时，德国和意大利法西斯政府进行公开的武装干涉。希特勒和墨索里尼干涉西班牙的目的主要有两个：一是推翻西班牙的人民阵线共和国政府，在西班牙建立法西斯政权；二是切断英法同其殖民地的交通联系，给法国造成巨大的威胁。

按理说，法国和英国十分清楚德国和意大利法西斯政府的意图，而且西班牙内战对英法的影响是巨大的。但是，历史有着惊人的不可理解之处。佛朗哥反动军官集团的叛乱和德意法西斯政府的武装干涉对法国构成了巨大威胁，然而，法国当权者却无视这种威胁，采取了令人吃惊的外交步骤，即采取所谓的中立立场。真是开了历史的玩笑。1936年7月25日，法国的勃吕姆政府通过了对西班牙采取中立政策的决议，并且禁止向西班牙输出武器。在西班牙人民阵线政府特别需要武器的时候，法国政府的这项决议无疑是在支持佛朗哥分子，因为佛朗哥可以从德意法西斯政府那里得到武器。无独有偶，英国与法国采取的政策如出一辙。在法国和英国的政治家们看来，只要签订中立和不干涉西班牙事务的协定，它们的国家利益就达到了。1936年8月2日，法国政府建议签订不干涉西班牙内战的协定，英国当然积极响应。最有意思的是，德国和意大利法西斯政府也在这项协定上签字。苏联权衡利弊，决定同意签署这个协定，并准备在这个协定的框架内制止德意法西斯政府对西班牙的武装干涉。这样，在伦敦成立了欧洲不干涉委员会，普利茅斯勋爵为主席。苏联派 И. М. 麦斯基为全权代表参加该委员会的工作。各种国际政治势力进入不干涉委员会，当然使该委员会不可能起任何积极的作用。该委员会成为各国之间相互争吵的地方。10月4日，苏联副外交人民委员波将金给麦斯基发出指示："不仅英国人，甚至法国人过去和现在都不想给马德里政府任何实际援助。它们所以倡议签订不干涉协定，是为了在本国社会舆论面前为不提供援助制造合法根据。"[①] 根据苏联政府的决定，麦斯基在不干涉委员会上发表声明，"如果不尽快停止破坏不干涉协定，苏联政府将不再承担由协定产生的一切义务。"[②] 10月23日，苏联代表又在不干涉委员会发表声明，要求必须恢复西班牙在国外购买武器的权利和可能。苏联准备不受不

---

① 苏联对外政策档案：苏联副外交人民委员1936年10月4日给苏联驻伦敦全权代表的信。
② 《苏联外交政策文件集》第4卷，俄文版，第196页。

干涉协定的约束，向西班牙提供武器，因为不干涉协定已成为一纸空文。

苏联中央高层对西班牙内战表示极为关注，制定了行动策略。1936年10月16日，斯大林在致西班牙共产党中央书记何塞·迪亚斯的电报中曾明确表示："向西班牙革命群众提供帮助，把西班牙从法西斯反动派的压迫下解放出来，这不单是西班牙人自己的事，而且是整个先进和进步人类的共同事业。"① 1936年12月21日，苏联政府写信给西班牙政府首脑卡巴里约罗："我们过去和现在都认为，在我们可能的范围内援助西班牙政府是我们的义务，因为这个政府领导着全体劳动人民、西班牙一切民主力量反对国际法西斯势力代理人——法西斯军人集团的斗争。"② 苏联政府给西班牙政府的援助是巨大的。苏联总共向西班牙提供飞机648架，坦克347辆以及其他武器和弹药。1938年，苏联还向西班牙政府提供了8500万美元的贷款，并向西班牙政府派出军事专家和顾问，有200多名苏联志愿者在西班牙战争中牺牲。但西班牙共和国还是被佛朗哥反动军人集团推翻了。

对德国吞并奥地利的态度

法西斯德国的不断扩张引起各国的关注。法国和英国对德国的军事威胁也看得很清楚。但为了自己的利益，英法等国准备利用德国和日本反对苏联，这就是"绥靖主义"政策。英国政府对苏法互助条约和苏捷互助条约感到不满，不时地加以否定。1938年3月，德国吞并了奥地利，但英法和美国却装作若无其事的样子。德国这一举动引起了苏联中央高层的极大的关注。3月14日，苏联外交人民委员李维诺夫给党中央写信报告事态的发展情况。信中表示："强占奥地利是世界大战以后孕育着最大危险的重大事件，我们苏联决不可等闲视之。"③ 中央高层决定公开发表声明，谴责德国的行动，并呼吁其他国家与苏联一起采取行动，集体拯救和平。声明还指出，奥地利被吞并后，捷克斯洛伐克的处境非常危险。但英法拒绝了苏联的建议和声明，美国则没有答复。

怒斥慕尼黑协定

奥地利被吞并之后，捷克斯洛伐克就处于非常危险的地步。希特勒已经制定了侵占这个国家的计划。苏联对这种国际态势是怎样对待的呢？苏

---

① 《真理报》1936年10月16日。
② 《西班牙的战争与革命（1936—1939年）》第1卷，莫斯科1968年版，第419页。
③ 苏联对外政策档案：外交人民委员1938年3月14日给联共（布）中央的信。

联政府的态度没有改变。1938年3月15日，苏联副外交人民委员波将金就提醒捷克斯洛伐克驻苏公使费林格，捷克斯洛伐克有可能遭到德国的入侵，并强调一旦这种情况发生，苏联准备根据互助条约向捷提供援助。同一天，李维诺夫外交人民委员在会见美国记者时也重申，一旦捷克斯洛伐克遭到进攻，苏联将履行自己的盟国义务。3月28日，苏联政府军事代表团访问了捷克斯洛伐克，代表团向捷总参谋长作了同样的保证。4月，苏联政府采取重要外交行动，建议法国和捷克斯洛伐克同苏联一起采取一切措施以保证捷克斯洛伐克的安全。① 4月26日，苏联最高苏维埃主席团主席加里宁提出了新的提法，即苏联援助捷克斯洛伐克，而不需等待法国行动。随后，苏联又提出了一系列建议和措施，旨在维护捷克斯洛伐克的和平。但英国采取了牺牲捷克斯洛伐克换取英国利益的"绥靖主义"政策。

苏联对德国明确表示了在捷问题上的态度。1938年，李维诺夫在会见德国驻苏联大使舒伦堡时说："与其说德国关心苏台德德意志人的命运，不如说它要竭力消灭整个捷克斯洛伐克。它是想侵占这个国家。"李维诺夫重申，苏联不会对捷遭入侵置之不理，苏联"定将履行自己的诺言，并做到全力以赴"②。

9月初，法国政府向苏联政府提出询问，如果波兰和罗马尼亚不给苏联军队提供通道，苏联怎样援助捷克斯洛伐克。苏联政府马上回答，苏联政府将采取措施，借助国联的力量影响波兰和罗马尼亚。苏联又一次提出召开法、苏、捷三方军队代表会议。9月19日，捷克斯洛伐克领导人贝奈斯向苏联政府提出了询问，第一，如果法国仍然忠于条约并给予援助，苏联是否准备根据条约立即给予有效的援助？第二，苏联作为国联的成员，是否能根据国联盟约的有关条款，即一旦德国进攻捷就对侵略者给予军事制裁，援助捷。9月20日，苏联政府都作了肯定的答复。值得注意的是，苏联已经明确表示，即使法国不参加，苏联也将给予军事上的援助。苏联还把30个步兵师和相当数量的空军部署在苏联西部边界。苏联这样做的目的是十分清楚的，即捷克斯洛伐克是阻住法西斯德国向苏联进攻的前线和屏障。苏联应该支持捷克斯洛伐克。

然而，捷克斯洛伐克却被英国出卖给了德国。英国政府清楚地看出德

---

① 《慕尼黑协定历史文件集（1937—1939年）》，第76页。
② 《慕尼黑协定历史文件集（1937—1939年）》，第76页。

国对捷克斯洛伐克的领土感兴趣，所以它认为在国际舞台上有了一个打牌的好时机。英国政府利用德国的急切心理准备同德国进行秘密交易，以牺牲捷克斯洛伐克的利益换取自己的利益，也就是说，英国政府同意德国对捷克斯洛伐克领土的要求，而德国必须保证英国的安全并维护自己的殖民地不受侵害。英国政府在进行这桩交易时做得十分秘密，政府中只有极少数几个人了解内情。英国将这个秘密计划称为"绿色方案"计划。随后，英国将按照"绿色方案"计划行事，在德国对捷提出要求时，英国政府同意将苏台德从捷克斯洛伐克的领土上划归给德国。英国和法国还向捷克施加各种压力，要求捷接受事实，满足希特勒的要求。在英法的强大压力下，捷克斯洛伐克领导人贝奈斯向德国投降，同意将苏台德让给德国。1938年9月29日，慕尼黑会议召开。法国总理达拉第和英国首相张伯伦同法西斯德国首领希特勒和法西斯意大利首领墨索里尼签订了肢解捷克斯洛伐克的条约。特别可气的是，签订这个条约时，捷克斯洛伐克的代表没有在场。根据条约，德国得到了捷的苏台德地区，匈牙利和波兰也得到了捷克斯洛伐克的领土。这样，捷克斯洛伐克就被肢解了，失去了1/5的领土，大约1/4的人口，1/2的重工业。法国政府轻易地将昔日盟友抛弃了，充分暴露了其本质。

捷克斯洛伐克被叛卖了，但英国首相张伯伦却感到非常自豪，他就像打了一次胜仗那样兴奋。在他看来，牺牲捷克斯洛伐克的利益换来了英国的和平。他从慕尼黑会议回到伦敦，在机场就发表了演说，他声称："整整一代的和平有了保证。"

慕尼黑协定的意义在于，"消灭捷克斯洛伐克这个军事、政治和经济的独立因素，并为德国继续向波兰和俄国实行扩张准备条件"。[①] 10月4日，法国驻苏联大使P.库隆德尔表示："捷克斯洛伐克中立化以后，德国通向东方的道路便开通了。"波兰驻英国大使拉钦斯基说过，在英国大家按照足球赛的习惯认为：张伯伦守住了英国队的大门，并把比赛引向了欧洲东部。[②]

随后，英国与德国、法国与德国分别签订了双边宣言，这实际上就是互不侵犯条约。为麻痹英国和法国，德国要人声称今后德国的主要任务就

---

① 英国历史学家韦勒·贝奈特的文章，《外交季刊》1946年10月俄文版，第38页。
② В. Я. 西普洛斯：《苏联的外交政策》，莫斯科1987年版，第196页。

是对付布尔什维克。英国和法国想把德国"祸水"引向东方，引向苏联。1938年11月24日，张伯伦在巴黎同达拉第会谈时表示："德国政府可能有这样的意图，即通过支持宣传乌克兰独立的办法开始肢解俄国。"① 但实际上它们削弱了自己的国际地位，削弱了自己的力量。其实，捷克斯洛伐克是牵制德国的一个重要的军事因素，有了捷克斯洛伐克的存在，德国对法国和英国就不敢轻举妄动。然而，德国肢解了捷克斯洛伐克之后，捷克斯洛伐克40个师的军事力量被解散了，原来的防御体系荡然无存。

苏联对慕尼黑协定持强烈的批评态度，并声称苏联与慕尼黑协定没有任何关系。1939年3月18日，苏联照会德国谴责德国的行为"不能不被认为是专横的、暴力的和侵略性的"，"不能认为把捷克，以及用这种或那种形式把斯洛伐克归入德意志帝国版图是合法的，是符合众所公认的国际法准则和公正的，或是符合民族自决原则的"。②

希特勒在捷克斯洛伐克问题上尝到了甜头，他还要得寸进尺。希特勒对张伯伦和达拉第的合作"诚意"只有三分钟的热度。终于德国突然采取行动，进兵捷克斯洛伐克全境，最终吞并了这个国家。捷克斯洛伐克成了第二个奥地利。同时，德国又对立陶宛、罗马尼亚和波兰提出了领土要求，意大利占领了阿尔巴尼亚。

苏联的新建议

苏联政府感到希特勒正在威胁罗马尼亚，所以向英国、法国、罗马尼亚、波兰等国提出了召开国际会议研究德国新的侵略态势问题。这项建议是1939年3月18日提出的，但英国政府认为召开这样的会议为时过早。英法两国还提出了一系列对苏联不利的建议，如英国提出："一旦对苏联某一个欧洲邻国发生侵略行为，只要这个国家起来抵抗，就可以指望得到苏联政府的援助，如果需要这种援助，将通过最方便的途径提供。"③ 英国的意图十分明显，就是说，当苏联的某一个邻国遭到了德国的入侵，则苏联就应该同德国作战，条件是只要这个国家认为苏联的帮助是"需要的"。

1939年5月14日，新近兼任外交人民委员的莫洛托夫向英国驻苏联

---

① 《英国对外政策文件（1919—1939年）》第3辑，第3卷，第306、307页。
② 《慕尼黑协定历史文件（1937—1939年）》，第427、428页。
③ 《第二次世界大战前夕苏联为和平而斗争（1938年9月—1939年8月）》（文件和材料汇编），莫斯科1971年版，第331、333页。

大使表示，英国的这些建议不能作为爱好和平的国家为反对进一步在欧洲发动侵略而组织抵抗阵线的基础。莫洛托夫认为，英国的建议对苏联没有规定对等的原则，因此使苏联处于不平等的地位，因为建议没有规定英法在苏联遭到侵略者直接进攻时向苏联提供援助的义务，与此同时，英法及波兰都根据它们之间现有的相互义务享有这种保证。莫洛托夫表示，英国的建议只向与苏联接壤的东欧国家波兰和罗马尼亚提供保证，因而苏联同芬兰、爱沙尼亚、拉脱维亚接壤的西北部边界仍然是没有保障的。莫洛托夫还认为，一方面，苏联遭到侵略者直接进攻时得不到英国和法国的保证；另一方面，苏联西北部边界没有保障，这两方面都可能成为把侵略矛头引向苏联的挑衅因素。莫洛托夫提出，苏联政府认为，为了建立爱好和平国家的有效屏障以防御在欧洲进一步发动侵略，至少具备三个条件：第一，英法苏三国签订一项有效的反侵略条约；第二，英法苏三国向中欧和东欧各国，其中包括拉脱维亚、爱沙尼亚和芬兰提供保证；第三，英法苏三国签订关于相互间以及对受保证国提供援助的方式和规模的具体协定，没有这种协定，就像过去捷克斯洛伐克的教训所表明的那样，互助协定就有成为一纸空文的危险。① 5月27日，苏联政府收到了英法的正式答复。英国在答复中表示，在苏联遭到德国直接进攻时，英国将给苏联以援助，但这种援助要符合国联的程序，而国联的程序是十分复杂的。罗斯福总统密切注意着英法同苏联的谈判，他把英法的谈判形容为，似乎英国政府研究的不是签订极为重要的国际条约问题，而是在市场上买波斯地毯：为每一件琐事讨价还价，每隔半个小时加一个便士。他认为这是最糟糕的谈判方法，特别是同苏联谈判。1939年6月15日，英法政府表示，当侵略者进攻波罗的海沿岸国家苏联卷入战争时它们不愿意提供援助。

苏联中央高层决定在报刊上发表文章刺激一下英法国家。6月29日，《真理报》发表了日丹诺夫的文章，题目是《英国和法国政府不想同苏联缔结平等条约》。文章表示："任何一个自尊的国家都不会签订这样一种条约，如果它不愿意充当傀儡，被那些好假他人之手火中取栗的人利用的话。何况苏联的力量、强大和尊严是举世皆知的，更不可能签订这样一种条约。"

---

① 《苏联为和平而斗争》，第395页。

斯大林对国际形势的判断和对策

斯大林这期间非常重视外交问题。面对越来越紧张的国际局势，斯大林多次召开各种形式的秘密会议商讨对策，制定苏联外交政策，对不断出现的国际危机情况作出恰当的反应。斯大林的这些思想体现在党的十八大上。斯大林对这次代表大会的报告作了很大的修改，集中表现了苏联高层对当时国际局势的整体看法。斯大林的思想主要是：第一，要尽最大努力防止战争爆发或者最大限度地推迟战争的爆发；第二，采取各种有效的手段来加速国家的国防建设。这期间，党中央政治局会议的主要议题都是围绕这两个问题而召开的。

党的十八大是于1939年3月召开的。在党的第18次代表大会上斯大林作了政治报告。斯大林对国际局势的分析是，自1934年到1939年，世界经历了重大的变化。这些国家以及它们之间的关系，在许多方面都完全变成另外一个样子。斯大林认为，资本主义各国新的经济危机在高涨，争夺销售市场、原料产地以及重新瓜分世界的斗争尖锐化。国际政治形势尖锐化，战后和约体系崩溃，新的帝国主义大战已经开始了。斯大林认为，"新的帝国主义大战的特点在于，它还没有成为普遍的世界大战。侵略国进行着战争，百般损害非侵略国的利益，首先是英国、法国、美国的利益，而英国、法国、美国却一再后退，接连向侵略者让步"。斯大林接着说："于是，我们看到，侵略国正在靠损害非侵略国的利益公开地重新瓜分世界和划分势力范围，而非侵略国不但没有一点反抗的企图，甚至还在某种程度上加以纵容。这是不可思议的，但这是事实。"斯大林认为出现这种状况的主要原因是，"大多数非侵略国，首先是英国和法国放弃了集体安全政策，放弃了集体抵抗侵略者的政策，而转上了不干涉的立场，'中立'的立场"。"不干涉政策就是纵容侵略，就是策动战争，因而就是把它变成世界大战。"[①]

斯大林阐述了苏联的对外政策：第一，苏联拥护和平，拥护加强同所有国家的事务联系，苏联现在和将来都始终坚持这个立场，只要这些国家也对苏联保持这样的关系，只要它们不试图破坏苏联国家的利益；第二，苏联主张同所有与苏联交界的邻国都保持和平和亲近的睦邻关系，苏联现在和将来都始终坚持这个立场，只要这些国家也对苏联保持这样的关系，

---

① 《斯大林文集》，第241、242页。

只要它们不试图直接或间接地破坏苏维埃国家边界的完整性和不可侵犯性；第三，苏联支援遭受侵略和为祖国的独立而斗争的各国人民；第四，苏联不怕侵略者的威胁，苏联准备用双倍的打击去回答企图破坏苏联边界的不可侵犯性的战争挑拨者的打击。斯大林认为，苏联在自己的对外政策中所依靠的是：第一，自己日益增长的经济、政治和文化实力；第二，苏联社会在道义上和政治上的一致；第三，苏联各族人民的友谊；第四，苏联红军和红海军；第五，苏联的和平政策；第六，迫切需要维护和平的各国劳动者在道义上的支援；第七，由于某种原因而不愿破坏和平的那些国家的明智态度。斯大林提出了党在对外政策方面的任务：第一，今后还要执行维护和平和加强同所有国家的事务联系的政策；第二，保持谨慎态度，不让那些惯于从中渔利的战争挑拨者把苏联卷入冲突中去；第三，大力加强苏联的红军和红海军的战斗力量；第四，加强同那些关心各国人民之间的和平和友谊的各国劳动者的国际友谊联系。①

有了外交战略还不够，关键在于贯彻，在于外交家的行动。但斯大林对李维诺夫不是十分满意。在关键时期，斯大林准备撤换这位外交领导人。这是一个方面，另一方面，斯大林的确在想办法加强外交人民委员部的工作。为此，斯大林将莫洛托夫调到外交人民委员部，主持工作。苏联中央高层的这一举动引起了外界的纷纷猜测。但莫洛托夫向国际社会解释说，李维诺夫的去职不会引起苏联外交政策的变化。

德国法西斯看到了苏联和英法的接近意图，因而使出各种方法阻止英法与苏联的接近，这在当时英法不信任苏联的情况下是很容易做到的。1939年8月11日，英法军事代表团抵达莫斯科，但这个军事代表团的级别很低，被任命为英国军事代表团团长的是一位退役海军上将拉克斯。实际上他根本没有什么权力。法国军事代表团团长也是一个军队中的三流角色。该代表团本来可以乘坐飞机，但是他们宁愿乘客轮航行几天。这表明英法国家缺乏同苏联达成协议的诚意。更可笑的是，这样一个正式谈判，英法军事代表团居然没有携带签订重要军事协定的全权证书。苏联对此表示强烈不满，在苏联政府的抗议下，英法政府才授予该军事代表团必要的全权。而苏联的军事代表团的阵容十分强大，代表团团长是伏罗希洛夫。

在研究同英法军事代表团谈判的策略和原则时，斯大林对苏联军事代

---

① 《斯大林文集》，第246、247页。

表团提出了原则性的指示。1939年8月4日，中央高层给伏罗希洛夫下达了谈判指示，即《关于同英国和法国谈判的意见》。这份文件分析了苏联军队可能出动的几种情况，将德国看作主要威胁国家，并提出在德国侵略苏联时英法两国应该给苏联具体的援助问题。但是，在谈判中英法军事代表团表现出拖延和极不认真的态度，令苏联军事代表团感到恼怒。英法甚至不愿意为波罗的海沿岸国家提供安全保障，这实际上是准备为希特勒入侵苏联打开方便之门。斯大林听取了苏联军事代表团的汇报后作出基本的判断：英法两国没有诚意同苏联达成实质性的条约和协议，同时苏联掌握了英法两国之所以这样做，是因为它们也在秘密地同德国法西斯进行谈判和接触，以求对自己有利的方案。

斯大林在竭力寻找苏联摆脱不利国际境地的方案。对斯大林来说，可供选择的方案很少，回旋余地不大。斯大林面临着以下三种选择：第一种是同英法达成协议，建立集体安全体系；第二种是同德国达成协议，阻止德国对苏联的侵略或者至少推迟德国对苏联入侵的时间；第三种是苏联在欧洲陷入孤立境地。实际上第一种选择是最好的，这样可能遏制法西斯德国在欧洲的实际侵略行动，增强对付法西斯德国的能力和信心。但遗憾的是，苏联这种选择不可能得到实现。英法政府中的政治家们缺乏政治远见，反共意识使它们陷入了错误的政治和外交决策的泥潭之中，无法自拔。英法当权者的主要目的是尽可能地让德国向苏联方向进攻，通过希特勒消灭苏联红色制度。在他们看来，德国同苏联发生战争，无论结果怎样都对英法有利。第二种选择对苏联是不利的，苏联要承担国际上巨大的政治危险，因为苏联一直是反对法西斯的主力，而现在却同法西斯德国签订了协议，这会使苏联的国际威望受到极大的损害。这种情况对苏联国内民众情绪也会造成不利影响。但是，同德国签订协议对苏联有一个最大的好处，就是使得苏联安全系数增大，至少能够争取时间准备战争。第三种情况是最坏的选择。所以，在三种选择面前，斯大林对第一种进行了尝试，没有结果。于是斯大林冒着巨大的政治危险，去进行第二种选择。斯大林开始让助手们找来有关德国法西斯的资料研究起来。斯大林研究了希特勒的《我的奋斗》一书，仔细地阅读了孔拉德·海登《德国法西斯主义历史》一书，读了英国作家多萝西·伍德曼的《德国在武装》一书，斯大林还详细地分析了德国的军事情况和各种有关的报告。从中斯大林嗅出了强烈的反共产主义的味道，清楚地意识到希特勒是一个穷凶极恶的法西斯分子。但正因为如此，斯大林准备与这个法西斯分子进行妥协。斯大林的判断是，既然英法已经没有诚意与苏联达成集体安全协议，那么，正好表明英法正在准备与德国妥协。这种妥协的结果只能是苏联利益受损。苏联不能坐以待毙，必须同德国进行接触。在这里斯大林确实过高地估计了英法与德国达成协议的可能性。

苏德互不侵犯条约的签订

就在英法和苏联三国军事代表团谈判半死不活之时，苏联与德国的接触越来越多。斯大林不断收到德国法西斯愿意同苏联进行谈判的信息。8月15日，德国驻苏大使舒伦堡向莫洛托夫递交了德国备忘录。备忘录写道："德国政府坚持这样的观点，即波罗的海和黑海之间任何一个问题都可得到双方完全满意的解决。这里包括波罗的海、波罗的海沿岸各国、波兰、东南欧等问题。"① 8月17日，舒伦堡求见莫洛托夫，希望苏联方面尽快同德国的里宾特洛甫进行谈判。8月19日，舒伦堡又一次求见莫洛托夫，坚持要苏联方面尽快同德国方面签署互不侵犯条约。这时，莫洛托夫经过斯大林的许可，向他表示同意德国方面的建议。

8月20日，希特勒亲自致电斯大林：

致斯大林先生

莫斯科

1939年8月20日

1. 我衷心欢迎新的德苏贸易协定的签订，认为它是改造德苏关系的第一步。

2. 同苏联签订互不侵犯条约对我说来意味着确立德国的长期政策……

3. 我接受由您的外交部长莫洛托夫转交的互不侵犯条约草案，但我认为迫切需要尽快澄清与之有关的问题……

4. ……

5. 德国与波兰之间的紧张关系已变得无法容忍。波兰如此对待一个大国，随时都可能爆发危机……

---

① 苏联对外政策档案馆第0745宗，第15目录，第38页，第8卷宗，第126—128页。转引自《胜利与悲剧——斯大林政治肖像》第2卷，第23页。

6. 我认为，既然两国均有意在彼此间建立新关系，就不宜浪费时间。因此我再次建议您于星期二（8月22日）接见我的外交部长，至迟于星期三（8月23日）接见……

阿道夫·希特勒①

斯大林仔细研究希特勒的电报。德国和波兰随时会"爆发危机"引起了斯大林的注意。斯大林征求了莫洛托夫的意见。莫洛托夫还向斯大林汇报了同英法军事代表团谈判的情况，并通过情报部门详细了解了英法与德国结成联盟的可能性和动向。最后斯大林作出决定，并致电希特勒：

致德国首相阿·希特勒
1939年8月21日
感谢您的来信。希望德苏互不侵犯协定将会创造一个大大改善我们两国之间的政治关系的转机。
我们两国人民需要彼此和平相处。德国政府同意签订互不侵犯条约，这将为消除政治紧张状态和确立我们两国之间的和平与合作奠定基础。
苏联政府委托我通知您，它同意里宾特洛甫先生于8月23日前来莫斯科。

约·斯大林②

8月23日，德国外长里宾特洛甫抵达莫斯科，签订了苏德互不侵犯条约，该条约为期10年。同时苏德还签订了"秘密议定书"，同意双方所应该瓜分的周边国家。在签订条约时里宾特洛甫坚持在条约的序言中写进"苏德关系是友好性的"这一观点，但斯大林拒绝了这个提法，他说："既然纳粹政府在六年的时间里对苏联政府极尽诬蔑诽谤之能事，苏联政府就无法问心无愧地让苏联人民相信同德国存在着友好关系。"③

---

① 《1918—1945年德国对外政策档案材料》第7卷，巴登1956年版，第131页。转引自《胜利与悲剧——斯大林政治肖像》第2卷，第24、25页。
② 苏联对外政策档案馆第0745全宗，第15目录，第38页，第8卷宗，第149页。转引自《胜利与悲剧——斯大林政治肖像》第2卷，第25、26页。
③ 帕·安·日林：《论战争和战争史》，莫斯科1984年版，第145页。

苏德互不侵犯条约，应该说是苏联在没有更多选择的情况下，在英法两国缺乏与苏联合作诚意的情况下签订的，有其合理性，为苏联赢得了宝贵的时间。还要看到，英国和法国早已同德国签订了类似的互不侵犯条约，就连波兰也同德国签订了互不侵犯条约。但是，苏联与德国签订的"秘密议定书"却丧失了社会主义国家应该遵循的原则，走向了正义的反面。

里宾特洛甫在莫斯科期间，斯大林十分友好地款待了他。据莫洛托夫回忆："我们为里宾特洛甫进行招待会，他当然为斯大林、为我敬了酒——他总算是我的一位好朋友嘛。"斯大林突然提议："为斯大林的又一个反共产国际分子干杯！"斯大林一面这样说，一面向莫洛托夫使眼色，这实际上是斯大林在试探里宾特洛甫的反应。而里宾特洛甫急忙向希特勒汇报了斯大林的话，希特勒回答说："我的天才的外交部长！"[1]

苏德互不侵犯条约的签订，引起了英法等国极大恐慌和惊讶。英法和苏联的军事谈判就此中断。苏联军事代表团团长伏罗希洛夫发表声明："同英国和法国的谈判陷入中断，并不是因为苏联同德国缔结了互不侵犯条约，而恰恰相反，苏联同德国缔结互不侵犯条约，顺便说说，是同法国和英国军事谈判陷入僵局的结果……"[2]

第五节　战争开始后的外交策略

对德国入侵波兰的反应

德国准备入侵波兰在国际上不是什么秘密，国际社会的大国对此都十分清楚。9月1日，斯大林收到了情报：德国方面宣布波兰军队侵入了德国一座小城，并号召对德国发动战争。斯大林马上就看出这是希特勒导演出来的一个对波兰发动战争的借口。于是斯大林命令苏联军队处于高度戒备状态。9月2日晨，斯大林得到报告：德国军队侵入了波兰。斯大林确信欧洲战争爆发了，他马上命令苏联军队根据苏德达成的秘密协定，立即开入波兰东部领土。1939年9月17日，人民委员会主席、外交人民委员莫洛托夫发表广播讲话："谁也不知道波兰领导人现在何处。波兰人民被

---

[1] 《莫洛托夫访谈录》，吉林人民出版社1992年版，第7页。
[2] 《真理报》1939年8月27日。

他们倒霉的领导人交给命运任意摆布……苏联政府认为向自己居住在波兰的乌克兰弟兄和白俄罗斯弟兄伸出援助之手是自己的神圣职责……苏联政府已吩咐红军总指挥部命令军队越过边界去保卫西乌克兰和西白俄罗斯人民的生命和财产安全。"[1] 苏联军队进入波兰领土实际上并没有受到大的抵抗。苏军在一个星期内就向前推进了250—350公里,按照苏德签订的秘密协议的规定抵达了西部布格河和桑河的边界。1939年,苏联将波兰的这片领土划归乌克兰和白俄罗斯。随后,苏联又如法炮制,将罗马尼亚的比萨拉比亚和北布科维纳划到苏联版图,成立了摩尔达维亚苏维埃社会主义共和国。

吞并波罗的海三国

德国法西斯侵入波兰使得苏联中央高层对苏联的西部边界安全更加重视。用什么办法保证苏联西部边界的安全呢?苏联最高领导人,尤其是斯大林主张采取各种手段,必要时不惜采取军事和战争手段解决问题,构筑苏联西部边界的安全地带。在这种战略思想指导下,苏联政府于1939年秋提出建议,希望爱沙尼亚、拉脱维亚和立陶宛政府与苏联签订互助条约。经过谈判,苏联与上述三国签署了互助条约。其最主要内容是,苏联获得了在上述三国领土上保持一定数量陆军部队、在双方规定的地点修建海军基地和军用机场等设施的权利。苏联同立陶宛签署互助条约规定,苏联和立陶宛共同保卫立陶宛边界。这个条约的签订对苏联来说具有重要意义,这大大改善了苏联西部的安全局势,当然,这个条约的签订是以上述三国的领土主权受到一定程度的损害为前提的。正因为如此,上述三国政府在国内民众的压力之下对执行互助条约采取了消极的态度,拖延苏军进驻上述三国的具体事宜的谈判,不给苏军提供必要的设施,等等。德国入侵波兰之后,苏联对波罗的海地区的安全态势更加重视。面对上述三国对苏联政府的消极态度,苏联高层决定采取高压措施。1940年,苏联政府向上述三国提出了关于改组这些国家的政府问题。这实际上是一个大国对小国的无理要求。苏联政府要求上述三国建立有能力保证苏联与其签订的互助条约进行实施的政府,并要求上述三国同意增加苏军进驻人数。在苏联的压力下,上述三国采取了一些迎合苏联要求的措施,如拉脱维亚更换了政府主要成员。在苏联的一手操纵下,1940年7月14—15日,爱沙尼

---

[1] 《真理报》1939年9月18日。

亚、拉脱维亚和立陶宛进行了选举。这次选举当然是亲苏联的代表取得了胜利，新选举的议会提出恢复苏维埃政权，并提出加入苏联的要求。据莫洛托夫后来回忆，苏联在吞并波罗的海三国时采取了十分强硬的立场，苏联将波罗的海三国的外长分别请到莫斯科，警告他们如果不按照莫斯科的指令办，就休想回去。① 苏联政府就这样将波罗的海三国纳入了自己的版图之内。8月3日至5日，苏联最高苏维埃第7次会议同意接纳上述三国为其加盟共和国。

苏芬战争

在建立东方战线的进程中，苏联中央高层认为芬兰问题必须解决，因为芬兰领土离苏联的列宁格勒太近了，只有32公里。这种复杂的安全态势令苏联领导人感到不安，于是，苏联提出了土地交换建议。1939年3月，苏联政府向芬兰政府提出将芬兰湾内的苏尔岛等一些岛屿租借给苏联，以便改善列宁格勒的海防安全环境。这个无理要求当然遭到了芬兰政府的拒绝。德国入侵波兰之后，苏联政府加紧了步伐，以图加强列宁格勒方面的安全保证。1939年10月5日，苏联政府建议芬兰政府代表团到莫斯科就两国关系问题进行谈判，并签署互助条约。但芬兰政府拒绝了这个建议。随后，苏联又提出了租让和交换土地的建议，即芬兰将汉科港租给苏联，为期30年；苏联以5523平方公里的土地换取芬兰的靠近列宁格勒的2761平方公里的土地。其实，苏联的这个建议具有合理的成分，从国际法的角度也是允许的。但条件是两国自愿进行边界交换。但是，由于芬兰政府对苏联抱有强烈的戒心，因而拒绝了这个建议，并积极寻求英法的支持。

芬兰政府的态度引起斯大林强烈不满，他召集高层会议，研究对付芬兰的有效办法。在各种会议上主战派的观点占了上风。但苏联著名的将领沙波什尼科夫却提出警告，他批评有人对芬兰战争估计不足，这会导致危险。但斯大林还是作出了向芬兰开战的决策。1939年11月30日，苏军开始对芬兰进行军事行动。斯大林的这个决策是非常错误的。苏联的这一行动引起国际社会广泛批评，12月14日，苏联被开除出国际联盟。斯大林批评这个举动是"荒唐"的，只能引起"讥笑"。但苏军的行动受到了极大的阻力，损失惨重。芬兰人成功地阻止苏军的深入。斯大林任命铁木

---

① 《莫洛托夫访谈录》，第2页。

辛哥为前线总指挥、日丹诺夫为军事委员会委员、斯莫罗季诺夫为参谋长。苏联在这次战争中暴露出军事行动中的巨大缺点，从军事行动的战略和战术到后勤保障都出现了问题，苏军没有像预想的那样迅速地打垮芬兰军队，而陷于胶着状态之中，苏军被阻止在芬兰的"曼纳海姆防线"一带。对此，斯大林严厉地训斥了苏联国防人民委员伏罗希洛夫，对总指挥部的工作表示不满。苏军只有这时才开始感到这场战争并不是普通的战争，必须认真准备。1940年2月，苏军经过精心准备，突破了芬兰的"曼纳海姆防线"，取得了军事上的主动权。但是，苏军也付出了巨大的代价。苏军的胜利使得芬兰政府被迫回到谈判桌上来。1940年3月8日开始，苏芬进行谈判，12日双方签署了和约。根据和约，苏联得到了芬兰许多领土。划归苏联的领土包括卡累利阿地峡、维堡、维堡湾以及一些岛屿，还有拉多加湖的西北岸、芬兰湾中的一些岛屿、梅尔克雅尔维以东地区、卡累利阿北部的库奥洛雅尔维市、北冰洋沿岸两个半岛的部分领土。此外苏联还得到了汉科半岛和邻近的岛屿的租借权，为期是30年。租借地将建立苏军军事基地。这样，防止德国法西斯突然进攻的"东方战线"就建立起来了。

芬兰战争结束后，斯大林马上对这次战争进行总结。斯大林的第一个行动就是撤销了伏罗希洛夫国防人民委员的职务。伏罗希洛夫十分幸运，他并没有因此被关押起来或者是受到别的什么处罚，还是苏联人民委员会副主席和苏联人民委员会下设的国防委员会主席。铁木辛哥接替伏罗希洛夫为国防人民委员。在此之前，中央召开了总军事委员会和中央全会总结这次军事行动的教训。伏罗希洛夫在会上作了《同芬兰作战的教训》的报告。他在报告中承认这场战争苏军出现了许多问题，但伏罗希洛夫却大力颂扬了斯大林，声称这场战争是在斯大林亲自指挥下取得胜利的。斯大林听了伏罗希洛夫的这番话后很不满意。因为这样就表明斯大林自然也要为苏军的失误而承担责任。在这次会议上斯大林发表了讲话。他痛斥了对内战经验的崇拜，承认苏军存在着落后状态。

莫洛托夫访问德国

1940年，德国在处理国际问题上有几件事情刺激了苏联，引起苏联疑虑，如德国同芬兰签署协议，向芬兰提供武器；9月签订德、日、意军事条约。这些都使苏联高层外交决策者感到困惑和不安。鉴于这种情况，德国提出邀请莫洛托夫访问德国，一是安抚苏联，二是掩盖入侵苏联的准备活动，三是劝说苏联共同反英。

德国的建议在苏联中央高层引起反应。斯大林召集会议研究莫洛托夫是否访问德国，利弊何在。最后，斯大林拍板，同意莫洛托夫访问德国，目的是摸清德国的底细，尽最大努力保证苏联的安全。

11月12—13日，莫洛托夫同里宾特洛甫举行两天会谈。德国方面提出苏联应该南下，瓜分英国的殖民地，这样苏联就可能同英国交战。但是，莫洛托夫十分冷静，向德方提出了一系列的问题，并要求加以澄清，如莫洛托夫问里宾特洛甫，苏德条约是否还有效？德国在芬兰究竟要干什么？德国的新秩序是什么含义？等等。德方还提出了《德、日、意、苏四国政治合作协定草案》。但苏联提出了参加四国条约的四项条件：一是，德国应立即从芬兰撤军，芬兰本属于苏联势力范围；二是，苏联在黑海海峡的安全应受到保障；三是，承认波斯湾的总方向上，巴统和巴库以南是苏联领土要求的中心地带；四是，日本放弃在库页岛北部开采煤炭和石油的权利。①

莫洛托夫访问德国期间，希特勒会见了他。据莫洛托夫回忆："当我们告别时，希特勒从自己的房间一直把我送到前厅的衣架前。在我穿外套时，他对我说：'我相信，历史将永远铭记斯大林！''我对此坚信不疑，'我回答说。'但我也希望，历史也将记住我。'希特勒又说。'我对此也坚信不疑。'我答道。"②

通过这次访问，希特勒坚定了进攻苏联的决心。在他看来，苏联是德国进一步扩张的障碍，德国若征服世界必须征服苏联。而莫洛托夫却没有从德国最高决策层那里嗅到战争的味道，没有及时地相应地改变策略和战略。这是苏联外交上一个重大失策。

苏日中立条约的签订

日本侵略中国之后，跃跃欲试，企图向苏联进攻。苏联中央高层对日本准备进攻态势感到了巨大的压力。因为如果苏联同德国发生冲突，则苏联就有可能陷入两线作战的困境。苏联最害怕的就是两线作战问题。例如布哈林在党的十七大上就形象地说："希特勒的说法是想把我们挤到西伯利亚去，日本帝国主义者的说法是想把我们从西伯利亚挤出去。所以，大

---

① ［美］威廉·夏伊勒：《第三帝国的兴亡》下卷，世界知识出版社1979年版，第1115页。
② 《莫洛托夫访谈录》，第14页。

概需得让我们全苏联一亿六千万人统统住到马格尼托哥尔斯克的哪一座高炉上去吧?"① 1931 年 11 月 20 日，苏联外交人民委员李维诺夫在回答日本驻苏联大使广田的声明时表示："苏联政府在同其他国家的一切关系中一贯严格执行和平与和睦关系的政策。它认为，维护和加强同日本的现有关系具有很大的意义。它严格遵守不干涉各国之间冲突的政策。苏联政府希望，日本政府也要维护两国间的现存关系，并将在其所有活动和决定中考虑不违背苏联的利益。"② 1931 年 10 月 2 日，苏联外交人民委员李维诺夫召见日本驻苏联大使，抗议日本军事当局同反对苏联的白卫军头目谢苗诺夫接触，并对这种行为表示严重不安。同年 12 月 31 日，苏联外交人民委员部向日本方面提出签订苏日互不侵犯条约。苏联方面指出，苏联已经同一些国家签订了互不侵犯条约，并且同另一些国家进行谈判。日本是苏联的邻国，两国有必要签署互不侵犯条约。这期间，苏联政府乘日本外相芳泽访问莫斯科时提交了一份声明，指出双方签署互不侵犯条约的国际意义，认为这样可以粉碎西欧和美国的投机行为。但是日本方面没有表现出诚意。1932 年 8 月 27 日，苏联外交人民委员李维诺夫向党中央写信，报告日本对苏联所构成的现实危险。1933 年 3 月 3 日，苏联副人民委员卡拉汉向党中央写信，分析远东局势。他认为，"对美国和其他欧洲国家来说，摆脱危机和远东现有状态的最理想出路就是让苏日之间发生战争，这是不会有异议的。我们将被拖入战争并被推动着去进行这场战争"。他接着认为："一旦发生战争，目前所有的决议、大国间的联合，反日战线——所有这一切都将烟消云散，剩下的只有一个问题：怎样利用已发生的战争并靠损害我们的利益来摆脱资本主义世界的危机和矛盾。"③

党中央和政府对日本的外交动向极为重视。斯大林经常听取这方面的汇报，研究对策。来自各部门的信息使得斯大林认为应该让全世界都了解苏联正在面临着日本法西斯的威胁。1933 年 12 月 25 日，斯大林在同《纽约时报》记者杜兰特的谈话时就明确表示苏联面临着日本的威胁。斯大林说："我们希望和日本有良好的关系，但是遗憾得很，这不仅仅取决

---

① 《苏联共产党（布）第 17 次代表大会速记记录》，莫斯科 1934 年版，第 11 页。
② 《消息报》1931 年 11 月 21 日。
③ 苏联对外政策档案：副外交人民委员 1933 年 3 月 3 日给联共（布）中央委员会的信，转引自《苏联外交政策史》上卷（1917—1945 年），中国人民大学出版社 1988 年版，第 339 页。

于我们。如果明智的政策在日本占了上风，我们两国就能友好相处。但是，我们担心好战分子会把明智的政策排斥到后面去，这就是真正的危险，对这种危险，我们不得不有所准备。任何一个国家的政府如果看到遭受侵犯的危险而不作自卫准备，那末它的人民是不会尊重它的。我认为从日本方面来说，如果它进攻苏联，那是不明智的。它的经济状况并不特别好，它有薄弱的地方——朝鲜、满洲和中国，而且它未必能够指望在这个冒险行动中得到其他国家的支持。可惜优秀的军事专家不一定是优秀的经济学家，他们不一定能够把武器的力量和经济规律的力量区别开来。"[1] 1933年12月29日，外交人民委员李维诺夫在苏联中央执行委员会会议上指出了苏日关系的紧张性。他认为："对这种关系表示关注的不仅是我们苏联，而且全世界，因为日本的政策是当前国际政治中一块最为黑暗、最危险的乌云。"[2] 苏联中央高层密切注视苏日关系的变化。苏联外交人士竭力探视日本外交政策的每一个变化步骤。当时，苏联外交界认为，日本不想同苏联签订互不侵犯条约是因为担心这样会束缚它的侵略手脚。

　　日本对苏联感到不放心，它要试试苏联的实力如何。但是苏联在哈桑湖和哈勒欣河打败了日本军队的进攻，教训了日本。这使日本对苏联有了一个清醒的认识。与此同时，苏联同德国签订了互不侵犯条约，也使日本与德国夹击苏联的希望暂时变得模糊。所以，1939年9月9日，日本大使求见苏联外交人民委员，建议签订双方停战协定，建立勘界委员会，组建和平解决未来可能冲突委员会。苏联政府马上表示同意。1940年3月29日，苏联政府发出了明确的信息，它在苏联最高苏维埃会议上宣布："日本最终应该明白，苏联在任何情况下都不容许它的利益受到侵犯。只有这样理解，苏日关系才可能圆满地发展下去。"[3]

　　1940年，日本方面主动提出同苏联签订苏日中立条约，但日本建议的条件是以1925年的苏日条约为新条约的基础，苏联政府拒绝了这个不合理的建议。于是，10月30日，日本政府提出新建议，即准备同苏联签订互不侵犯条约。日本方面建议待苏日签订了互不侵犯条约之后，再解决

---

[1] 《斯大林全集》第13卷，第248、249页。
[2] 《苏联外交政策文件汇编》第16卷，第793页。
[3] 《苏联最高苏维埃第6次会议（1940年3月29日—4月4日）（速记记录）》，莫斯科1940版，第41页。

双边之间出现的一系列问题。苏联政府又一次拒绝了日本的建议,并坚持必须首先解决苏日之间存在的问题,尔后再签订互不侵犯条约。同时,苏联还提出取消日本在苏联北库页岛的煤炭和石油租让企业的协定。日本政府马上拒绝了苏联的建议,并提出希望苏联将北库页岛卖给日本。1941年2月中旬,日本外相通知苏联,他准备访问莫斯科。苏联政府表示欢迎。1941年3月底,日本外相松冈洋右抵达莫斯科,与苏联政府进行谈判,日本坚持苏联将萨哈林岛卖给日本,但是苏联拒绝了这个要求,苏日之间的谈判陷入困境。4月8日,松冈洋右从德国回到莫斯科时,双方又进行了谈判。斯大林的强硬立场使得日本方面在最后时刻进行了让步,苏联与日本签署了苏日中立条约。条约为期5年,其中规定,双方保证维护相互间的和平友好关系,并相互尊重缔约另一方的领土完整和不可侵犯;如果缔约一方成为一个或几个其他强国军事行动的对象时,缔约另一方在整个冲突期间将严守中立。[①]

苏联对这个条约十分重视,为缓和同日本的关系,斯大林作出了最积极的、少有的外交姿态。当日本外相松冈洋右乘火车回国之时,斯大林亲自去火车站送行,令世界外交界大吃一惊,因为斯大林从不为任何客人送行。

苏日中立条约的签订对苏联来说意义重大,这就使苏联避免了两线作战的可能性,极大地增强了苏联东部地区的安全,但是,该条约有些条款侵犯了中国主权,例如对伪"满洲国"和蒙古边界问题的提法就是如此。苏日声明提出,苏联和日本互不侵犯"满洲"和"外蒙"。《苏日中立条约》的签订引起了中国各界的强烈反应。1941年4月16日,中国共产党从国际大局和维护同苏共的关系出发,对这个条约发表正式看法。中共当时的看法是,条约巩固了苏联东面的和平,保证了社会主义建设的安全发展,苏联的国际地位极大地提高了,这对一切反动派都是不利的,对一切爱好和平人民和被压迫民族则是有利的。[②] 4月14日,国民党政府发表声明,表示"东北四省及外蒙为中华民国之领土,中国政府与人民对于第三国妨害中国领土与行政完整之任何约定,决不能承认"。[③]

---

① 《消息报》1941年4月15日。
② 《中共中央文件选集》第13册,中共中央党校出版社1991年版,第75—77页。
③ 秦孝仪:《中华民国重要史料初编(对日抗战时期)》第3编,战时外交(二),台北1981年版,第390页。

重大失误：苏联同德国签订友好和边界条约

斯大林在关键时刻又犯了一个非常严重的错误，那就是同德国签订了《德苏友好和边界条约》。这个条约是在1939年9月28日签订的，双方确定了各自的势力范围。斯大林的这一举动对苏联和社会主义运动付出了巨大的政治代价，这使全世界的反法西斯力量迷失方向，同时也在相当程度上捆住了斯大林的手脚。从现在的情况来看，斯大林签署这个条约之后就对该条约的副作用有所感觉，他想尽办法弥补该条约所带来的消极影响，竭力准备战争。

斯大林的失误主要表现在以下几个方面：第一，同德国签订苏德友好和边界条约，使世界反法西斯力量感到十分困惑，苏联一直强调法西斯是共产主义的敌人，德国法西斯侵略成性，而现在苏联却同德国法西斯"友好"起来。这从理论上是不能自圆其说的。条约签订之后，苏联中央高层的对德调子发生了巨大的变化，引起了十分明显的思想混乱。例如，莫洛托夫1939年10月31日在苏联最高苏维埃临时会议上说："德国目前成了一个力求尽快结束战争并实现和平的国家，而昨天还在为反侵略而战的英国和法国的统治集团企图把自己打扮成是争取人民民主权利、反对希特勒主义的斗士，而且英国政府还宣称，对它来说，对德战争的目的恰恰就是'消灭希特勒主义'……进行一场以'消灭希特勒主义'为目的的战争，一场以争'民主'的骗人口号为幌子的战争，不仅毫无意义，而且简直是犯罪……我国同德国的关系……已经得到根本的改善。在这方面，情况正朝着巩固友好关系、发展实际合作和在政治上支持德国的和平愿望的方向发展……"① 1940年7月1日，斯大林在同英国大使克里普斯会谈中表示："看不出存在着任何一个国家称霸欧洲的危险，更看不出德国可能鲸吞欧洲的危险。"他还"不认为德国的军事胜利会威胁苏联及苏德友好关系"。② 第二，过分相信自己的判断，即德国不会采取两线作战的冒险行动，但当时的主要情况是，德国占领了西欧大陆诸国之后，实际上它已经大致完成了西线的作战，而将主要力量调到东线来对付苏联。第三，斯大林过于受苏德友好和边界条约的限制，认为只要不给希特勒以口

---

① 《真理报》1939年11月1日。
② [苏联]杰列维扬科主编：《第二次世界大战史（1939—1945）》第3卷，上海译文出版社1981年版，第588页；[苏联]威廉·夏伊勒：《第三帝国的兴亡》下卷，第1097页。

实，希特勒是不会尽快进攻苏联的，所以，不让苏联西部和西北部军队进入高度战备状态，担心会引起希特勒的不满。第四，斯大林对德国军队突进苏联的路线估计有误。当总参谋部向斯大林报告德国军队可能从苏联的西部和西北部方面进攻苏联时，斯大林表示"不明白"。他认为希特勒进攻苏联的主要方向在于苏联的西南方面，去夺取粮食、顿巴斯的煤炭。第五，斯大林对西线的战争准备不够充分，许多事情没有来得及做。

1941年6月德国入侵前夕，斯大林认为，德国不会在近期内发动入侵战争。斯大林作为党和国家的最高决策者，虽然从内心里、从理智上感到德国法西斯会很快入侵苏联，但是斯大林思维中还有另一种幻想的成分，认为希特勒不会犯历史上的错误，不会两线作战。苏联应该再抓住一线机会，尽量推迟战争的爆发，为军事部署再争取到哪怕是几个月的时间。但是，斯大林失算了。实际上希特勒占领整个西欧大陆以后，西线战事已经告一段落，英国困守孤岛对德国构不成什么大的威胁。希特勒若实现自己的独裁者的野心，只能向苏联挑战。只有打败苏联，希特勒才能统治欧洲大陆。既然希特勒进攻苏联是一定的，那么，他就不会给苏联更多的时间来加强其军事准备。1941年夏天是希特勒发动战争的最佳时间，因为秋季对德国来说不可能发动战争，那时天气对德军十分不利，阴雨绵绵的天气会妨碍德军高度机械化部队的突进。所以，错过1941年夏天，就等于给斯大林和苏联几乎一年时间的准备。斯大林看到了这一点，竭力在外交上同希特勒周旋，以图通过谈判方式将战争延迟到1942年。但是，希特勒的"巴巴罗萨"计划已经制订完毕，进攻苏联的时间虽然改动了几次，但最后终于定在6月22日。

第六章 卫国战争考验——重拼反法西斯外交板块

各自的利益和共同的利益

战争促使世界格局发生不可避免的改变。大敌当前必须对付凶恶的敌人。非常有意思的是,英国、法国、苏联和美国对德国法西斯态度的变化。英国和法国明明知道希特勒是一个极其危险的战争分子,但这些国家的决策者们却认为可以利用希特勒,可以"以毒攻毒",可以让希特勒去消灭苏联,进行反共产主义的"十字军东征"。英法政治家们已经没有什么政治上的廉耻可言,他们出卖捷克斯洛伐克引导希特勒向东挺进。这一方面可以为希特勒扫清通往苏联的道路;另一方面又可以换取自己所谓的安全。最值得注意的是,就在德国法西斯进攻波兰之时,波兰的盟国英法两国虽然向德国宣战,但却静观战局的发展,任凭德国军队占领波兰,于是,出现了"奇怪的战争",宣战了,却没有一丝硝烟。苏联中央高层也在不停地打外交牌。斯大林一直准备同英法联合共同对付德国法西斯。其实,只要英法苏联合起来,希特勒不可能会如此轻易地占领整个西欧。但当斯大林看到英法政治家们拙劣的卑鄙的外交意图后,这位苏联最高领导人也开始利用"希特勒因素"。斯大林明明知道希特勒是一个什么货色,但为了自己的国家利益,必须同其打交道。但是斯大林在同希特勒打交道时走得太远,一方面强调了苏德关系的"友好"性质;另一方面同德国一起瓜分周边国家,从而使苏联在国际道义方面受到很大损失。苏联同德国联合,在国际舞台上反击英法,而英法反过来又攻击苏联。这样的结果当然是德国获利最大。外交谋略的成功与否最后还要看结果。英法苏外交的最后结果是,法国被德国食入腹中,英国被赶回孤岛,希特勒黑色箭头直指莫斯科。战前无论英法如何盘算自己的如意政治算盘,无论苏联怎样避免同希特勒的战争,但是结果都是一个,即不得不进行同希特勒的战争。战争本来是可以避免的,但是,英法准备利用希特勒达到消灭苏联共产主义的目的,而希特勒准备征服的不仅是共产主义,而且是整个欧洲。

英法政治家们搬起石头砸了自己的脚。希特勒是一个战争怪物,给他多少小国,他都不满足。他要的是整个世界。苏联在没有更好选择的条件下只能同德国签约,以图延缓战争的爆发,这样实际上就使希特勒比较从容地对西欧国家进行战争,并从一开始就扫清了通往苏联的道路。占领波兰,就意味着苏联同德国有了共同的边界。当战争打到苏联国都门口的时刻,苏联没有更多的选择,必须同英美建立反法西斯同盟。战前拼凑的反法西斯外交板块如此困难,现在则没有任何障碍了。

督促盟国开辟第二战场

1941年7月12日,英国大使克里普斯率英国代表团求见斯大林。斯大林、莫洛托夫和沙波什尼科夫等人会见了英国客人,双方签订了"苏英两国政府关于在对德战争中联合行动的协定",这个协定为建立反法西斯同盟奠定了基础。1941年7月18日,签订了苏捷协定,苏联承认捷克斯洛伐克是主权国。这一天,苏联政府发表声明,认为当希特勒的军队主力在东方的时候,建立第二战线对英国是最为有利的和容易的。7月,在伦敦苏联政府和波兰流亡政府签订了对德作战的互助协定,苏联政府承认1939年苏联和德国签订的有关波兰领土变动的条约无效。美国政府表示,"凡是同希特勒作战的人,在这场冲突中都是正义的一方,我们都打算给予援助"。①

在战争的最初时期,斯大林不断地向英国和美国派出使团谋求盟国开辟第二战场,给予物资援助。在苏联处于最危急的时刻,1941年8月,斯大林给丘吉尔写信,恳求英国开辟第二战场。斯大林说:"怎样才能改变这种极为不利的处境呢?""我认为,要改变这一处境,出路只有一条:今年就在巴尔干或法国的什么地方开辟第二战场,把德军30—40个师团从东线吸引过去,同时到今年10月初保证供给苏联3万吨铝材,每月至少支援400架飞机和500辆坦克(小型的或中型的)。"斯大林说,没有这两种帮助,苏联的实力就会被大大地削弱,在很长时间内都无力支援自己的盟国。斯大林说:"我知道,这封信会使阁下感到伤心。但是怎么办呢?经验已教会我正视现实,不管它多么令人不愉快,还教会我不怕讲出真情,不管它多么不合人意。"② 此后,斯大林一再提出第二战场问题。

---

① 《苏联对外政策(文件汇编)》第5卷,莫斯科1947年版,第40、41页。
② 《苏联部长会议主席同美国总统、英国首相通信集(1941—1945)》第1卷,莫斯科1976年版,第19页。

1942年夏季，战场形势对苏军极其不利，德军又发起了反攻。在这个危急时刻，斯大林派莫洛托夫去美国要求盟国给予最积极的支持，尽可能快地开辟第二战场。5—6月，莫洛托夫在美国游说，双方签订了苏美联合公报，公报表示："就有关1942年在欧洲开辟第二战场这一迫切任务达成了全面协议。"① 然而，英国和美国不准备马上开辟第二战场，他们准备以北非战场代替在欧洲开辟第二战场。1942年7月23日，在斯大林格勒会战处于最紧急关头，斯大林给丘吉尔写信："我应当严正声明：苏联政府不能同意把在欧洲组织第二战场的问题拖到1943年来解决。"② 丘吉尔收到斯大林的信后到莫斯科进行访问，时间是1942年8月12日。但无论斯大林怎样请求美国开辟第二战场，丘吉尔和美国特使哈里曼就是不同意尽快这样做。斯大林十分愤怒。8月13日，斯大林给盟国递交了备忘录："英国政府拒绝1942年在欧洲开辟第二战场，使得所有希望开辟第二战场的苏联公众遭受了精神上的打击，使得前线红军的处境更为困难，使得苏联统帅部的计划遭到了损害。"斯大林强调："因此，我们认为，正是在1942年能够而且应当在欧洲开辟第二战场。但遗憾的是，我没有能够使英国首相先生相信这一点，而美国总统的代表哈里曼先生在莫斯科的谈判中是完全支持首相先生的。"③ 但是，英国和美国在正式回答斯大林的备忘录中明确表示：1942年不可能开辟第二战场！但许诺1943年盟国一定在欧洲西部开辟第二战场。

这时期，苏联在德军咄咄逼人的进攻时刻感到喘不过气来，迫切需要盟国的支持。所以，"第二战场"问题一直是苏联外交上的首要问题。斯大林在回答美国记者时说，第二战场在苏联对目前的时局估计中"占很重要的地位，可以说，占头等地位"。在1942年秋季，当战争已经进行了一年多的时候，斯大林对盟国的援助感到不满意。斯大林说："盟国对苏联的帮助同苏联吸引住德国法西斯军队主力所给盟国的帮助比较起来，其效果暂时还是小的。要扩大和改进这种帮助，只需做一件事，就是盟国完全地、按时地履行自己的义务。"在苏联抗击德国法西斯最困难的时刻，苏联最高

---

① 《卫国战争时期的对外政策》第1卷，莫斯科1946年版，第285页。
② 《苏联部长会议主席同美国总统、英国首相通信集（1941—1945）》第1卷，莫斯科1976年版，第69页。
③ 《苏联部长会议主席同美国总统、英国首相通信集（1941—1945）》第1卷，莫斯科1976年版，第74页。

领导层将胜利的基点放在本国,相信自己有能力战胜敌人。斯大林说:"按本身实力来说,苏联抵抗德国强盗的能力,比法西斯德国或其他任何侵略国保证自己统治世界的能力,一点也不低,甚至还要高一些。"①

国家和民族利益高于一切

在反法西斯过程中出现了一系列的理论问题,其中一个就是,苏联能不能同英美帝国主义国家建立联盟共同反对法西斯?斯大林成功地解决了这个问题,并且不让这个问题成为抗击德国法西斯的障碍。1942年11月6日,斯大林说,不同意识形态的国家可以采取共同的行动以反对共同的敌人。意识形态上的差异和社会制度的不同不应该成为苏联同盟国建立反法西斯同盟的障碍。在斯大林看来,"已经造成的威胁,无条件地要求同盟的各成员国必须采取共同行动,以拯救人类免于倒退到野蛮时代和残暴的中世纪时代。难道英苏美同盟的行动纲领,还不足以在这个基础上来组织共同斗争反对希特勒暴政,并取得对它的胜利吗?我认为是完全够的"。斯大林说:"由此可见,事务的逻辑比任何别的逻辑都更加有力。"②为了弱化意识形态色彩,斯大林采取了主动解散共产国际的做法。1943年5月,斯大林在回答这个问题时说:"解散共产国际是正确的和适时的,因为这便于一切爱好自由的国家组织共同进攻去反对共同的敌人——希特勒主义。"斯大林分析了解散共产国际的理由:第一,这揭穿了希特勒分子的谎话,说什么"莫斯科"企图干涉别国的生活,使他们"布尔什维克化"。从此以后,这种谎话就彻底破产了。第二,这揭穿了工人运动中的共产主义敌人的诬蔑,说什么各国共产党似乎不是为了本国人民的利益,而是遵照外来的命令行事。从此以后,这种诬蔑也彻底破产了。第三,这便于爱好自由国家的爱国者,把本国的一切进步势力,不分党派和宗教信仰,联合成统一的民族解放的阵营,以展开反法西斯主义的斗争。这便于各国爱国者把一切爱好自由的民族,联合成统一的国际阵营,去同希特勒主义统治世界的威胁作斗争,从而为各民族将来在平等的基础上进行合作扫清道路。斯大林说:"我认为,解散共产国际完全适时是因为,正是现在,当法西斯野兽做最后挣扎的时候,必须组织爱好自由国家的共

---

① 《斯大林文集》,第333页。
② 《斯大林文集》,第345、346页。

同进攻，以便打死这只野兽，使各国人民摆脱法西斯的压迫。"① 斯大林这样做就是在苏联同其他国家之间寻找一个共同战斗的纽带，减少横在它们之间的意识形态的影响。

莫斯科会议

1943年，欧洲战场的形势越来越对苏联方面有利。德国法西斯失败的结局已经明显地呈现在世界人民面前。如何进一步打击德军，促使它早日灭亡，缩短战争时间，这成为苏联中央高层首先考虑的问题。1943年10月19—30日，苏联、英国和美国代表团在莫斯科会晤，商谈一系列有关战争问题和战后安排问题。但是，在什么地点举行会议的问题上，英美两国和苏联进行了多次磋商才达成协议。

会上苏联代表团提出了关于缩短战争时间的提案。提案的主要内容是，英美必须在1943年采取一些刻不容缓的措施，以保证英美军队进攻法国北部，开辟第二战场。苏联方面有必要弄清楚英美1944年开辟第二战场的许诺是否有效。英美代表同意在1944年开辟第二战场，但对这一点作了重要的保留，英美国家还在拖延开辟第二战场。但三国政府达成了会议公报，确认三国必须加快结束战争。莫斯科会议还对战后欧洲的安排问题进行了讨论。英美代表提出战后肢解德国的计划，认为为了避免德国重新崛起，有必要将德国分为几个独立的部分，使其失去侵略能力。但苏联政府表示反对分割德国。斯大林的立场是，不要把希特勒匪帮同德意志民族混为一谈，同德意志国家混为一谈。"历史经验告诉我们，希特勒之流可以上台下台，而德意志民族、德意志国家依然存在。"② 苏联在会上还反对英美代表提出的战后中东欧一些中小国家建立联邦的可能性。苏联的立场是，战后这些国家人民自己选择生活方式，不要大国去人为设计。实际上英美准备通过在中东欧建立联邦来控制这个地区。苏联反对这个建议实际上就是遏制这个地区受到英美势力的影响，防止英美在这个地区建立反苏"防疫线"。可见，战争还没有结束，大国在这个地区的争夺就已经开始。会议通过了《四国普遍安全的宣言》，除上述三国外，中国也在宣言上签字。值得一提的是，在莫斯科外长会议期间，斯大林委托赫尔秘密转告罗斯福：在盟国打败德国以后，苏联将参加对日作战。这实际上是

---

① 《斯大林文集》，第379、380页。
② 《斯大林文集》，第323页。

斯大林第一次表达这样的承诺。莫斯科外长会议为德黑兰会议做了直接的准备和铺垫。

斯大林参加德黑兰会议

德黑兰会议的主题是军事问题，即开辟第二战场问题。斯大林、丘吉尔、罗斯福参加了会议。会议1943年11月28日至12月1日在德黑兰举行。这是当时反法西斯同盟最高级的会议。斯大林参加会议很不容易，一是苏联国内抗击德国的战争还在继续，二是斯大林不愿意到国外参加外交活动。但是，随着战争进程的推进，国际间的大国合作、尽快缩短战争进程等问题，都需要斯大林将更多的精力投入到外交方面来。斯大林参加德黑兰会议准备十分充分。战场上的胜利，更使斯大林谈判底气十足。斯大林在会上向丘吉尔提出挑战，让他明示开辟第二战场的确切日期。丘吉尔仍采取顽固态度。但这次罗斯福没有站在丘吉尔的立场上，他同意斯大林的在1944年5月必须开辟第二战场的建议。因为在罗斯福看来，如果迟于这个时刻，盟军就不用开辟第二战场了，苏军完全有可能自己将德军全部消灭，整个欧洲大陆都是苏联的了。罗斯福和斯大林的联合迫使丘吉尔作出了明确的许诺：1944年5月一定开辟第二战场。斯大林在会上发表了声明："为了使德国人调动他们的后备部队和把相当数量的兵力从东线调往西线，俄国人保证将于5月前在几个地方对德国人组织大规模攻势，以便把德国师团牵制在东部战线，使其不能给'霸王'战役制造任何困难。"① 丘吉尔同意开辟第二战场，但是他不同意在法国开辟第二战场。他准备在巴尔干地区登陆。这可以达到两个目的，其一，可以阻断苏军向西推进的线路，防止苏联占领中欧和东欧一些国家，为战后的英国利益寻找有利的支撑点；其二，巴尔干地区德军力量较弱，丘吉尔可以进行"轻松的战争"。但斯大林及时地识破了丘吉尔的意图，坚持在法国北部登陆。罗斯福总统支持斯大林的方案，认为丘吉尔的方案不能得到支持，因为"在巴尔干发动战役不仅将推迟欧洲战争的时间，而且将推迟太平洋战争的时间"。② 罗斯福总统还说，英国的罗盘针不管怎么转动，指针

---

① 《苏联在1941—1945年伟大卫国战争时期的国际会议上（文件集）》第2卷，《苏美英三盟国领导人的德黑兰会议（1943年11月28日—12月1日）》，莫斯科1978年版，第150页。

② 《美国对外关系（外交文件集）1943年开罗和德黑兰会议》，华盛顿1961年版，第259页。

总是指着一个方向——巴尔干。丘吉尔虽然同意开辟第二战场，但他竭力想将行动的时间向后推，并一再强调开辟第二战场的困难和条件。在讨论中丘吉尔提出开辟第二战场必须以德军在西欧拥有的军队不超过 12 个机动师为其中的一个条件，斯大林听后问道，如果德军有 13 个机动师英国又怎么办？斯大林甚至直接问丘吉尔，对"霸王"战役究竟有没有信心？还是不过为了安慰俄国人说说而已。① 当丘吉尔再三推迟开辟第二战场时，有一次斯大林示威似的对莫洛托夫和伏罗希洛夫说："我们走吧，我们在这儿没有什么事好干了，我们前线还有许多事要做呢……"丘吉尔感到十分尴尬，表示斯大林没有理解他的意思。② 就在斯大林和丘吉尔激烈争论气氛紧张的时候，罗斯福总统出面缓和气氛，建议休会，参加斯大林举行的宴会。在这次会议上，斯大林同罗斯福和丘吉尔斗智斗勇，进行外交上和智慧上的较量。③

这次会议又提出了战后德国问题。英美国家首脑坚持分割德国的计划，但斯大林反对这个方案。会上斯大林同意对德战争结束后出兵同日本作战。但斯大林向英美国家开出了参战条件和价码，而英美国家则以牺牲中国利益为条件，来满足苏联的愿望。

此外，波兰问题也是一个十分重要的讨论议题。

这次会议具有重大的国际意义。罗斯福总统的总结是："我们在有关向德国发动一次大规模攻势的各个环节，都取得了一致的意见。"④ 苏联在这次会议上收获很大，因为这是战争开始后第一次三国首脑会议，盟国明确表示尽快开辟第二战场，所以，斯大林对德黑兰会议的评价很高。他说："德黑兰会议关于对德共同行动的决议以及这个决议的光辉实现，是反希特勒同盟战线巩固的鲜明标志之一。历史上关于对共同敌人采取共同

---

① ［苏联］库达科夫：《现代国际关系史》，世界知识出版社 1958 年版，第 845、846 页。
② ［苏联］别列日科夫：《外交风云录》，世界知识出版社 1981 年版，第 164 页。
③ 关于斯大林同英美首脑斗智斗勇的故事很多，其中有一个很典型。在德黑兰会议上，斯大林不断给罗斯福和丘吉尔施加压力，只讨论他一个人提出的建议，把他一个人的意志强加给他们两人，这使他们很恼火。于是，罗斯福和丘吉尔决定作弄一下斯大林。早晨，在例会开始前，丘吉尔说："今天我做了个梦，梦见我成了世界的主宰！"罗斯福说："可我梦见我成了宇宙的主宰！斯大林元帅，您梦见了什么？"斯大林不慌不忙地答道："我梦见，我既没批准丘吉尔先生您当世界的主宰，也没批准罗斯福先生您当宇宙的主宰。"莫洛托夫说："在'三巨头'会议上常有这种相互嘲讽的谈话，但斯大林的确总能处处逢生。"参见《莫洛托夫访谈录》，第 74 页。
④ 《罗斯福选集》，商务印书馆 1982 年版，第 452 页。

行动的大战役计划，很少有像德黑兰会议所拟定的共同打击德国的计划那样，实现得这样完满，这样准确。无可怀疑，如果没有三大国的意见一致和行动协调，德黑兰会议的决议便不能实现得这样完满和准确。而另一方面，德黑兰会议的顺利实现，不会不促进联合国家战线的巩固，这也是不容置疑的。"① 但是，这次会议也暴露了大国统治世界的弊病，存在着消极的一面。如三国依靠牺牲中国的利益达到它们之间利益均衡和利益妥协，这都是损害别国利益的明显体现。

雅尔塔会议

战争就要结束了。1944 年 6 月 6 日，盟军在法国的诺曼底登陆，实施了"霸王"计划，盟国终于开辟了第二战场。大国安排战后国际格局的重要性显然增加了。同时，英美苏三国之间的关系出现了一些矛盾和猜疑，相互之间对战后的安排问题存在着分歧。为进一步协商步骤和行动，摸清对方的底细，三国首脑准备再次会晤，解决所面临的问题。1945 年 2 月 4—11 日，英苏美三国最高领导人在雅尔塔举行了第二次首脑会议。这实际上是大国对战后世界格局进行利益划分、确定势力范围的一次会议。会议主要的议题就是如何安排战后的德国问题。英美撤销了分割德国的建议，它们实际上准备将德国的法西斯成分去掉，然后将德国纳入英美的势力范围内与苏联相抗衡。斯大林实际上也是反对分割德国的。在斯大林看来，统一的德国对苏联有利，因为苏军对德作战已经处于非常有利的地位。分割德国会使苏联对德国所占的份额减少。会议还确定了《关于德国占领区和管理"大柏林"以及关于对德管理机构》的文件。其主要内容是英法美苏四国共同占领德国，德国首都柏林也由四国联合占领。会上斯大林在波兰政府组成问题上与英美巨头发生分歧。斯大林坚持承认在波兰国内成立的波兰临时政府，而英美则竭力承认波兰流亡政府。在此之前，苏联与波兰流亡政府的关系破裂。双方经过激烈争论，最后作出让步和妥协，即保留波兰临时政府，但一些流亡政府的人士可以加入这个政府。可见，大国就是这样决定波兰国内命运的。

会上英美巨头依靠牺牲中国的利益换取了苏联出兵打击日本。苏联政府同意在欧洲战争结束后的两三个月内出兵与日本作战，但条件是：第一，维持蒙古人民共和国的现状；第二，恢复 1904 年的俄国在该地区的

---

① 《斯大林文集》，第 428 页。

利益，库页岛南部属于苏联。使大连国际化，恢复苏联租用旅顺港作为海军基地，与中国共同经营中东铁路和南满铁路；第三，把千岛群岛交给苏联。从这些条件中可以看出，斯大林在战后安排上竭力维护自己的利益而不惜损害中国和其他国家的利益。斯大林强调，如果盟国不满足苏联提出的这些条件，则苏联政府无法解释俄国为什么要参加对日作战。如果满足这些条件，则苏联人民会理解这是涉及国家的利益，而且非常容易将这项决定向最高苏维埃解释。斯大林还在会议上同意建立联合国。

雅尔塔会议是战争期间盟国首脑举行的非常重要的一次会议。会议对促进法西斯邪恶势力的最终覆灭起到了积极的作用。但会议的消极作用十分明显。强权政治和大国统治世界的色彩十分浓重。《雅尔塔秘密协定》损害了中国主权利益。

波茨坦会议

1945年5月9日，苏军终于攻占了柏林，对德战争结束了。正是在这种背景下，苏美英三国政府首脑参加了波茨坦会议，时间是1945年7月17日至8月2日。会议的主题是德国问题。会议通过了《管制初期德国必须遵循的政治原则和经济原则》协议，规定了签字国对德国实行协商一致政策的义务，其主要精神就是使德国非军国主义化和民主化。三国首脑的另一个话题就是如何处理德国赔偿问题，并签订了专门协议。三巨头的出发点是，德国应该尽最大可能赔偿损失。斯大林提出苏联用以下办法满足对苏联的赔偿：第一，通过收缴苏占区资产及德国在国外的相应投资的办法给予补偿；第二，苏联将从西方占领区得到自己应得的份额，这主要涉及从那里获得工业品。

波茨坦会议还确立了德国同波兰的边界走向。会议决定将哥尼斯堡及其附近地区划归苏联。据莫洛托夫回忆："最令我们不安的是波兰问题，战败国的赔偿问题。尽管他们极力阻挠我们，想把一个必然充当帝国主义走狗的资产阶级政府强加给波兰，但我们还是达到了自己的目的。斯大林和我都坚持一条路线，即在我国的边境上只能建立一个独立的、但不与苏联为敌的波兰。在谈判过程中以及谈判之前，一直为'寇松线'，或称'里宾特洛甫—莫洛托夫线'争论不休。斯大林说：'你们叫什么线都行，但我国边界只能是这条线！''可是利沃夫从来就不是俄国城市！'丘吉尔反驳道。'过去连华沙都是俄国的。'斯大林心平气和地说。"莫洛托夫还回忆："在波茨坦会议讨论波兰边界问题时……斯大林就'寇松线'说：'你们以为我们这些俄国人竟连寇松线和克莱孟梭都不如吗？……如果我们采纳你们的建议，乌克兰人会怎么说呢？他们准会说，斯大林和莫洛托夫还不如寇松和克莱孟梭更能维护俄罗斯和乌克兰人的利益。'"①

这次会议的明争暗斗十分激烈。丘吉尔的意图十分明显，那就是一方面要削弱德国，使其依附于英国，英国取代德国的经济地位，另一方面扶持德国使其成为反对苏联、同苏联抗衡的力量。斯大林则有备而来。他不止一次地说："俄国人打仗很出色，但不善于缔结和约，在分享胜利果实时总被抛在一边，让人宰割。"莫洛托夫后来满意地表示："在这场战争结束时我们尽了一切努力，干得很出色，我们巩固了苏维埃国家。这是我的主要任务。作为外交部长，我的任务就在于使我国不受骗。我认为，我们在这方面做出了努力，取得了好成绩。"② 在这次会议上，美国新总统杜鲁门故意想让斯大林大吃一惊，他神秘地告诉斯大林美国掌握了一种从未有过的特殊武器，一种超常规武器。斯大林马上就知道他说的是原子弹，因为苏联情报部门已经向斯大林做了详细的汇报，所以，斯大林表情镇定，神态自若，具有大政治家的气魄。

苏联支持联合国的成立

建立联合国的设想，最早是由美国总统罗斯福和英国首相丘吉尔提出的。他们的思想体现在1941年8月14日的《大西洋宪章》里。8月24日，苏联政府表示同意《大西洋宪章》的基本原则，并提出："各国人民的任务就是要迅速而坚决地击溃德国及其盟国，建立一种使子孙后代摆脱罪恶的纳粹主义的战后和平体制。"苏联政府在后来的声明中强调，战后只有通过一个新的国际关系组织，将各民主国家联合在一个持久同盟的基础上，才能"保证持久和正义的和平"。③

在建立联合国过程中，苏联和英美发生了一些争执。苏联反对接纳非宣战国加入联合国，但美国坚持这一点。于是，苏联提出了新的建议，即苏联的16个加盟共和国都有权加入联合国，如果英美国家表示同意，则

---

① 《莫洛托夫访谈录》，第79、80页。
② 《莫洛托夫访谈录》，第79页。
③ [苏联]戈尼昂斯基等：《外交史》第4卷，生活·读书·新知三联书店1980年版，第246、337页。

苏联不反对接纳非宣战国。苏联的建议如同一枚重型炸弹，在英美政治高层引起了极大的震动。罗斯福总统表示无论如何也不能同意苏联的建议。如果同意苏联的16个加盟共和国加入联合国，那么，美国的48个州也可以提出加入联合国。1944年8月31日，罗斯福总统紧急向斯大林发出密电："尽管您的代表团已经清楚地表明，这个问题将不再在目前阶段的会谈中提出，我感到我必须告诉您，就美国以及无疑就其他重要国家来说，如果这个问题在国际组织最后建立和开始工作以前的任何阶段提出，都非常肯定将使整个计划受到损害。我希望您能就这个问题重新向我保证。"9月7日，斯大林回电："我认为，苏联代表团就这个问题发表声明是十分重要的……我希望能再有机会向您说明苏联代表团在敦巴顿橡树园会议上提出的这个问题的政治重要性。"① 最后，苏联撤回原来提出的16个加盟共和国都加入联合国的提法，而是提出了一项折中的办法，即联合国允许接纳2个至3个苏联加盟共和国进入联合国。美国和英国同意乌克兰和白俄罗斯成为联合国正式新会员。1945年10月24日，《联合国宪章》生效，至此联合国正式成立。

出兵中国东北三省，对日作战

雅尔塔会议结束后，中国和苏联举行了谈判。谈判是从1945年6月30日开始的，当时国民党政府的外交部长宋子文在莫斯科同斯大林和莫洛托夫举行会谈。后来宋子文辞去外长职务后，新任外长王世杰继续同苏联谈判。谈判争论得很激烈，美国力图影响中国接受雅尔塔体制，接受大国的战后体制安排。在关于外蒙古问题上，中方提出，1924年《中俄解决悬案大纲协定》规定，苏联承认外蒙古是中华民国的一部分，尊重中国在外蒙古的主权。但斯大林强调，《雅尔塔秘密协定》规定外蒙古是蒙古人民共和国，这意味着外蒙古的独立。中方表示强烈反对。最后，中方提出在外蒙古举行全民公决，如果多数赞成独立，中国就承认其独立。中国希望苏联在中方作出这样的让步之后，应保证中国在东北的领土主权和行政的完整。1945年8月9日，苏联宣布苏日进入战争状态。根据雅尔塔协议，苏军打击日寇，并于9月2日迫使日本政府无条件投降。同时按照协议，苏联得到了其协议规定的一切。中东铁路和南满铁路由中苏两国

---

① 苏联外交部编：《1941—1945年苏联伟大卫国战争期间苏联部长会议主席同美国总统和英国首相通信集》第2卷，世界知识出版社1963年版，第159、160页。

共管，宣布大连港为自由港，旅顺港作为苏联海军基地……

战争结束了，苏联经过一系列艰苦卓绝的斗争，终于战胜了德国法西斯。和平的曙光又一次降临在苏联的大地上。

第七章　战后初期的外交动作

第一节　反击美国的遏制政策

第二次世界大战胜利后，世界局势发生了深刻的变化：德、意、日成为战败国，被世界反法西斯力量制服；欧洲的英法两国受到了严重的削弱；苏联成为世界级强大的国家；美国也成为世界性的超级大国；东欧国家在苏联的影响下成为一系列的社会主义国家；在中国共产党的领导下中国革命取得了成功，中国成为社会主义国家，实行"一边倒"的外交政策。这些都说明，苏联在国际舞台上的作用越来越大，对世界的支配能力越来越强。苏联力量的增强引起了英美的不安。战时盟国在战后为了各自的利益开始出现越来越明显和越来越激烈的摩擦和斗争。

凯南献计：遏制苏联

苏联的强大对美国来说不是一件好事儿，美国在战后将苏联视为头号对手，美国高层在制定对苏政策方面采取了一系列引人注目的行动，对苏政策也随之发生了深刻的变化。就在美国对苏政策处于转变的时刻，当时的美国驻苏联使馆临时代办乔治·凯南向美国国务院发出了一份内容很长、分量很重的电报，阐述了美国战后应对苏联实行的政策和一系列建议。凯南电报的主要内容是：认为苏联从布尔什维克掌权起就有一种恐惧外部世界的心理；苏联为安全利益正在不断扩张。所以，凯南提出美国应该将对苏政策放到美国外交政策的首要位置。凯南提出对苏实行政策的原则就是遏制原则，即苏联击败德国和日本以后，英美不可能再考虑对苏联使用武力的问题，但英美等国家可以拥有足够的武力来遏制苏联的扩张，凯南还提出在意识形态问题上苏美不可能再会有共同目标，不可能再结成政治友好关系，美国应该将苏联视为敌手，而不应该视为伙伴。凯南还提出了一系列遏制方案。

丘吉尔的富尔敦演说：一份反苏冷战宣言

1946年3月5日，反共斗士丘吉尔在美国的富尔敦发表演说，他指桑骂槐，暗示苏联是一个没有民主的"警察政府"。他直截了当地说："没有人知道，苏俄和它的共产主义国际组织打算在最近的将来干些什么，以及它们扩张和传播倾向的止境在哪里。"他还表示："从波罗的海的斯德丁到亚得里亚海边的里雅斯特，一幅横贯欧洲大陆的铁幕已经降落下来。"丘吉尔在这里使用了"铁幕"一词。其实，这个词并不是他发明的，纳粹德国宣传部长戈培尔在战时曾经使用过，用以攻击雅尔塔会议。丘吉尔在此用这个刺人的字眼，用意是十分明显的，那就是要同苏联形成对立。他还表示，苏联正在控制铁幕后面的一系列国家，它们"不仅以这种或那种形式屈服于苏联的势力，而且还受到莫斯科日益增强的高压控制"。在铁幕外面，苏联策动共产党的"第五纵队"遍布各国，对基督教文明构成威胁。丘吉尔呼吁英美联合起来，建立特殊关系，进行军事合作，达到共同安全的目的。① 丘吉尔的演说实际上是美英对苏政策的大转变宣言，是它们发动冷战的强有力的信号。

斯大林的反击

丘吉尔的反苏演说在世界上立即引起极大的反响。苏联马上作出了反应。1946年，斯大林就丘吉尔的演说答《真理报》记者问。他说："我认为这个演说是危险的行动，其目的是要在盟国中间散播纠纷的种子，使它们难于合作。"丘吉尔的演说无疑会"损害和平和安全的事业"。"丘吉尔先生现在是站在战争挑拨者的立场上，而且丘吉尔先生在这里并不是孤立的，他不仅在英国有朋友，而且在美国也有朋友。"斯大林批判丘吉尔散布讲英语的民族才是最优秀的民族的言论，讲英语的民族并不"负有决定世界命运的使命"。斯大林批判丘吉尔的这种理论与希特勒的理论如出一辙。斯大林说："毫无疑问，丘吉尔先生的方针是进行战争的方针，即号召同苏联开战。"斯大林批判丘吉尔关于"苏联控制东欧国家的"言论，"曾经有一个时期，在波兰和苏联的相互关系中，主要的成分是冲突和矛盾。这种情况使丘吉尔先生之类的国务活动家有可能玩弄这些矛盾，在保护波兰不受俄国人侵犯的借口下，把波兰抓到自己手里，用俄国和波兰发生战争的怪影来吓唬俄国，而保持自己仲裁者的地位。但是，这样的时期已经过去了，因为波兰与俄国的相互敌视关系，已被两国的友好关系

---

① 转引自［美］小阿瑟·施莱辛格《世界强权动力学：美国外交政策历史文献（1945—1973）》，纽约1973年版，第211—217页。

所代替，波兰，现在的民主波兰再不也不愿成为外国人手里的玩物。我觉得正是这一情况使得丘吉尔先生大发脾气，使得他粗鲁地、毫无分寸地攻击波兰。不让他再坐收渔利了，这可不是开玩笑……"① 这是斯大林对丘吉尔演说的最强烈的反应。

丘吉尔是斯大林的老对手了，也曾是共同反法西斯的盟友。斯大林和莫洛托夫经常与丘吉尔和贝文打交道，无论在谈判桌上、在会议上，还是在宴会上，他们之间都在斗智斗勇。据空军元帅 A. E. 戈瓦诺夫回忆，一次丘吉尔访问莫斯科，"出席宴会的总共只有几个人，一个接一个祝酒。我不安地注视着斯大林，因为丘吉尔是有名的酒鬼，他在席上好像要和斯大林赛酒，看谁喝得多。斯大林和丘吉尔喝了个平手，当丘吉尔被人搀扶着离开饭桌去休息时，斯大林走到我跟前说：'你干嘛这么看着我？放心，我不会把俄罗斯喝丢的，可丘吉尔明天就会像热锅里的鲤鱼一样在我面前乱蹦。'"莫洛托夫评论说："这种事在外交上是有用的。斯大林没有忽略它。"② 莫洛托夫还回忆说："贝文是个丘吉尔分子，对我们深怀敌意。丘吉尔的助手艾登则过于软弱，过于文雅，相当平庸。我当然更喜欢艾登，因为同他还可以搞好关系。可同贝文这种人就不行了。有一次贝文出席我们在伦敦举行的晚宴。我们的人就是好客。我手下的年轻人把他灌得酩酊大醉。当我出门送他时，他同他的妻子——一个举止稳重的老太太在一起，她先坐进汽车，贝文跟在妻子身后往车里挪动着身子。正当他往车里钻时，一下子把胃里的东西全吐到他夫人的裙摆上了。你瞧瞧，这是个什么人呀，连这点自制力都没有，还算什么外交官？人们给他灌酒，他挺喜欢，而俄国人就是爱给人灌酒。"③ 贝文当时是英国外交大臣。丘吉尔对斯大林个人是十分佩服的。他1959年12月21日斯大林诞辰80周年在英国下议院的讲话中表示，斯大林是"历代各国和各国人民的领袖中最难得的人才"。④ 但此时丘吉尔发表反苏演说，是因为他从英国国家利益出发，看到苏联强大会给西方世界造成"威胁"。斯大林反击丘吉尔表明，昔日盟友最终要在"国家利益"问题上分道扬镳。

---

① 《斯大林文集》，第497、500页。
② 《莫洛托夫访谈录》，第75页。
③ 《莫洛托夫访谈录》，第76页。
④ 《莫洛托夫访谈录》，第73页。

杜鲁门主义的出笼

其实，当时美国在外交政策问题上存在着严重的分歧。一派主张反苏反共是必须的，但美国不能过多地卷入国际事务中去，应该回到战前孤立主义的路线上去。这一派的观点以共和党参议院塔夫脱为代表。还有一派的观点十分鲜明，反对与苏联公开决裂，而与苏联进行利益互换，即承认苏联在东欧的势力范围，换取苏联在经济上接受美国的"门户开放"政策。这一派的代表人物就是罗斯福总统当政期间的副总统华莱士。此人这时任杜鲁门的商务部长。第三种是杜鲁门的政府观点。由于华莱士发表讲演，暴露了杜鲁门政府内部官员之间的分歧，所以，杜鲁门命华莱士辞职。这样，杜鲁门政府内部在对苏政策问题上的意见统一起来，都主张对苏实行强硬的政策。随后，杜鲁门的助手克利福德向总统提交了一份重要的报告：《美国与苏联关系》。他提出了一系列遏制苏联、主宰世界的战略构想和原则。他表示："美国必须拥有强大的军事力量，强大到足以抑制苏联，使苏联的势力范围限于目前它所控制的地区。"①

这时期，由于国内虚弱，英国已经无法维护希腊和土耳其的势力范围，而英国又担心这两国落入苏联之手，所以，请求美国将希腊和土耳其纳入自己的势力范围。英国的提议刺激了美国决策者的胃口。艾奇逊表示："我们现在处理的事情，是珍珠港事件以来最为重要的一桩"，"历史的转折关头已经到来，美国现在必须挺身而出，取代没落中的英国成为自由世界的领袖"。② 美国政府说服了议会领袖，美国两党也达成了协议。1947年3月12日，杜鲁门向议会两院联席会议宣读了咨文。这就是所谓的杜鲁门主义。杜鲁门在咨文中提出，美国在世界上负有重大责任，强调美国对有关国家的援助，并认为美国是有能力提供这种援助的唯一的国家。他还将世界分为"自由制度"和"极权制度"两种类型，并认为这两种类型之间的斗争非常激烈，世界上所有国家都要在这两种制度面前作出选择。杜鲁门提出遏制苏联的问题，并认为如果不去遏制苏联，则美国在第二次世界大战的成果将消失殆尽。杜鲁门主义的出现标志着美苏之间的战时同

---

① 参见［美］小阿瑟·施莱辛格《世界强权动力学：美国外交政策历史文献（1945—1973）》，第268—304页。

② ［美］迪安·艾奇逊：《创世现场记——我在国务院的岁月》，纽约1969年版，第220页。

盟与合作关系彻底破裂，美苏全面对抗时代——冷战时代已经来临。

杜鲁门主义的出笼引起了苏联激烈的反应，苏联《真理报》《消息报》等都发表了社论，批判杜鲁门主义。但是，苏联的批判留有余地，并没有对杜鲁门主义的实际作用估计得那么严重。

斯大林对国际问题的估计和看法

苏联主张和平共处。此时苏联已经成为世界上强有力的国家，斯大林准备利用这个历史上千载难逢的时机，进一步扩大自己的影响，维护自己的势力范围，构筑国家安全的周边地带。在自己的势力范围能够得到满足的前提下苏联与美英国家实行和平共处政策。斯大林确实将和平共处政策提到十分重要的位置，使其成为苏联外交政策的一个基本原则。1946年12月21日，美国前总统的儿子埃利奥特·罗斯福在访问斯大林时问道："您是否认为，像美国这样的民主制有可能同像苏联现存的那样的共产主义的国家管理形式在这个世界上和平地并肩相处，而且任何一方也不会企图干涉另一方的内部政治事务？"斯大林答："当然可能。这不仅是可能的，而且是合理的，完全可以实现的。在战时最紧张的时候，政体的不同并没有妨碍我们两国联合起来并战胜我们的敌人。在和平时期，维持这种关系就更加可能了。"① 1947年4月9日，斯大林在会见美国共和党人士哈罗德·史塔生时说，苏联和美国"这两种制度当然能够彼此合作"。斯大林认为制度不同并不是合作的障碍，美国和德国经济制度相同，却发生了战争。苏联和美国经济制度不同却没有发生战争，而且一起同法西斯作战。"两种不同的制度既然在战时能够合作，在和平时期又为什么不能合作呢？这里当然是指，如果有合作的愿望，那么，尽管经济制度不同，合作是完全可能的。但是，如果没有合作的愿望，那么，即使是经济制度相同，国与国之间，人与人之间也会打起来的。"② 斯大林在这里还讲了一番重要的话，他说："不应醉心于批评彼此的制度。每一国的人民都维持着它所愿意维持和可能维持的制度。哪一种制度更好，——历史会证明的。应该尊重人民所选择和赞同的制度。美国的制度究竟是好还是坏，——这是美国人民的事。合作并不需要各国人民具有同样的制度。应该尊重人民所赞同的制度。只有在这种条件下，才能合作。"斯大林说："至于马克思和恩格斯，当然他

---

① 《斯大林文集》，第516页。
② 《斯大林文集》，第523、524页。

们不能预见到他们逝世 40 年以后会发生的事情。"斯大林进一步论述说："有人把苏维埃制度称为极权的或独裁的制度，而苏联人则称美国的制度为垄断资本主义。如果双方开始彼此谩骂为垄断者或极权主义者，那就不能得到合作。应该从存在着人民所赞同的两种制度的历史事实出发。只有在这种基础上，才能合作。"斯大林认为自己不是宣传家，而是讲求实际的人。"我们不应该成为宗派主义者。当人民希望改变制度时，他们就会把它改变的。"① 1952 年斯大林提出："只要双方有合作的愿望，决心履行所承担的义务，遵守平等和不干涉别国内政的原则，资本主义和共产主义的和平共处是完全可能的。"② 1952 年 12 月 26 日，斯大林在答《纽约时报》记者问时说："我仍然相信：不能认为美国和苏联之间的战争是不可避免的，我们两国今后也能和平相处。"③ 斯大林的这个思想很重要，强调了苏美是可以避免战争的，是可以和平共处的。

关于联合国，1946 年 3 月 22 日，斯大林在答美联社记者埃迪·吉尔摩问时说："我认为联合国具有重大的意义，因为它是维持和平和国际安全的重要工具。这一国际组织的力量在于，它是建立在各个国家平等的原则上，而不是建立在某些国家统治另一些国家的原则上。如果联合国在将来仍能继续保持这种平等原则，那么，毫无疑问，它将在保证普遍和平和安全方面起巨大的良好的作用。"④ 斯大林赞成联合国安全理事会立刻建立有所有联合国国家的武装力量参加的、可以立刻开到任何一个和平受着军事行动威胁的地方去的国际警察部队。

关于大民族与小民族的关系，1948 年 4 月 6 日，苏联同芬兰签订了友好互助条约，该条约具有重要意义。斯大林在招待芬兰政府代表团的一次讲话的内容十分重要；他在 1948 年 4 月 7 日的一次讲话中表示，"许多人不相信大民族和小民族之间的关系能够是平等的。但是我们苏联人认为，这样的关系是能够有的，而且是应当有的。苏联人认为，每一个民族，不论大小，都有其本质上的特点，即只属于该民族而为其他民族所没有的特殊性。这些特点就是每个民族对世界文化共同宝库作出的、使这个

---

① 《斯大林文集》，第 525、526 页。
② 《斯大林文集》，第 673 页。
③ 《斯大林文集》，第 679 页。
④ 《斯大林文集》，第 503 页。

宝库更加充实、更加丰富的贡献。在这个意义上,一切民族,不论大小,都处于同等的地位,每个民族都是和其他任何民族同样重要的。"① 斯大林的这种阐述符合马克思主义的基本原理,是非常正确的,但是遗憾的是,斯大林在实践中却没有坚持自己所表达的思想。

关于战争问题是这样看的——苏联在第二次世界大战中遭到很大损失,对于斯大林和当时的中央最高决策层来说,非常不愿意使苏联再陷入一次大规模的战争中去,避免战争是苏联在战后初期制定的一个重要原则。斯大林在答美联社记者埃迪·吉尔摩问时说:"'现在担心发生战争',是由于某些政治集团从事宣传新战争,从而散播纠纷和不信任种子的行动所引起的。"② 1946年9月7日,斯大林在答《星期日泰晤士报》驻莫斯科记者亚历山大·沃斯问时说:"我不相信'新战争'的实际危险。"③ 1946年10月23日,斯大林在答美国合众社社长休·贝利问时说,目前对全世界和平的最严重的威胁"是新战争挑拨者,首先是丘吉尔及其在英国和美国的同谋者"④。但后来斯大林的观点发生了巨大变化。他在1952年《苏联社会主义经济问题》中明确提出,第三次世界大战是不可避免的,苏联要早有准备。斯大林在1952年同外国记者谈话中表示苏联和可以同西方国家和平共处,这实际上是一种宣传。

关于原子弹,斯大林在答《星期日泰晤士报》驻莫斯科记者亚历山大·沃斯问时说:"我不认为原子弹像某些政治活动家爱那么说的那样厉害。原子弹是用来吓唬神经衰弱的人的,但它不能决定战争的命运,因为对决定战争的命运来说,原子弹是完全不够的。当然,垄断原子弹秘密会造成威胁,但是对付这点至少有两种办法:(一)对原子弹的垄断不会继续很久;(二)原子弹的使用将被禁止。"⑤ 斯大林表示,对原子能需要严格的国际管制。斯大林还赞成由联合国管制原子弹,对一切研究机构和制造各种武器的工业企业,对原子能的和平利用和发展进行检查,建立管制。

---

① 《斯大林文集》,第539页。
② 《斯大林文集》,第503页。
③ 《斯大林文集》,第508页。
④ 《斯大林文集》,第511、512页。
⑤ 《斯大林文集》,第510页。

反对马歇尔计划

战后实现西欧统一的呼声越来越强烈，出现了各种各样的方案。为了对付苏联在欧洲的影响，美国正在积极地制定援助希腊和土耳其的方案。尔后，援助欧洲的计划越来越大。在莫斯科外长会议没有达成结果的情况下，马歇尔提出必须加速援助欧洲的思想。为制订援助欧洲的计划，马歇尔指示凯南领导的美国政策设计委员会提出美国援助欧洲的具体方案。1947年5月23日，凯南领导的政策设计委员会提出报告，阐述从美国战略考虑必须援助欧洲的建议。凯南方案有几个内容值得注意：第一，援助欧洲的计划不要带有过多的意识形态色彩，不要背上在全球范围内同共产主义斗争的包袱；第二，美国在欧洲同一些国家要确立特殊关系，美国要全力支持重建德国经济，同英国建立特殊关系，给英国特殊地位。与此同时，美国助理国务卿克莱顿提出了《欧洲危机》备忘录，其主张与凯南方案有所不同，尤其反对美国在欧洲搞特殊关系，主张同欧洲国家保持等距离的关系。

在美国高层决策中一个很关键的问题就是援助欧洲的计划是否也包括苏联和东欧国家。经过激烈辩论，同意了凯南的主张，即援助欧洲的计划不应指明受援对象，如果苏联和东欧国家愿意参加，美国表示欢迎，但苏联和东欧国家要为此承担具体义务。问题的关键就在"具体义务"上，美国外交政策的"巧妙机关"就设在这里，就是说，美国欢迎苏联和东欧国家参加援助计划，但美国提出苏联和东欧国家难以接受的义务和条件，促使苏联和东欧国家自己拒绝这个方案。1947年6月5日，马歇尔在哈佛大学发表了关于援助欧洲的计划，这就是所谓的马歇尔计划。英法两国非常欢迎马歇尔计划。为贯彻美国的意图，英法政府邀请苏联参加三国外长会议，苏联欣然同意。

6月27日，苏联外长莫洛托夫率团抵达巴黎，参加英法苏三国外长会议。英法代表根据美国的指示，提出了参加受援的条件和义务，莫洛托夫表示，美国援助欧洲会使欧洲国家在经济上比较容易得到恢复，但他强调首先必须查明美国援助的确切数额、性质和条件，还要考虑美国国会是否会批准。他反对美国利用接受援助迫使这些国家泄露自己的经济情报，这会导致美国干涉这些国家的内政。他强调，各国可以按照自己的需要请求美国予以帮助。7月2日，莫洛托夫接到苏联中央高层的指示后，发表了《拥护基于民主原则和国际合作》声明。该声明表示反对马歇尔计划，指出了美国正在利用马歇尔计划来控制欧洲受援国。莫洛托夫说:"倘使英法两国制度坚持要采取此种行动,必将产生严重的后果。它的结果将不是欧洲的统一和重建,而是把欧洲分裂为两个集团。"① 英法代表表示他们的立场不会往后退,莫洛托夫感到会谈没有办法谈下去了,于是,他率团退出三国外长会议。苏联退出早在美国的预料之中,这正中美国下怀。马歇尔马上在西欧开始实施马歇尔计划。苏联和东欧国家没有加入受援国的行列。

随后,欧洲经济会议在巴黎召开,会议提出了援助的基本内容,马歇尔计划开始实施。1949年4月4日,美、英、法等12个国家在华盛顿签署了北约并成立了北约组织。随后,北大西洋联盟也在美国的操纵下完成了。

欧洲九国共产党和工人党情报局的成立

在共产主义运动发展的道路上充满了曲折和艰险。1943年,斯大林解散了共产国际,从此国际共产主义运动不存在统一的或地区性的国际组织。斯大林解散共产国际,究其主要原因是为了更紧密地同美英国家合作,共同抗击法西斯主义。但是,战争结束后,西方国家对苏联和东欧国家实行了冷战政策,国际局势发生了很大变化。战后出现了一系列社会主义国家,需要相互之间进行联系,通报情况。于是,在苏联和东欧社会主义国家之间成立一个协商性质的国际性组织的问题就提出来了。

这个问题是铁托首先向斯大林提出的。早在1945年,铁托就向斯大林提出建议,即各国共产党之间应该建立一个国际组织,这个国际组织具有协商功能。斯大林对此表示支持。1946年6月,铁托访问苏联。斯大林在同铁托会谈时问铁托,是否应该建立一个各国共产党之间新的国际组织,铁托表示同意。于是,斯大林进一步研究这个问题。他对铁托和季米特洛夫说,不应该恢复任何形式的共产国际,新的国际组织应该是一种情报性质的机构,各国共产党之间利用这种组织形式可以相互之间交流情况,相互合作,共同作出一些决定。斯大林还特地强调,这个组织应该是活跃的,其决议不能束缚对其持有异议的党。斯大林对成立情报局十分关心。他问季米特洛夫谁当发起人最合适?季米特洛夫推荐铁托,铁托却推托说可以让法国人担任。

1947年,苏联共产党方面采取积极行动,写信给波兰工人党第一书

---

① 《美国外交关系1947年第3卷英联邦欧洲》,华盛顿1972年版,第306页。

记哥穆尔卡，希望波兰工人党出面组织召开欧洲共产党会议，讨论加强欧洲各国共产党之间的联系问题。波兰工人党经过研究和考虑之后，给苏联共产党复信表示波兰工人党愿意组织这样的会议。1947年9月22日至27日，苏联、东欧和法国、意大利共产党和工人党在波兰举行了会议。这次会议名为波兰组织，实际上苏联起着主导作用。苏共代表团团长是日丹诺夫。他在会议上作了关于国际形势的主旨报告，明确指出了世界分为两个阵营：一个是帝国主义反民主阵营，另一个是反帝国主义的民主阵营。日丹诺夫还激烈地批评了马歇尔计划和杜鲁门主义。他一方面认为解散共产国际是必要的，另一方面又承认自共产国际解散后，各国共产党缺乏联系和通气，阻碍了党之间的交流和沟通。

这次会议出现了一些值得注意的情况，如波兰工人党的领袖哥穆尔卡在会议发言中表示，在共产党建立组织问题上要避免"中心论"，他反对建立共产国际中心，认为这样的中心弊多利少。哥穆尔卡的思想是十分明确的，就是各国共产党应该独立自主地领导自己的国家，当然，各国共产党可以同苏联等国的共产党交流情况，协调立场。哥穆尔卡的意见不是孤立的，南斯拉夫代表卡德尔积极表示支持，他认为，共产党存在着中心会限制各国共产党的独立行动。捷克斯洛伐克共产党代表更对共产党国际组织的中心论表示反对。法共和意共的代表也反对建立国际领导中心。这样，这次会议的气氛就发生了很大的变化，苏联准备建立共产党国际组织并以苏联为中心的想法没有实现。日丹诺夫同意让步，提出需要不定期地召开共产党国际组织的联席会议，各国共产党可以就一些共同关心的问题进行讨论。会议通过了关于出席会议的各国党之间交换经验和协同行动的决议，决定正式成立情报局。情报局总部设在南斯拉夫首都贝尔格莱德，这是斯大林钦定的。情报局的机关报是《争取持久和平，争取人民民主！》。这个杂志的名字也是斯大林亲自确定的。他认为今后每当西方宣传机构引用该杂志的每篇文章时，就不得不重复地提到这个口号，因为"争取持久和平，争取人民民主"是当时共产党的一个口号。但是，斯大林的意图没有实现，因为杂志的名称太长而且宣传意义太明显，故西方有意不引用该杂志的全称，而以"情报局杂志"来代替。[①] 苏联哲学家尤金

---

① ［南斯拉夫］米洛凡·杰拉斯：《同斯大林谈话》，吉林人民出版社1983年版，第100页。

为该刊主编。

情报局的成立引起了国际上强烈反应。毛泽东对此作了非常高的评价，而西方人士则认为这是苏联领导东欧国家迎战马歇尔计划的表现，同时也是苏联控制东欧国家的一种政治工具。

成立经互会，对抗马歇尔计划

1947年马歇尔计划出笼后，东欧大多数国家对这个计划很感兴趣。捷克斯洛伐克、波兰、罗马尼亚、南斯拉夫等国都希望实施马歇尔计划。但是，当苏联被排除在马歇尔计划之外后，苏联中央高层作出决定，不能让东欧国家接受马歇尔计划。斯大林指示苏联外交部门对捷克斯洛伐克等国施加压力。这样，东欧国家一致拒绝接受马歇尔计划。但是，单纯的消极的对抗并不能收到效果，为遏制东欧国家的离心倾向，加强苏联和东欧国家的经济联系，苏联中央高层多次开会研究对策，讨论方案。最后，苏联决定同东欧国家签署框架文件，构筑经济网络，成立经济组织。莫洛托夫作为外长具体实施这项方案。1947年夏季，苏联先后与保加利亚、捷克斯洛伐克、匈牙利、南斯拉夫、波兰、罗马尼亚等国签署了一系列双边贸易协定。于是，在马歇尔计划之外又出现了一个与之对立的经济贸易圈，这个经济贸易圈是以苏联为圆心的，它将以前流向西欧和美国的贸易转过来流向苏联和其他东欧国家，目的是减少对西方国家的经济依赖。这样，莫洛托夫的经济贸易大的框架就搭起来了。1949年1月5—8日，苏联、保加利亚、罗马尼亚、匈牙利、波兰和捷克斯洛伐克六国领导人在莫斯科举行经济会议，集中讨论相互之间的经济合作问题。会议取得了成效。1月25日，六国代表正式签署并发表了《关于成立经济互助委员会的公报》。1949年4月，在莫斯科举行了经互会首次会议。这样，以苏联为首的经济互助委员会成立了。

打破美国核垄断的地位

美国拥有核武器之后，千方百计地阻止苏联拥有核武器，而苏联则想尽办法限制美国核武器的作用和威力。苏联在这期间提出了一系列由联合国控制核武器的方案都被美国否决了。其实，斯大林在美国制造出核武器之前，就得知了这个情况，所以，当杜鲁门精心选择时间向斯大林通报美国制造出这个可怕的炸弹时斯大林反应平淡。斯大林回来后马上给库尔恰托夫打电话，向他通报了杜鲁门的谈话，并命令他加快苏联制造原子弹的进程。库尔恰托夫提出他遇到了两个困难：第一，此项计划正在消耗大量的电力资源,而苏联当时电力极端不足;第二,他没有足够的拖拉机开垦西伯利亚森林以建立核工厂。斯大林马上决定,第一,切断一切庞大的居民区的电源,以满足核计划的需要,当然,当地的工厂除外;第二,调两个坦克师归库尔恰托夫指挥,用以开垦这一地区。① 其实,苏联从1943年起就开始了原子弹的研究工作,莫洛托夫曾受命负责这项工作,寻找与原子弹制造相关的专家。内务部很快就从关押的科学家名单中找到了一些可信赖的物理学家。当然,卡皮察院士和库尔恰托夫也参加了这项工作。斯大林指示国家军事部门一定要尽快地研制出核武器,国家情报部门要积极配合。在制造核武器进程中苏联情报部门立了大功,他们获得了美国有关制造核武器的关键情报材料。1943年斯大林格勒会战之后,莫洛托夫将库尔恰托夫请到克里姆林宫办公室,让他研究苏联情报人员秘密搞到的绝密资料,库尔恰托夫研究了资料后表示:"资料好极了,刚好填补了我们没有的东西。"② 1949年9月25日,苏联宣布自己拥有了核武器,从而打破了美国核垄断的局面。斯大林在《关于原子弹问题答(真理报)记者》时说,苏联主张禁止原子武器和停止原子武器的生产。苏联主张建立国际管制,使禁止原子武器试验、停止原子武器生产并把已经制成的原子弹完全用于民用目的的决定,得到十分严格的和认真的执行。③

苏联还在战争中搜集德国的军事科技情报和资料。战争时,丘吉尔给斯大林发去了一份绝密电报,他表示,最近苏军攻占了一个名叫德毕采的波兰居民点,德国人曾在那里进行过 V—2 火箭的试验。随后,丘吉尔还致函斯大林:"斯大林元帅,如果您能下达适当的指示,在您的军队占领该地之后保护好在当地缴获的仪器和设备,并在日后能让我们的专家有机会研究这个试验站的话,我将十分感谢。1944年7月13日。"斯大林回电说,他不知道所指的是哪个德毕采,因为波兰有好几个居民点都叫这个名字。于是,丘吉尔寄来密函,提供了德毕采的准确坐标。斯大林向这位英国首相表示:"……我向您保证,我将亲自抓这件事,以便按您的要求做我们所能做的一切。"随后,斯大林指示苏军将领,立即前往苏军刚刚解放的德毕采,搜集那里的翼形火箭资料,并全部运回莫斯科,不能给英

---

① [俄]多勃雷宁:《多勃雷宁回忆录:信赖》,世界知识出版社1997年版,第22页。
② 《莫洛托夫访谈录》,第83、84页。
③ 《斯大林文集》,第594页。

国人留下任何东西，因为英国情报人员早就在那里活动了。于是，苏军搜集的图纸和残件全部运回莫斯科。这就是苏联火箭研究的起点。所以，1946年莫洛托夫在联合国讲话时说，"不要忘记，对于一方的原子弹，另一方也会找到原子弹和其他某种东西来对付的。到那时，某些自鸣得意而目光短浅的人的如意算盘将彻底破灭。"① 莫洛托夫的"某种东西"引起了西方的极大兴趣，实际上莫洛托夫指的就是火箭。

第二节　封锁柏林

北约筹建和成立前后，西方国家积极推行关于"德国"的计划。在马歇尔看来，德国问题是欧洲问题的核心。经过一系列的磋商和讨价还价，西方六国一致同意合并美英法对德占领区，并成立联邦德国政府。这实际上就是使德国分裂为两个国家。

苏联对西方国家的行动极为不满。为抗议这种行动，斯大林决定实行对柏林的封锁政策。西方国家的人员进入苏占区一律接受检查，关闭联邦德国通往民主德国的一切陆路交通。西方国家宣布在德国西占区实行单独的货币改革，发行新的"B"记马克。针对西方国家的这个行动，苏联马上宣布在苏占区发行"D"记马克。德西占区和苏占区的矛盾越来越大。6月19日，苏联宣布对西方国家进入柏林的交通实施严格管制：第一，停止火车客运交通；第二，禁止西占区汽车和马匹进入苏占区；第三，水路运输须经许可并彻底检查才能放行；第四，个人通行证无效；第五，货运列车须经彻底检查可通行。西方国家对苏占区实行反封锁。最倒霉的是柏林居民。6月23日他们面对两种新马克，无所适从。

苏联的封锁起到了具体效应，西占区的食品和生活用品出现问题。美国组织大规模的空中运输行动，双方的对立达到了一定水平。

在这种对立的情况下试图解决危机的外交尝试并没有停止。1948年7月30日，美国驻苏联大使史密斯、英国代表罗伯茨和法国驻苏联大使夏代格纽等人，求见斯大林和莫洛托夫。经过一番考虑，斯大林同意会见他们。8月2日，双方讨论了柏林局势和解决问题的办法。斯大林对他们说，苏联并不准备将西方国家的军队赶出柏林，但斯大林明确表示苏联不

---

①［南斯拉夫］《莫洛托夫访谈录》，第85、86页。

愿看到成立联邦德国政府的事实,如果能够暂缓实施成立联邦德国政府的伦敦决议是最好的解决问题的办法。这样苏联和美英法代表的谈判就开始了。8月6至16日,美英法苏四国代表在莫斯科举行了四次会谈,但谈判没有结果。这期间,斯大林密切注视着情况的变化。为缓和局势,斯大林于8月23日会见了美英法三国代表,并表示苏联准备解除所实行的一系列对西占区的限制。在谈到货币问题时斯大林表示,苏占区仍然发行D记马克,这种马克由苏占区德意志发行银行统管。在这里斯大林作出了让步,同意苏占区马克接受柏林四国军事长官领导的财政委员会的监督和管制,同时在柏林采用苏占区马克作为唯一货币。在会谈中斯大林还对美英法提出了威胁:"假如按照从前四国会议的决议,德国统一得到了恢复,柏林将是德意志的首都,那就不会拒绝西方三国的军队和行政当局留在柏林,并与苏联共同管制柏林的德国政府。假如不是这样,柏林就丧失作为德意志首都的地位了。"① 由此可见,斯大林的态度是软中带硬。

  四国代表接受了斯大林的建议。8月30日,三国代表向四国军事长官发出了与斯大林建议一致的指示,但是遭到来自西方国家军事长官的激烈反对。尔后,美国将柏林问题提交联合国安理会去讨论,却被苏联否决。斯大林对美国的做法作出了反应。斯大林在答《真理报》记者问时说,对于安理会讨论柏林局势问题的结果和美英法代表在这件事上的行为,"我认为这是英、美、法统治集团的政策的侵略性的表现"。斯大林分析了苏联与西方国家发生分歧的症结所在。他说:"问题在于,美英侵略政策的鼓舞者并不认为自己需要同苏联达成协议和合作。他们需要的不是协议和合作,而是谈论协议和合作,以便破坏协议,委罪于苏联,并以此'证明'不可能同苏联合作。力图发动新战争的战争挑拨者,最怕达成协议和合作。因为同苏联达成协议的政策会削弱战争挑拨者的地位,使这些先生的侵略政策成为无的放矢。正因为如此,他们就撕毁业已达成的协议,宣布不同意和苏联一道拟定这种协议的自己的代表的行为,并违反《联合国宪章》,把问题转交给安全理事会,因为他们在那里拥有有保证的多数,他们在那里可以'证明'他们所乐意的一切。这一切都是为了'表明'不可能同苏联合作,'表明'新战争的必要,从而为发动战争准备条件。"斯大林明确指出:"美国和英国现在的领导人的政策,就是侵略的政策,发动新战争的政

---

① [美] W. P. 戴维森:《柏林封锁》,新泽西1958年版,第160页。

策。"斯大林进一步论述说:"结果只能是新战争挑拨者可耻地破产。丘吉尔这个新战争的主要挑拨者所已得到的,就是丧失了他本国和全世界民主力量对他的信任。同样的命运也在等待着所有其他的战争挑拨者。各国人民对不久前的战争惨祸记忆犹新,拥护和平的社会力量非常强大,所以主张侵略的丘吉尔的徒子徒孙们是不可能战胜他们,使他们转到新战争方面去的。"[1]

从那时的情况来看,到1948年底,柏林实际上已经处于分裂状态,整个城市分为两个独立的政治系统和经济系统。美国组织的大规模对西占区的空运仍在进行,同时西占区加强了对苏占区的封锁力度。

斯大林看到了德国分裂为两个国家的前途,所以,他准备进一步采取缓和的姿态。1949年1月27日,斯大林答美国国际新闻社欧洲分社社长金斯伯里·史密斯问,明确地阐述了苏联的立场,同时也通过这种方式向西方国家发出缓和信号。

> 第一个问题:苏联政府是否愿意研究这样一个问题,即同美国政府发表一项共同宣言,证实两国政府都无意诉诸针对对方的战争?
>
> 答:苏联政府愿意研究发表这种宣言的问题。
>
> 第二个问题:苏联政府是否愿意和美国政府共同实行一些旨在实现这种和平公约的措施,如逐步裁军那样的措施?
>
> 答:在实行旨在实现和平公约和导致逐步裁军的措施方面,苏联政府自然能够同美国政府合作。
>
> 第三个问题:如果美国、联合王国和法国政府同意把建立单独的联邦德国国家推迟到研究整个德国问题的外长会议召开的时候,苏联是否愿意取消苏联当局对柏林同德国西部各区之间的交通所实行的限制?
>
> 答:如果美国、英国和法国遵守第三个问题中所说明的条件,苏联政府不认为取消运输限制有什么障碍,但是,同时要取消三国所实施的运输和贸易的限制。
>
> 第四个问题:阁下是否愿意同杜鲁门总统在一个双方都能同意的地点会晤,以讨论缔结这种和平公约的可能性?

---

[1] 《斯大林文集》,第542—544页。

答：我从前就声明过，不反对会晤。①

美英法政府准确地听取了斯大林的信号，感觉到斯大林第一次没有将柏林封锁与货币问题连在一起。美国驻联合国代表杰塞普同苏联驻联合国代表马立克开始了秘密会谈。经过两个月的会谈美英法苏四国政府达成协议。1949年5月5日，在四国首都同时发表了这项公报，其内容主要是：苏联政府和美英法国政府一律于1949年5月12日取消苏占区和西占区之间的交通、运输及贸易限制，并于5月23日在巴黎召开四国外长会议，讨论有关德国问题和因柏林危机所发生的各种问题。1949年5月12日，近一年的柏林封锁宣告结束。

但问题并没有解决，也不可能得到解决。1949年5月23日，美英法苏四国外长在巴黎召开会议。从当时所处的背景来看，这次会议应该说十分重要。柏林危机刚刚结束，四国领导人应该集中磋商有关的问题。但是，历史的发展往往是曲折的。苏联面对着3∶1的困难境地，无法与西方国家达成妥协和共识。西方国家决意同苏联对抗，就在这次会议召开的当天，西方国家故意让联邦德国在这一天举行隆重的庆祝基本法的签署和生效活动，致使会议从一开始就蒙上了一层阴影。西方国家企图阻止苏联代表在会议上提出联邦德国问题，使其成为既定事实。这时的苏联外长已经不是莫洛托夫，而是维辛斯基了。维辛斯基只有在会上阐明自己观点的份了。他提出缔结对德和约，呼吁各国占领军在和约缔结后一年从德国撤退。他还发表了苏联关于德国统一的方案。苏联外长的讲话是经过斯大林同意的，代表了苏联最高领导人的观点。但5月28日，英国外交大臣贝文发表讲话，提出了苏联不可能接受的方案。他同意德国可以统一，但统一的前提是整个德国推广西方西占区的基本法，合并苏占区到西占区，统一的德国应该以西占区为核心。维辛斯基只能拒绝这个方案。外长会议宣告失败。

这次外长会议的失败预告了德国最终的分裂。没有什么办法可以挽回。1949年9月20日，德意志联邦共和国成立，国都为波恩，阿登纳为总理。随后，10月7日，德意志民主共和国成立，皮克为总理。在德国问题上，苏联处于比较被动的地位，苏联软硬措施都采取过了，但无法按

---

① 《斯大林文集》，第545、546页。

照自己的意图去塑造德国。西方国家咄咄逼人的外交态势使苏联不得不进行一系列的外交试探和尝试。但从结果来看，西方国家并没有从苏占区占什么便宜。从此，两德成为苏联和西方国家对峙的突出点。

第三节　对南斯拉夫的压制

情报局从建立那一天起就存在着分歧和矛盾，这种矛盾主要表现在苏联和东欧国家的关系上。东欧一些国家的共产党更多地强调自主性和独立性，反对苏联的控制和干涉。而苏联从世界的两极格局出发，力图将东欧国家控制起来，形成统一的阵营，与西方阵营进行对抗和较量。这样，情报局内部的矛盾就不可避免地存在着。在情报局中苏联和南斯拉夫的矛盾越来越尖锐化，终于酿成重大的政治冲突，成为国际共运史上一个重大政治事件。

不承认铁托领导的力量

苏南冲突的背景是十分深刻的。苏联和南斯拉夫的关系早在第二次世界大战时期就存在着分歧和裂痕。为了维护与英美国家的战略关系，苏联同英美国家协调一致，只承认和支持南斯拉夫的流亡政府，而对铁托领导的武装和政治力量支持不够，甚至加以限制。1941年春季，南共召开会议，决定把民族解放战争和国内革命结合起来，在全国发动群众掌握武装力量。南共将这个决定报告给了共产国际。共产国际的答复是，现阶段的问题是打击法西斯，而不是进行社会革命，不应该将这两个任务并在一起完成，这表明共产国际不同意南共方针。铁托领导的游击队与法西斯德国展开斗争，条件十分艰苦。铁托多次向斯大林求援，斯大林一再表示予以支持，但都因"技术上的困难"而没有实现。实际上斯大林不准备援助铁托游击队，而同与铁托游击队有摩擦的米哈伊洛维奇联系密切。米哈伊洛维奇是南斯拉夫流亡政府总司令兼国防部长，反法西斯战争中曾与德军勾结。苏联同这样一个人建立联系，并把他看作是南斯拉夫全部抵抗运动的领袖，这使铁托很不满意。南共在发给苏共的一份电报中表示："如果你们不能给我们援助，至少也请不要故意跟我们为难。"[①] 而1942年3月，苏联方面给铁托的电报中表示："望你们考虑到：苏联同南斯拉夫王

---

① 杰吉耶尔：《铁托传》上册，第198页。

国和政府之间存在着条约关系，采取公开的立场反对他们，就会在战争进行方面以及苏联同英美关系方面制造新的困难，不要单以你们国家的观点去考虑你们的战斗，还要以英、美、苏三国联合的国际观点去考虑，在从各方面强化你们解放斗争的地位中，要同时检验你们政策上的灵活性和行动上的才干。"① 后来，英国中断了同米哈伊洛维奇的联系，原因是英国得知此人同德国结盟，所以，丘吉尔转而支持铁托，并派观察员和特别军事代表团去南斯拉夫解放军最高指挥部。实际上英美国家最先认可了铁托领导的南斯拉夫临时政府。只是在这种情况下斯大林才承认铁托领导的临时政府。也就是说，斯大林只是在得知英国已经同铁托建立了密切的联系之后才决定同铁托建立关系。1944年2月23日，苏联派军事代表团到南斯拉夫解放军最高指挥部。9月6日，铁托访问苏联，同斯大林商谈联合作战问题。

斯大林不支持南斯拉夫在边界问题上的立场

战争结束之后，南斯拉夫与意大利在的里雅斯特和南斯拉夫与奥地利在其接界的卡林西亚归属问题上发生了争执。的里雅斯特地理位置十分重要，丘吉尔于1945年2月27日给美国总统杜鲁门写信："在我看来，占有的里雅斯特似乎是很重要的。……最重要的是，我们要在铁托的游击队占领该地区以前到达那里。"丘吉尔还表示："占有它就可以在法律上构成有力的根据。"② 但是，英国的意图没有实现，铁托部队先于英国军队占领了该地区两天。于是，英美政府一方面开始向南斯拉夫施加压力，另一方面希望利用苏联来给南斯拉夫造成影响。1945年5月20日，杜鲁门给斯大林去电表示："我希望您运用您的影响来帮助实现我们最近给铁托元帅的照会中所概述的解决办法。"③ 苏联果然帮了英美国家的忙，劝说铁托同英国在该地区划分界线，允许英国在该地区建立管制。

1945年5月，铁托在卢布尔雅那发表演说，他说："据说这是一场正义的战争，我们也一直是这样认识的。可是，我们也要谋求有一个合乎正义的结局，我们要求每一个人都应该成为他自己家里的主人；我们不愿为别人付出代价；我们不愿充当国际谈判中的筹码；我们不愿卷入到任何争

---

① ［美］乔治·霍夫曼、弗雷德·华纳·尼尔：《南斯拉夫和新共产主义》上卷，第94页。
② 《杜鲁门回忆录》第1卷，世界知识出版社1964年版，第147页。
③ 《杜鲁门回忆录》第1卷，世界知识出版社1964年版，第155页。

夺势力范围的政策中去。"① 铁托的演说马上引起苏联的强烈反应。1945年6月5日，苏联政府向南斯拉夫政府提交了声明："我们认为铁托同志的讲话是对苏联进行不友好的攻击，卡德尔同志的解释（说是铁托的批评是针对西方盟国而不是针对苏联）是不令人满意的。我国读者对铁托同志的讲话是这样理解的，也不能有别的理解。告诉铁托同志，假如他再次放肆对苏联进行这类攻击的话，我们将被迫在报纸上以公开批评来回答，其责任由他自己承担。"②

更使南斯拉夫人感到惊讶的是，1945年7月美英法苏外长莫斯科会议对这个问题的处理方案。在这次会议上法国代表提出划定南斯拉夫与意大利分界线的建议，该建议的主要内容是将的里雅斯特地区分为 A、B 两个区域，其中 A 区由英美两国管辖，B 区由南斯拉夫方面管辖。苏联没有同南斯拉夫商量就接受了这个建议。更有意思的是，苏联在接受这个建议的前一天莫洛托夫还会见了卡德尔，莫洛托夫连一点暗示都没有提及。所以，这件事一曝光就引起铁托强烈不满。

在南斯拉夫与奥地利的边界问题上，苏联原先是支持南斯拉夫立场的。但后来斯大林改变了看法。1945年5月，斯大林给奥地利总理、奥地利社会民主党领袖雷纳的信中表示："我感谢您4月15日的来信。请不用怀疑，您对奥地利的独立、完整、安宁的关切也是我们的关切。我愿意在力所能及的范围内向您提供奥地利所需要的任何援助。"铁托得知这封信的内容后得出结论：这就等于苏联宣布不支持南斯拉夫对卡林西亚的正当的领土要求。1947年3月，美英法苏四国外长会议也引起南斯拉夫的警觉。会上苏联外长……一再强调德国在奥地利的财产问题，这就使美英法等国马上明白了苏联准备在奥地利与南斯拉夫边界问题的让步换取苏联在奥地利的德国财产。南斯拉夫又一次感到了被"交易"的侮辱。

苏南经济摩擦

战后南斯拉夫百业待兴，铁托多次向苏联提出在平等互利原则上的经济合作问题，希望苏联在力所能及的范围内给南斯拉夫以经济援助。在这种背景下，1946年8月，苏南两国经济方面的代表就建立联合公司问题正式举行谈判。在谈判中南斯拉夫代表发现了问题，即苏联实际上准备控

---

① 转引自1948年5月4日苏共（布）中央致南共中央信。
② 转引自1948年5月4日苏共（布）中央致南共中央信。

制南斯拉夫原料生产的垄断权，而对南斯拉夫的国民经济体系的建设不感兴趣。苏联代表甚至说："你们要重工业干什么？我们的乌拉尔有你们所需要的一切东西。"在建立苏南石油联合公司的谈判中苏联方面提出，南斯拉夫石油的价值不能算做南斯拉夫在联合公司中的股份，原因是马克思说过油田是没有直接社会价值的自然财富。不仅如此，苏联方面还提出今后从南斯拉夫运出的石油必须都运到苏联去，而且在税制方面给苏联优惠政策。苏联后来还提出控制南斯拉夫的石油勘探权和石油分配权。这样的主张不能不引起南斯拉夫方面的反对和疑虑。苏联方面还提出两国建立联合银行，该银行将经营所有苏南联合公司的信贷、结算和现款业务，当然该银行的业务还包括苏南两国间的一切贸易结算业务。这实际上扩大了银行的业务范围。如果这个银行真的开业了，则南斯拉夫的经济就有被苏联控制的危险。南斯拉夫当然不同意这个建议，这使苏联很不高兴。最后，苏南两国的经济谈判只签订了建立两个苏南联合公司的协定：一个是客运公司，另一个是多瑙河航运公司。苏联在经济方面对南斯拉夫的不平等合作，南斯拉夫领导人表示很反感。

在巴尔干联邦问题上对南斯拉夫的批评

上述矛盾和不愉快在两国方面都表现得比较克制，这样的不满也是通过两国之间的内部渠道转递的。然而，在巴尔干联邦问题上苏南两国矛盾公开化，引起了世界舆论的广泛关注。战后，南斯拉夫提出了关于建立巴尔干联邦的建议。其实，这个建议并不是南斯拉夫自己提出的。最早在20年代初，共产国际就号召巴尔干各国共产党人联合起来，争取将巴尔干地区各族人民组织起来，建立一个"巴尔干联邦的、社会主义的苏维埃共和国"[①]。1943年铁托在一封信中表示："根据我们的意见，而且也是根据'爷爷'（共产国际）的意见，我们应当成为巴尔干国家的核心，就军事意义和政治意义上说都是这样。"[②] 铁托确信巴尔干联邦一定会建立起来。1944年4月，铁托助手发表声明："我们必须建立一个巴尔干联邦，其第一步，将由南斯拉夫和保加利亚结成联盟。第二步，我们将邀请

---

① ［南斯拉夫］吉拉斯：《1919—1943年共产国际文件汇编》，伦敦1960年版，第86、87页。
② ［英］斯蒂芬·克利索德：《南苏关系（1939—1973年）——文件与评注》，人民出版社1980年版，第218页。

阿尔巴尼亚加入，它将享有充分的、平等的权利。"他还说："不是必须使希腊加入这个联邦，就是我们必须同它结成永久性的联盟。"① 同年11月，南共中央将关于南保联邦的协议草案正式递交给保加利亚共产党。但是，两国在联邦体制问题上意见不统一，该草案被搁置。

战后南保两国交往越来越多，当然建立巴尔干联邦问题就越来越多地被提起来。1947年11月，铁托访问保加利亚时曾经说："我们建立了如此全面而密切的合作，未来的联邦不过是一种形式而已。"1948年1月，季米特洛夫在访问南斯拉夫时表示："联邦或邦联的问题对我们来说还不成熟。它还没有列入目前的议事日程，因此，这个问题还不是我们在会上讨论的题目。当这个问题成熟的时候（成熟是不可避免的），那么，我们这些国家的人民，即罗马尼亚、保加利亚、南斯拉夫、阿尔巴尼亚、捷克斯洛伐克、波兰和匈牙利等人民民主国家的人民将和希腊一起解决它。正是这些国家的人民决定什么时候或如何去成立它。我可以说，我们这些国家的人民目前已作的一切，已大大有助于将来这项问题的解决。我也可以强调地说，当建立这个联邦或邦联的时刻到来的时候，我们这些国家的人民将不会去问帝国主义者，不会理睬他们的反对，将会在我们本身的利益的原则下，解决这个问题，当然，我们本身的利益与其他国家的利益和必要的国际合作是息息相关的。"②

季米特洛夫的一席话引起了广泛的国际反响。但是，季米特洛夫估计得有偏差，因为反对巴尔干联邦的不仅仅是帝国主义者，还包括苏联，而且，苏联的反应是非常强烈的。苏联党的机关报《真理报》马上评论说："正如著名的九国共产党声明所说过的那样，这些国家所需要的既不是一个靠不住的臆想出来的联邦或邦联，也不是关税同盟，而是通过动员和组织国内的人民民主力量来加强和捍卫本国的独立和主权。"③

斯大林为什么对南斯拉夫提出的巴尔干联邦计划如此敏感和持反对意见，其原因有三：其一，苏联不希望在自己的周围出现一个不是以自己为中心的巴尔干联邦，因为如果这个联邦成立，就等于一个有一亿人口的东欧大国出现了，这是苏联不能允许的；其二，南斯拉夫在苏联看来已经够

---

① 参见《纽约日报》1944年4月11日。
② 《真理报》1948年1月23日。
③ 《真理报》1948年1月23日。

独立的了，再要成立一个南斯拉夫在其中起着巨大作用的巴尔干联邦，则南斯拉夫就会同苏联竞争领导地位；其三，斯大林对铁托存有戒心，并认为铁托太爱出风头了。

随后，斯大林马上召集保加利亚和南斯拉夫最高领导人赴莫斯科接受训话。季米特洛夫率团前往，而铁托却推托国内有事没有去苏联，由卡德尔率领南斯拉夫代表团前去莫斯科。结果，斯大林狠狠地训斥了这两个党的领导人。尤其值得一提的是，莫洛托夫批评南斯拉夫在外交上自行其是，没有养成同苏联磋商的习惯。为了避免以后再发生这样的事情，莫洛托夫要求卡德尔签署一项协定，即以后相互就外交政策问题进行磋商。2月11日，卡德尔被叫到莫洛托夫办公室，要求卡德尔签字。后来，卡德尔回忆说："虽然南斯拉夫政府不反对在外交政策上进行磋商，但为什么一切要以这种方式进行呢？截至目前为止，我们的行动完全符合协定的规定，为什么还要签订这么一个协定呢？这种屈辱使我感到厌恶和困窘——它只能使我想起大国对弱小国家的专制。我思索怎么办，到底签不签字。最后我决定签字。我这样做，是想不使已经紧张了的形势更加复杂化。因为处于手足无措的状态，我竟把自己的名字签在莫洛托夫应签的地方。因此协定的原文必须重新再写，签订的整个程序推迟了一天，第二天晚上，我签署了这个协定，马上便和我的同志们离开了莫斯科。"①

就这样，苏南关系急剧恶化：罗马尼亚共产党下令从一切橱窗中撤销铁托元帅的肖像，这实际上带有苏联的意图；在地拉那庆祝苏联红军建军节的宴会上，南斯拉夫公使约瑟夫·杰尔贾提议为斯大林和铁托干杯，但苏联代办加加里诺夫说："除非铁托赞成民主阵营之间的团结，我才为他干杯。"这实际上是对南斯拉夫的一种公开的挑战。不仅如此，1948年初，苏联中断了同南斯拉夫的贸易谈判。3月18日，苏联撤走了在南的全部军事顾问和军事专家。19日，苏联撤走了全部在南的文职专家。这样，全世界都知道了苏南关系破裂。随后，苏联共产党和南共之间展开了一连串的信件往来，展开内部辩解和争论。

3月20日铁托给莫洛托夫的信

铁托在这封信里提出了两个问题：

一个是苏联撤走全部军事顾问和教官问题。铁托认为这样做的理由是

---

① ［南斯拉夫］杰吉耶尔：《铁托传》下册，第120页。

不正确的,因为苏方认为,苏联政府撤走军事顾问和教官是因为他们在南斯拉夫"受到敌意的包围"。铁托说:"当然,苏联政府,只要它愿意,随时都可以召回它的军事专家,但我们感到惊讶的是苏联政府作出这种决定所依据的理由。根据你们的责难,我们调查了我国下级领导人对苏联军事顾问和教官的关系,我们深信撤走他们的理由是没有根据的。他们在南斯拉夫的整个期间,同他们的关系不仅很好,而且实际上是兄弟般的,招待也极其周到。这是我们对待在新南斯拉夫所有苏联人的惯例。因此,我们感到惊异,我们无法理解,我们因未能得知苏联政府作出这个决定的真正理由而深感痛心。"

另一个是关于苏联政府撤走所有文职专家问题。铁托不能理解苏联政府这样做的理由,"感到惊异"。事情是这样的:苏联商务代表列别捷夫要求南斯拉夫部长助理塞赞提奇提供经济情报,这位助理没有提供情报,并表示依据南斯拉夫政府的决定,他无权向任何人提供重要的经济情报,苏联人应当到更高的机构,即到南共中央和政府去索取感兴趣的情报。同时,塞赞提奇还提请列别捷夫向基德里奇部长索取情报。铁托认为,塞赞提奇的做法是正确的,这样做可以避免泄露国家经济机密,防止这样的情报落到苏南共同的敌人手中。他说:"苏联大使拉夫伦蒂耶夫同志亲自向我索取必要的情报时,我总是毫无保留地提供,我国其他领导人也是这样做的。假如苏联政府不同意我们这种从国家利益立场出发的态度,我们就会感到万分惊奇。"

铁托在信的末尾表示:"凡此种种,可以看出上述理由并不是苏联政府采取这项措施的原因,我们期望苏联能坦率地告诉我们事情的症结所在,并指出它觉得在我们两国友好关系存在着不协调的一切事情。我们觉得,这样的事情发展下去对于两国都是有害的,而且有损于我们两国友好关系的一切东西迟早都必须清除掉。"铁托提请苏联政府"从其他各种各样的人那里收集情报应该慎重","因为种类情报往往不是客观的、正确的,或者是善意提供出来的"。

从信的内容和语气上看,铁托的态度是诚恳的,是准备同苏联一起解决问题的。

3月27日莫洛托夫和斯大林给铁托的信

"奉苏共中央之命",莫洛托夫和斯大林给铁托复信。信中说:"我们认为你们的答复是不正确的,因而完全不能令人满意的。"关于撤退军事顾问一事，莫洛托夫和斯大林表示苏联的军事顾问是应南斯拉夫政府的一再请求才派到南斯拉夫去的，苏联政府无意将其顾问强加于南斯拉夫。莫洛托夫和斯大林点名批评南斯拉夫参谋长科萨·波波维奇，因为此人说过可以宣告有必要将顾问的人数削减60%。莫洛托夫和斯大林还举出南斯拉夫方面对苏联军事顾问各种责难：如苏联顾问对南斯拉夫来说是一个极大的负担；南斯拉夫军队并不需要苏军的经验；苏军的规章是陈旧的、刻板的，对南斯拉夫军队无价值，因而给苏联顾问的薪金是不必要的，因为从他们那里没有得到什么好处。莫洛托夫和斯大林还点名批评德热拉斯在一次南共中央会议上对苏军作了"人所共知"的"侮辱性"的发言，说是从道德的观点来看，苏联军官还不如英国军官。德热拉斯这种反苏言论并没有遭到南共中央其他成员的反对。莫洛托夫和斯大林说："因此在苏联军事顾问问题上，南斯拉夫军方领导人不是同苏联政府谋求一项友好的协议，而是辱骂苏联军事顾问和诋毁苏联军队。""显而易见，这种局面必然围绕着苏联军事顾问产生一种敌视的气氛。在这种情况下，认为苏联政府会答应把它的顾问们留在南斯拉夫，这简直是可笑的了。由于南斯拉夫政府没有采取措施阻止这些诋毁苏联军队声誉的企图，它就要对造成这种局势承担责任。"

关于撤走苏联文职专家的问题，莫洛托夫和斯大林表示铁托信中所说与事实丝毫不符。随后，莫洛托夫和斯大林举出了苏联驻南斯拉夫大使拉夫伦蒂耶夫的报告，并从报告中得出两点结论：一是，塞赞提奇甚至没有谈到有从南共中央或南国政府处获取经济情报的可能性；二是，南保安机关控制、监视在南斯拉夫的苏联代表。"南斯拉夫保安人员不仅监视苏联政府的代表，而且也对苏共情报局的代表尤金同志跟踪盯梢。在这种情况下，认为苏联政府会同意把它的文职专家继续留在南斯拉夫，那简直是太荒唐了。显而易见，在这一事件上，所以形成这种局面，责任也在南斯拉夫政府身上。"苏方的这种指责有些过分。

莫洛托夫和斯大林并没有罢笔，他们继续写道："我们知道，在南斯拉夫领导同志当中流传着种种反苏的流言蜚语，如说，'苏共蜕化啦'，'大国沙文主义在苏联泛滥啦'，'苏联企图控制南斯拉夫的经济啦'，'情报局是苏共控制其他各国党的工具啦'，等等。这些反苏谰言通常是用左的词句掩饰起来，如说'苏联的社会主义已不再是革命的了'，以及只有南斯拉夫才是'革命的社会主义'的典范。……这类流言蜚语曾长期间在南斯拉夫许多高级官员当中流传，而且现在仍然在流传，因而必然造成一种反苏气氛，损害了苏南两党之间的关系。"

莫洛托夫和斯大林表示："我们一直认为，每一个共产党，包括南斯拉夫党在内，都有权批评苏联共产党，正像苏共有权批评其他任何一个共产党一样。但是，马克思主义要求批评必须是光明正大的，而不能是见不得人的和诽谤性的，以致剥夺了那些被批评者回答批评的机会。但是南斯拉夫官员的批评既不是公开的，又不是诚实的；他们的批评兼备了卑鄙和不老实，而具有伪善的性质。因为在背后败坏苏联共产党的声誉，但在公开场合则假惺惺地把它捧上了天。这类批评已堕落成诽谤，堕落成企图败坏苏共的声誉和诋毁苏维埃制度。"莫洛托夫和斯大林还把南共的行为同托洛茨基联系起来。从这里可以看出，苏联最高领导人对南斯拉夫的独立自主倾向是多么深恶痛绝！莫洛托夫和斯大林的批评说明，任何不同于苏联的做法都是危险的。

莫洛托夫和斯大林对南斯拉夫的党内状况突然关心起来。他们说："我们为南共目前的情况深感不安。我们感到惊异的是，南共是一个领导的党，至今仍然不是完全合法的，仍然处于半合法的地位。在报刊上从不发表党组织的决议，也不发表党的会议的报告。"他们批评说："南共党的内部，民主气息是不浓的。中央委员会大部分成员不是选举而是指派的。党内没有或几乎没有批评和自我批评。最突出的是党的负责人事的书记也是国家保安部部长。换句话说，党的干部是受国家保安部的监视的。按照马克思主义的原理，党应控制着全国的国家机关，包括国家保安部在内。而在南斯拉夫我们看到的恰恰相反，国家保安部实际上控制着党。这一点大概可以说明南斯拉夫的党员群众的主动性所以没有达到应有水平的原因。"莫洛托夫和斯大林的结论是："不难理解。我们不能把这样一个共产党组织，看作是马克思—列宁主义的、布尔什维克的党。"其实，莫洛托夫和斯大林没有理由对南共指手画脚，因为南共是一个独立的党。况且，苏联共产党更没有理由批评南共缺乏民主，因为在联共（布）党的民主当时已经被践踏得不成样子了，党的代表大会多年不举行，党的中央全会也是很少召开，就是中央政治局会议也很少召开全体会议，苏联的决策就是斯大林和他身边几个少数人作出的。莫洛托夫和斯大林批评南共缺乏民主的同时，不知道是否注意到了苏联党内出现的不正常现象？不仅如此，苏联的政治生活极不正常，国家保安机关的权力极大，贝利亚人见人怕。莫洛托夫和斯大林指责南斯拉夫国家保安部权力过大,是否意识到苏联自己的不正常状况?

莫洛托夫和斯大林批评说:"在南共党内没有贯彻阶级斗争政策的精神。城乡资本主义因素在迅猛增长,而党的领导并未采取措施加以制止。南共正在被资本主义因素和平长入社会主义制度这种变质的、机会主义的理论所蒙蔽,这个理论是从伯恩斯坦、福尔马尔(德国社会民主党前领导人)和布哈林那里借来的。"莫洛托夫和斯大林继续批评说:"根据马克思列宁主义的原理,党是国家的领导力量,党有其特殊纲领而不能溶化在非党群众中,与此相反,在南斯拉夫,人民阵线被认为是主要的领导力量,而且有把党淹没在人民阵线之内的意图。铁托同志在第二届人民阵线代表大会上说:'除了人民阵线的纲领外,南共是否另有其他的纲领?没有,南共没有另外的纲领。人民阵线的纲领就是它的纲领。'"莫洛托夫和斯大林将铁托的言论和这种做法同孟什维克的建议等同起来。在这里,莫洛托夫和斯大林又把苏联的阶级斗争激烈化的理论搬到了南斯拉夫,用自己的理论来衡量南共,这必然导致错误的判断。莫洛托夫和斯大林实际上是在追求所谓的"纯粹的"社会主义。

莫洛托夫和斯大林还直截了当地表示,"我们很难理解,为什么英国间谍维累毕特一直在南斯拉夫外交部担任第一副国务秘书。南斯拉夫同志知道维累毕特是一个英国间谍。他们也知道苏联政府的代表认为维累毕特是一个间谍。然而,维累毕特仍然担任南斯拉夫外交部第一副国务秘书。南斯拉夫制度也许正是把维累毕特当作一个英国间谍来使用。人们知道,资产阶级认为,使帝国主义大国的间谍在政府中任职,足以保证其善意,正是为此目的,不惜把本国政府置于这些帝国主义国家的监视之下。我们认为,这种做法,马克思主义者是绝不允许的。无论如何,苏联政府不能把它同南斯拉夫政府的通信,交给英国间谍来检查。不言而喻,只要维累毕特仍在南斯拉夫外交部任职,苏联政府则感到处于困境,并被剥夺了经由南外交部同南斯拉夫政府继续公开通信的可能性"。在这里,莫洛托夫和斯大林做得太过分了,这实际上是对南斯拉夫主权的一种干涉和侮辱。

最后,莫洛托夫和斯大林的结论是:"就是这些事情引起苏联政府和苏共中央的不满,并损害着苏南之间的关系。"

4月13日铁托和卡德尔给莫洛托夫和斯大林的信

南共领导人在复信中表示:"我们首先必须着重指出,我们曾为该信的语气和内容所震惊。来信内容，也就是信中对于各个问题的指责和态度，我们认为是出于对这里情况缺乏了解。"铁托和卡德尔表示，莫洛托夫和斯大林之所以对情况缺乏了解，是因为他们获得的情报是不正确的。随后，铁托和卡德尔逐条批驳了莫洛托夫和斯大林的指责。

关于撤退苏联军事专家问题，铁托和卡德尔解释说："我们除了因财政困难决定将其人数减至必要的最低限额外，看不出还另有原由。1946年，联邦政府总理（部长会议主席）铁托曾正式通知苏联大使拉夫伦蒂耶夫同志：由于种种原因，我们几乎不可能付给苏联军事专家那么高的工资，并请他把这种情况，以及把我们减轻对专家工资负担的愿望转告苏联。拉夫伦蒂耶夫大使接到苏联的答复说，工资不能减少，余听尊便。铁托立即告诉拉夫伦蒂耶夫说鉴于不能减少工资，我们只得尽快减少专家人数，只要对建设我们的军队不致造成重大的困难。苏联专家的工资高达我们军队司令官的4倍，我们联邦政府部长的3倍。我军一位中将或上将司令官当时月薪是9000到11000第纳尔，而苏联一位中校、上校或将级的军事专家工资是30000到40000第纳尔。同时，我们联邦政府的部长月薪只有12000第纳尔。不难理解，我们觉得这不仅是一项财政负担，而且在政治上也是错误的，因为这会引起我们的人的误解。因此，我们决定减少苏联军事专家人数，只是出于上述原因，别无其他缘故。另一方面，我们并不排除我们的人可能说过一些不合时宜的话。在这种情况下，及时地把有关具体情节提供给我们是必要的，毫无疑问，我们会设法使类似情况不再发生。这里，我们还必须指出，有些苏联专家的行为也并不总是和他们的身份相称的，因而引起不满，结果违背了我们的本意，出现了种种说法，随后又加以歪曲，这些歪曲了的传闻又传到苏军指挥部。但是我们认为，让这类事情在造成我们两国的紧张关系方面起什么作用就太没有意义了。"这是南斯拉夫领导人对苏联领导人有关苏联军事专家问题最详尽的解释。

铁托和卡德尔斩钉截铁地说："不管我们每一个人多么热爱苏联这个社会主义国家，但决不能不同样也热爱发展着社会主义的自己的祖国——具体地说，即千百万最先进的人们为之牺牲的南斯拉夫联邦人民共和国。我们深知这一点苏联也是同样会理解的。"在这里，铁托和卡德尔表示了维护南斯拉夫国家主权的决心和信念。

铁托和卡德尔否认德热拉斯说过"苏联军官还不如英国军官"的话，

并认为只有那种不仅是苏联的敌人而且也是南斯拉夫的敌人的人，才会说出这种话来。

铁托和卡德尔表示，双方应该联合进行调查，并清除那些干扰苏南两国经济合作的种种因素。

铁托和卡德尔断然否认南保安人员跟踪苏联代表的说法。

铁托和卡德尔断然否认南斯拉夫领导人有反苏行为。他们说："许多苏联人错误地认为，南斯拉夫广大群众对苏联的感情是自发产生的，是建立在某种可以追溯到沙俄时代传统基础上的。事情并非如此。对苏联的热爱是不会自发产生的。这是由于新南斯拉夫现任领导人，包括来信严厉指责的那些第一流的领导人在内，坚持不懈地对党员群众和一般人民谆谆教导的结果。"

铁托和卡德尔表示，南共并没有像莫洛托夫和斯大林所批评的那样，党内缺乏民主。他们在这封信里对南共的状况进行了解释。铁托和卡德尔还表示，南共负责组织部门的书记，兼任国家保安部长这样的事情，决不会妨碍党组织本身的主动性。党不是处于国家保安机关的控制之下；实施这种控制是要通过南共中央委员会的。国家保安部长不过是南共中央成员之一罢了。铁托和卡德尔认为莫洛托夫和斯大林的批评是"不真实"的，硬说南共不贯彻阶级斗争的政策以及城乡资本主义成分正在强化等等也"完全是不正确的"，南共是合法的。

铁托和卡德尔解释为什么不处理维累毕特的原因，是因为对维累毕特南共方面还没有查清他究竟有没有问题，"我们不愿意仅凭怀疑就随便调动并毁灭一个人"。铁托和卡德尔表示，莫洛托夫和斯大林在这个问题上的态度使他们感到"震惊和侮辱"。铁托和卡德尔还表示，南共对苏联不满之处在于，苏联情报机关在南斯拉夫进行情报活动是不适当的。"我们不能容忍苏联情报机关在我国组织它的间谍网。"

铁托和卡德尔强调了南苏关系的重要性。他们说："显然，苏联和南斯拉夫紧密团结在一起是符合两国的根本利益的。但是，为此需要绝对的相互信任；没有这种信任，我们两国之间持久的、稳固的关系就不可能存在。苏联人民，首先是领导人，应该相信南斯拉夫在现任领导人的领导之下，正在坚定不移地走向社会主义的事实。而且，他们可以相信，一旦面临严重的考验时，在现任领导人的领导之下，南斯拉夫将是苏联最忠实的朋友和盟国，准备同苏联人民同患难，共甘苦。"铁托和卡德尔还强调：

"我们觉得，一个尽可能强大的南斯拉夫也是符合苏联的利益的，因为南斯拉夫所面对着的资本主义世界，不仅威胁着新南斯拉夫和平发展，而且也威胁着其他人民民主国家甚至威胁着苏联的发展。"

铁托和卡德尔表示，"南共中央全会不能认为来信对我党及其领导人所作的批评是正确的。我们深信这是严重误解的结果，既不应发生，又须立即清除，以利于我们两党所从事的事业"。"我们为迄今指引着我们而且仍旧指引我们前进的马克思列宁主义而永远感谢苏共，苏联过去是、今后仍将是我们伟大的榜样，我们忠于苏联并高度评价它所给予我们人民的帮助。我们南共中央将永远对苏共忠诚，为了纯洁这种同志式、兄弟般的情谊，我们唯一的愿望是消除一切猜疑和不信任。"铁托和卡德尔最后建议苏共中央派遣一个或者更多的中央委员到这里来，他们将有一切机会彻底研究所有的问题。铁托和卡德尔的表示，实际上是南共不愿意将事情闹大，不愿意同苏联党闹翻。

铁托和卡德尔的解释十分耐心，语气诚恳，态度明确，该坚持的没有让步，该反驳的没有口软，该解释的尽量详尽，该强调的加重语气，强调的基点落在发展南苏两党和两国关系上。

5月4日莫洛托夫和斯大林给铁托和卡德尔的复信

"奉苏共中央之命"，莫洛托夫和斯大林又给铁托和卡德尔复信。信中的语气更加强硬："不幸得很，这些信件，特别是由铁托和卡德尔签署的信件，并没有比早些时候的南斯拉夫信件，有所好转，恰恰相反，它们却使事情更加复杂，矛盾更加尖锐化。"莫洛托夫和斯大林将铁托和卡德尔的信件的口气形容是"一种夸大狂"。他们认为铁托和卡德尔是以小资产阶级态度对待批评，攻击南共领导人有"野心"。在这里，莫洛托夫和斯大林仍然认为苏联撤走军事顾问是因为南斯拉夫方面对其态度不友好；撤走文职专家是因为南斯拉夫方面监视他们。莫洛托夫和斯大林还说："非常奇怪的是，铁托和卡德尔认为，把维累毕特从外交部调走，就会给他带来毁灭。为什么不能把维累毕特从外交部调走使其不遭受毁灭呢？"在这里莫洛托夫和斯大林还明确表示，南斯拉夫驻英国大使就是英国间谍。莫洛托夫和斯大林指责铁托和卡德尔攻击苏联驻南斯拉夫官员。

研究这封信的内容就可以看出，莫洛托夫和斯大林实际上没有认真地听取铁托和卡德尔的解释和一系列比较好的建议，而是又把铁托和卡德尔的解释完全地批驳一通，仍然坚持前一封信的观点。莫洛托夫和斯大林说:"我们认为,铁托和卡德尔用这种态度来对待苏共中央及其关于南斯拉夫同志所犯错误的批评,不仅是轻佻的和虚伪的,而且也是极其反对共产党的。"看来,谁不同意苏联的意见,谁就不是共产党人。最后,莫洛托夫和斯大林不同意铁托和卡德尔的建议,不准备派代表到南斯拉夫研究苏南分歧,而是准备将这个问题提交给情报局讨论。

5月17日铁托和卡德尔的复信

"奉南共中央之命",铁托和卡德尔表示确信,"所有我们的解释全都落空了,尽管皆有事实可证,说明所有对我们的指责是由于错误情报所造成的"。他们说:"我们并不逃避关于原则的批评,但我们觉得,在这个问题上处境如此不平等,以致我们不可能同意现在由情报局对这个问题作出决定。"铁托和卡德尔指责苏共"越过了许可的范围",结果在一些情报局国家中不仅南共而且南斯拉夫议会代表团受到了侮辱。对南斯拉夫产生了严重的后果。铁托和卡德尔表示:"我们希望用下述方式来解决问题,即我们要用行动来证明我们所受的指责是不公正的,也就是说,我们要坚定不移地建设社会主义,我们仍然忠于苏联,忠于马克思、恩格斯、列宁和斯大林的学说。一如既往,将来会表明我们将实行我们向你们保证的一切。"

5月22日莫洛托夫和斯大林的回信

莫洛托夫和斯大林"奉苏共中央之命"又给铁托和卡德尔回信,指责南共领导人在原则问题上进一步加重了他们的严重错误。莫洛托夫和斯大林批驳了铁托和卡德尔的"不平等"言论,认为"这种武断没有半点真实性"。斯大林又一次使用了"二者必居其一"的句式:要么南共政治局在其灵魂深处意识到所犯错误的严重性,但仍想对南斯拉夫共产党隐瞒、欺骗,所以矢口否认这些错误,同时把责任推给无辜的人们,说是他们把假情报提供给苏共;要么南共政治局确实不了解由于犯错误而背离了马克思—列宁主义。不过,这么一来就必须承认南共政治局对马克思主义原则的无知是极端严重的。莫洛托夫和斯大林明确表示,没有理由再相信铁托和卡德尔所说的几个"忠于",苏共和苏联政府已经不再信任南斯拉夫党和政府。莫洛托夫和斯大林表示,南斯拉夫陷入困境的责任在于铁托同志、卡德尔同志以及南共政治局的其他委员,他们把自己的威信和野心置于南斯拉夫人民利益之上,而不是为了人民的利益承认并改正自己的错误,所以一直坚决否认自己的错误,从而危害了南斯拉夫人民。莫洛托夫和斯大林表示,南斯拉夫方面拒绝向情报局提出报告,就意味着他们对情报局拿不出什么东西来为自己辩护，意味着他们默认自己的罪行并害怕在各兄弟党面前露面。而且，拒绝向情报局提出报告，就意味着南共走上了自绝于以苏联为首的人民民主国家的社会主义人民联合阵线的道路，它目前正在要南斯拉夫的党和人民为背叛人民民主国家联合阵线和苏联而作好准备。他们最后表示，不管南共中央代表是否出席情报局会议，苏共坚持在情报局下次会议上讨论南共的情况。①

情报局的决定

苏南冲突主要围绕国家利益而展开。冲突的性质是，苏联大国主义和大党主义同南斯拉夫捍卫自己国家利益之间的斗争和冲突。这场斗争暴露了苏联中央高层对东欧社会主义国家的三个意图：一是控制东欧国家，将其纳入苏联与西方抗衡的战略之中；二是向东欧国家推行苏联模式，迫使东欧国家接受苏联的一整套方针、路线和政策，一切以苏联划线；三是利用各种形式从东欧国家攫取自己所需要的经济利益。苏联的这三个战略意图损害了东欧国家的利益，引起东欧国家内部一些人的不满。苏南冲突是在这种背景下展开的。

南斯拉夫同苏联关系的恶化集中表现在情报局对南的态度。1948 年 6 月，情报局在罗马尼亚召开了第三次会议。28 日通过了《关于南斯拉夫共产党状况的决议》，尖锐地批判了南斯拉夫党和南共领导人铁托。情报局的一致结论是：南斯拉夫共产党的领导者，由于他们的违反马克思列宁主义的反党、反苏的观点，由于他们的整个态度和他们拒绝出席情报局会议，已使他们自己处于和参加情报局的各国共产党相对立的地位，走上了脱离反帝国主义的统一的社会主义阵线的道路，走上了叛卖劳动人民国际团结事业的道路，采取了民族主义的立场。决议还批判南共领导人显然不了解，或者可能装着不了解，这种民族主义的路线只能导致南斯拉夫蜕化成为一个一般的资产阶级共和国，丧失它的独立，并变成帝国主义国家的殖民地。在会议上，日丹诺夫还宣称，苏联已经掌握了情报，铁托是帝国主义的一名间谍。这真是耸人听闻，骇人听闻。就是在这次会议上，南斯拉夫共产党被开除出情报局。这还不够，1949 年 11 月，情报局在匈牙利

---

① 以上信件请参见巴斯和马伯里《1948—1958 年苏南争执文件集》，纽约 1959 年版，第 4—39 页。参见姜琦、张月明《东欧三十五年》，华东师范大学出版社 1986 年版，第 176—202 页。

召开的第 4 次会议上通过了《关于南斯拉夫共产党在杀人犯和间谍掌握中》的决议。作为国际性的共产党组织通过这样一个不负责任的决议,真是国际共产党组织的一大耻辱。紧接着,苏联开始在东欧国家进行清洗,将同情南斯拉夫的领导人或打入监狱、或革职处理。一时间,东欧国家笼罩着一种政治上十分紧张的气氛。

第八章 比较灵活的外交政策

提出召开柏林四国外长会议

斯大林去世之后，苏联新领导班子开始工作。为缓和同西方的关系，苏联新领导班子希望同西方进行外交接触，进行外交谈判，所以，苏联提出召开四国外长会议的建议。而西方国家对斯大林之后的苏联新领导班子不甚了解，也准备通过外交接触探听苏联新领导班子的虚实。双方与其说要认真解决什么问题，不如说是为相互了解提供一个舞台。

1954年1月25日至2月18日，苏、美、英、法四国外长会议轮流在东西柏林进行，两德都派出观察员出席了会议。这次外长会议体现了两个阵营之间的意志和原则与外交风格，也反映了战后苏联与西方进行外交斗争的基本惯例。这次会议主要的议题就是德国问题。西方国家的主张是以英国建议为蓝本的。英国外交大臣艾登提出了五点建议：

△在全德进行自由选举；
△召开国民会议；
△制定德国宪法并准备和约谈判；
△通过宪法并组成政府，负责和约谈判；
△签署和约。

苏联外长莫洛托夫提出了四点建议。从表面上看，该建议与英国艾登提出的建议区别不大，只是将顺序做了颠倒，但是，这一颠倒实际上从本质上显示出苏联与西方国家在德国问题上的重大差别。

莫洛托夫的建议是：

△同两德一起签订和约；
△由人民议院和联邦议院组成临时政府；
△由临时政府实施全德选举；
△组成全德政府。

既然双方建议的顺序相反，本质不同，故双方就没有回旋余地。西方三大国唱一个调，苏联一国清唱独角戏。莫洛托夫是一位老练的外交家，他在会上提出了一项建议，令西方三国外长吃惊，这个建议就是《关于欧洲集体安全全欧条约草案》。莫洛托夫在这项草案中提出，所有缔约国应保证运用和平方式来解决争端，使用一切可能的手段（包括武力手段）来共同制止武装侵略。莫洛托夫还提出，在德国统一之前联邦德国和民主德国都可以成为该条约的平等伙伴。莫洛托夫的建议明显是针对"北约"和"欧洲防务共同体"的。西方三国外长经过磋商之后当然拒绝了苏联的建议。这次四国外长会议持续时间很长，共延续了26天。但会议几乎没有取得什么成果。外交接触，表明西方国家与苏联之间存在着很大的外交分歧和利益纷争。柏林外长会议之后，赫鲁晓夫阐述了苏联外交政策。他表示，苏联坚持和平共处的政策，"苏联政府认为，在目前国际形势中没有任何争端是不能以和平方式解决的。因此，苏联正尽力缓和国际紧张局势"。①

华沙条约组织的建立

《欧洲防务共同体条约》的失败和《德国条约》的搁浅，使美国和联邦德国等国的外交受到了挫伤。于是，英国开始了积极的外交行动，提出了欧洲"双重结构"框架构想，即"北约"和"西欧联盟"形成双环结构，重新构筑欧洲防务体系。经过一系列前台幕后的讨价还价和密谋，西方国家终于达成了一致，签署了《巴黎协定》。该协定的生效标志着西方为自己构筑了完整的防务体系，实现了美国重新武装联邦德国、将联邦德国纳入北约体系的意图。从外交上看，《巴黎协定》的生效也表明西欧各国加上美国在外交上正朝着紧密合作的方向发展，从而出现了西欧联合趋向。《巴黎协定》最重要的外交结果就是联邦德国获得了主权国家的地位，从而使德国统一问题的一系列外交行动成为无效活动。

苏联对《巴黎协定》作出非常强烈的反应，提出一系列对应措施。1954年11月13日，苏联照会23个其他欧洲国家和美国，指责《巴黎协定》违反了关于德国问题的现行国际协议，建议举行所有欧洲国家和美国参加的会议，集中讨论建立欧洲集体安全体系问题。西方国家拒绝了苏联的建议。于是，苏联政府于11月29日在莫斯科倡议召开了由东欧一些国家参加的国际会议，即"保障欧洲和平与安全会议"。会议警告西方国家，如果西方国家批准《巴黎协定》，则苏联和东欧国家在组织武装力量和司令部方面采取共同措施。这实际上向西方国家表明了苏联及其东欧国

---

① 《真理报》1954年3月7日。

家准备接受挑战。1955年1月，苏联政府发表声明，表示如果《巴黎协定》生效，则德国统一就会成为不可能的事情，同时苏联也会考虑建立安全体系的问题。1955年5月5日，《巴黎协定》生效，苏联高层立即决定废除同英国和法国签署的互助条约。苏联高层的第二个反应就是成立华沙条约组织。这个组织是1955年5月11日成立的。这一天，苏联和东欧7个国家领导人在波兰首都华沙召开了"欧洲国家保障欧洲和平和安全"第2次会议。这次会议最大的成果就是缔结了合作互助条约，即《华沙条约》，并在此基础上成立了"华沙条约组织"。这样，在欧洲一个与北约相对抗的军事集团宣告成立。此后，华沙条约组织一方面同北约相对垒，另一方面越来越显示出苏联对东欧国家进行控制的趋向。

同奥地利签订条约

苏联新领导班子的外交政策同斯大林时期相比有一个重要的变化，那就是力图同西方国家缓和关系，解决国际关系中的难题。苏联对奥地利态度的变化就说明了这一点。从战后的欧洲格局中就可以看出，奥地利地理位置十分重要。围绕解决奥地利问题苏联与西方国家存在非常大的分歧。实际上奥地利成为苏美争夺的一个焦点地区。苏美曾经多次就奥地利问题进行谈判，但都没有什么结果。美国的意图是将奥地利问题同德国问题分开解决，并力图将奥地利纳入北约轨道，这当然遭到苏联的拒绝。苏联的意见是，奥地利问题必须同德国问题联系起来解决。根据第二次世界大战时期的协议，当时苏联在奥地利驻扎着军队，以维护苏联与奥地利占领区之间的交通线。

但《巴黎协定》生效之后，苏联不能不作出新的选择，那就是奥地利问题的解决不可能同德国问题联系起来解决。于是，苏联新的领导班子改变政策，决定采取积极步骤解决奥地利问题，以缓和东西方关系。苏联明显的外交信号是莫洛托夫发出的。1955年，莫洛托夫表示："在柏林会议上苏联代表团曾坚持从奥地利撤退外国军队的事须待对德和约缔结以后，苏联方面现在提议，不再等待缔结对德和约，四大国即从奥地利撤走它们的军队。但苏联政府重申，奥地利不得加入任何联盟或军事同盟，以及奥地利的领土不得用来建立外国的军事基地。"[①] 莫洛托夫还呼吁立即

---

① [英] 杰弗里·巴勒克拉夫等：《国际事务概览（1955—1956）》，上海译文出版社1985年版，第10页。

召开四国外长会议，以便讨论德国问题和奥地利问题。

苏联新领导班子态度的变化引起了西方国家决策者的困惑和猜疑。他们不相信苏联会改变对奥地利的政策，普遍对苏联的主张采取消极的态度。美国国务卿杜勒斯表示，西方不应该被苏联牵着鼻子走，西方应避免被苏联赶入参加一个不成熟的和会。

鉴于西方国家的消极反应，苏联政府决定在外交上采取直接行动，单刀直入，同奥地利政府直接进行谈判。于是，苏联政府正式邀请奥地利总理拉布访苏。1955年4月15日，苏联和奥地利发表声明，强调应以最快速度缔结关于恢复奥地利独立和民主的和约。奥地利政府表示奥地利将永远保持中立立场。奥地利在宣布中立的同时，希望四大国保证奥地利国家领土完整和不受他国侵犯。苏联政府表示，苏联支持奥地利中立立场，并表示一旦条约签订，则苏联就立即从奥地利撤军。苏联还强调，其他三个大国也应该从奥地利撤军。苏联的建议逐渐获得了西方国家的支持和欢迎。5月15日，苏联和其他三个西方大国再加上奥地利代表在维也纳签署了《重建独立和民主奥地利的国家条约》，恢复了奥地利战前的边界，确立了奥地利永久中立的国际地位，强调了四大国于1955年底撤军的方案。奥地利问题的解决表明了苏联新领导班子希望以实际行动缓和国际紧张局势的愿望和决心，表明了苏联作为社会主义国家爱好和平的愿望。

奥地利条约的签订为苏美关系的缓和奠定了基础，同时也使苏联和西方首脑举行高峰会议创造了条件。战后，苏联与西方国家的关系一直比较紧张，自然，首脑之间的会晤不可能举行。应该说苏联在1954年就提出过这样的建议，但西方国家决策者反应冷淡。美国总统艾森豪威尔曾经明确表示："我不会仅仅因为克里姆林宫人士的友好言词和花言巧语的诺言而去参加一次最高级会议。在我同意这样一个会议之前必须有实际行动表明共产党人是愿意进行建设性会谈的。"①

随着奥地利问题的解决和西方国家安全体系的确立，西方国家对苏联提出的召开首脑会议的建议产生了兴趣。1955年5月10日，西方几个大国正式致函苏联政府，提出进行政府首脑会议。苏联中央最高领导层经过研究马上作出了积极的响应。

---

① ［美］艾森豪威尔：《白宫岁月（上）——受命变革》，生活·读书·新知三联书店1978年版，第570页。

7月18日,苏、美、英、法四国首脑会议在日内瓦举行。苏共中央第一书记赫鲁晓夫和苏联部长会议主席布尔加宁、美国总统艾森豪威尔、英国首相艾登、法国总理富尔出席了会议。在这次会议上苏方首脑与西方首脑之间的分歧很大。西方三国首脑主张把德国问题作为主要的谈判题目。如美国总统艾森豪威尔在会议的开幕式上就表示,这次会议的主要目的首先是讨论德国统一问题,在自由选举的基础上组成一个全德政府。他认为,德国分裂是欧洲不稳定的根源。这位美国总统还提出了讨论东欧国家的"地位"和国际共产主义活动问题。

苏联代表团团长是布尔加宁,而不是赫鲁晓夫。代表团其他成员有莫洛托夫、朱可夫和葛罗米柯。布尔加宁在发言中表示,苏联希望首先讨论裁军、禁止核武器、建立欧洲集体安全体系等问题。布尔加宁还提出讨论停止"冷战"、加强国与国之间的信任和德国统一问题。最后,四国首脑决定讨论德国统一问题、欧洲安全问题、裁军问题和发展东西方关系等问题。会议争论的焦点还是在德国问题上。美英法三国代表主张德国在自由选举基础上统一起来,统一后的德国加入北大西洋集团。不必建立欧洲集体安全,美英法苏各国可以用同统一后的德国签订安全条约的方式来替代欧洲集体安全。苏联可以通过同德国签订条约的办法来保障自己的安全。布尔加宁和赫鲁晓夫当然不会同意美英法提出的这些建议。苏联最高领导人在会议上提出,由于西方国家将联邦德国拉入西方军事集团,这样在原有德国国土上就形成了两种社会制度不同的国家,德国统一的前景越来越黯淡。苏联代表团的建议是,分两个阶段建立欧洲集体安全体系。

会议上,布尔加宁和赫鲁晓夫同西方国家首脑斗智斗勇。针对苏联好战、不喜欢和平的恶意宣传,苏联代表团提出一项惊人的建议,即苏联也准备加入北大西洋集团。这是一个惊人的建议,为此还提出了一个"滴水不漏"的理由:如果北约集团像它们所说的那样,是为了和平事业服务的话,它就不能不同意苏联加入这个组织。据葛罗米柯回忆,当布尔加宁宣读这个声明时,西方与会者的反应简直难以用语言描述。"他们竟如此惊惶失色,就像我们当时开玩笑所说的那样,以致在他们眼前,会议大厅壁画上的稀奇古怪的人物似乎都跳起舞来了。"葛罗米柯说:"在几分钟时间内,对于上述问题没有一个西方代表团能答上一句话。艾森豪威尔押着脖子,他的脖子显得更长了。他把身子侧向杜勒斯一边,为了同他私下商量一下刚才所发生的事情。总统特有的笑容常能帮他迷惑选民,赢得他们的选票,可是现在这种笑容却从他脸上消失了。且不说那时发生了什么事,但我想谈的是,不论在当时还是在其后,我们始终没有收到对日内瓦建议的任何正式答复。这一建议干脆被束之高阁了。"散会时美国国务卿杜勒斯问葛罗米柯:"难道苏联真是严肃地提出上述建议的吗?"葛罗米柯回答:"不严肃的建议苏联领导不会提,更何况在这样重要的会议上。"艾森豪威尔对葛罗米柯表示:"我们应该告诉您,葛罗米柯先生,我们将认真考虑苏联的建议,因为这是个严肃的问题。"

在会议期间,赫鲁晓夫等人商量,由朱可夫去拜会一下艾森豪威尔。朱可夫回来说,艾森豪威尔与以前相比,判若两人,显得毫无表情。在这次会议上,苏联领导人感到美国等西方国家根本不准备同苏联再寻求什么合作。当苏联代表团回国时,朱可夫说,苏联应该把"火药"保持"干燥"。在场的苏联领导人都同意和支持这种看法。① 苏联在会议上将了西方国家一军,而西方国家也将苏联的行为看作是外交上的另一种斗争方式。联邦德国总理阿登纳表示:"正当西方世界处于虚伪的'日内瓦精神'所造成的陶醉中以及突然发现苏俄许多优点的时候,苏俄却依然故我地丝毫没有变样。"阿登纳还表示:"他们的主张和论点与过去一模一样,只是这些论点装饰一番,换上文雅和诚恳的样子。"②

苏联与联邦德国建交

1953年以后,苏联新领导班子采取了较为灵活的外交政策,在对德国问题上表现出了现实的灵活政策,令西方国家政治家感到意外。苏联采取的一个重大的外交举措就是主动向联邦德国发出信号,提出同联邦德国建立正式外交关系问题,并邀请联邦德国总理阿登纳访苏。1955年6月17日,苏联驻法国大使馆官员在巴黎正式将上述内容的照会递交给联邦德国驻法国大使馆。这个举动震撼了国际社会。西方国家对苏联的建议一时摸不着头脑。一些人认为这是苏联的外交诡计和阴谋;另一些人则认为,这是苏联外交政策出现调整的表现。美国对苏联的这个举动表示了一定程度上的担心,生怕苏联与联邦德国之间再度出现"拉巴洛"效应,担心联邦德国在苏联的诱导下有可能偏离既定的亲西方的轨道。美国驻苏

---

① [苏联]葛罗米柯:《永志不忘——葛罗米柯回忆录》(上),世界知识出版社1989年版,第460—463页。

② 《阿登纳回忆录》(二),上海人民出版社1975年版,第563、560、535页。

联大使波伦认为，苏联此举旨在确认德国实际上的分裂，以外交上的主动确认同联邦德国的外交关系，来换取西方国家对民主德国的承认。阿登纳对苏联的态度表示欢迎，同时他多次表示联邦德国不会偏离亲西方的轨道，给美国人以定心丸。同时，阿登纳也认为，此时苏联提出同联邦德国建立外交关系，实际上是"试图在联邦共和国同其他西方国家之间打进一个楔子"①。

阿登纳决定访苏，但他将访苏的目的做了另一种解释，向美国表示不必担心。他在访苏前夕表示，他此行的主要目的和动机就是要实现释放仍拘留在苏联的德国人。阿登纳此举就是让美国人放心，他去莫斯科的目的不是去签署什么重要的协定，而是为了捍卫德国人的利益。果然，阿登纳在1955年9月8日访苏时首先向苏联领导人提出了释放德国战俘问题。他强调只要战俘问题不解决，联邦德国同苏联就不会建立正常的外交关系。这样，阿登纳一到莫斯科就同苏联方面争吵起来。苏联方面坚持说该放的德国战俘早就释放了，当时关押在苏联的德国战犯有9628人，但他们是战犯，而不是战俘。

阿登纳同赫鲁晓夫和布尔加宁谈判很不顺利。赫鲁晓夫压不住心头之火，警告阿登纳如果联邦德国有诚意同苏联建立外交关系，那就不应该提出附加条件。如果联邦德国方面没有准备周全，那没有关系，双方可以心平气和地离开。阿登纳感到自己受到了赫鲁晓夫的侮辱，所以，他也动起肝火，准备提前结束访问。就在这关键的时刻，阿登纳使用了一个外交上的策略，他让属下给回国的专机打电话，要求飞机尽快赶到莫斯科。这个电话是用普通的频率发出去的，故意让苏联人知道这个信息。果然，此举奏效。苏联在战俘问题上向联邦德国作出了重大让步。9月13日，苏联与联邦德国建立了外交关系。在此前后。苏联也同日本实现了外交关系正常化。

对东柏林事件的态度

1953年6月17日，东柏林发生了严重的事件。这也是斯大林去世后苏联新的领导班子所面对的第一起突发性外交事件。这次事件主要是民主德国国内问题引起的。1953年5月，民主德国统一社会党发布了一项提高劳动定额的决议，规定在1953年6月1日前，民主德国要把那些国民

---

① 《阿登纳回忆录》（二），第528页。

经济比较重要的指标平均提高 10 个百分点。民主德国统一社会党这项决策的本意是为了发展经济，更多地积累资金。但是，民主德国的工人对这项决议十分不满。遗憾的是，民主德国的领导者没有注意到工人中间所蕴藏的不满情绪，继续推行这个决议。同年 6 月 9 日，统一社会党政治局会议通过了另一项重要决议，提出了改善人民生活的新方针。在这个决议里民主德国统一社会党坦率地作了自我批评，承认党中央和政府在经济问题上犯过一系列的错误，并保证在今后的工作中加以改正。党中央的这个举动得到了工人的欢迎和支持，但是，工人们认为党中央的自我批评还作得不够，因为招致工人不满的那项提高劳动定额的决议还在执行。党中央并没有批评或者准备撤销这个决议的迹象，这又引起了工人的不满。不仅如此，6 月 10 日，民主德国《论坛报》发表了一篇文章，公开为提高劳动定额的决议辩护，认为这个决议是合理的、正确的，应该成为党中央和政府长期坚持的方针。这篇文章显然带有官方色彩。它在工人中间犹如往火炉里倒入了汽油，工人中间孕育的不满情绪陡然迸发出来。

最先开始罢工的是东柏林的建筑工人，他们到民主德国部长会议大厦前举行示威游行，强烈要求党中央和政府废除提高劳动定额的决议。民主德国最高决策层紧急开会，讨论解决问题的最佳途径，最后中央政治局决定废除这项决议，公开承认这项决议是不正确的。

面对东柏林事态的发展，美国认为机会来到了。美占区的所有宣传媒体都开动起来，煽风点火，致使东柏林的局势日趋恶化。到 6 月 17 日，30 万民主德国工人投入了罢工。东柏林局势失控。

消息传来，震惊了克里姆林宫的最高决策层，赫鲁晓夫紧急召集中央最高主席团会议，研究对策。自斯大林去世后苏联新领导班子集体领导的气氛越来越浓厚了，因为没有一个人能够像斯大林那样具有权威。会议讨论的结果是，驻扎在东柏林的苏军必须发挥作用，否则东柏林局势一发不可收拾。

6 月 17 日，驻扎在东柏林的苏军接到来自克里姆林宫的命令后迅速出动，坦克开向东柏林街头。示威游行者同苏军部队发生了冲突，造成了流血事件，有 25 人死亡。这就是东柏林"六一七"流血事件。

事件发生后，在两个阵营里出现了相反的政治活动。民主德国国内纷纷举行各种活动，表示拥护苏军的行动和党中央的新方针。苏联和其他东欧国家也举行各种活动，表示支持民主德国政府，谴责法西斯分子的破坏行动。而在西柏林美英法三国驻军总司令则向苏联驻东柏林司令提交了抗议信,西方国家还在西柏林举行追悼会,纪念"六一七"死去的人们。从这里可以看出,柏林确实是苏联及其盟国同美国及其盟国相对垒的前沿。

苏联新的领导班子认真地研究了民主德国的局势,分析了民主德国存在的对苏联不满的潜流,所以,苏联高层决定调整同民主德国的关系,其主要做法有二:其一,签订协议,停止收取民主德国的战争赔偿费和减轻民主德国因战争的后果而承担的经济义务。苏联主动将许多大型工厂移交给了民主德国政府。其二,同民主德国签署两国之间的规范条约,规定了两国的平等地位和相互尊重主权等原则,强调民主德国是主权国家,自己可以自由地决定国内外政策。苏联新的领导班子的这种做法是明智的。

斯大林去世后,苏联政策的基调是以赫鲁晓夫思想为主线的。工农业政策的改变与外交政策的转变体现了赫鲁晓夫的风格。但这些变化都是初步的。在赫鲁晓夫看来,苏联内外政策还必须进行大幅度的改变,个人崇拜必须突破。

第九章　外交战略思想的重大转变

随着国内政治经济体制变革的开展，赫鲁晓夫外交政策的调整也开始了。1956年赫鲁晓夫在苏共二十大上提出了"现代国际局势发展的几个原则问题"，即关于两个体系的和平共处和经济竞赛问题、关于现代防止战争的可能性问题以及关于不同国家向社会主义过渡的形式问题。赫鲁晓夫说："这些问题不但决定目前局势的发展过程，而且也决定今后的前景。"① 这标志着赫鲁晓夫对国际局势进行了深刻的反思，标志着苏联外交战略思想发生了重大转变。本章将考察赫鲁晓夫对现代世界的认识、外交战略思想转变及其与政治经济改革的联系。

第一节　新外交战略思想的基本内涵

"战争可以避免"论

在苏共二十大上，赫鲁晓夫提出了这个引人注目的观点。他说："战争并不是注定不可避免的。"在苏共二十二大上，赫鲁晓夫进一步指出："事情的趋向是，在社会主义在地球上还没有取得完全胜利之前，在世界部分地区存在资本主义的情况下，将会出现把世界战争排除于社会生活之外的现实可能性。"②

在赫鲁晓夫看来，"只要帝国主义存在，战争是不可避免"的原理是在特定的历史时期提出的。这个时期的特点是：（1）帝国主义是无所不包的世界体系；（2）不愿意战争的社会和政治力量还很软弱，不能迫使帝国主义者放弃战争。而到50年代，世界局势出现了新的特点：（1）帝国主义不再是无所不包的世界体系，国际社会主义阵营已经成为强大的力量，这使和平力量不仅具备了防止侵略的精神手段，而且具备了防止侵略的物质手

---

① 《赫鲁晓夫言论》第5集，第37、40页。
② 《苏联共产党第22次代表大会主要文件》中文版，第68页。

段；(2) 拥护和平的运动已成为一个强有力的因素。在政治力量对比新变化的情况下，战争是可能防止的。当然，赫鲁晓夫这里所说的战争主要是指"世界战争"。同时他指出："我们必须进行斗争，既反对世界战争，也反对局部战争。"因为"小规模的帝国主义战争，不管它是由哪一个帝国主义者发动的，都可能发展成世界性的热核的火箭的战争"。①

两大体系"和平共处"论

与"战争可以避免"论密切联系，赫鲁晓夫提出"和平共处——苏联外交政策的总路线"。"和平共处不是策略措施，而是苏联外交政策的基本原则。"② 在苏共二十二大上，赫鲁晓夫乐观地认为："在当前条件下，已经开辟了一个前景：能够争取到一个使当前分裂世界的社会和政治问题得到解决为止的整个时期的和平共处。"③

赫鲁晓夫的"和平共处"思想有四层含义：

△ "和平共处"是两大体系间唯一明智的选择。赫鲁晓夫说，在目前的形势下，"只有两条路：或者是和平共处，或者是发动历史上最具有毁灭性的战争。第三条道路是没有的"。④ 他还说："和平共处是不同社会制度国家之间相互关系的唯一明智的原则"⑤，"和平共处的原则恰恰是'维持和平和防止普遍毁灭性战争的途径'"。

△ "和平共处"是有特定内涵的。在赫鲁晓夫看来，"国与国之间在政治上和经济上的相互关系必须建筑在双方完全平等和互利的基础上"⑥。"不干涉彼此的内政、承认主权、反对战争和维护和平——这就是具有不同社会制度国家共处的含义。"⑦ "和平共处"要求：放弃把战争作为解决国家间争论问题的手段，通过谈判来解决这些争端；各国之间平等、相互谅解和信任，考虑相互的利益；不干涉内政，承认每个国家的人民都有独立解决本国一切问题的权力；严格尊重一切国家的主权和领土完整；在完

---

① 赫鲁晓夫：《争取共产主义运动的新胜利》，《共产党人》1961年第1期。
② 《赫鲁晓夫言论》第5集，第37页。
③ 《苏联共产党第22次代表大会主要文件》中文版，第68、69页。
④ 《赫鲁晓夫言论》第5集，第38、39页。
⑤ 赫鲁晓夫在苏古友好大会上的讲话，《真理报》1963年5月24日。
⑥ 《赫鲁晓夫言论集》第13集，第20页。
⑦ 赫鲁晓夫答美国评论员苏兹贝格问，《真理报》1961年9月10日。

全平等和互利的基础上发展经济和文化的合作。①

△意识形态不能"和平共处"。赫鲁晓夫认为："不同社会制度国家的和平共处并不意味着在意识形态方面和平共处。我们共产党人从来没有同意、也永远不会同意意识形态和平共处的思想。这一点不能妥协。"②他还说："既然正在进行着阶级斗争，那么在意识形态领域内和平共处是不可能的。谁主张在意识形态领域内实行和平共处，他就自觉或不自觉地走上背叛社会主义，背叛共产主义事业的道路。"③"共处就是两个社会制度斗争的继续"，"这种斗争是经济斗争，是政治的和意识形态的斗争，而不是军事斗争"。④

△和平共处原则不适用于社会主义国家的关系。赫鲁晓夫说："我们所说的共处，是指社会主义国家和资本主义国家的共处"，"至于社会主义国家，他们之间没有对抗性的矛盾，没有斗争和敌意。当然，这并不是说他们之间的关系没有摩擦了。即使在朋友之间在某些问题上也可能有争论、不和或分歧"。"但是，在朋友之间也不可能有引起仇视和对抗的本质原因。因此，用'共处'这个词来处理社会主义国家相互关系就未必正确了。在它们的关系中，起作用的是友好互助的原则，是无产阶级国际主义原则"。"我们之间的任何争论不可能发生战争问题"。⑤

"和平竞赛"论

"和平竞赛"论是从"和平共处"论衍生出来的。赫鲁晓夫认为，"和平共处"是外交政策的总路线，而"和平竞赛"则是社会主义和资本主义两大体系斗争的主要形式。"这个竞赛成了历史现阶段世界发展的枢纽和基础"。他解释"和平竞赛"的含义说，和平共处"不仅可以而且本身就包含着以和平竞赛的方式，首先是经济竞赛，或者，如果你同意的话，用'竞争'这个字，来解决它们之间的分歧和矛盾。经济竞赛所包含的意思是什么呢？我们的解释是在民用生产方面的竞赛，也就是两个制度——社会主义和资本主义——在改善人民生活，在提高生活水平方面的

---

① 《苏联共产党第二十二大代表大会主要文件》中文版，第 212 页。
② 赫鲁晓夫答意大利《今日报》社长问，《真理报》1963 年 4 月 24 日。
③ 赫鲁晓夫 1963 年 6 月在苏共中央全会上的讲话，《真理报》1963 年 6 月 29 日。
④ 《赫鲁晓夫言论》第 13 集，第 331 页。
⑤ 《赫鲁晓夫言论》第 6 集，第 442、443 页。

竞争"。① 他充满信心地期望："社会主义体系在经济竞赛过程中不断取得胜利，向全世界显示新制度的伟大优越性。越来越多的数以百万计的人通过生活本身日常的事实相信共产主义伟大的建设的可能性，从而坚定地站到共产主义这边。"②

赫鲁晓夫还经常将和平共处和经济竞赛联系起来阐述。1957年7月11日，赫鲁晓夫在布拉格欢迎苏联党政代表团宴会上说："我们过去和现在一直在向资本主义国家的代表团说，让我们来竞赛吧，让我们和平共处吧，虽然这样做不是出于喜爱，而是由于必要，但是我们必须共处，因为资本主义国家和社会主义国家都在同一个行星上。让我们在和平竞赛中较量吧，只是我们的较量不要像公牛那样地想用自己的角把对方戳穿，让一个消灭另一个，而是要用自己的和平发展证明哪一种体系能为发展社会的全部生产力开辟广阔的天地，是社会主义体系还是资本主义体系。因为常常有这种情况：两个人并不是由于相爱而结了婚，可是后来还是一辈子生活在一起。那就让我们也同住在一个行星上，和平共处吧。"③ 1957年1月17日，赫鲁晓夫在中国驻苏联大使馆举行的宴会上说："我们常常听到西方国家指责我们关于资本主义制度必然灭亡的言论。这些责难特别是针对我的一些演说的。当我们说资本主义制度将要灭亡的时候，我们过去和现在从来没有断言过这是要通过我们采取暴力措施来实现的。我们相信，资本主义制度由于内部力量斗争的结果将走下历史舞台，就像在它以前的社会形态的灭亡一样，自己过时了，就要让位给在历史发展过程中产生的新的社会形态。这种事情，举例说，就像衰老的人必将死亡一样，就像孕妇必将分娩一样，是必然的，是不可能防止的。新的在诞生，旧的在衰亡。当然，我们要用在我们国家里建设社会主义和共产主义的行动，在某种程度上帮助新东西更快地胜利。示范的力量是伟大的力量。"④

"和平过渡"论

赫鲁晓夫认为："由于世界舞台上的根本变化，在各个国家和民族向

---

① 《赫鲁晓夫言论》第8集，第159页。
② 赫鲁晓夫在苏古友好大会上的讲话，《真理报》1963年5月24日。
③ 《真理报》1957年7月13日。
④ 《赫鲁晓夫言论》第6集，第25页。

社会主义过渡这方面，也出现了新的前景","向社会主义过渡的形式将会越来越多样化"。①

他提出了"和平过渡"论，认为在一些资本主义国家已出现向社会主义和平过渡的可能性。某些资本主义国家的工人阶级，"有可能击败反动的反人民的势力，取得议会中的稳定的多数，并且使议会从资产阶级民主的机构变成真正代表人民意志的工具。在这种情况下，许多高度发达的资本主义国家的这种传统的机构，也就可能成为一个真正民主即劳动人民民主的机关"。②赫鲁晓夫说："马克思列宁主义的出发点是，向社会主义过渡的形式可能是和平的，也可能是非和平的。通过和平的道路来实现革命，是符合于工人阶级和人民群众的利益的。""在那些议会传统深厚的国家里，实现向社会主义的过渡可能是通过利用议会的道路，而在其他国家里，可能是通过利用适合于它们民族传统的制度的道路。这里谈的不是利用资产阶级的议会制，而是利用议会形式，使它为人民服务，给它们灌输新的内容。"③"社会革命的形式有多种多样。说我们把暴力和内战看成是社会改造的唯一途径，这是不符合事实的。"④同时，赫鲁晓夫不排除在一定条件下暴力革命的可能性，"革命发展途径的选择不仅仅取决于工人阶级。如果剥削阶级要对人民施行暴力，工人阶级就不得不采用非和平道路来夺取政权。一切都取决于具体条件，取决于国内和世界舞台上的阶级力量的分布情况"。⑤

第二节 新外交战略思想提出的原因

赫鲁晓夫新外交战略思想的提出不是偶然的，这是由各种因素促成的

战后苏联国内外形势要求冲破过去僵硬的外交政策观念，对现代世界有一个新的认识。

战后对斯大林的个人崇拜在苏联外交政策方面造成了严重后果。第一，战后时期，苏联外交政策趋向僵化。在冷战的环境下，苏联对西方实

---

① 《赫鲁晓夫言论》第5集，第40、41页。
② 《赫鲁晓夫言论》第5集，第43、42页。
③ 赫鲁晓夫：《争取世界共产主义运动的新胜利》，《共产党人》1961年第1期。
④ 《赫鲁晓夫言论》第5集，第42页。
⑤ 参见《关于国际共产主义运动总路线的论战》，人民出版社1965年版，第473页。

行僵硬的对抗战略，国际局势极为紧张，苏联在国际上处于比较困难的境地。第二，战后斯大林在处理同其他社会主义国家和党的关系上存在着严重的大国主义和大党主义的错误；这时期苏联对东欧国家制造了一大批冤案。第三，战后国际局势出现了一些新因素，如国际政治力量对比发生了重大的变化，出现了社会主义阵营；核战争变成了现实的威胁；世界经济发展出现了一体化趋势，国与国的经济联系迅速扩大。但是，斯大林没有深入分析这些因素，仍然以传统的观点来观察和衡量已经变化了的世界。赫鲁晓夫上台后，不仅面临着改革高度集权体制的任务，而且面临着调整战后斯大林所奉行的僵化外交政策的任务。这一方面是纠正个人崇拜对外交政策的消极影响，重新考虑已经变化了的现实世界；另一方面也是为国内改革创造一个稳定的国际环境。事实上，斯大林逝世不久，新的苏共领导人就着手调整苏联外交政策，如缓和同西方的关系，主动同奥地利签订和约，自愿放弃在芬兰的军事基地，主动改善苏南关系，纠正外交政策上的一些失误，等等。但这些局部性的调整不能解决问题。要全面纠正个人崇拜在外交战线上的消极影响，必须从理论的高度重新认识现实的世界。可见，赫鲁晓夫外交战略思想的提出同国内改革的价值取向是一致的。

对核武器危害性的认识深化促使赫鲁晓夫提出新的外交战略

在斯大林时期，1949年3月，随着蘑菇云团在苏联荒漠上升起，美国的核垄断地位被打破。核武器的试制成功提高了苏联国际地位。美国已不再是免遭核战争之灾的乐土，这极大地遏制了美国称霸世界的战略。核武器的出现迫使苏美两国政治家，不得不认真考虑和研究核战争的后果及其对全人类的深远影响。在苏共二十大上，赫鲁晓夫提出了在使用原子武器的战争中"将没有胜利者"[1]的观点。后来他明确说："未来的战争如果违背人民意志而爆发的话，将很可能会发展成为历来的战争中毁灭性最大的核战争。除了直接毁灭外，使用核武器产生的发射性余毒会污染大气，这可能会消灭几乎一切生物，特别是在地狭人稠的国家。那里的确可能一扫而光。"[2] 1963年，赫鲁晓夫明确勾画了核战争的恐怖画卷。他说："应该有勇气清醒地正视真正的事实……现在，根据外国科学家和军事专家的统计，美国大约有4万颗核弹和核弹头。至于苏联，大家知道，这种

---

[1] 《赫鲁晓夫言论》第5集，第25页。
[2] 《赫鲁晓夫言论》第8集，第251页。

东西也绰绰有余。如果把所有这些核武器都扔在人们的头上，会发生什么情况呢？根据科学家的计算，仅仅初次打击就会死掉七八亿人。不仅两个主要的核国家——美国和苏联的，而且还有法国、英国、德国、意大利、中国、日本和世界上其他许多国家的一切大城市都将从地球上毁掉。原子弹—氢弹战争的后果会影响许多代人的寿命，引起疾病和死亡，使人们的发育奇形怪状。"①

显然，赫鲁晓夫这种对核战争残酷性的认识，是他提出并始终坚持"和平共处""和平竞赛"路线的主要动因。

战后初期，社会主义阵营的出现及其实力的较快增长。使赫鲁晓夫有可能提出两大体系"和平共处"方针

赫鲁晓夫认为："我们这个时代的主要特点，就是社会主义已越过一个国家的范围而变成了世界体系。"② 而国际局势发生变化的基本原因"就是苏联和世界社会主义体系所有国家的实力和国际影响的增长"③。社会主义阵营实力的较快增长，鼓舞了赫鲁晓夫。他乐观地认为，经过经济竞赛，社会主义可以充分地显示出优越性。在和平经济竞赛的道路上，社会主义完全可以把资本主义远远地抛在后面，迅速过渡到共产主义。

第三节　赫鲁晓夫外交战略思想与列宁、斯大林外交战略思想的关系

新外交战略思想与列宁外交战略思想的关系

赫鲁晓夫在论证新外交战略思想时，处处从列宁思想中寻找理论根源，明确表示其新外交战略思想是列宁思想的继承和发展。

应该说，"和平共处""经济竞赛"和"和平过渡"的思想并不是赫鲁晓夫的创造。列宁在革命实践中对这些思想都有所阐述。

在"和平共处"问题上，列宁在俄共（布）第8次代表大会上宣布："俄罗斯苏维埃联邦社会主义共和国希望同各国人民和平相处。"④ 列宁还

---

① 赫鲁晓夫在德国统一社会党代表大会上的讲话，《真理报》1963年1月17日。
② 《赫鲁晓夫言论》第5集，第11页。
③ 《赫鲁晓夫言论》第13集，第359页。
④ 《列宁全集》第1版，第30卷，第164页。

不止一次地指出过"社会主义国家和资本主义国家共存"① 时期的历史必然性。列宁在回答美国《纽约晚报》记者提出的"同美国保持和平的基础是什么"这个问题时说:"让美国资本家不要触犯我们,我们是不会触犯他们的。"② 列宁还写道:"我们完全同意同美国(也同一切国家,但特别是同美国)达成经济协议。"③

在经济竞赛问题上,列宁说,苏维埃政权一定会赶上和超过资本家,我们将不仅赢得纯粹经济方面的优势。列宁指出,苏维埃国家完全有必要在一个短时期内,在社会劳动生产率水平方面以及在按人口平均的物质财富生产产量和消费量方面,赶上并超过资本主义的先进国家。而且列宁还充满信心地说:"……我们能够以其他国家梦想不到的速度赶上他们……只要运动是由真正革命的政党领导的,就能达到实实在在的、比历史发展中任何一个时期还要快的速度。我们相信可以有这样的速度,而且无论如何要达到这样的速度。"④ 列宁指出:"现在,我们是用自己的经济政策对国际革命给以主要的影响……在全世界范围内斗争已经转到这个方面来了。我们一旦解决了这一任务,那我们就是在国际范围内真正地最终地取得了胜利。"⑤

在向社会主义过渡的多种形式问题上,列宁说:"从资本主义过渡到共产主义,当然不能不产生多种多样的政治形式,但本质必然是一个,就是无产阶级专政。"⑥

列宁在坚持革命暴力的必然性和规律的同时,还指出:"当然,工人阶级但愿和平地取得政权。"⑦ 他还说:"不能否认,在某些个别例外的情形下,例如,在某一个小国家里,当它的大邻国已经完成社会主义革命时,如果这个资产阶级知道反抗已没有用处,而为了保存自己的脑袋,它可能和平地把资产阶级的政权交出来。"⑧ 1917 年二月革命后列宁还曾设

---

① 《列宁全集》第 1 版,第 30 卷,第 21 页。
② 《列宁全集》第 1 版,第 30 卷,第 333 页。
③ 《列宁全集》第 1 版,第 30 卷,第 31 页。
④ 《列宁全集》第 1 版,第 33 卷,第 352、353 页。
⑤ 《列宁全集》第 1 版,第 32 卷,第 427、428 页。
⑥ 《列宁全集》第 1 版,第 25 卷,第 400 页。
⑦ 《列宁全集》第 1 版,第 4 卷,第 242 页。
⑧ 《列宁全集》第 1 版,第 23 卷,第 64 页。

想通过和平方式过渡到社会主义。

上述表明，列宁早就提出过"和平共处""经济竞赛""和平向社会主义过渡"的思想。赫鲁晓夫新外交战略思想与列宁思想是有一定联系的。但由于历史条件不同，它们之间有着很大的差别。主要表现在：

（1）列宁没有把这些思想作为外交战略思想提出来，而只是作为一种策略思想提出来的。在当时特定环境下，列宁始终把推动世界革命作为苏维埃政权外交战略思想，因而"和平共处"并没有成为当时苏维埃政权的外交政策的基调。赫鲁晓夫则把"和平共处"作为苏联外交战略思想提出来，把它上升到苏联外交政策总路线的高度，认为"和平共处"原则是苏联外交政策的基本原则，这就使"和平共处"的理论功能发生了重大变化。

（2）列宁认为社会主义与资本主义的"并存"局面不会长期存在下去，"和平共处"只是暂时的，是战争之间的"喘息时机"。列宁说："苏维埃共和国与资本主义国家共存，这是资本主义不能容忍的。它们一定要抓住一切机会重新挑起战争。"① 列宁还说："苏维埃共和国和帝国主义国家长期并存是不可思议的。其结局不是这个胜利就是那个胜利。在这个结局还没有到来的时候，苏维埃共和国和资产阶级国家间的一系列最可怕的冲突是不可避免的。"② 赫鲁晓夫则认为，社会主义和资本主义可以长期和平共处下去。"和平共处不单纯是没有战争，不是战争与战争之间的暂时的、不稳定的停战，这是两个对立的社会制度的共处，它建立在相互放弃用战争作为解决国际争端的手段的基础上。"③

基于对当时帝国主义本质的深刻认识，列宁认为，帝国主义战争是不可避免的；而赫鲁晓夫时期苏联最高决策层从战后国际局势的新态势出发，得出结论："战争并不是注定不可避免的。"

新外交战略思想与斯大林外交战略思想的关系

斯大林也主张"和平共处"和"经济竞赛"。例如，1946年9月，斯大林在一次谈话中同意苏联和资本主义国家"有可能建立友好长期合作"和"友好竞赛"的说法。1948年5月7日，斯大林指出，两个制度

---

① 《列宁全集》第1版，第31卷，第429页。
② 《列宁全集》第1版，第29卷，第128、129页。
③ 《苏联共产党第22次代表大会主要文件》，第57页。

共处和苏美分歧和平解决是可能和必然的。1952年4月2日,斯大林在答美国记者问时认为,资本主义与共产主义和平共处完全可能。斯大林这些思想也在苏联其他领导人那里得到发挥,如1947年莫洛托夫说:"绝对相信苏联与西方民主国家彼此间虽有思想分歧而终能实现长期友善合作,并相信两个体系间可以实行'友善的比赛',这就是苏联外交政策的总路线。"① 可见,"和平共处"是苏联外交政策总路线的提法并不是赫鲁晓夫首先提出来的。1952年,马林科夫在苏共十八大上的政治报告中说:"我们相信,在与资本主义进行和平竞赛中,社会主义的经济制度必将一年比一年更清楚地证明它比资本主义经济制度优越。但是我们决不打算用武力强迫任何人接受我们的思想或我们的经济制度。"②

从理论思想的发展继承脉络来看,赫鲁晓夫新外交战略思想与战后的这些思想有相通之处。可以说,战后世界格局的巨大变化和新因素的出现,已使苏联外交思想变化处于一种临界点,使新的外交战略思想选择处于萌生状态。很难说赫鲁晓夫外交战略思想与这时期的思想没有联系。

赫鲁晓夫新外交战略思想与斯大林思想差别是巨大的。在斯大林时期,"和平共处"和"经济竞赛"只是策略思想,其目的是为苏联经济建设争取更长的和平时期,推迟战争的爆发。两者在战争问题上,观点差别最大。

在核时代的条件下,战争还可不可以避免?斯大林的回答是:"我不认为原子弹像某些政治家爱那么说的那样厉害。原子弹能用来吓唬神经衰弱的人的,但它不能决定战争的命运……"③ 斯大林严厉批驳了"帝国主义战争可以避免"的观点,他认为,帝国主义经济政治不平衡规律仍然起作用。只要"帝国主义仍然保持,仍然存在,因而战争的不可避免性也仍然是存在的"。"要消灭战争的不可避免性,就必须消灭帝国主义。"④ 而赫鲁晓夫由于对核战争的认识有了质的飞跃,因而他提出战争是可以避免的,而且必须采取措施加以避免。他认为,核战争中没有胜利者,他说:"难道社会主义国家和全世界争取社会主义斗争的事业会从世界热核

---

① 《苏联外长莫洛托夫在巴黎和会全体会议上关于"国际合作与各小国"的发言》,参见《现代国际关系史参考资料(1945—1949年)》上集,高等教育出版社1958年版,第111页。
② 《苏联共产党第19次代表大会主要文件汇编》,人民出版社1955年版,第37页。
③ 《斯大林文集》,人民出版社1962年版,第478页。
④ 斯大林:《苏联社会主义经济问题》,第28页。

灾难中得到胜利吗？只有故意闭眼不看事实的人才会这样想。至于马克思主义者，他们不能设想在世界文化中心的废墟上、在荒无人迹的被热核尘埃污染的土地上建立共产主义文明。文明尚且不谈，对许多人民来说，社会主义问题根本不存在了，因为他们的肉体已从文明的星球上消失了。"①

总之，赫鲁晓夫新外交战略思想是在新的历史条件下把列宁时期"和平共处"的策略性思想作了战略性的解释和延伸，并把"经济竞赛"思想作了新的发挥。赫鲁晓夫对斯大林的"和平共处"和"经济竞赛"思想也作了战略性的发挥。其目的是为了在新的历史条件下创造良好的国际环境，最终从经济上战胜资本主义。

第四节　新外交战略思想的创新与局限

新外交战略思想的理论创新

赫鲁晓夫的新外交战略思想，对列宁的不同制度国家之间"和平共处"的思想和通过"和平经济竞赛"战胜资本主义的思想作了新的解释。在核时代到来之际，赫鲁晓夫把"和平共处"原则突出出来，赋予其丰富的新内涵，符合国际社会发展的大趋势，因而具有积极意义。在核时代，尽力避免战争，争取世界和平，两种社会制度之间通过和平的经济竞赛和政治、意识形态领域的较量最终战胜资本主义，这些思想都是正确的。赫鲁晓夫的新外交战略思想在实践中也取得了较好的结果。它使严重对抗的国际局势开始缓和，为苏联国内政治经济体制改革创造了有利的国际环境。虽然赫鲁晓夫时期，苏联同西方关系也曾出现过恶化局面，如古巴导弹危机，但对话、缓和、谈判、克制成为处理国际关系的主要形式。具体地说，赫鲁晓夫新外交战略思想的理论价值主要表现在：

第一，对核战争危害的深刻认识，使赫鲁晓夫提出战争不再是注定不可避免的观点。这个思想是他新外交战略思想中最主要的理论贡献，是其新外交战略思想中的核心思想。他说："和平共处原则的目的就是防止战争。"② 在核恐怖的现时代，"战争只能是愚蠢的继续"③。赫鲁晓夫指出：

---

① 赫鲁晓夫在德国统一社会党代表大会上的讲话，《真理报》1963年1月17日。
② 《赫鲁晓夫言论》第6集，第442页。
③ 《消息报》1963年9月24日。

"科学和技术的进步着重指出了不再把国与国之间的战争作为解决国际争执问题的手段的迫切必要性","因为在我们这个创造了毁灭性如此之大的战争手段的时代,已经没有战争与和平之间的中间地带了"①,由于某种后果严重的错误和偶发事件都可能引发核战争。②赫鲁晓夫对战争问题的认识是比较符合现代世界客观实际的。从核武器对人类构成重大威胁的现实来看,赫鲁晓夫的这一思想具有开创意义。他是当时较早认识到"核灾难"危险的政治家。

第二,同一星球上两个制度必须和平共处。赫鲁晓夫在为美国《外交季刊》杂志撰写的文章中说:"不管你喜欢不喜欢你的邻居,那是无可奈何的、必须同他相处,因为我们生活在一个星球上","如果认为,你能够把你所不喜欢的邻居搞得很不痛快,以致使他不得不搬到火星或者金星上去,那就不明智了"。③他还说,既然社会主义国家和资本主义国家在一个星球上,那就应当和平共处。赫鲁晓夫在答美国评论员苏兹贝格问时说:"要知道不论是我们还是美国人都是活人,我们想活并且也让别人活。"④这一思想表明,在核时代,必须从现实利益和理智原则出发来处理国际事务中的"邻居关系"。不要指望把谁一下子开除"球籍"。在核时代,发动"核战争"没有出路的,必须实行"和平共处"。不管赫鲁晓夫的动机如何,他的"和平共处"思想中包含着合理思想内涵。"和平共处"原则已经成为现代国际关系中的一个重要的基本原则。

第三,赫鲁晓夫新外交战略思想中还有一个理论贡献,那就是承认各社会主义国家建设社会主义模式的多样化。这突出表现在,赫鲁晓夫承认南斯拉夫探索社会主义发展道路的正确性,并主动同南斯拉夫改善关系,决心清除同南斯拉夫的"一切芥蒂"⑤。赫鲁晓夫这一思想促进了东欧社会主义国家独立探索符合自己国情的社会主义道路的进程。

第四,赫鲁晓夫把不同国家向社会主义过渡的形式看成是多样的,这种观点在现代国际关系中具有积极意义。事实上,到50年代,西方资本主义国家已经不具备革命斗争的形势。如果一味地强调暴力革命,会使资

---

① 赫鲁晓夫答意大利《今日报》社长问,《真理报》1963年4月24日。
② 《赫鲁晓夫言论》第6集,第306页。
③ 《赫鲁晓夫言论》第13集,第18、19页。
④ 《真理报》1961年9月10日。
⑤ 《赫鲁晓夫言论》第4集,第236页。

本主义国家广大群众不理解，从而失去群众的支持。从理论上把不同国家向社会主义过渡分为暴力过渡和非暴力的和平过渡两种形式也是符合客观实际的。但赫鲁晓夫在阐述不同国家向社会主义和平过渡理论时，过分强调争取议会多数、走议会道路的思想，忽视了人民群众的斗争，这是十分片面的。

新外交战略思想的理论局限

第一，在战争问题上，赫鲁晓夫"战争可以避免"的论断是建立在"核威慑"基础上的。从这个观点出发，赫鲁晓夫把加强苏联的核力量作为重要的战略目标，以求苏联核力量的强大优势迫使西方不敢发动战争。其结果是，和平的大厦建筑在苏美核弹头对峙之上，和平的经济竞赛变成了火药味很浓的军备竞赛，"核灾难"的阴影越来越大，人类和平的生存空间靠极不稳定的"核均势"状态勉强地维持着。这不是"和平共处"，而是核弹头对峙下的共处。不仅如此，由于军备竞赛，大量核武器堆积不仅不能消除战争爆发的可能性，反而一种偶然的、简单的技术失误都使人类可能惨遭灾祸。

第二，赫鲁晓夫把"和平共处"看成是苏联外交政策的总路线，从而在实践中削弱了对民族解放运动和其他正义运动的支持。赫鲁晓夫还把"和平共处"作为标准来约束别国。他说："现在谁声明不承认和平共处，并且喊叫反对和平共处，那他实际上就是主张战争。"① 当时，世界民族解放运动方兴未艾，旧的殖民地体系正在瓦解，他们迫切需要苏联这样的大国的声援，但赫鲁晓夫却怕这场运动引发西方的怒火。他声称，小小的火星也会引起战争。这就使赫鲁晓夫不会给这场运动以有力的支持，在某种程度上还起到了阻碍的作用。

第三，赫鲁晓夫的思想中掺杂着大党主义和霸权主义因素。他不仅把"和平共处"原则上升为苏联外交政策总路线，而且上升为所有社会主义国家外交政策的总路线。他在1961年7月5日朝鲜大使馆招待会上说："苏联和社会主义阵营各国外交政策的总路线，是不同制度国家的列宁的和平共处政策。"② 不仅如此，在赫鲁晓夫看来，阵营共处的核心就是苏美两国的"和平共处"。他说："我们两国的态度，对国际局势有决定性

---

① 《赫鲁晓夫言论》第13集，第360页。
② 《真理报》1961年7月6日。

的影响，既能使局势改善，也能使局势紧张。"① 赫鲁晓夫把苏联看成是社会主义阵营的首领。在这个阵营中，其他国家的利益都要服从苏联的利益，这明显地表现出大国决定论和霸权主义。在党的关系方面，赫鲁晓夫对其他党指手画脚，时常暴露出"老子党"的恶习。

第四，还有一点需要指出的是，赫鲁晓夫对"和平共处"原则的理解也有片面之处。在他看来，"和平共处"原则只适用于不同制度的国家之间，而不适用于社会主义国家之间。事实上，恰恰是社会主义国家之间关系才更应该建立在这个原则基础上。从战后苏联同其他社会主义国家关系的实践中看，这是完全必要的。

总的来看，赫鲁晓夫新外交战略思想包含着许多可取的思想内涵，有许多创新之处，其积极方面是主要的，它有效地配合了苏联国内的改革运动。当然，赫鲁晓夫这方面的理论有很大的局限性。这正是后人应该突破的。

---

① 《赫鲁晓夫言论》第7集，第182页。

第十章 对波匈事件的反应

第一节 对波兰事件的反应

波兹南事件和苏联的最初反应

1956年波兰出现了不稳定的迹象。这种情况的出现与苏联有很大的关系。这是苏共二十大之后在波兰出现的激变事件。1956年6月，波兰的波兹南斯大林机车车辆制造厂的工人出现了不满情绪，他们提出了增加工资等经济要求。随后，该厂工人组成了请愿团到波兰首都华沙去同政府谈判。但是，政府拒绝了工人请愿团提出的要求。消息传来，该厂的工人情绪波动，一万多工人走上了街头，开始举行示威游行。工人在游行中除了高喊经济方面的要求和口号之外，还将矛头指向苏联，高喊："俄国佬滚回去！"游行群众还要求哥穆尔卡复职，重新主持党的工作。

波兹南的局势在进一步失控。工人冲进政府机关和强力机关，同警察发生了冲突。工人还打开了监狱，获取了武器。波兰政府迅速从华沙派遣警察部队前来平息事件。结果53人死于冲突，200多人受伤。政府还逮捕很多肇事者。

波兹南事件震动了整个波兰，也使苏联最高领导人感到十分震惊。1956年6月30日，苏联《真理报》发表苏共中央声明，将事件的起因归结于美国等西方国家的挑唆和宣传，是帝国主义颠覆社会主义国家行为的一次暴露。声明表示："为了在社会主义国家增强颠覆活动，美国垄断资本分子发了大量的金钱，波兹南的反人民暴动就是用这笔钱收买的。"现在来看，苏联将波兹南事件全部归咎于外因的这种估计显然是不符合实际的。

波兰事态的发展使得现任领导人不可能再控制住局面了。于是，波兰最高层同意哥穆尔卡出来主持工作。哥穆尔卡在斯大林执政时期被"清洗"，此次出山意义重大。这意味着波兰否定了苏联强加于波兰的人事安排。10月19日，波兰党准备召开党的八中全会，哥穆尔卡的领导地位将在这次全会上得到确认。与此同时，根据预先的人事安排，苏联派到波兰的国防部长罗科索夫斯基将失去波兰党中央政治局委员的职务，不再进入波兰的政治核心。

苏联一直注意波兰事态的发展和变化。情报部门将有关波兰党的人事安排的情报送到苏联最高决策层。苏联最高领导人感到波兰情况有些不妙。赫鲁晓夫召集一次秘密会议，商讨对策。赫鲁晓夫有一个判断，即波兰有可能脱离苏联的轨道，因为哥穆尔卡重新主持工作和苏联派驻波兰的顶级政治人物、波兰国防部长罗科索夫斯基不在波兰党中央政治局委员之列，这明显地向苏联暗示，波兰有自己的看法和主张，不再听从苏联的安排。更何况，在赫鲁晓夫等人看来，哥穆尔卡是一个典型的自由主义分子，斯大林打击他是"有道理的"。苏联最高决策层作出决策，即苏共应该对波兰党的最高领导层施加压力，阻止波兰脱离苏联。于是，苏共正式向波兰党中央和政府发出要求，希望波兰党政最高官员同苏共和苏联政府最高官员举行双边会谈和磋商，就有关问题进行讨论。但是，苏联最高决策层没有想到，波兰拒绝了苏方提出的要求。当然，这种拒绝不是直接的和生硬的，而是委婉的和非常策略的。一般地说，小国同大国打交道，在最关键的时刻往往表现出很高的外交智慧和外交艺术。

"碰壁"后苏联最高决策层对波兰的疑虑更为加重，苏共中央主席团和政府又一次召开联席会议，讨论如何对待波兰局势。斯大林去世后，苏联最高决策层在处理一些比较重大的国内和国际问题时常常采取召开党中央最高决策层和政府联席会议的形式，这实际上改变了斯大林时期一个人对国家大政方针作出决定的不良现象。在这次会议上，赫鲁晓夫主张对波兰不能再软弱了，否则后果不堪设想。会议决定，对波兰施加强力威慑。10月17日，驻扎在波兰的苏军奉命开始行动，对波兰首都华沙实行了包围态势，有些地段出现苏军坦克。这是苏联大国主义的典型表露，纯粹是大国欺压小国的行为。这些行为若发生在沙俄时期没有什么值得惊讶的，但是这种现象竟然发生在苏联社会主义国家，这严重违背了社会主义的国际原则和社会主义的价值观，更损伤了社会主义的形象。

波兰党关键时刻表现出了团结一致的传统。波兰党中央没有惊慌，没有让步，继续为召开党的全会做各种必要的准备。华沙首都民心稳定，显得从容不迫。这种态势反使苏联最高决策层陷入尴尬境地。当苏联驻华沙大使馆和苏联情报部门不断向苏联最高决策层报告波兰党中央和政府没有妥协迹象时，苏联最高决策层再也忍不住了。赫鲁晓夫又召集了秘密会议。这次会议的决定是，苏联最高决策层必须派出一个最高级的代表团直接参加波兰党的八中全会。

10月19日，波兰党的八中全会正式召开，哥穆尔卡作主旨报告。哥穆尔卡认为，波兰面临巨大的困难，但是，"解决这些巨大困难的钥匙掌握在工人阶级手中，无论现在的和未来的前景的一切，都取决于工人阶级的态度。而工人阶级的态度则取决于党的领导机构所制定的党的政策，取决于管理国家的技巧，取决于政府和国家一切最高机构的艺术"。哥穆尔卡显然直接批评了苏联对波兹南事件原因的分析。他认为："把痛心的波兹南悲剧说成是帝国主义特务和挑衅分子闹出来的，这种笨拙的企图在政治上是非常幼稚的。"他说："特务和挑衅分子始终会有，始终会活动，而且到处会有，到处会活动。但是他们在任何地方决不能够决定工人阶级的态度。"[①]

赫鲁晓夫华沙施压

就在会议进行期间，全会得到消息，赫鲁晓夫率领庞大的苏党政代表团不请自到，飞抵华沙上空，请求降落，并要求参加这次全会。赫鲁晓夫率领的代表团几乎包括了苏联党政最高领导，如卡冈诺维奇、米高扬、莫洛托夫等。得知这个消息，全会代表十分震怒。波兰中央全会商讨对策。一些代表提出，波兰党中央应该谴责这种不请自到的"无理"行为，不让苏联代表团降落。但是，全会多数代表主张与苏联代表团谈判解决问题，将苏联代表团拒之门外，不是解决问题的办法，只会使局势更加复杂化。于是全会决定委托哥穆尔卡同苏联代表团谈判。

这是一次不寻常的谈判，是两个社会主义国家的谈判，同时又是一个小国同大国的谈判。面对苏军包围华沙的态势，哥穆尔卡没有妥协，他首先提出苏军必须回到应该回到的地方，必须解除对华沙的包围。在包围状态下波兰无法同苏联谈判。如果苏联依然坚持让苏军包围华沙，他就将发表演说向国内外说明事情的全部真相。赫鲁晓夫等人没有料到波兰领导人如此"强硬"，如此不妥协。最后苏联代表团同意从华沙周围撤走军队，解除对首都的包围态势。随后，波兰和苏联进入了艰苦的谈判过程。赫鲁

[①] 《关于波兰目前局势》，世界知识出版社1957年版，第8、9页。

晓夫表示，苏方对哥穆尔卡成为波兰党的最重要的领导人没有异议，但是苏联希望罗科索夫斯基必须在波兰党的最高决策层任职。赫鲁晓夫还强调，波兰党中央应该认真考虑苏联方面的这个重要的建议。面对苏联提出的无理要求，波兰代表团表现出了极大的耐心，因为除了必须同苏联进行耐心的解释和说服工作之外，波兰没有更多的选择。"耐心"成了波兰代表团能否取得谈判成功的关键因素。哥穆尔卡向赫鲁晓夫等苏联领导人提出了两点原则：一个是波兰党有能力自己解决自己的问题，有能力办好自己的事情，需要苏联帮助的时候，波兰党会提出来的，而不必采取苏联安排自己的领导人到波兰党中央任职的办法；另一个是波兰绝不会做出损坏苏联和整个社会主义阵营的事情，波兰绝不会倒向西方，波兰永远是苏联的同志。但是，苏联代表团不同意、不接受波兰代表团的解释。谈判没有结果，但是，谈判必须进行下去。

就在两国代表团进行紧张的谈判之时，波兰首都华沙的气氛出现了变化，华沙人民举行了声势浩大的群众示威游行，声援和支持波兰党中央，其场面令波兰党中央感动。与此同时，波兰军队出现了大的变化，绝大多数波兰军队表示不服从国防部长罗科索夫斯基的领导和指挥。整个华沙变成了一座火炉，赫鲁晓夫等人正坐在这个火炉中，被浓厚的"波兰气氛"所围困。赫鲁晓夫真是自投罗网！

随着局势的发展和变化，谈判对苏联代表团越来越不利，尤其是得知波兰军队出现了不服从罗科索夫斯基指挥的信息之后，苏联代表团认为，苏联必须从原有的立场上退却，同意波兰党中央的建议。双方发表了一份联合公报。

1956年10月24日，哥穆尔卡在华沙群众大会上发表讲演，谈到了同苏联的关系。哥穆尔卡表示："我可以向你们肯定地说，这些原则得到了越来越大的谅解，我们党和苏联共产党都同意这些原则。我们同苏联共产党代表团举行的最近一次会议使得苏联同志能够比较清楚地了解波兰的政治形势。"哥穆尔卡还明确地说："我们最近从苏联共产党中央委员会第一书记赫鲁晓夫同志那里得到了保证，他说他认为我们两国的党和政府的相互关系没有理由不应当按照我们党中央委员会第8次全体会议所拟定的原则。"哥穆尔卡说："一切有关我们内政的具体问题将按照党和政府的意见来进行解决。在我们的军队中是否必定需要苏联军事专家和顾问，并且需要他们多久，完全取决于我们的决定。"哥穆尔卡还说："同时，我们已经获得了赫鲁晓夫同志的保证,在波兰领土上的苏联军队将在两天之内回到他们根据国际条约、按照华沙条约的规定所驻扎的基地去。"①

笔墨官司

但是,情况并不像哥穆尔卡所说的那样顺利。这期间,苏联十分注意波兰内部的一举一动。

这期间波兰理论界十分活跃,提出了一些思想和观点,主要是分析和反思波兰社会主义建设进程中的问题,其中有两篇文章引人注目。

一篇是波兰兹·弗洛尔恰克的文章,题目是《同西方谈话》,该文发表在10月下旬的《新文化报》上。作者在这篇文章中说,"共产主义阵营为了自己使用方便而制定了一些行话,以便于同群众相互了解,而且很快就相互了解了。因为这些行话发生时的形势是斗争性的。我们说全世界无产者,我们说反动派,我们说建设社会主义。很明显,这些是从斗争性的气氛中所产生的行话,是同分析的唯智主义的精神相矛盾的。我没有把握说,是不是已经是从这些行话中解脱出来的时刻了。何况从为了实践的目的而装饰自己的思想和行话下解脱出来,并不意味着取消这种思想"。作者的意图是明确的,"应该把第一革命的战斗工具和起关键环节作用的思想行话交给博物馆"。但是,作者的意思是不要再重复那些旧行话了,而应该发挥新的思想,不要把"马克思主义弄成法典"。

另一篇是波兰叶日·普特拉曼特的文章,题目是《问题的实质》,发表在10月19日的《华沙生活报》上。普特拉曼特的观点是,"国家生活公开化、分权、民主、自主"这些中心口号都是正确的。文章作者明确提出,1936年的社会主义是特殊情况下的社会主义,苏联的社会主义只是一种社会主义制度的选择。这样的观点当然触动了苏联模式本质上的东西。

苏联《真理报》终于获取到"猎物"了,得到了笔端攻击的靶子。苏联《真理报》记者的文章题目是《波兰报刊上的反社会主义言论》。这篇文章点名批评了上述两篇文章。《真理报》记者开篇就指责:"最近,在波兰报刊上日益出现宣传放弃社会主义道路的言论。这可能是很奇怪的,但是这是事实。"文章指责弗洛尔恰克"公开向马克思宣战"。文章通篇贯穿着漫骂,如文章将弗洛尔恰克说成是"肆无忌惮的骗子",说他

---

① 《关于波兰目前局势》,第51页。

"厚颜无耻""不学无术""肮脏捏造",《真理报》记者特别注意到了波兰理论界中的"反苏滥调",并表示了"不安"。记者首先指的是普特拉曼特的观点。普特拉曼特在文章中曾经说过:"我们至今以前所不得不接受的经济制度,即建立在过分庞大、极端集中的官僚机构上的经济制度,无疑地并且无可挽回地破产了。"① 但是,苏联《真理报》记者却将其现点引申为"社会主义经济制度""无可挽回地破产了",并讽刺作者将"社会主义"这个词"梗塞作者的喉咙里了""他的整篇文章,就问题实质来说,就是企图为脱离社会主义找出某种理由"。② 苏联《真理报》是苏联共产党的喉舌,而且就苏联意识形态的特点而言,一个普通的记者如果没有官方背景是不会撰写这样一个涉及别国敏感问题的题目,公开批评这个国家公民的。

苏联《真理报》的文章立即引起波兰方面的反应。1956 年 10 月 21 日,波兰《人民论坛报》发表了波兰兹比亚·阿尔提莫夫斯卡的文章,题目是《为了真正的友谊—对〈真理报〉记者的回答》,针锋相对地批评了苏联《真理报》记者的观点,认为《真理报》记者"用了一些不诚恳、不友好、不是党的和讨论的字眼",利用"断章取义"的方式来进行讨论,其文章"充满了侮辱的和不真实的解释",所有这些都无助于苏波友好的发展。

不过,苏联和波兰的"笔墨官司"实际上是种外交上的动作,是一种插曲,是为外交服务的。

哥穆尔卡访苏成功

波兰和苏联的两国和两党关系原则已经确定,但需要巩固。波兰党首先采取了积极态度。波兰党中央八中全会之后,波兰中央高层决定必须尽快派波兰代表团正式访苏,进一步沟通两国和两党之间的关系。1956 年 11 月 15 日,哥穆尔卡率领波兰代表团抵达莫斯科,开始了这次重要的访问。苏方也组成了高规格的代表团来接待波兰客人,其团长是赫鲁晓夫,成员是伏罗希洛夫(苏共中央委员会主席团委员、苏联最高苏维埃主席团主席)、布尔加宁(苏联部长会议主席)、米高扬(苏共中央委员会主席团委员、苏联部长会议第一副主席)和萨布罗夫(职务同米高扬)。哥

---

① 见《关于波兰目前局势》,第 102 页。
② 《真理报》1956 年 10 月 20 日。

穆尔卡同赫鲁晓夫的会谈富有成效,双方发表了联合声明。其主要思想是,苏联和波兰应该在完全平等、尊重领土不可侵犯和国家主权、互不干涉内政的基础上发展两国之间的关系。苏联同意写入这些内容实际上就是等于承认了自己的一些错误。苏联还取消了一些波兰欠债。联合声明表示,双方讨论了同苏联军队暂时驻留波兰领土有关的问题,认为这种状况的存在是"适宜的",但要确定苏联军队在波兰的人数和编制问题。

波兰代表团访苏十分成功。为此,11月18日,哥穆尔卡在波兰驻苏联大使馆举行了招待会,他表示:"波兰和苏联之间以及波兰统一工人党和苏联共产党之间的关系有了根本的转变。"赫鲁晓夫在发言中承认,"过去在我们的党之间和国家之间,有一些误解和错误……当发现我们是错了的时候,就坚决纠正错误,但是当我们确信我们是正确的时候,我们决不退让。"赫鲁晓夫还论述说:"在社会主义国家之间没有对立,也不会有对立,因为共同的目标、共同的利益团结着它们。任何一个社会主义国家都不打算把自己的办法、自己的经验强加给别国。谁要是突出地表现自己的经验,吹嘘自己的方式和方法,谁就站在不正确的立场上。"①

波兰用条约来约束苏军

苏联最高决策层对波兰态度的变化表明,苏联对自己的所作所为、对自己的错误有一定的认识,尽管这种认识是不深刻的。值得一提的是,苏联还同波兰签订了一项非常重要的协定,即12月17日,两国政府签署了关于临时驻扎在波兰的苏军的法律地位协定。该协定规定苏军不能以任何方式侵犯和威胁波兰的主权和独立,不能干涉波兰的内部事务。苏军的驻扎和调动以及其他重大活动需经波兰党中央的同意和认可。这是苏联中央高层作出的重大让步。苏联中央高层作出这样的让步是比较明智的,缓和了波兰对苏联的不满情绪。应该说,当时苏联同中国的关系很好。波兰事件出现之后,苏联在对待波兰问题上犹豫不决,主动征求过中国中央高层的意见并邀请中共代表团访苏。刘少奇率团前往。中共的意见十分明确,反对苏联对波兰进行武装干涉,苏联应该通过谈判解决问题,苏联应该摈弃自己的大国主义和大党主义,尊重东欧国家的主权。在中共的建议下,10月30日,苏联政府发表了《关于发展和进一步加强苏联同其他社会主义国家友谊和合作基础的宣言》,中国马上发表声明支持苏联的这一举动。

---

① 见《关于波兰目前局势》,第170、172、176页。

1957年4月15日，赫鲁晓夫在阿尔巴尼亚驻苏大使馆为阿党政代表团访苏举行的宴会上说："某些人士不同意社会主义阵营这个概念，想用'合作'或是其他类似的字眼来代替'社会主义阵营'这个名词。我想，没有，也不可能有比'社会主义阵营'这个名词更确切的定义了，它最充分地反映了在两个体系——社会主义和资本主义体系——存在的情况下社会主义各国关系的实质。只要代表两个极端的两个体系还存在，不可避免地就有两个对立的阵营存在。"① 他在1957年4月19日表示："现在有人像追求妙龄娇女那样献殷勤。为什么？因为这些人希望搞到点什么。他们想向波兰搜寻能够用来反对波兰的人民政权和社会主义建设、反对苏联的力量。"②

第二节　苏联与匈牙利事件

1956年是社会主义国家发展史上十分重要的一年，这一年东欧国家出现了许多问题。波兰事件刚刚平息，匈牙利又出现了更为严重的事件。1956年10月，匈牙利出现极其复杂的政治局面，为时13天，有上万人死亡，直接经济损失达220亿福林。

匈牙利事件的发生不是偶然的，有其深刻的历史背景和十分复杂的国内外原因。其中一个非常主要的原因就是，苏联在处理同匈牙利关系问题上犯过许多错误。这些错误是非常严重的。基辛格认为："匈牙利的反抗苏联霸权，出自掺杂在一起的三大爆炸性因素：俄罗斯传统上的大国主义，苏维埃的意识形态，以及匈牙利人强烈的民族主义。"③

拉科西的恋苏情结

匈牙利共产党具有光荣的革命传统，1918年匈牙利革命对欧洲社会主义革命起到了重大的推动作用。匈牙利苏维埃共和国失败后，匈牙利共产党面临着非常严峻的考验。但是，匈牙利共产党在著名的领袖库恩·贝拉领导下继续坚持革命斗争。然而，在苏联30年代的大清洗过程中库恩·贝拉没有逃脱厄运，他被苏联指控为"暗藏的敌人"，而于1939年

---

① 《赫鲁晓夫言论》第6集，第214、215页。
② 《赫鲁晓夫言论》第6集，第222页。
③ [美] 亨利·基辛格：《大外交》，海南出版社1997年版，第502页。

被处决。这个冤案直到 1956 年才得以平反。这是苏联给匈牙利共产党留下的一个巨大的阴影。库恩·贝拉死后拉科西·马加斯于 1940 年成为匈牙利共产党的领袖。拉科西对苏联忠心耿耿是有原因的，是苏联将拉科西从匈牙利的监狱中拯救出来的。苏联采取的办法也是非常有意思的。苏联同匈牙利当局秘密接触，将苏联保存的匈牙利 1848 年革命时期一套完整的旧军旗交给匈牙利政府，从而换回了拉科西。从此，拉科西在苏联成为匈牙利共产党的领袖。这样，拉科西就有了浓厚的苏联情结。匈牙利解放之后，拉科西回国主持中央工作，他将苏联那一套"左"的模式搬到匈牙利，跟着苏联亦步亦趋。苏联大反"铁托分子"，匈牙利也猛抓"铁托分子"，制造了一大批冤假错案。最典型的就是将匈牙利著名的领导人拉伊克清除掉。拉伊克曾经是匈牙利党中央政治局委员、内务部长、外交部长、人民阵线主席。但是，这样一位高级领导人因莫须有的罪名于 1949 年 9 月 24 日被绞死。同拉伊克一起被绞死的还有其他 5 名高级干部。当时的卡达尔也遭到了拷打和审讯。匈牙利的大清洗是东欧国家中搞得最厉害的国家。与此同时，拉科西在匈牙利大搞对斯大林的个人崇拜，同时也大搞对他自己的个人崇拜。拉科西不仅在政治上同苏联"保持一致"，而且在经济上照搬苏联模式，片面发展重工业，致使农业和轻工业发展十分缓慢。拉科西还全盘苏化，严重地损害了匈牙利民族自尊心和匈牙利人民对苏联的感情。匈牙利无论在政治方面还是在经济方面都潜伏着深刻的危机。

匈牙利采用苏联政治脚本

1953 年，民主德国出现不稳定局面之后，匈牙利也出现了连锁反应。苏联驻匈牙利大使馆注意到了匈牙利出现动荡的趋向。当时担任大使职务的是安德罗波夫。此人头脑清楚，判断问题能力很强。苏联中央最高决策层得到匈牙利各种不稳定的情报之后，召开了内部高层会议，研究解决问题的办法。赫鲁晓夫主张对匈牙利领导人施加压力，要求他们改变政策，缓和紧张的局面。于是，匈牙利领导人拉科西等被召到莫斯科，受到了赫鲁晓夫等人训斥。苏联领导人要求匈牙利领导人修改经济政策，改变经济政策的优先次序，更充分地照顾到本国的特点，特别是民族因素；停止政治上的违反法制现象，为无罪被判刑的人平反；改变领导班子。更令人惊奇的是，对匈牙利批评最甚的是贝利亚和莫洛托夫。马林科夫代表苏共中央主席团建议：拉科西虽然担任党的第一把手，但是党的第一把手的称呼不再是党的总书记，而改为党的第一书记，同苏联相一致；拉科西不能兼任政府总理职务，必须将政府总理一职让给当时的副总理纳吉担任。苏联领导人还要求更换匈牙利国防部长和文化部长。苏联的批评集中在拉科西领导集团的教条主义错误和集权统治方面。苏联新领导人之所以欣赏纳吉，除了他有才能之外，还因为纳吉长期在苏联工作。苏俄国内战争期间，他曾是全俄肃反委员会在西伯利亚的工作人员。1933年他又成为苏联内务人民委员部的举报人。他曾经在苏联被捕，但与之保持经常联系的苏联保安总局将他释放。贝利亚和其他苏联领导人都比较熟悉他。苏联新领导班子这次对匈牙利领导班子的"训话"是非常严厉的，他们甚至警告匈牙利领导人，如果你们不变革，等待你们的将是：人民将用扫帚把你们赶走。① 匈牙利领导班子是存在着问题的，但是，苏联这种做法与两党关系和两国关系的基本原则相违背。苏联就是这样干涉别国内部事务的。

　　苏联的建议就是法律。匈牙利领导人回国之后，马上于6月27至28日召开中央全会，讨论有关重大问题。拉科西在会上作了自我批评，他承认自己过去在工作中犯了许多错误。根据苏联的建议，他提出辞去政府总理职务。苏联中央最高决策层密切注意匈牙利中央全会的情况，赫鲁晓夫还几次打电话，督促匈牙利领导人按照苏联的指示精神去办，苏联这种态度几乎同对待苏联加盟共和国的态度一样。为了照顾拉科西继续工作，匈牙利中央全会没有公开拉科西的错误，但是全会为纳吉恢复了名誉，并建议纳吉为政府总理。苏联推荐纳吉的理由是，纳吉反对匈牙利全盘农业集体化的做法后来被证明是正确的。纳吉几经政治上的沉浮，到1953年时是匈牙利的主要党和国家领导人。这样，匈牙利领导人执行的政策就与苏联接轨了。

纳吉的复出和下台

　　纳吉·伊姆雷出任总理之后提出了一些经济改革方案，其主要思想就是改变片面发展重工业的方针，注意提高人民的生活水平，纠正过去工作中出现的"左"倾错误，其中包括解散合作社。纳吉的做法当然遭到了拉科西的反对和阻挠。匈牙利政治生活中逐渐出现了两种声音，从而导致党的最高领导人和政府最高领导人之间出现严重的意见分歧。拉科西不断

---

① 瓦·列·穆沙托夫：《苏联和1956年匈牙利事件——新的档案材料》，《近代史和现代史》1993年第1期。

地向赫鲁晓夫控告纳吉的"错误路线"。但是,苏联没有明显地表示支持拉科西。拉科西在这种情况下采取冒险行动,同政府副总理格罗一起制定了与纳吉相反的政策和经济方案。但是,拉科西在中央全会上失败了,纳吉制定的经济政策得到了中央全会多数代表的支持。拉科西一气之下去苏联养病,并向赫鲁晓夫汇报匈牙利出现的"令人担忧"的情况。

从东欧政治情况中可以看出,东欧政局的变化是与苏联政局的变化紧密相连的。斯大林欣赏拉科西,但到了赫鲁晓夫时期拉科西就不再被那么欣赏了。赫鲁晓夫明知道拉科西犯有严重的错误,为什么还要让他继续担任党的"第一书记"?就是因为此人对苏联"友好""听话"。为什么要让纳吉上台?就是要让他改变一下政策,缓解矛盾,不要将匈牙利社会紧张之弦绷得太紧。而且纳吉的政策主张与苏联的方针政策比较吻合。但是,历史往往不按照决策者的意愿发展。1953年到1954年,苏联的情况也在发生微妙的变化。由于赫鲁晓夫批判了马林科夫提出的关于发展轻工业的"新方针",所以,纳吉的那套发展轻工业的经济方针受到了苏联的批判。拉科西得到苏联的支持后开始对纳吉进行政治上的打击。1955年3、4月份,拉科西两次主持召开中央全会,公开批判纳吉。纳吉被开除出匈牙利党中央政治局,其党内外的一切职务也被解除。匈牙利的总理职务由拉科西的亲信担任。应该说,马林科夫在苏联政治地位的削弱,影响了纳吉的政治前途。拉科西的极端做法引起了党内外许多正直人士的不满,他们纷纷向党中央提出批评意见,有的甚至向苏联当局提出备忘录,申述匈牙利不正常的政治现象。拉科西得知后加强了对国内的控制,把纳吉开除出党,并对其他参与批评党中央的人士作了组织上的处理。纳吉闭门写书,阐述自己的观点,发表自己的见解。

裴多菲俱乐部的成立

20世纪50年代是苏联的多事之年。1956年苏共召开了二十大。赫鲁晓夫反斯大林的秘密报告在东欧引起了强烈的反响,也给匈牙利党内本来就十分激烈的政治斗争浇上了汽油。纳吉认为自己的观点是正确的,是同苏共二十大的精神相符合的。所以,他将自己的文章编印成册,公开发行。与此同时,匈牙利出现了裴多菲俱乐部。裴多菲·山道尔是匈牙利著名的爱国诗人。他倡导匈牙利的民族独立和自由。在1956年,匈牙利一大批共产党员、知识分子和官员共同成立以裴多菲名字命名的俱乐部。该组织得到西方的声援甚至支持。同时参加俱乐部的许多人显然怀有反对苏联控制、维护匈牙利民族独立的强烈情绪。裴多菲俱乐部多次召开会议，就苏共二十大和匈牙利国内问题进行辩论，批评拉科西的政策。裴多菲俱乐部实际上成为党中央和政府的反对组织，他们拥护纳吉，要求纳吉回到党内，主持党中央的工作。

拉科西感到了局势的危险性，他紧急召开会议，宣布裴多菲俱乐部是"反党反人民的组织"，并要求政权机关取缔这个组织。但是，裴多菲俱乐部的政治号召力在加强，因为拉科西政策已经令匈牙利人民忍无可忍。

这年夏天，苏斯洛夫来到匈牙利，他的基本观点是必须加强匈牙利党的团结，必须维护拉科西的威信。关于为拉伊克平反问题苏斯洛夫表示，当时审判拉伊克，是同南斯拉夫决裂的结果，负有罪责的是贝利亚和斯大林，而不是匈牙利人。他强调，党的领导的更换，特别是拉科西的更换，或者党中央的分裂是给予敌对势力最好的礼物，他们不可能期望比这更好的礼物。苏斯洛夫这次到匈牙利没有搞到实际情况。在他看来，拉科西是有工作缺点，但民众的情绪是健康的，谈不上什么党领导的危机，也谈不上信任党的领导问题。① 但是，拉科西的威信已经无法维持了，匈牙利国内出现了极度不稳定状况。苏斯洛夫还会见了卡达尔。他刚刚于1954年从监狱中被释放。

但安德罗波夫大使工作出色，他敏锐地发现了匈牙利正处于混乱的前夕。这种判断和分析比苏斯洛夫要符合实际。苏联驻匈牙利大使馆向苏联中央最高决策层发出了匈牙利动荡即将来临的报告。安德罗波夫表示，匈牙利的动荡程度将会使波兹南事件相形见绌。

苏联中央高层的方案：匈牙利必须换马

赫鲁晓夫得到报告后，立即召开中央核心会议，商讨如何处理匈牙利国内日益显露出来的危机。最后，赫鲁晓夫决定派米高扬去匈牙利。解决问题的办法就是将拉科西拉下马，要他辞去党和国家的一切职务，退休！到苏联来！

1956年7月13日，米高扬以最快的速度抵达匈牙利，要求拉科西辞职。拉科西起初不同意这样的方案，他还要继续控制局势，并认为如果他辞去一切职务，匈牙利就可能出现极其混乱的局面。但是，米高扬警告了

---

① 瓦·列·穆沙托夫：《苏联和1956年匈牙利事件——新的档案材料》，《近代史和现代史》1993年第1期。

他，要他必须按照苏联中央的决定行事。拉科西给赫鲁晓夫打了电话，表示同意苏联方面的安排。关于纳吉问题，米高扬表示，苏联方面不赞成匈牙利党中央开除纳吉党籍的做法，因为这样做有些冒险。米高扬建议匈牙利党中央同纳吉接触，最好让他回到党内来。7月18日，拉科西向党中央提出了辞职请求，最后到苏联生活。接替拉科西任党的第一书记的是格罗。卡达尔是格罗的助手。特别有意思的是，卡达尔刚刚从监狱里出来，就到了党中央工作。这些都表明匈牙利的政治生活是多么不正常。监狱与中央领导机关存在着直接联系，不是从监狱直接到中央机关工作，就是从中央机关直接去监狱！米高扬在这次会议上发表了讲话，其要点是，不能丧失党性；中央委员和普通党员都必须遵守的党的纪律；在意识形态战线要采取攻势；支持拉科西辞职；领导要补充新鲜血液；等等。米高扬表示，莫斯科认为将纳吉开除出党是个错误，尽管这也是他咎由自取。如果纳吉想回到党内，他应当同党和解并纠正自己的错误。如果他留在党内，他就应当服从党的纪律。米高扬建议告诉纳吉："同党作斗争的道路——就是必将被关进监狱的道路。"① 米高扬作为苏共特派员参与了匈牙利更换党的最高领袖的全部过程，并积极干预了这个过程。

苏联看到了匈牙利局势的危险性，这表明苏联是关心匈牙利局势的。但是，苏联中央决策层对匈牙利问题的处理方式是不对头的。过分介入匈牙利内部事务，干涉匈牙利内政是匈牙利发生不稳定的主要因素。拉科西作为亲苏联的匈牙利领导人犯了许多错误，但就是这样一位不得人心的领导人没有苏联的认可，匈牙利党中央就不可能将其从领导岗位上撤换下来。赫鲁晓夫上台后苏联局势和匈牙利局势都发生了很大的变化，而且赫鲁晓夫知道拉科西犯过很多错误，然而，赫鲁晓夫"严厉批评"之后还是让其继续执政，这些都出于拉科西是苏联的"铁杆"朋友这种考虑。赫鲁晓夫从国内局势出发，对拉科西打击纳吉采取了容忍的态度，导致匈牙利局势更加复杂化。就在匈牙利局势陷于非常危险的情况之后，苏联才不得不采取措施，防止局势进一步失控。苏联开始同纳吉直接进行接触。赫鲁晓夫指示苏联驻匈牙利大使安德罗波夫同纳吉会谈，米高扬在匈牙利也同纳吉进行了正式接触。苏联的意图十分明显，希望纳吉出来稳定局

---

① 瓦·列·穆沙托夫：《苏联和1956年匈牙利事件——新的档案材料》，《近代史和现代史》1993年第1期。

面,并向纳吉解释将其开除出党不是苏联的意思,而是拉科西的政治冒险。苏联还向纳吉建议,尽快提出恢复党籍的申请。果然,纳吉很快向匈牙利党中央提出了恢复党籍的申请。但是,匈牙利党中央领导人仍然对纳吉采取不合作的态度。纳吉的申请没有得到答复。

匈牙利的局势越来越朝着不利于当局的方向发展。到1956年,匈牙利的冤假错案仍然没有得到平反,群众的意见非常强烈。在苏共二十大之后,"平反"已经成为苏联和东欧国家的一个中心话题和中心政治任务。但是,匈牙利党中央却在平反问题上迟迟没有动作,这表明匈牙利党中央已经失去了领导党和国家解决重大问题的能力和政治敏锐性。于是,有关为拉伊克平反的呼声越来越强烈。这就给裴多菲俱乐部提供了政治机会。该组织多次举行为拉伊克平反的报告会。拉伊克的遗孀尤莉奥·拉伊克在裴多菲俱乐部举行的一次讲演中详细地描绘了拉伊克受到迫害和被处死的过程。这份材料在全国引起了非常大的震动。只有在这种情况下格罗才给匈牙利300多位所谓的"铁托分子"平反。10月6日,匈牙利当局为拉伊克等人举行了国葬。布达佩斯有30万群众参加了这个仪式。随后,匈牙利全国出现了平反和重新安葬的浪潮。党中央和政府面临着巨大的压力。因历史包袱太沉重,格罗不得不将处死拉伊克的原国防部长逮捕。10月14日,党中央对纳吉的申请作出了反应,同意恢复纳吉的党籍。匈牙利党的领导人认为采取平反措施和为纳吉恢复党籍会平息群众的不满情绪,所以,格罗等人对匈牙利局势抱着比较乐观的态度。格罗为寻求国际上的支持,决定出访南斯拉夫。10月20日,赫鲁晓夫由华沙回来,苏共中央在核心会议上专门讨论了苏共必须与社会主义国家保持相互平等关系问题。

格罗愚蠢的政治举动

就在格罗出访南斯拉夫之际,波兰出现了波兹南事件。哥穆尔卡重新担任党的最高职务给匈牙利反对当权者的人以巨大的鼓舞。要求纳吉重新进行执政的呼声越来越高涨。10月22日,裴多菲俱乐部向党中央递交了"十点要求",布达佩斯院校代表向党中央和政府提出了"十六点要求",其主要内容就是要求由纳吉来领导国家;在匈牙利实行经济和政治改革;清算拉科西的错误;反对苏联的大国主义,等等。这些要求中有些是合理的,但是也有些内容比较偏激。10月23日,群众运动开始发展,并出现了示威游行活动,人数达20万。

格罗从南斯拉夫回来后看到局面不对,就命令内务部队进入戒备状态，禁止群众集会和示威游行。这项命令起了相反的作用，许多不愿参加游行的人出于对政府命令的不满，也走上了街头。格罗等领导人发现戒严令没有起作用，随后又通过传播媒介宣布取消戒严。政府的反反复复的态度，更失去民众的支持和理解。群众集会和示威游行活动进一步扩大。晚上，格罗发表了广播讲话。这个讲话很不成功，他将参加集会和示威游行的人说成是"暴徒"，这样就激怒了集会的人们。骚动从此开始。事后，南斯拉夫总统铁托认为格罗实在太愚蠢，讲了不该讲的话。

面对群众的大规模的骚动，匈牙利党中央举行会议，作出两个决定，一是在布达佩斯实行戒严；二是请求苏联军队前来维持秩序。会议还采取了补救方式，即让纳吉担任政府总理，并对政治局实行改组。10月24日，新上任的纳吉总理呼吁群众保持冷静，停止流血冲突，但是，骚动已经开始，纳吉的话没有起作用。

骚动越来越失去控制，冲突越来越大。许多匈牙利的党政干部被杀。布达佩斯的局势完全失控。

米高扬和苏斯洛夫进入布达佩斯

匈牙利的局势极大地震惊了苏联最高决策层。赫鲁晓夫显得十分惊慌和忙乱。经过短促的会议讨论之后，苏联决定控制局面。

10月24日，苏联的高级领导人米高扬和苏斯洛夫分乘苏军装甲车并在重兵的护卫下进入布达佩斯。在匈牙利党中央总部，米高扬和苏斯洛夫会见了格罗。苏联领导人对格罗提出了一系列的指责，侮骂格罗是一个无能的政治家，不听苏联的劝告，不同纳吉和解，发表低能的讲话从而激起群众的不满情绪，等等。米高扬还严厉指责格罗不负责任地、轻率地请求苏军进入布达佩斯。最后，苏联领导人要求格罗必须立即辞职。格罗对此表示不满，他搬出赫鲁晓夫的话作为回击米高扬等人的武器。格罗说，赫鲁晓夫曾经表示过，格罗是匈牙利党团结的旗帜。旗帜一倒，匈牙利党就土崩瓦解了。而米高扬则反击说，匈牙利党已经土崩瓦解了，还谈什么旗帜？最后，格罗同意辞职，由卡达尔接任匈牙利党的第一书记。不过这个结果暂时不向外界透露。米高扬和苏斯洛夫又同纳吉磋商如何摆脱危机的问题。苏联方面的立场就是迅速采取武力行动，平息匈牙利动乱。但是，纳吉却对此表示异议。他向米高扬等人表示，他还要用其他手段尝试解决危机，请"苏联同志"给他一个机会。

纳吉执掌政权

10月25日以后，匈牙利的局势更加混乱。格罗退出政治舞台，纳吉接管党和政府的领导权。苏联特派匈牙利的米高扬和苏斯洛夫之间存在着不同意见，米高扬与安德罗波夫之间也存在着分歧。10月28日，纳吉同赫鲁晓夫通话，要求苏军撤出匈牙利首都。赫鲁晓夫表示同意。这样苏军就开始从布达佩斯撤退。10月29日，纳吉代表政府宣布匈牙利实行多党制，废除一党制。纳吉公布了新政府的阁员名单。纳吉还通过传媒表示，苏军已经从匈牙利撤退。纳吉宣布匈牙利这次事件不是反革命运动，而是强大的人民民主运动。

10月29日和30日，米高扬和苏斯洛夫向苏共中央汇报了匈牙利发生的紧急情况，但是，纳吉领导的党中央和政府却向前迈出了危险的一步。10月31日，匈牙利方面同苏联方面进行了一次惊心动魄的会谈。米高扬和苏斯洛夫是苏联方面的全权代表。纳吉提出的条件就是：苏联军队必须立即撤出匈牙利；匈牙利决定退出华沙条约组织；匈牙利实行多党制，并准备通过相应的法律文件；匈牙利在多党制的原则下举行自由选举。匈牙利的建议和条件引起了苏联的严重忧虑。苏联感到纳吉政府已经走出了苏联规定的范围。如果不采取强力措施，匈牙利就像一个断了线的气球再也收不回来了。10月31日，米高扬和苏斯洛夫回莫斯科。赫鲁晓夫又派米高扬和苏斯洛夫携带一份重要的苏联政治文件赶往匈牙利。这份文件就是1956年10月30日苏联发表的《关于发展和进一步加强苏联同其他社会主义国家友谊和合作基础的宣言》。苏联方面认为，苏联采取的种种措施可以稳定匈牙利的局势。

赫鲁晓夫的犹豫和出兵决定

面对匈牙利的危机局面怎么办？赫鲁晓夫这时显得犹豫不决。苏联领导人征求中国方面的意见。有关中国对这个问题的态度在苏联有两种观点：一种看法认为，中国的意见是，匈牙利事件的性质已经与波兰事件的性质不同，匈牙利事件是反革命事件，社会主义国家应该采取必要的措施，挽救匈牙利社会主义共和国。但布尔拉茨基对此提出不同的看法。他认为，在苏联是否出兵问题上，赫鲁晓夫确实征求了其他社会主义国家的意见，尤其是赫鲁晓夫特别注意听取中国的意见。赫鲁晓夫请毛泽东派一权威人士到莫斯科讨论这个紧急问题。在布尔拉茨基看来，赫鲁晓夫这个举动不合情理，因为中国不是华约条约组织成员，但中国的意见对赫鲁晓夫来说，实际上是特别重要的。按照赫鲁晓夫的请求，毛泽东派刘少奇到莫斯科。

会议在斯大林原来的一个别墅里进行。赫鲁晓夫和刘少奇在是否对匈牙利出兵问题上权衡了一夜,刘少奇随时都与毛泽东保持电话联系。最后,刘少奇和赫鲁晓夫决定不采取武力方式解决问题。赫鲁晓夫回到自己家里后,不能入睡,匈牙利问题"揪着"他的心。他感到,如果匈牙利"反革命"胜利,北约就会进入社会主义国家防区,就会使南斯拉夫、捷克斯洛伐克、罗马尼亚处境艰难。第二天,赫鲁晓夫召集了苏共中央主席团会议,做出了出兵匈牙利的决定,以便"帮助匈牙利工人阶级"。赫鲁晓夫请来了当时指挥华约国家部队的科涅夫元帅,询问在匈牙利恢复秩序、粉碎反革命力量需要多少时间。科涅夫答:"大约三昼夜。"赫鲁晓夫赶紧将苏共中央主席团的出兵决定通知已经到了机场准备回国的刘少奇一行。刘少奇听了赫鲁晓夫的通知之后表示,此刻他无法同毛泽东通话,但他表示,毛泽东会同意的。而且他还对赫鲁晓夫表示:"你们可以认为,我们同意。"①

苏联高层决定出兵之后,马上同东欧国家领导人协调立场行动。赫鲁晓夫等人会见了波兰的哥穆尔卡和西伦凯维兹、保加利亚和罗马尼亚代表团。会上,这些国家支持苏联出兵匈牙利。保加利亚和罗马尼亚代表团甚至提出派兵与苏联军队一起进入匈牙利。赫鲁晓夫没有同意他们的出兵建议,理由是,根据波茨坦协定苏联在匈牙利驻有军队,苏军完全可以平息匈牙利暴动。赫鲁晓夫甚至与罗马尼亚代表团开玩笑:罗马尼亚人现在要去战斗,是因为他们参加过镇压1919年库恩·贝拉领导的革命。② 赫鲁晓夫亲自去南斯拉夫,征求铁托的意见。本来赫鲁晓夫心里没底,做好了接受铁托强硬批评的准备,但出乎赫鲁晓夫预料的是,铁托表示赞同赫鲁晓夫出兵的决定。铁托的意见是,匈牙利正在向资本主义方向行进,他认为苏军第二次对匈牙利的局势进行干预是必要的,因为匈牙利如果倒向西方则对社会主义国家更加不利,这是最糟糕的结果。与此相比,苏军干预虽然代价很大,但是可以保住匈牙利的社会主义国家。铁托还问赫鲁晓夫何时出兵。赫鲁晓夫在铁托面前耍滑头。他表示在近期,具体日期不知道。实际上,赫鲁晓夫已经向科涅夫元帅下达了出兵的命令。

---

① [苏联]布尔拉茨基:《赫鲁晓夫和他的时代》,中共中央党校出版社1993年版,第64、65页。

② [苏联]布尔拉茨基:《赫鲁晓夫和他的时代》,中共中央党校出版社1993年版,第65、66页。

征求了各社会主义国家的意见后，赫鲁晓夫决定进兵匈牙利。10月31日晚，苏军开始重新进入匈牙利，并迅速向首都布达佩斯挺进。苏军进入的消息立即引起了匈牙利政府的反应。11月1日，匈牙利政府宣布苏军进入匈牙利，匈牙利退出华沙条约组织，纳吉还宣布匈牙利中立。面对苏军的挺进，纳吉呼吁联合国和其他大国阻止苏军的进入。

苏军开进布达佩斯

苏联对纳吉已经失去信心，必须另立新的匈牙利领导人。卡达尔就成为苏联的首席人选。11月1日晚上，卡达尔成为新的匈牙利社会主义工人党的第一书记。随后，卡达尔突然"失踪"，因为他在苏军的保护下到了一个隐蔽的地方，随后又到了莫斯科。赫鲁晓夫指令卡达尔组织匈牙利政府。

与此同时，纳吉政府派遣匈牙利代表团同苏军进行谈判。谈判未果。11月4日，苏军开始向首都布达佩斯进发。科涅夫指挥了这次进攻匈牙利的代号"旋风"行动。纳吉立即向全世界宣布了这个消息，他表示，苏军正在向布达佩斯发起攻击，目的就是要推翻合法的匈牙利民主政府。纳吉说得不错，苏军进攻布达佩斯的目的就是为了收拾局面，推翻纳吉政府。与此同时，卡达尔等人发表声明，宣布退出纳吉政府，并宣告成立新的匈牙利工农革命政府。这时苏军已经进入了布达佩斯，炮声在这座古老的城市里轰响。在战斗期间匈牙利公民死亡4000多人；苏军死亡669人，受伤1450人，失踪51人。① 纳吉等人感到大势已去，遂躲进南斯拉夫驻匈牙利大使馆避难。首都布达佩斯的骚乱被苏军平息。卡达尔政府开始领导匈牙利。纳吉的命运是这样的，他到南斯拉夫大使馆，得到了卡达尔政府的安全承诺之后里离开了使馆，但立即遭到苏联军人的逮捕，被送到罗马尼亚。他后来被判处死刑。②

1956年12月1日，赫鲁晓夫在匈牙利社会主义工人党第7次代表大会上表示："从匈牙利的反革命叛乱的教训中可以得出一些关于在社会主义建设时期阶级斗争的重要结论。在我们党的第20次代表大会上，公正地批判了约·维·斯大林所提出的关于阶级斗争随着社会主义建设成就的

---

① 瓦·列·穆沙托夫：《苏联和1956年匈牙利事件——新的档案材料》，《近代史和现代史》1993年第1期。

② 关于苏联和1956年匈牙利事件，参见苏联学者瓦·列·穆沙托夫的文章，俄罗斯《近代史和现代史》1993年第1期。

增长而尖锐化的错误论点。但是，对这种论点的批判，绝不意味着否认在社会主义建设时期阶级斗争的不可避免性。"赫鲁晓夫说："苏联和人民民主国家的社会主义建设的全部经验令人信服地证实了列宁的著名的论点：在无产阶级专政时期阶级斗争并没有消失，而只是采取了别的形式。同时，十分明显的是，无产阶级专政的加强和社会主义建设的成就不断增长导致阶级力量的对比发生有利于社会主义的变化，导致敌对阶级残余的反抗力量的削弱。这就是在走上了社会主义发展道路的国家内阶级斗争发展的总趋向。但是，发展不是直线进行的。社会主义建设时代的阶级斗争由于内外环境的某些变化可能在个别时期内加剧并采取最尖锐的形式，直到武装冲突，1956年在匈牙利发生的情况就是这样。忘记在匈牙利的反革命叛乱的这个重大教训，对我们的事业将是危险的。"[1] 赫鲁晓夫的这种分析表明他只是从阶级斗争的角度去总结波兰和匈牙利事件中的教训，而没有从苏联对这两个国家和这两个党的干涉去总结教训。

关于匈牙利事件对苏联的影响和教训，基辛格作为一个时期美国对苏联政策的主要制定人之一、西方知名国际问题学者，曾作过这样的分析："当时各方都还不清楚苏联与生俱来的弱点。可讽刺的是，共产党大力提倡运用武力，却使他们步入无以为继的困境。共产主义的领导人或许嘴硬不敢承认，事实却是，在发展中国家发起的唯一一次革命，就在东方阵营内发生。长期而言，苏联如果在东欧布建芬兰式的政府，它可能会更安全，经济上也会更强大；因为它就不必为这些国家的内部稳定和经济进展承担责任。在东欧搞大国主义，耗竭苏联资源，确实困扰了西方民主国家，却不能加强苏联实力，共产主义从来未能把它对政府和媒体的掌控，转化成使得民众接纳它。如果东欧共产党领袖不愿在苏联刀尖下俯首听命，他们就必须推行其民族主义政敌的方案。因此，经过一段血腥恐怖时期后，卡达尔逐渐走向纳吉制定出来的目标，只不过他没有主张退出华沙公约组织罢了。一个世纪之后，苏联潜伏的弱点却映照出匈牙利革命乃是苏维埃制度彻底瓦解的先声。尽管发生了这个悲剧，10年之内，匈牙利发展得在国内比波兰自由，可是在外交政策上却更加依赖苏联。35年之后，在莫斯科第二波自由化运动中，苏联整个儿地对事情发展失去控制。"[2]

---

[1] 《赫鲁晓夫言论》第13集，第451页。
[2] [美]基辛格：《大外交》，第516—517页。

第十一章　设计对美政策

第一节　主动会见美国总统艾森豪威尔

苏美合作，主宰世界

1956年赫鲁晓夫提出了新的外交构想。在和平共处总路线的指导下，赫鲁晓夫将同美国发展关系放到了首要位置。改善同美国的关系是赫鲁晓夫外交上的一个重要目标和任务。为什么赫鲁晓夫要实行这样的外交政策？这主要是赫鲁晓夫认识到苏联就军事实力和经济实力而言都不如美国，所以，苏联必须实行缓和策略，在一些方面实行对美国让步的政策，以换取缓和，通过缓和苏联可以竭力发展自己的经济实力和军事实力，迫使美国承认苏联与自己的外交平等地位和承认苏联是自己的对等竞争伙伴。赫鲁晓夫提出"苏美合作，主宰世界"的目标。

赫鲁晓夫对美政策的一个重要的特点就是：首脑频频接触，高层推动国家关系的发展。1959年9月赫鲁晓夫首次访美，从而揭开了战后苏美最高领导人频频接触的序幕。其实，赫鲁晓夫上台后就准备访美。早在1957年赫鲁晓夫在接见美国《纽约时报》总编卡特勒奇时就表明了自己想要访美的心迹。1957年5月10日，赫鲁晓夫答《纽约时报》总编辑特纳·卡特勒奇问时说："紧张局势归根到底主要还是在两个大国，苏联和美国之间的关系上。因此说，问题在于，我们两国关系今后在友好的基础上发展呢，还是两国之间的紧张关系继续下去。美国是高度发达的资本主义国家。苏联是高度发达的社会主义国家。我们之间的观念形态上的分歧将永远存在。但是，这应当不至于妨碍我们睦邻相处。而我们的确在北方是邻居，楚科奇和阿拉斯加毗邻。观念形态问题的分歧应当不至于妨碍我们发展两国间正常的外交、文化、经济和其他联系。"赫鲁晓夫还指出了另一条道路，那就是继续积累武器的道路："在这方面应当考虑到，有原子武器和氢武器的存在，有火箭技术设备和洲际导弹的存在，就难免会发生这样一种情况：由于某种后果严重的错误或偶发事件，可能爆发不仅会给我们两国人民，而且会给全世界人民带来无穷灾难的战争。"因此，赫鲁晓夫认为："大国领导人经常会晤，经过交换意见，达成协议而解决各种问题，这是理智的。因此，我们苏联希望同美国进行谈判。"赫鲁晓夫还明确表示，"是的，我希望访问美国，因为我听过我的同事，以及访问过美国的苏联工程师、技师和农学家们谈论美国时提到过许多有趣的事。但是，我所处的地位，使我不能作为旅行者访问美国，何况现在又不让苏联旅行者进入美国，作为国家活动家访美又无理由。因此，我只好对不能访问美国这件事表示遗憾。"赫鲁晓夫认为两国总统会见是有益的。[①] 但赫鲁晓夫直接向美国最高领导人正式提出访美建议是在1958年。这年的4月5日，赫鲁晓夫给美国总统艾森豪威尔写信，表示他准备同美国总统举行苏美之间的最高级首脑会谈。但是，当时苏美关系还有许多问题。艾森豪威尔不愿在这样一种时刻同赫鲁晓夫会谈，所以，他回信拒绝了赫鲁晓夫的建议。但是，赫鲁晓夫并不死心。1959年，赫鲁晓夫在接见美国代表团时又旧话重提，希望能够早日访美，也欢迎艾森豪威尔访苏。赫鲁晓夫的"诚心""感动"了美国总统。1959年7月，苏联部长会议第一副主席科兹洛夫从美国带来了美方的邀请。8月3日，苏美同时发布了美国邀请赫鲁晓夫访美的消息。

9月15日，赫鲁晓夫抵达华盛顿。赫鲁晓夫在机场的讲话中表示："没有任何障碍能够阻挡我们两国的关系建立成睦邻关系。苏美两国人民在第二次世界大战期间曾经很好地并肩作战反对共同敌人，击溃敌人。在和平的环境中，我们两国人民更有理由、更有可能友好和合作。"[②] 赫鲁晓夫在访美期间，参观了许多工厂、农场和学校，同美国各界人士进行了广泛的接触。赫鲁晓夫在美国访问期间主要强调了以下几个观点：第一，苏美不应该对抗，而应该合作，因为苏美对抗会将整个世界带入对抗中去，所以，苏美要改善关系；第二，美国很富有，但是苏联有能力赶上和超过美国，苏美要通过竞赛来证明哪个制度更加优越，苏联完全有可能超过美国而成为世界最强的国家。1959年9月17日，在纽约经济俱乐部举行的宴会上有人问赫鲁晓夫，怎么能够将资本主义国家和社会主义国家的

---

① 《赫鲁晓夫言论》第6集，第306、310页。
② 《人民日报》1959年9月16日。

和平共处的论点与科学共产主义关于共产主义思想必将在全世界获胜的论点结合起来？赫鲁晓夫回答了一番，但参加者插话表示回答得不具体，这刺激了赫鲁晓夫，他说："您可能不满意事情的实质，但是，人类社会的发展史就是这样。我所能补充的只是人们在这种场合下常说的：如果一个姑娘生了孩子，还想以后把自己说成是处女，甚至上诉到法院，要求承认她是处女，那么，情况并不会因此而改变。即令法院承认这个女人是处女，可是，事实上她决不再是处女了。"①

戴维营精神

赫鲁晓夫访美最重要的成果就是同美国总统艾森豪威尔在总统山地别墅戴维营进行了三天的会谈。这次会谈是非正式的。这次会谈涉及的内容十分广泛，其中一个主要内容是关于裁军问题。裁军问题又分两个主题：一个是撤军问题。苏联提出各国都要从他国撤出自己的军队，放弃在他国领土上建立起来的军事基地。苏联的这个建议主要是针对美国的，因为美国在世界上许多地区都部署了自己的军队，建立了一系列军事基地，而苏联的军队主要是驻扎在东欧的几个国家中。苏联的这个建议当然对美国不利，所以，美国拒绝了苏联的这个建议。美国反过来也对苏联施加了压力。另一个是核武器问题。艾森豪威尔总统提出美苏两国都要停止制造和试验核武器，要建立国际监督机构，双方要向对方开放天空，以便对方进行侦察。当时，苏联的核武器无论在数量方面还是在质量方面都比美国落后，苏联拒绝了美国的这项建议。在德国问题上，苏美两国分歧很大。9月27日，苏美发表了联合公报。在联合公报中双方表示："一切没有解决的国际问题都不应当通过运用武力的办法来解决，而应当通过谈判和平解决。"联合公报还宣布，艾森豪威尔将于1960年访苏。赫鲁晓夫对访美结果感到非常满意，将同美国进行的会谈结果称为"戴维营精神"，对苏美首脑会谈的意义大加渲染。从战后苏美对抗的态势来看，戴维营会谈无疑是两国打破外交僵局、力图走出冷战的尝试。这也是苏美走向缓和的一个明显的步骤。

赫鲁晓夫对东西方首脑最高级会谈这种形式很感兴趣。1959年10月31日，赫鲁晓夫在苏联最高苏维埃第3次会议上表示："只有掌握大权的各国政府首脑才有能力解决最复杂的国际问题。只有他们才能扫清国际关

---

① 《赫鲁晓夫议论》第13集，第102页。

系中多年来由于'冷战'而造成的障碍和不正常的现象。"1960 年 1 月 14 日，赫鲁晓夫在苏联最高苏维埃会议上还表示："国家领导人之间的直接往来和接触，是现有条件下改善国与国之间的关系和就悬而未决的国际问题达成协议的最有效的和使人产生很大希望的方法。"

第二节　处理 U—2 飞机事件

何谓 U—2 飞机事件

在苏美首脑会谈之后，四国首脑会谈的准备工作正在紧张地进行。经过几番商定，美苏英法首脑决定 1960 年 5 月 16 日在巴黎举行首脑会谈。就在四国首脑会谈即将举行之际，一件突发事件发生了，从而使四国首脑会谈成为泡影。这个突发事件就是"U—2 飞机事件"。所谓 U—2 飞机事件，就是指 1960 年 5 月 1 日苏联击落了在苏联领空进行高空侦察的美国 U—2 飞机事件。U—2 飞机是美国专门从事间谍活动的高空侦察机。美国从 1956 年就开始使用 U—2 飞机在苏联上空进行侦察。这种飞机从挪威、联邦德国、土耳其、巴基斯坦、日本、阿拉斯加等基地出发，对苏联进行全方位的侦察和扫描。除了大面积的拍照之外，U—2 飞机还能够监听苏联的电台和雷达信号。苏联早就知道这个情况，但是没有办法将其打下来。1960 年 4 月 9 日，美国又进行了一次侦察飞行。苏联中央高层了解这次飞行的全部情况。如何对待这个情况？经过仔细研究，苏联中央决策层决定不声张这件事，不向美国发出照会和备忘录，因为在赫鲁晓夫看来，这些做法都没有效果：5 月 1 日，U—2 飞机开始了例行的侦察，其飞行路线是从巴基斯坦空军基地出发，经苏联的中部和北部地区，在挪威的军事基地降落。

马利诺夫斯基的紧急报告

5 月 1 日，是苏联的传统节日。据赫鲁晓夫回忆，这一天清晨 5 时，他接到了国防部长马利诺夫斯基元帅的报告：一架美国 U—2 飞机越过阿富汗国界，进入苏联领空，正向斯维尔德洛夫斯克飞行。赫鲁晓夫命令国防部长要用一切可能的办法将其击落。马利诺夫斯基表示："如果我们的防空部队能够睁大眼睛而不打瞌睡的话，我肯定能把它打下来。"[①] 马利

[①] 赫鲁晓夫：《最后的遗言》，东方出版社 1988 年版，第 663、664 页。

诺夫斯基这样说，是有其缘由的：4月份U—2飞机曾经闯入过苏联领空，但是苏联的高射炮手正在睡觉，没有及时开火。其实，美国U—2飞机每次进入苏联领空进行间谍侦察，苏联军方均有记载。但在前几年，苏军拿美国没有办法。有几次，当U—2飞机进入苏联领空时，苏联空军最好的战斗机曾经去拦截过，并准备将其击落，但是，苏军飞机达不到U—2飞机的高度（苏军的飞行高度是18000—20000米，而美国U—2飞机的飞行高度是21000米），无法将其击落，这使苏联中央最高领导人感到十分气恼。用赫鲁晓夫的话说，"最近这次向斯维尔德洛夫斯克的飞行是对我国领土的最深的渗透，因而也是对我国主权特别狂妄的侵犯。我们已经不能再忍受这种不愉快的突然事件和这种侮辱了。美国人继续进行这种飞行以证明我们的无能。好，我们不再是无能了"。①

一年一度的"五一"庆祝活动在红场进行。赫鲁晓夫亲自主持这种盛大的军事检阅仪式。红场充满了喜庆气氛。就在这时候，苏联防空部队总司令比留佐夫元帅走上检阅主席台，在赫鲁晓夫那里耳语了几句。比留佐夫元帅向赫鲁晓夫报告，美国的U—2飞机已经被击落，驾驶员被捕，正在接受审讯。赫鲁晓夫听后显得格外兴奋。他向比留佐夫元帅表示祝贺并同其握手。其实，美国U—2飞机这次飞行是历次飞行中深入苏联境内最深的一次。美国最高决策者认为，"五一"是苏联的传统节日，苏联领导人和苏军会放松警惕，即使被发觉，苏军也没有办法。但是，美国最高决策者错打了算盘。苏军已经制造出了地对空导弹。苏联防空部队将高射炮排列成棋盘形，使U—2飞机无法逃避苏军的火网，同时，苏军发射了两枚地对空导弹。第一枚导弹就击中了目标。飞行员弃机跳伞，被集体农庄的庄员抓获。从美国飞行员的身上搜出了自杀毒药。显然，他选择了逃生的方案。过了一段时间，U—2飞机残骸在莫斯科高尔基公园展出。

比留佐夫元帅的报告没有引起赫鲁晓夫身边的其他领导人的注意，但是敏感的外交官马上发现了问题，猜测当时苏联发生了重大事件。因为比留佐夫元帅没有穿检阅的礼服而只是穿了平常的军装。

赫鲁晓夫的计谋

参加完军事检阅之后，赫鲁晓夫召集了一次会议，通报了U—2飞机事件的有关情况，讨论了各种"整治"和报复美国的方案。葛罗米柯起

---

① 赫鲁晓夫：《最后的遗言》，东方出版社1988年版，第665页。

草了外交照会，并建议马上由塔斯社播发。赫鲁晓夫没有采纳他的建议。在赫鲁晓夫看来，外交抗议已经不够了。赫鲁晓夫不想再依靠公开的抗议和外交途径。赫鲁晓夫准备利用U—2飞机事件嘲弄美国一番。这次会议决定，由赫鲁晓夫在苏联最高苏维埃会议上发表讲话，公开指责美国。

1960年5月5日，赫鲁晓夫在苏联最高苏维埃会议上报告了一个令人惊讶的事件，他说："我受苏联政府的委托必须告诉你们最近几周来美国对苏联的侵略行为"，"美国派出了自己的飞机，越过了我们的国境，侵入了苏联的疆界"。于是，全世界马上得知了这个爆炸性的消息。赫鲁晓夫没有透露详细情况，更丝毫没有透露美国飞行员被活捉的信息，并给美国人一个美国飞行员已经死了的错觉，让美国人尽情地编造谎言，待时机成熟，让美国飞行员出现在媒体面前，彻底戳穿美国的谎言。美国人果然上了赫鲁晓夫的大当。他们开始编造各种谎言来掩盖事实的真相。其中有一则消息说，一架从土耳其基地起飞的美国考察气象的飞机在高加索一带失踪。这架飞机因故障而误入苏联领空。苏联认为到了必须戳穿美国谎言的时候。赫鲁晓夫发表了声明，公布了美国间谍飞机的起飞地点，其航线、目的和任务。苏联很快就让美国官方的谎言大白于天下，因为被活捉的美国飞行员招认了全部事实。这使美国政府十分尴尬，给美国政府沉重的政治打击。美国的谎言被戳穿后，美国政府开始强调这是美国军事部门军官们的想法和行动，美国总统艾森豪威尔根本不知道此事。这件事应该由前美国国务卿杜勒斯的弟弟负责。在这里需要提及的是，当时苏联著名的外交官、苏联外交部副部长雅科夫·马利克在一次外交招待会上泄露了赫鲁晓夫禁止公开美国飞行员还活着的情况。美国驻苏联大使馆马上通知华盛顿这个情况。但是，美国晚了一步，已经来不及修改其谎言了。赫鲁晓夫得知此情况后，立即撤了马利克在外交部的职务，并将其开除出党。幸亏葛罗米柯出面为其求情，马利克才保住职务。①

U—2飞机事件给赫鲁晓夫造成了外交麻烦和困难的选择。实际上赫鲁晓夫非常希望能够参加四国首脑会谈，但是，U—2飞机事件发生之后，赫鲁晓夫执意参加四国首脑会谈会在苏联国内造成不利影响。美国政府的如此表态给赫鲁晓夫一个信号，他可以采取灵活的措施，既能够狠狠地嘲弄美国，又给美国总统面子，使四国首脑会议得以正常召开。所以，赫鲁

---

① 多勃雷宁回忆录：《信赖》，第42页。

晓夫对美国政府的解释心领神会，他在声明中故意不谴责美国总统。他在接受美国记者采访时表示，U—2飞机事件是美国艾伦·杜勒斯和美国军方不明智的领导人错误决策的结果。在赫鲁晓夫看来，将事件的责任推给美国情报机构而不是推给总统，这更符合苏联的利益。只要美国总统不牵连进去，苏联就能够实行同美国加强关系的政策。然而，这是赫鲁晓夫的如意算盘。美国总统艾森豪威尔没有同赫鲁晓夫相配合。美国国务院表示，美国在苏联收集情报是必要的，承认美国几年来一直在从事这种飞行。5月9日，美国国务院正式表态，声称苏联不开放天空，迫使美国采取如此行动，因为在核时代为避免突然的袭击，美国的这种做法是非常必要的。这实在是一种强盗式的解释，是一种强词夺理。同日，赫鲁晓夫在捷克斯洛伐克大使馆举行的招待会上谴责了美国。他说："……否则，美国国务院大概得这样来解释被击落的美国侦察机事件：他们说，不能承认，但是也不能拒绝，结果，就像一件奇闻那样：像是一个处女，但是又不是处女，因为有了孩子！没有登记结婚，因此似乎也可以认为是处女。但是她生了个孩子。那么是不是还可以认为她是处女呢？"① "处女"句式几乎成了赫鲁晓夫阐述观点的口头禅。

苏联的指责进一步升级。5月10日，苏联政府向美国政府提出强烈抗议，指责美国在"毒化"最高级会议前夕的国际局势，并对美国政府提出了严重警告。第二天，赫鲁晓夫在一次记者招待会上明确猛烈地抨击了美国国务卿赫脱5月9日的声明，并肯定这次间谍飞行是美国政府批准的。在这次记者招待会上，赫鲁晓夫说："你们看，我们的火箭手在击中飞机时是多么小心，击中了而没有燃烧起来！飞行员活着，仪器是完整的，总之，物证俱全。这就是我们火箭手的高明之处。为此要特别感谢他们。"赫鲁晓夫猛烈地抨击赫脱先生，认为此公在记者招待会上发表了一项"强盗式的声明"，是"厚颜无耻"。赫鲁晓夫表示："美国希望按照强盗法则生活。但是，我们不是没有自卫能力的过路人。我们的国家是强大的、实力雄厚的国家，能够同他们较量。如果美国过去在自己领土上没有见过真正的战争，没有见过炸弹，如果他们想挑起战争，那么我们将被迫把火箭送到他们那里去，而且火箭在最初的几分钟之内就到达侵略者的土地上。"赫鲁晓夫补充道："因为读了赫脱的声明我才这样说。他说：我

---

① 《真理报》1960年5月10日。

们是被迫飞行的；我们飞行是苏联本身的过失，因为它不允许我们知道它的秘密，而我们一定要知道苏联的秘密。他说，因此我们就飞行；要知道，总统说，必须开放天空：我们飞行并且今后还要飞行——要开放天空。"赫鲁晓夫强硬地表示："一个国家的官方人士怎能对别的国家这样说话！我们不是按照美国的法律生活。我们有自己的法律，因此，我们就要迫使一切人在我国领土上尊重我们的法律。凡是破坏我们法律的，我们就要给予打击！"赫鲁晓夫提及英国《工人日报》的文章，这篇文章的思想可以归纳为以下几点：如果接受美国某些人想给公众灌输的那种哲学，那么，事情大概是这样的：抓住了一个打开房间的锁的小偷，但是，这不是打开锁的小偷的过错，而是锁门的主人的过错，因为他逼得小偷不得不设法打开锁，偷进别人的房子里。赫鲁晓夫说，这是"强盗的、土匪的哲学"！赫鲁晓夫继续挖苦美国："你们在这里看见了'取空气的仪器（指 U—2 飞机）'？在这种说法被揭穿之后，说这种话的人能用什么样的眼睛看？是的，我们知道，帝国主义者长的是什么样的眼睛。常言说得好，人家唾他们的眼睛，而他们却硬说是上帝的甘露。"[①]

艾森豪威尔总统的强硬声明

四国首脑会谈之前，苏美两国首脑先交了火，外交斗争十分激烈。就在赫鲁晓夫举行记者招待会的同一天，美国总统艾森豪威尔在华盛顿也举行了记者招待会。他的声明十分强硬。听过他的声明给人这种印象，似乎苏联将其间谍飞机击落下来是无理的，而美国间谍飞机侵犯苏联领空却是"必要的"和"正常的"，因为对付苏联这样的封闭国家只能采取这样的办法。美国总统还表示，美国为了自己的安全利益，可以不顾其他国家的安全利益。这是毫不加以掩饰的扩张心理的表露，这也是对苏联的严重外交挑衅行为。美国总统艾森豪威尔公开发表声明，承认这次 U—2 飞机的行动是他亲自批准的，因为美国这样做是没有别的办法。他还扬言，美国今后还要继续进行这类飞行。美国总统恼羞成怒。

艾森豪威尔的声明使赫鲁晓夫大吃一惊。赫鲁晓夫认为，"这是一个不明智的、甚至可以说是一个愚蠢的声明。艾森豪威尔好像是在狂妄地吹嘘美国的能力和它所将要做的事。他的这种做法排除了我们帮助他摆脱困境的任何可能性。这就是美国总统，我们将要在巴黎会议上同他谈判；他

---

① 《真理报》1960 年 5 月 13 日。

竟然为如此粗暴和不能容忍的行动辩护！对总统为U—2飞机的侦察飞行辩解的行为，我们除了公开予以强烈谴责以外，别无他法。我们不能再饶恕他。这好比是他把屁股朝着我们，我们只得使劲地踢它。我们的坚决反应立即产生了效果。"①

5月12日，美国驻苏大使馆照会苏联外交部，重申了5月9日美国国务卿赫脱的声明。苏联针锋相对。13日，苏联外长葛罗米柯照会巴基斯坦、挪威和土耳其驻苏大使，就这些国家为美国提供军事基地提出照会抗议。葛罗米柯还威胁说，如果这些国家再为美国提供间谍飞机基地，则苏联有能力摧毁这些军事基地。美国马上发表声明，声言美国没有将飞机的真相告诉这些国家，此事与这些国家无关。苏联决不罢休，要求联合国召开安理会紧急会议，讨论这个问题。

修改策略

四国首脑会谈迫近。赫鲁晓夫感到艾森豪威尔是在有意侮辱苏联。赫鲁晓夫表示，"任何打我们耳光的人将砍掉脑袋"，但是，赫鲁晓夫还是决定去巴黎参加四国首脑会谈，希望打他耳光的人能够赔礼道歉。中央决策层秘密讨论了对付美国的方案，最后的决定是由赫鲁晓夫率团参加会议。在挑选代表团成员方面，赫鲁晓夫下了一番工夫。葛罗米柯当然是代表团成员之一。当苏联情报部门得知美国要派其国防部长出席会议时，赫鲁晓夫马上让苏联国防部长马利诺夫斯基参加代表团。出发前，苏联代表团进行了认真的准备，设想了各种方案，尤其在德国问题和裁军问题上葛罗米柯花费了许多心血。随后，赫鲁晓夫挑选了外形和技术性能都十分完美的伊尔—18飞机。当伊尔—18飞机降落在巴黎机场时，赫鲁晓夫感到很自豪。因为1955年赫鲁晓夫出席最高级首脑会议时乘双引擎飞机降落在日内瓦机场，而其他大国首脑都乘四引擎飞机降落，这使赫鲁晓夫感到"尴尬"。

赫鲁晓夫是一个容易改变主意、经常产生新想法的领导人。这次巴黎之行更体现了赫鲁晓夫的这个特点。在伊尔—18飞机上赫鲁晓夫将葛罗米柯和马利诺夫斯基叫到身边，研究对策。因为赫鲁晓夫又产生了新的主意。在赫鲁晓夫看来，美国人欺人太甚，必须给美国人以颜色看看。苏联领导人不能装作若无其事的样子参加会议。如果在会议上不谈U—2飞机

---

① 赫鲁晓夫：《最后的遗言》，第669、670页。

事件问题那是苏联政府无能的表现，会在第三世界面前失去自己的威信，会在社会主义阵营产生软弱的感觉。于是，赫鲁晓夫产生了想法，苏联应该对准备在会议开始时提出的声明作根本的修改。因为苏联要维护住自己的威信和声望，就必须向美国提出某种形式的抗议，即在会议开始之前，苏联代表团应向美国发出最后通牒，即美国政府必须就 U—2 飞机事件向苏联政府公开道歉；美国总统必须收回美国"有权"在苏联领空进行侦察飞行的说法。赫鲁晓夫的想法得到了葛罗米柯和马利诺夫斯基的支持。这样，苏联政府声明的基调有了一百八十度大转弯。赫鲁晓夫将新起草的声明内容用飞机上的机密电讯系统传给了莫斯科，征求其他中央高级领导人的意见。赫鲁晓夫从飞机上很快收到了回电，完全同意他的意见。赫鲁晓夫随后又产生了新想法，那就是苏联不能接受一位派间谍飞机去苏联的美国总统访苏，所以声明中必须写入收回苏联对艾森豪威尔的访苏邀请，除非他向苏联保证不再派间谍飞机去苏联。这是赫鲁晓夫第二次改变主意。赫鲁晓夫的新想法又一次传到了莫斯科，其他中央高级领导人也是毫无例外地赞同赫鲁晓夫的建议。

5 月 14 日，赫鲁晓夫率团抵达巴黎。赫鲁晓夫按照外交礼仪首先拜访了法国总统戴高乐，随后又拜访了英国首相麦克米伦。赫鲁晓夫将苏联的立场通知给了英法首脑，并强调如果艾森豪威尔不向苏联赔礼道歉，则苏联是决不会罢休的。英法首脑劝阻赫鲁晓夫收回这样的声明，因为大国不是一个小国，它不会轻易地向其他国家赔礼道歉，这样将导致巴黎首脑会议失败。赫鲁晓夫表示，如果艾森豪威尔接受苏联的最后通牒，则苏联代表团参加四国首脑会谈。但是，美国总统不可能向苏联道歉。艾森豪威尔明确表示，他不会为挽救一次会议，而"爬着去"见赫鲁晓夫。

道歉与不道歉

四国首脑只是在预备会议上碰面，赫鲁晓夫对美国代表团态度冷淡。双方只是打个招呼，没有相互握手。为使自己的声明更加准确，没有异议，赫鲁晓夫将速记员娜杰日达·彼得罗夫娜提升为代表团正式成员兼任秘书，因为按照会议规定速记员不准参加会议。赫鲁晓夫还让苏霍德列夫任自己的英文译员。赫鲁晓夫十分欣赏他。赫鲁晓夫向戴高乐提出他希望能够首先发言。于是，赫鲁晓夫发表了声明，提出了最后通牒，如果美国不接受这个通牒，则苏联代表团不参加首脑会议。

赫鲁晓夫在声明中说了些什么呢？他声明里表示："现在，当四大国政府领导人来到巴黎参加会谈的时候，就出现了这样一个问题：当美国政府和总统本人不仅没有谴责美国军用飞机侵犯苏联国境的挑衅行动，反而声称，这种行动将来仍然是美国对苏联的国策的时候，如何能够有效地进行会谈和讨论会议所面临的问题呢？当一个大国政府公然说，抱着间谍破坏目的侵入另一个大国的国境、从而也就是加紧国际紧张局势是它的政策的时候，怎能就这种或那种有待于解决的问题达成协议，以缓和国际紧张局势和消除国与国之间的怀疑和不信任呢？显然，宣布那种只有在各国处于战争状态条件下才能奉行的政策，事先就使最高级会议注定要彻底失败。"赫鲁晓夫在声明中还表示："苏联政府保留在所有这种情况下对那些侵犯苏联国家主权、对苏联进行这类间谍和破坏活动的人采取相应反击措施的权利。苏联政府再次声明，对于那些把自己的领土提供给美国做军事基地，成为对苏联进行侵略行动的帮凶的国家，也将采取应有的措施，直到对这些基地进行打击。"赫鲁晓夫提出通牒："如果美国政府真正打算同其他大国政府合作，以维护和平和加强各国的信任，那么，它就应该：第一，谴责美国空军对苏联进行的不能容许的挑衅行动；第二，今后不再对苏联采取这种行动和奉行这种政策。不言而喻，美国政府在这种情况下不能不严惩那些直接参与预先计划好的美国飞机侵犯苏联国境事件的罪犯。""在美国政府没有做到这一点之前，苏联政府看不到有同美国政府在最高级会议上进行有成果的谈判的可能性。它不能置身于这些谈判参加者之列：他们中间有一个参加者把背信弃义作为对苏联的政策的基础。"① 他还建议最高级会议推迟六或八个月，等美国大选之后再举行。这实际上是在向艾森豪威尔总统挑战。赫鲁晓夫这样做有些过分，因为苏共中央政治局授权他对美国入侵苏联的行为进行谴责，而没有授权他要求美国总统进行道歉。这是赫鲁晓夫情绪冲动的结果。

　　苏霍德列夫十分准确地将领导人的声明翻译过去。艾森豪威尔听完苏霍德列夫的翻译后立即反应说，我们为什么不能发表一份道歉声明呢？但是，美国国务卿赫脱却表示不行。于是，赫鲁晓夫得出结论，艾森豪威尔受国务卿影响太大，起先是国务卿杜勒斯影响他，现在是赫脱。这样出现了长时间的沉默场面。最后，美国总统艾森豪威尔打破僵局，他站起来率领自己的代表团离开了会场，赫鲁晓夫随后也率团离去。戴高乐只好通知

---

① 《真理报》1960年5月17日。

各代表团，会议休会一天。赫鲁晓夫接受了马利诺夫斯基的建议，去参观马利诺夫斯基在第一次世界大战时曾经战斗过的法国一个乡村。赫鲁晓夫马上感到这里有文章可做，因为当时马利诺夫斯基是在同法国军队一起战斗，共同打击德军。而这次首脑会议就有如何解决德国问题的内容。于是，赫鲁晓夫和马利诺夫斯基一起去参观故地。葛罗米柯坐镇巴黎，应付局面。赫鲁晓夫回到巴黎后得知这次首脑会议被取消了。因为美国不接受苏联的最后通牒。这样，四国首脑会谈就成为泡影。U—2飞机事件成为苏美斗争的一个重要的转折点，从此，苏美"蜜月"结束。

第三节　参加联合国大会

准备

1960年秋，联合国即将举行大会，这是一次例行的联合国大会，通常由外交部长率团参加。但是，赫鲁晓夫决定亲自参加这次联合国大会，给联合国和美国投下一些惊人的政治"炸弹"。为了同美国进行斗争，赫鲁晓夫指示外交部起草文件和提交给联合国的议案。其中有一个议案的内容就是，要所有殖民主义国家为它们的独立确定日期。赫鲁晓夫将这个文件看成是为争取和平斗争的里程碑。赫鲁晓夫指示外交部要注意保密，确保苏联在制订这个文件时不让报界和对手得知。赫鲁晓夫准备以这颗秘密的"外交炸弹"袭击美国。

当报界报道赫鲁晓夫要参加联合国大会时，国际舞台曾经刮起了一阵旋风，尤其美国各界反应十分强烈。为配合赫鲁晓夫，东欧社会主义国家的领导人决定提高规格，派遣由部长会议主席或党中央委员会书记率团参加联合国大会。如南斯拉夫总统铁托决定参加联合国大会。随后，许多非社会主义国家也决定派遣政府首脑参加这次大会，如印度的尼赫鲁，英国的麦克米伦等。这样，这次联合国大会就显得十分引人注目。但是，赫鲁晓夫从开始就遇到了小小的挫折，即苏联的图—114飞机出了故障，这是苏联唯一能够直接从莫斯科飞到纽约的飞机。没有办法，苏联决定赫鲁晓夫乘客船前往美国。这是一艘荷兰制造的客船，名为"波罗的海"号。赫鲁晓夫乘坐这艘客船不可能不想起莫洛托夫。因为这艘客船在莫洛托夫从中央高层跌落之前一直在为其服务，名为"维亚切斯拉夫·莫洛托夫"号。现在，不仅客船的名称改变了，而且苏联的外交政策也发生了巨大的变化。"莫洛托夫时代"过去了。赫鲁晓夫邀请了华沙条约组织成员国政府代表团一起前往美国，航程为 10 天。赫鲁晓夫在船上有充足的时间同盟国讨论对策，协调立场。赫鲁晓夫按照海军设计的航线航行，即从加里宁格勒出发横渡波罗的海。其实，赫鲁晓夫在乘这艘客船时是有顾虑的。他担心北约会采取某种牵制攻击行动。北约甚至会在北大西洋对他们的客船下手，然后北约会宣布客船遇到了第二次世界大战留下的水雷偶然沉没。而在客船上对付被攻击的可能性很少。苏联海军的方案是派遣两艘扫雷舰护送，一前一后，但是这些扫雷舰只能护送到英吉利海峡。所以，苏联海军指示当时所有航行在北大西洋的苏联船只都注视着赫鲁晓夫乘坐的"波罗的海"号，以免万一。虽然，在航行中发现了美国的潜水艇，但是，赫鲁晓夫最担心的可怕的事情并没有发生，倒是汹涌的海水使代表团的许多人晕船。赫鲁晓夫的医生最先"卧床"，赫鲁晓夫的警卫晕船晕得爬不起来，还得赫鲁晓夫去扶他们。赫鲁晓夫感觉很好。

遇到了小小的麻烦

在船上，赫鲁晓夫从广播中得知美国人会以各种"新奇"招数来迎接他的到来。事实果然如此，当赫鲁晓夫的客船刚刚驶入哈得逊河口就有示威的美国船只出现。美国的警察汽艇出现在两船之间。赫鲁晓夫接受挑战，组织代表团所有成员立于甲板上，向美国示威者示威。赫鲁晓夫走向码头，大吃一惊。这是一个不能再脏再破的码头了。赫鲁晓夫只能责怪自己，因为苏联驻美国大使缅希科夫曾经报告说准备花钱租一个好的码头，赫鲁晓夫认为不必将美元花在这些小事上，指示缅希科夫租最便宜的码头。码头上没有美国官员前来迎接，只有苏联的外交官和友好国家的领导人和外交官，此外就是记者了。赫鲁晓夫遇到的第一个"意想不到"的事情就是，一个海员叛逃了！记者马上向赫鲁晓夫提出了这个问题。赫鲁晓夫回答说："我很遗憾。我替这个年轻人难过。他缺乏经验，没有专门技能。我想他难以适应美国的情况。他的行为愚蠢而鲁莽。只要他事先告诉我他想待在美国，我会乐于帮助他的。现在，他会尝到这是什么味道。"[①]

赫鲁晓夫在纽约得到严密的保护，同时也使赫鲁晓夫受到了限制。赫鲁晓夫经常被警察的摩托车吵得睡不着觉，他只能到阳台呼吸新鲜空气，即使这样，他还是收到了好心记者的劝告，警告他去阳台是一件危险的事

---

① 赫鲁晓夫：《最后的遗言》，第 696 页。

情。赫鲁晓夫受到的另一个干扰就是记者。记者在他住所外安营扎寨，时刻窥探他的行踪。由于美国态度不好，赫鲁晓夫越来越感到将联合国总部设在纽约是一种错误。

在联合国大厅用皮鞋敲打桌子

联合国大会开幕后，苏联阵营和西方阵营之间在选举大会主席问题上发生分歧。苏联阵营提出的大会主席候选人是波兰或者其他社会主义国家的代表，而西方国家则提出爱尔兰的布兰德为候选人。结果，布兰德获得了胜利。这一点并没有给赫鲁晓夫多大的打击，因为他早就知道联合国大多数国家从属于美国。苏联阵营提出自己的候选人只是给美国制造一些麻烦。葛罗米柯是一位很有经验的外交家，他马上建议赫鲁晓夫拜访布兰德这位新当选的大会主席。结果，此人给赫鲁晓夫留下了深刻的美好印象。赫鲁晓夫第一次参加联合国大会，他对大会上意见分歧之多感到新奇，因为在苏联最高苏维埃会议上几乎没有什么分歧意见和争论，而这里充满了辩论和分歧。赫鲁晓夫很快就适应了这里的气氛，当苏联阵营的代表发言时，西方国家的代表就在台下跺脚、大声喊叫、敲打桌子，而当西方国家的代表发言时苏联阵营也如法炮制。但是，赫鲁晓夫在起哄过程中的举动却使联合国大会的代表目瞪口呆，成为外交史上的一个笑话。

在大会开始后，苏联代表团"运气不好"，其位置被安排在西班牙代表团的后面，而西班牙代表团团长是外交部长费尔南多·玛丽亚·卡斯铁利亚，此人是一位秃顶。赫鲁晓夫注意到他的鼻子很长，满脸皱纹。赫鲁晓夫对西班牙代表团及其领导人表示憎恶。这里还有一个插曲，离开莫斯科之前，西班牙共产党领袖伊巴露丽请求赫鲁晓夫在联合国大会上让西班牙政权丢一下脸。所以，赫鲁晓夫不能忘记这个嘱托，他想象他正用自己的鼻子啄西班牙外长的秃顶。① 后来，赫鲁晓夫终于找到一个机会发言痛斥了西班牙政权。西班牙代表要求答辩，赫鲁晓夫带头起哄，大声喧哗。赫鲁晓夫感到程度还不够，他居然脱下皮鞋敲打桌子，使得大会会场哗然，记者、摄影师马上将赫鲁晓夫这个粗鲁行为摄入笔端和画面。很快，赫鲁晓夫在联合国大会上用皮鞋敲打桌子的消息传到了世界各地，成为一时轰动世界的笑话。赫鲁晓夫的这一举动不合国际会议礼仪和规则，显露出他粗鲁和文化涵养不够，损害了苏联大国的形象。尼赫鲁会下对赫鲁晓

---

① 赫鲁晓夫：《最后的遗言》，第704页。

夫的行为表示不理解，批评赫鲁晓夫不应该使用这般手段。不仅如此，当西班牙代表回到座位后，赫鲁晓夫带头辱骂，并说了一些脏话。西班牙代表团也毫不示弱，进行反击。虽然双方语言不通，但是，愤怒程度从形体动作中完全表现出来。联合国大会的警察马上过来维持秩序，他像一座塑像站在赫鲁晓夫和西班牙代表团之间，以免发生武斗。

拥抱卡斯特罗

赫鲁晓夫在联合国的另一个举动是同卡斯特罗拥抱，又引起了国际社会的关注。古巴代表团在出席联合国大会时受到了美国的歧视，被一家旅馆的老板撵了出来，无处安身。美国政府借口这是古巴代表团和老板的私事而拒绝解决问题，这使卡斯特罗十分恼火。他表示要在联合国大厦附近的广场上搭起帐篷，抗议美国的歧视行径。但是，卡斯特罗没有采取这样的极端行动，而是搬到哈莱姆区一家旅馆去了。消息传来，赫鲁晓夫表示气愤，同时他马上感到机会来了，必须让美国人感到难堪！赫鲁晓夫决定去哈莱姆区拜访卡斯特罗，他马上命令葛罗米柯去安排这件事，并表示如果卡斯特罗不在旅馆，必须留言通知他：赫鲁晓夫要尽快拜访他。卡斯特罗马上回话，他准备马上前来拜访赫鲁晓夫。赫鲁晓夫分析了情况，事不宜迟，必须马上去见卡斯特罗，而不是等待他前来拜访。赫鲁晓夫命令葛罗米柯马上通知卡斯特罗：赫鲁晓夫已经出发！

赫鲁晓夫和卡斯特罗在一家很破烂的旅馆里见了面，进行了长时间的拥抱。记者没有放过这样一个机会。不久，赫鲁晓夫同卡斯特罗拥抱的镜头出现在全世界大街小巷的报摊上。卡斯特罗对赫鲁晓夫的造访非常高兴，认为这是对古巴革命事业最强有力的支持。赫鲁晓夫此举非常成功，他一箭双雕，既刺激了美国人，又使古巴感到苏联是自己盟友。赫鲁晓夫同卡斯特罗的拥抱实际上起到了向全世界做政治广告的作用，而且做得十分精彩。这表明赫鲁晓夫善于抓住机会，为国家利益服务。第二天，赫鲁晓夫率团参加联合国大会，卡斯特罗也率团步入会场，赫鲁晓夫迎上前去，从会场的这端走到那一端同卡斯特罗再次拥抱。这一次实际上是示威性的拥抱。赫鲁晓夫说："我要所有的人都知道我国与古巴之间的兄弟关系正在形成。"①

---

① 赫鲁晓夫：《最后的遗言》，第713页。

政治炸弹

赫鲁晓夫后来对联合国大会上的辩论越来越不感兴趣。但是，他的关于独立和殖民主义的发言被安排在议程即将结束的时候。所以，赫鲁晓夫白天"无所事事"，但在晚上却非常活跃，不是自己举行招待会款待别国代表团，就是参加别国的招待会，外交往来十分频繁。赫鲁晓夫同摩洛哥王储会谈，同尼日利亚代表团会晤，支持刚果的独立运动，等等。

赫鲁晓夫终于等到发言的时刻，9月23日，他在大会上做了两个小时的发言。发言的主题就是让全世界一切民族得到独立。他在发言中攻击了美国政策，表示应当谴责和停止准备战争和侵犯各国人民主权的政策，指责美国是国际挑衅事件的组织者。他提出了完全和彻底消灭殖民主义制度的建议，并将关于这个建议作为宣言草案提交联合国大会，这个宣言草案提出了三项要求：

第一，立即给予一切殖民地国家、被托管地和其他非自治领地区以完全的独立和自由，来根据它们人民所自由表达的意愿建设自己民族国家，一切形式的殖民主义制度和殖民主义行政机构都应完全废除，以便给予这些地区的人民以自己决定自己命运和国家管理形式的可能性；

第二，铲除殖民主义在别国领土上的领地和租借区等一切据点；

第三，各国政府必须在国与国之间的关系上严格地、始终不渝地遵守《联合国宪章》的条款，不允许殖民主义的任何表现，不允许一些国家有任何特殊权利或者特权而损害另一些国家。

除了殖民主义问题以外，赫鲁晓夫还提及裁军问题。他认为裁军问题没有解决是美国及其盟国所采取的立场造成的，他提出了"关于全面彻底裁军条约的基本条款"的建议。

赫鲁晓夫利用联合国讲坛阐述了和平共处思想，认为和平共处是当代发展国际关系的唯一明智的道路。他还提出，"苏美能够为巩固和平和建立所有国家的真正国际合作而携手前进"。

赫鲁晓夫对联合国的组织结构和领导提出批评。他建议由三人组成的联合国执行机构代替秘书长，建议将联合国总部从美国迁到瑞士或者奥地利。他还表示如果联合国迁到苏联，则苏联"保证给予联合国的工作以最良好的条件"。①

---

① 赫鲁晓夫在联合国大会上的发言，参见《真理报》1960年9月24日。

苏联向联合国大会提出的几个决议是葛罗米柯准备的。赫鲁晓夫对葛罗米柯的工作非常满意，认为在联合国起草决议方面，葛罗米柯是"一位真正的能手"。赫鲁晓夫的讲话使美国人进退维谷，美国既要支持西方国家，又准备进入非洲。最后，苏联方面提出的决议得到了美国、英国和法国的支持，其他多数国家也赞成苏联的决议。这是赫鲁晓夫不小的外交成果。

内部协调

赫鲁晓夫在联合国期间强调社会主义国家步调一致。所以，从这个标准出发，赫鲁晓夫对罗马尼亚代表团表示不满，认为这个国家太强调独立性，事先的计划和行动不同苏联打招呼，经常使苏联感到"突然和意外"。赫鲁晓夫的这种看法对以后的苏联和罗马尼亚关系的发展十分不利。根据联合国原先的规定，除了苏联之外，乌克兰和白俄罗斯也是联合国正式成员。乌克兰部长会议主席波德戈尔内和白俄罗斯部长会议主席马祖罗夫也要在大会上发言。赫鲁晓夫非常重视他们的发言。本来这两个加盟共和国代表都是用俄文准备发言稿的，赫鲁晓夫灵机一动，建议他们用本民族语言发言。乌克兰代表没有提出异议，但是，马祖罗夫却表示为难，他说："我们不能用自己的语言准备讲话稿；我们连白俄罗斯语的打字机也没有。我只能用俄语准备。"赫鲁晓夫狠狠地训斥了他："我相信你别无他法，不过这对我们的民族政策极其不利。苏维埃制度的敌人会说：苏联的共和国完全不是真正的共和国，它们的民族语言受到禁止，乌克兰人被允许讲乌克兰话只是讲给外国人听的，即使在联大这样的国际讲坛白俄罗斯人也必须用俄语讲话。"① 赫鲁晓夫的训斥产生了效果，马祖罗夫用白俄罗斯语在联大上发言。

电视对话

1960年10月9日，赫鲁晓夫同美国电台评论员萨斯凯因德举行了电视对话。美国评论员提出了许多尖锐的问题准备难倒赫鲁晓夫，而赫鲁晓夫则以尖锐的回答来制伏对手。这也是外交上的较量。萨斯凯因德问赫鲁晓夫："当您入睡的时候，您会感觉到人类的命运在很多方面取决于您，取决于您的态度，您的情绪。请问，您知道这一点时是否能安心地睡觉？"赫鲁晓夫答："我一向睡得很安心。"萨斯凯因德问："为什么您仍

---

① 赫鲁晓夫：《最后的遗言》，第708页。

然老是传布这样的神话：说美国人民是爱好和平的人民，有着十分爱好和平的意图，然而我们的政府是一个帝国主义政府，它是从事欺骗和煽动战争？"赫鲁晓夫没有正面回答他的问题，因为在赫鲁晓夫看来，这个问题"不简单"，"对这个问题的任何答复都可能得出不正确的结论和不正确的解释的引线"，所以，赫鲁晓夫采取了回避方式，大谈苏联的制度是最民主的制度，"我们那里领导国家的是一些选举出来的人，他们全都对人民负责，对人民直接负责"。萨斯凯因德抓住这个问题不放，继续追问这个问题，赫鲁晓夫回答："您想把我拖入关于你们政府的辩论。但是我认为，我不应卷到这件事里去，因为这是你们的政府，让美国人民来评判你们的政府吧。如果我现在讨论这个主题，那就会干涉美国人民的事务。我不愿意这样做，因为有人会不正确地理解我的话的。"随后，赫鲁晓夫举出美国总统派飞机侵入苏联领空的事实来论证美国政府是不爱好和平的。赫鲁晓夫这个回答比较好，既巧妙地回击了美国政府，又没有伤害美国人民。但是，在以后的对话时出现了一系列的火药味。赫鲁晓夫使用了一些刺激的语言，他说："如果您真想弄清楚社会主义和共产主义是怎么回事，那么，正像碰着好吃的东西一样，拧着你的耳朵也拉不走您。"赫鲁晓夫警告美国不要干涉苏联的内部事务："为什么把你们的鼻子伸进我们的菜园？"萨斯凯因德马上回击说："您这真叫作无缘无故地吠月。我们知道伟大十月社会主义革命的历史……"赫鲁晓夫立即打断他的话："当您跟人谈话的时候，使用'吠月'这样的字眼，在你们这里难道认为是正常的吗？在我们那里，这被认为是不礼貌的。我给您当父亲都是够格的，您怎么对我这般放肆，年轻人。看您的外表倒不错，可是您的谈吐却不大礼貌。我不能容忍对我采取这种态度。我来这里不是为了狂吠。我是世界上最伟大的社会主义国家的部长会议主席。您对我得尊重，如果不愿意这么行动，那就别请人来谈话。必须有礼貌。也许您习惯于对什么人都哼哼几声。可是，我们可是一个受不得气的国家。"随后，赫鲁晓夫继续回答问题，他说："至于所谓'被奴役'什么的，我不准备回答。这种垃圾早该从头脑中扔出去了，应该换换脑筋。应该善于像各国人民正在写的那样去理解历史。否则，您将成为一个对时代抱有落后看法的人。"萨斯凯因德马上反击："您现在说什么'这种垃圾早该从头脑中扔出去了'——您讲讲看，这种话合乎礼貌吗？"赫鲁晓夫回答："对字眼有正确的理解，也有不正确的理解。这话丝毫没有侮辱人的地方。如果您觉得这话有点侮辱人，那么，我准备把'垃圾'收回来，清扫出去。"①

第四节　打肯尼迪的牌

赫鲁晓夫也在选举美国总统

尽管艾森豪威尔在U—2飞机事件上没有给赫鲁晓夫面子，致使赫鲁晓夫作出了激烈的反应，但是，实际上赫鲁晓夫对艾森豪威尔的印象很好。他认为这位总统人品很好，但是过于软弱，常常被自己的助手和下属所左右，如在外交上常常听从国务卿的意见，先是听从国务卿杜勒斯的，后来是听从赫脱的。在肯尼迪和尼克松竞争最激烈的时候，苏联的态度十分重要。肯尼迪和尼克松都清楚这一点。赫鲁晓夫也在精心地考虑谁当选美国总统对苏联有利。赫鲁晓夫的判断是，尼克松是艾森豪威尔的副总统，也是他的继承人，是共和党的总统候选人，而民主党的总统候选人是肯尼迪和史蒂文森，他们两人要首先决出胜负，尔后再同尼克松进行最后的较量。赫鲁晓夫认为，就阶级立场上看这些人对苏联没有太大的差别，每个人都会执行与艾森豪威尔时期差不多的政策。但是，他们的政治手段却有很大的差别。在赫鲁晓夫看来，美国政治家虽然同属于一个党派，但是差别很大，如艾森豪威尔与尼克松同属于共和党，前者更被苏联所接受，后者却是一个惯于向苏联挑战的政治分子。赫鲁晓夫清楚地记得他同尼克松的所谓"厨房辩论"。赫鲁晓夫比较了解史蒂文森，而且认为他对苏联抱有好感，至少是从理性出发看待苏联。赫鲁晓夫认为"他可能是最符合我们希望的总统候选人"。但是，史蒂文森在民主党的提名竞争中就败下阵来，这使赫鲁晓夫感到很遗憾。赫鲁晓夫在访美期间见过肯尼迪，赫鲁晓夫知道他具有聪明的才智、受到良好的教育以及具备很高的政治技巧。赫鲁晓夫是在华盛顿外交委员会的一次招待会上认识肯尼迪的。当时，外交委员会主席富布赖特向赫鲁晓夫介绍肯尼迪，而赫鲁晓夫则对肯尼迪说："我曾多次听人谈到你，大家都说你前程远大。"②

美国两党之间的竞争十分激烈。在这种情况下，赫鲁晓夫只能在尼克松和肯尼迪之间做一次选择。赫鲁晓夫后来表示："我们认为，如果肯尼

---

① 《真理报》1960年10月11日。
② 赫鲁晓夫：《最后的遗言》，第726页。

迪进入白宫，那么我们在改善苏美关系问题上的希望会更大些。我们知道在这方面不能对尼克松有所指望。尼克松对苏联所持的敌对态度，他的反共立场以及他同麦卡锡主义的关系……对这一切我们都是非常熟悉的。总之，我们没有理由希望尼克松担任总统。"①

不给尼克松政治礼物

赫鲁晓夫的决策一经作出，他对待美国的政治态势就有了明确的反应。

美国两党为取得总统选举的胜利开始进行一切必要的努力。尼克松派副总统候选人卡伯特·洛奇访苏，旨在争取赫鲁晓夫实行中立立场。洛奇向赫鲁晓夫表示，如果尼克松进入白宫，苏美关系不会遭受什么损失。赫鲁晓夫注意到，他没有说两国关系会得到改善，只是强调两国关系不会变得比现在更糟。洛奇向赫鲁晓夫表白，尼克松实际上并不是像他在竞选集会上所故意装成的那种人。洛奇说："不要介意那些竞选演说。记住，这些仅仅是政治声明，尼克松先生一旦进入白宫，我肯定——我能绝对肯定——他会采取维持甚至改善我们两国关系的立场。"② 赫鲁晓夫马上明白了洛奇的意图，同时也了解了共和党的立场。洛奇的来访是尼克松和艾森豪威尔精心安排的，让赫鲁晓夫对尼克松实行一种宽容的中立立场——既不攻击，又不赞扬。但是，赫鲁晓夫心里早有主意，这就是"肯尼迪当选比尼克松当选对我们更加有利"③。

苏联手中有一张王牌，那就是被击落的U—2飞机飞行员鲍尔斯和在北极上空被苏联击落的飞行员。如果苏联马上释放这些飞行员，则是对尼克松巨大的支持，如果不马上释放他们，实际上就是苏联在支持肯尼迪。艾森豪威尔向赫鲁晓夫提出了关于释放美国飞行员的问题。赫鲁晓夫主持了中央领导核心会议。赫鲁晓夫向中央领导核心提出："美国政府已向我们提出要求，希望释放鲍尔斯。但现在还不是释放的时候，因为两个总统候选人都想在改善两国关系问题上捞取资本，如果我们现在释放鲍尔斯，形势就会对尼克松有利。根据报纸判断，我认为双方是势均力敌，如果我们对尼克松作出哪怕是极微小的支持，人们就会认为我们是在表示希望尼

---

① 赫鲁晓夫：《最后的遗言》，第727页。
② 赫鲁晓夫：《最后的遗言》，第728页。
③ 赫鲁晓夫：《最后的遗言》，第728页。

克松进入白宫。这将是一个错误。假如尼克松当了总统，我不相信他会对改善我们两国的关系作出贡献。因此，让我们慢一些释放鲍尔斯，一俟选举结束，我们立即就释放他。"① 领导核心成员同意赫鲁晓夫的看法。赫鲁晓夫这个决策是正确的，也达到了目的，尼克松在竞选中败给了肯尼迪。应该指出的是，尼克松是以微弱的 20 万张选票落选的。如果赫鲁晓夫想支持尼克松，则完全可以在关键时刻释放美国飞行员，以换取美国民众对尼克松的支持。所以，当肯尼迪当选之后，赫鲁晓夫向肯尼迪表示自己的支持态度。肯尼迪承认赫鲁晓夫在苏联投了自己一票。赫鲁晓夫后来评价说："我应该说，我对于肯尼迪担任总统一事并不后悔。事情很快就清楚了，他比艾森豪威尔更加懂得改善我们两国关系是唯一明智的行动。"②

维也纳会谈

1961 年 1 月，肯尼迪正式就任美国总统。肯尼迪并没有忘记赫鲁晓夫对自己的支持。所以，他一上任就推行了同苏联缓和的外交政策，多次表示愿意同苏联领导人就国际问题交换意见。肯尼迪还提出同赫鲁晓夫举行苏美首脑非正式会谈的建议。赫鲁晓夫此时日子不太好过：民主德国居民出现逃往联邦德国浪潮；中苏关系越来越趋恶化；苏联国内也出现了严重的问题。赫鲁晓夫希望通过与新任美国总统的接触，缓和与美国的对立政策，减少自己的执政压力。于是，两国都有了举行首脑会谈的希望和要求。接下来就是选会谈地址的问题了。双方商定不在苏联和美国举行，也不在上次四国首脑会议失败的巴黎举行，而在一个中立国举行更为合适。于是，赫尔辛基、日内瓦和维也纳就成了会谈的选择地点。赫鲁晓夫认为在芬兰的赫尔辛基举行最为合适，因为在他看来，芬兰比奥地利更了解苏联的政策。但是，美国坚持在奥地利举行，赫鲁晓夫也没有坚持一定要在赫尔辛基。这样，1961 年 6 月 3—4 日，赫鲁晓夫同肯尼迪在维也纳会面，并就有关国际问题交换意见。

在会见肯尼迪前 10 天，政治局召开了一次特别会议，讨论苏联在最高级会谈中的立场和策略问题。赫鲁晓夫的策略就是，肯尼迪比较年轻，可以对他施加更多的政治压力，迫使美国在欧洲，尤其在柏林问题上作出

---

① 赫鲁晓夫：《最后的遗言》，第 729 页。
② 赫鲁晓夫：《最后的遗言》，第 730 页。

重大让步。这个想法实际上是幼稚的。大多数政治局委员对肯尼迪和美国政策不够了解，只是简单地同意了赫鲁晓夫的建议，只有米高扬对此表示怀疑。他的观点是，苏联不应该将与美国总统的关系建立在施加压力和攻击的基础上，而应该与之进行建设性的对话，促进苏美关系的发展。他还警告说，如果肯尼迪是一位具有坚定性格的人物，那么施加压力的政策就可能造成有害的后果。赫鲁晓夫对米高扬的建议表示不满，他坚持认为形势对苏联有利，必须加以利用。米高扬发现政治局里没有人支持他的观点，所以，他也不再继续与赫鲁晓夫争辩，只是强调自己的观点是一种慎重的选择。葛罗米柯内心里同意米高扬的建议，但他会议上没有公开表示支持米高扬。①

苏联代表团组成如下：赫鲁晓夫、葛罗米柯、缅希科夫、多勃雷宁等。美国方面是肯尼迪、国务卿迪安·腊斯克等。根据苏联情报部门透露，肯尼迪准备携其母和妻子一同前往。于是，米高扬等人提议赫鲁晓夫也携妻前往，以便给国际社会一个良好的印象。赫鲁晓夫同意了这个建议，偕夫人尼娜·彼得罗夫娜一起去维也纳。

会谈轮流在苏联和美国驻奥地利大使馆举行。会谈的主要问题是：德国问题、柏林问题、裁军问题、互惠的经济联系问题、租借法案、两国关系正常化问题，等等。

其中最急迫、最棘手的问题就是德国问题。但是，在德国问题上苏美谈判没有进展。赫鲁晓夫提出，西柏林成为自由城市和两个德国都应该得到国际上的承认，都成为联合国成员。肯尼迪则反对赫鲁晓夫的建议。他认为根据波茨坦协议，只有一个德国，因此在德国出现一个统一的政府以前，任何人都不能签署和约。赫鲁晓夫感觉到，这是美国人一贯对付苏联的方针。赫鲁晓夫注意到，肯尼迪和艾森豪威尔在德国问题上的立场是一致的，没有区别。这使赫鲁晓夫感到恼火。肯尼迪仍然表示，美国要捍卫自己在欧洲和世界的利益，保持美国在世界上的领导地位。为捍卫自己的利益，美国可以不顾其他国家的利益。尽管赫鲁晓夫对肯尼迪施加了强大的压力，但肯尼迪还是没有屈服于赫鲁晓夫。赫鲁晓夫在会谈时的强硬态度，给西方人十分深刻的印象，促使西方开始认真准备与苏联进行军事竞赛。这样，赫鲁晓夫想通过这次会谈同肯尼迪在德国问题上达成谅解的可

---

① 多勃雷宁回忆录：《信赖》，第47、48页。

能性几乎不存在了。

　　关于和平共处问题，肯尼迪与艾森豪威尔不同的是，他承认和平共处。赫鲁晓夫认为，肯尼迪朝着正确的方向迈进了一步，为解决一大堆问题奠定了基础。但是，肯尼迪所理解的和平共处与赫鲁晓夫的和平共处概念有着很大的区别。肯尼迪的和平共处概念是指冻结各国的现状，尤其在社会和政治制度方面更是如此。这一点是赫鲁晓夫无法接受的。赫鲁晓夫认为："总统先生，我们也希望就和平共处的原则问题同你达成一项协议。但对我们来说，这意味着不通过武力来解决争端和不干涉他国内政，而并不意味着冻结各国现状。一个国家的社会政治制度问题应该由它自己去解决，有些国家还没有决定究竟哪一种制度最符合他们的国情，我们无权把他们'冻结'在这种或那种形式上。"肯尼迪反驳了赫鲁晓夫的观点。他说："我们必须把它们的制度冻结起来，不然的话，各式各样秘密的代理人就会颠覆一个国家的政府。"肯尼迪实际上是在批评赫鲁晓夫提出的关于民族解放战争的观点。其实，赫鲁晓夫也赞同肯尼迪提出的关于维持世界的现状的观点，但在如何理解"维持世界现状"问题上，双方的分歧很大。赫鲁晓夫的观点是，"维持现状"就是指各国不破坏第二次世界大战以来所存在的边界——尤其不得以战争的方式来破坏这些边界。肯尼迪的理解是，边界的不可侵犯性是正确的，同时还要强调维持一国的内部社会和政治制度这个概念。赫鲁晓夫指责他是要资本主义国家永远是资本主义国家，这是苏联决不允许的，也是无法接受的。因为当时苏联准备向世界上发展中国家投入更多的力量，用赫鲁晓夫的话来说，"我们对世界某些地方特别是发展中国家争取改变现状的力量一直给予同情"①。赫鲁晓夫对肯尼迪表示："总统先生，你的建议是过时的。我们可以稍稍回顾一下历史。有一段时间美国是英国的殖民地。你们起来革命，你们胜利了，你们成了一个独立的国家。你们自己选择了你们的政治制度。而我们呢？我们也进行过革命，我们选择了我们现在的制度。根据你的建议，其他国家就有权干涉，并在殖民地的美国维持英国的统治，在俄国维持沙皇制度。实际上，英国和法国——且不谈一些别的国家——确实曾对年轻的苏维埃国家进行过三场武装干涉，你对你们自己的历史是十分清楚的，你应该知道结局是什么样子。"赫鲁晓夫接着说："总统先生，你现在该

---

① 赫鲁晓夫：《最后的遗言》，第736、737页。

明白了，我们不能同意你把现状冻结起来，因为这样做将意味着剥夺人民决定自己命运的权利。我们拥护社会主义，而你们则拥护资本主义。让世界上各国人民自己决定，他们愿意在什么样的社会和政治制度下面生活。"①

赫鲁晓夫同肯尼迪争论十分激烈，但是，他们之间也有能够沟通之处。他们都认为首先应该防止战争，尤其是苏美之间的战争。

关于租借法案问题，赫鲁晓夫重复了他以前对艾森豪威尔讲的观点，那就是首先谢谢美国在战争期间的支持和援助，同时指出，苏联人民在战争期间流了太多的鲜血，而鲜血要比美国给苏联的物质援助珍贵得多。所以，"我们感到我们早就已经连本带利地偿还了你们"，但是，肯尼迪还是要求苏联偿还战争期间的租借法案贷款。赫鲁晓夫的结论是："资本家完全一个样，他们说'血是你们自己的，我们希望你们用现金偿还当时援助你们的物资'。"②

赫鲁晓夫和肯尼迪的会谈没有取得重大成果。赫鲁晓夫缺乏足够的耐心去寻求各种可能实现的解决办法，而且一直强调自己的建议。这就使苏联在与美国打交道中往往取得不了阶段性或者是具有战略性的外交成果。由于西方领导人没有对赫鲁晓夫的性格作详细的了解，所以，赫鲁晓夫气势汹汹的样子，确实使美国领导人感到了苏联的现实威胁。赫鲁晓夫说："我心里加倍感到难过，因为我们的会谈没有为改善两国间的关系创造有利条件，相反，却加剧了冷战。这使我感到担忧。"③

第五节　处理第二次柏林危机

民主德国政府的设想

德国问题一直是苏美关系中的焦点问题。美国在欧洲的战略非常清楚，就是要将联邦德国塑造成西方国家中重要的与苏联等社会主义国家相对峙的政治实体和军事实体，而苏联则竭力打破美国在欧洲的战略意图。于是，两德问题就成为苏美关系中的"基本"问题。

---

① 赫鲁晓夫：《最后的遗言》，第 737—739 页。
② 赫鲁晓夫：《最后的遗言》，第 740、741 页。
③ 赫鲁晓夫：《最后的遗言》，第 743 页。

1957年7月,民主德国政府发表声明,即《德意志民族保障和平和统一德国的道路》。该声明提出了"德意志联盟"的设想,即两个德国建立自愿、平等的联盟。德意志联盟将代表德国人同反法西斯联盟的国家签订和约。两国在一些领域采取共同的政策。民主德国的建议得到了苏联和其他东欧国家的支持和响应。这个主张甚至在美国都引起了反应,一些政治家对此表示出很大的兴趣。但是,联邦德国的阿登纳政府却对此采取抵制态度,美国因民主德国的倡议而同联邦德国发生意见上的分歧,所以,美国政府正式拒绝了民主德国的倡议。

在这种情况下,苏联中央决策层于1958年2月向美国提出了备忘录,建议召开各国政府首脑会议,讨论缔结对德和约问题。苏联政府还提出应该邀请两个德国代表参加。同年9月5日,民主德国政府向苏联、美国、法国和英国提出立即成立四大国代表委员会,就对德和约问题进行磋商。民主德国政府还提出两个德国政府建立联合委员会,专门研究签订和约问题。苏联马上支持民主德国的建议,并呼吁西方国家支持民主德国的这个主张。但是,西方国家对此不感兴趣。

准备动手割掉西柏林这个"毒瘤"

1958年秋,苏联政府提出了一个重要的建议,即必须使西柏林正常化。苏联方面认为,美英法继续占领西柏林就是使东西柏林成为欧洲各国关系紧张的根源,成为世界上最危险的分歧和冲突的场所之一。西柏林已经成为北约反对苏联、民主德国和其他社会主义国家的东方基地。它已经变成西方国家的间谍和破坏活动的中心。东西柏林之间经常发生挑衅事件。苏联中央决策层决定必须将西柏林这个民主德国和苏联影响地的"毒瘤"挖掉。必须关闭西柏林这个西方国家伸向东方世界的"自由之窗"。11月27日,苏联政府提出一项旨在废除已经过时的外国在西柏林的军事占领制度并将西柏林改为不设防自由城市的建议。苏联政府在照会中表示:"当西方大国开始武装联邦德国,并将联邦德国变为它们反对苏联的政策工具时,先前盟国有关柏林协定的实质已经不再存在,已经被协定的三个签字国所破坏,它们利用这一协定来反对第四个签字国——苏联。在这样的条件下,指望苏联或任何别的堪称自尊心强的国家仍然装作没有察觉所发生的变化,那是荒唐可笑的……每一个思维健全的人都应该懂得,苏联决不会让西柏林保持某种损害苏联的合法利益、安全和其他社会主义国家安全的状态。"① 1959年苏联政府提出了对德和约草案，提出将西柏林变为自由市的建议，并交送有关各国考虑。其实，苏联政府这样做是经过多次研究确定的，实际上是一种让步措施。因为原来苏联政府坚持的立场是把西柏林归还给民主德国，因为西柏林是在民主德国领土上的。这次，苏联政府提出将西柏林"实体化"，变西柏林为不设防的城市，这表明苏联已经从原来的立场上后退。苏联中央决策层这样提出建议，目的就是使西方大国军队离开西柏林，缩小西方大国在西柏林的影响。苏联的建议并没有被西方大国所接受。这是一个非常重要的信息。苏联中央决策层感到西方大国在解决德国问题上毫无诚意，因为西方大国提出了显然是不让苏联接受的强硬方案。

西柏林是苏美关系中的一个痛点问题。赫鲁晓夫曾经说，"讲得粗一点，美国插在欧洲的那只脚有一个发痛的水泡，这就是西柏林。随便什么时候我们想要踩一下美国人的脚，叫他感到疼痛，我们只要切断西方通过德意志民主共和国领土同这个城市的交通就行了。斯大林曾经利用过西柏林问题，但是他失败了"②。赫鲁晓夫也想"利用"西柏林，但是他不想失败。然而，同肯尼迪的维也纳会谈没有取得成果，使赫鲁晓夫脸上无光。所以，他表示："西柏林问题就像在一个原来很健康的身体上生长起来的毒瘤一样。现在切除这个毒瘤变得越发重要了。"③ 维也纳会谈之后，赫鲁晓夫准备在西柏林问题上大做文章。赫鲁晓夫是这样分析局势的，时间的流逝对苏联有利，而对美国人来说是走了厄运。如果苏联单方面解决西柏林问题，肯尼迪就会感到不舒服；同时，他又提不出双边解决问题的方案。肯尼迪受到的压力来自两个方面：一个是军界的压力；另一个是美国舆论的压力，因为美国公众还没有到接受苏联建议的时候。赫鲁晓夫分析认为，维也纳会谈对于肯尼迪来说是一个失败。所以，苏联准备在德国问题上行使权利，他根本无法阻止苏联，除非采取军事行动。而且，采取军事行动对美国来说是一种冒险，毫无意义。赫鲁晓夫的结论是："因此，当我们开始采取一些单方面措施时，美国和它的西方盟国除了吞下一剂苦药外，别无其他办法。"于是，赫鲁晓夫下决心："我们决定现在已

---

① 《消息报》1958年11月28日。
② 赫鲁晓夫：《最后的遗言》，第746页。
③ 赫鲁晓夫：《最后的遗言》，第748页。

经是挑破西柏林这个水泡的时刻了。要避免使用手术刀已经不可能了，但是我们想在麻醉下进行手术。尽管现在通过外交途径已经失败，使我们不得不求助于锋利的工具，但我们务必要使病人尽量少受痛苦。我们还想避免手术后遗症。"①

赫鲁晓夫和肯尼迪的相互威胁

维也纳会谈后不久，赫鲁晓夫就开始向肯尼迪挑战。1961年6月15日，赫鲁晓夫发表广播电视讲话。他宣布，苏联准备同民主德国签订和约，12月31日为四国解决柏林问题的截止日期。不然，苏联将同民主德国签订和约对西柏林实行新的封锁。他威胁说，苏联和民主德国将抵抗任何企图破坏两德之间边界的势力。谁要用武力来阻挠是注定要失败的，因为苏联已经有能力反击阻挠力量。6月21日，在纪念卫国战争20周年的大会上，赫鲁晓夫再次重申了自己的立场，并认为苏联单独与民主德国签订和约是效仿美国与日本签订和约的做法。7月8日，赫鲁晓夫宣布暂停执行1960年关于裁减武装部队的计划，并增加31亿卢布的国防预算。赫鲁晓夫的一系列举动真是咄咄逼人。

针对苏联的进攻态势，肯尼迪表示不能屈服于压力。他强调了美国在柏林问题上的三个原则：第一，西柏林的"自由"和"生存能力"；第二，西方拥有在西柏林的权利；第三，进入西柏林的交通必须是畅通的。肯尼迪仍然强调德国统一的立场。7月17日，西方国家正式照会苏联，断然拒绝苏联的要求，并警告苏联的政策孕育着巨大的危险。照会明确表示苏联不能轻举妄动。7月25日，肯尼迪总统发表声明，宣布美国决心保卫西方在西柏林的权利。他还针对赫鲁晓夫威胁言论表示，谁要使用武力，谁就将受到抵抗。他也宣布了30亿美元的军事拨款。

将军与元帅的对垒

苏联的威胁起了巨大的作用。美国马上派遣卢修斯·克莱将军去柏林指挥西柏林军队，此人曾经担任过战后驻德国的美国军事管制委员，指挥过驻德美军部队。赫鲁晓夫看到这种情况，立即向中央领导核心提出建议，将已经退役的苏联元帅科涅夫召回，派往民主德国，担任苏联驻德国部队总司令。中央领导核心接受了这个建议。赫鲁晓夫说，美国人把卒子推进一步，因此我们就走一步马来保卫我们的阵地。赫鲁晓夫说的是双关

---

① 赫鲁晓夫：《最后的遗言》，第750页。

语，因为科涅夫的俄语词根就是马的意思。科涅夫的到任更增加了柏林的紧张气氛。为显得礼貌，赫鲁晓夫指示科涅夫元帅对美国的克莱将军作一次例行的礼节性的拜访。

筑起"柏林墙"

赫鲁晓夫继续实施自己的计划。因为在柏林非常紧张时刻，成千上万的民主德国人逃亡西柏林。不仅如此，西柏林人纷纷进入民主德国抢购民主德国的商品，因为民主德国的商品价格要比联邦德国便宜得多。这样，赫鲁晓夫就下决心堵住这个"口子"。在赫鲁晓夫看来，堵塞漏洞的唯一办法是封闭边界。但是民主德国领导人有些犹豫，赫鲁晓夫一再敦促。最后，民主德国领导人乌布利希制定了进出民主德国的签证制度，人们进出柏林也必须持有特别通行证。赫鲁晓夫认为，这是在帮助民主德国建立自己的管理移民和边界安全制度。赫鲁晓夫指示苏联驻民主德国大使别尔乌辛给他找来一幅西柏林的地图。他同乌布利希商量了策略，并定下了实行边界管制的日期和时间。所谓"边界管制"就是建立柏林墙。赫鲁晓夫和乌布利希还决定竖立反坦克路障和街垒。赫鲁晓夫还计划用苏联军队守卫东西柏林边界。不过，赫鲁晓夫粗中有细，他让民主德国士兵站在第一线，苏联士兵站在民主德国士兵靠后的几米。这样就可以让西柏林人清楚地看到苏联军队在支持民主德国军队。赫鲁晓夫就是让全世界人都知道这次军事行动是民主德国人在苏联的合作下进行的。竖立柏林墙的时间定为1961年8月13日。赫鲁晓夫认为"13"对于西方来说是一个不吉利的日子。苏联就选定这个日子，恶心美国。这个计划是秘密准备的。

苏美坦克的危险对峙

8月13日，民主德国军队和苏联军队在东西柏林之间竖立了柏林墙。赫鲁晓夫亲自督阵。他甚至同其他官员一起微服走访了西柏林。随后，赫鲁晓夫等待美国的反应。果然，情报部门报告，美国军队接近柏林墙，声言要摧毁它。当时，苏共二十二大正在举行开幕式，科涅夫在发言中表示，美国人正在准备开进来，用步兵和推土机摧毁边界工事。赫鲁晓夫要求科涅夫将苏联坦克隐蔽起来，待美国坦克出现后就迎上去，同他们对垒。美国坦克果然开过来了，苏联的坦克立即迎了上去，双方开始了坦克炮筒对炮筒的对峙。苏美军队出现了最严重的对峙局面，情况十分紧张。第二天，二十二大继续进行，科涅夫向赫鲁晓夫报告，柏林边界没有变化，苏美坦克仍旧脸对脸地对峙着。只是双方的坦克手有时出来走动。战争似乎一触即发。

在柏林危机最紧张的时刻，苏美两国都使用和动员了各种外交、政治和军事手段，力图压倒对方。苏美外交上的语言非常尖刻，抗议和照会加上反抗议和照会接连不断。在柏林危机稍后阶段，北约和华约多次举行针对对方的一系列行动。

但是，双方都不想打一次战争，走到战争边缘是为了从战争的火线上撤下来。赫鲁晓夫和肯尼迪都明白，双方实际上是为了达到自己的目的而采取的极端但不走火的措施。首先，赫鲁晓夫命令科涅夫将苏联坦克撤下来，不要走得太远。他预见说，美军看到苏联坦克撤走后会在20分钟内也撤走自己的坦克。果然，美军在苏联坦克撤走后也很快撤走了自己的坦克。后来，克莱将军和科涅夫元帅又都离开东西柏林，回到了自己该回到的地方。"卒子"没有过河，"马"也没有卧槽。

赫鲁晓夫缓和气氛

同时，苏联和民主德国严格执行自己的政策，一再表明依靠理性解决问题。8月13日，华约国家在一项声明中表示，"这些措施不应触及西柏林和联邦德国交通线的通行和监督的现行制度"。民主德国也发表声明表示，"关于西柏林公民沿着德意志民主共和国境内的交通线外出旅行，以前的决定仍然有效"[①]。最值得玩味的是赫鲁晓夫观点的变化。9月6日，他在同美国记者苏茨贝格进行的谈话中表示，反对在"这一时刻"同肯尼迪会谈，但9月7日，他要求美国记者改动他们之间的谈话记录，表示"一直乐于同美国总统会晤，以解决紧迫的国际问题"[②]。赫鲁晓夫从强硬政策后退。肯尼迪也排除了那种与苏联武装对抗的选择。肯尼迪表示抵抗与谈判兼备，只要苏联不触动美国关于西柏林的三个原则，美国不准备进行实际的反抗。肯尼迪在分析局势时表示，苏联所采取的行动只不过是针对东柏林和民主德国居民的，而不是针对美国在西柏林的地位，没有发生拦截盟国军队进入西柏林的情况。而且，柏林墙竖立在民主德国的领土内。所以，盟国不存在推翻柏林墙的计划。两国态度的软化表明双方还都有理智。赫鲁晓夫孤立西柏林，将盟国和英法军队从西柏林赶走的希望不

---

① 《新华月报》1961年第9期，第184、185页。
② [美]苏茨贝格：《七大洲风云四十年——回忆录精编》（下），天津人民出版社1979年版，第34、35页。

可能实现，盟军仍然驻扎在西柏林。但是，赫鲁晓夫通过这个行动达到了控制东柏林和民主德国居民大规模流入西柏林的这个目的。这也给赫鲁晓夫的冒险决策添上一笔"辉煌"。赫鲁晓夫另一个目的也达到了，那就是柏林危机发生后，美国在认真考虑关于承认民主德国问题。11月25日，赫鲁晓夫的女婿、《消息报》主编阿朱别依在美国同肯尼迪总统进行了会谈。肯尼迪表示，德国统一取决于苏联的态度：苏联不准备德国统一，则德国就不会统一。他还表示，美国不反对苏联同民主德国签订任何条约，但是条件是苏联必须保证西方继续行使在西柏林的权利和自由出入西柏林。他还保证美国无意将核武器转给联邦德国。这表明肯尼迪关于德国问题的立场发生了巨大的变化。

秘密外交渠道

赫鲁晓夫时期苏联外交政策杂乱无章，左右摇摆，缺乏系统性和战略性。这些外交政策的特点都与赫鲁晓夫的决策特点有关，赫鲁晓夫在外交事务上也改不了经常冲动的毛病和即兴表现的弱点。由于他对国际事务缺乏深刻的了解，所以，在决策时经常夹杂着主观主义和随意色彩，这些不能不影响到苏联外交政策的连续性和稳定性。在赫鲁晓夫时期，苏联与美国建立了秘密外交渠道。在1962年，苏联驻美国大使多勃雷宁赴任之前，苏联与美国的首脑秘密外交渠道就建立起来了，这个秘密渠道被苏联军队系统的情报高级官员格奥尔吉·博利沙科夫与肯尼迪总统的弟弟罗伯特·肯尼迪以及总统的新闻秘书皮埃尔·塞林杰所掌握。博利沙科夫公开身份是塔斯社驻华盛顿分社社长，但他实际上是苏联军事情报机关的一名上校。此人的重要职责就是与总统和总统助手们一起打网球，谈话，他被严禁从事任何其他活动。但是，博利沙科夫的缺陷在于，他不太了解苏联和肯尼迪政府的外交关系，对某些谈判的细节以及苏联在谈判中所持的立场一无所知。他只是一个两国首脑之间的信筒，无法给苏联提供更多的有价值的情报。① 这样，多勃雷宁赴任后又建立了一个秘密渠道，而且逐渐取代了前面所提到的那条秘密渠道。多勃雷宁对秘密渠道是这样阐述的："秘密渠道指的是白宫和克里姆林宫在极端保密的情况下，撇开美国国务院和我国外交部之间的现有的正常外交渠道，直接交换情报和意见时所使

---

① 多勃雷宁回忆录：《信赖》，第57页。

用的方法。"他认为:"秘密渠道在超级大国的外交中起着非常积极的作用。"①

禁止核试验条约的谈判

古巴危机过后,美国谋求与苏联达成一项禁止核试验条约,这是1963年苏美两国外交上的重大事件。美国之所以如此主动地要求缔结这样的条约,其原因有以下几个方面:一是,肯尼迪总统自古巴危机以后确实对核武器的危害性有了更深刻的认识,因而更加认识到核扩散的危害;二是,美国核试验处于一种难以突破的时期,继续核试验也不会取得更大的成就,故而签订禁止核试验条约还会对苏联施加限制;三是,通过签署禁止核试验条约还可以成功地阻止苏联将核武器技术扩散给其他社会主义国家,特别是中国;四是,肯尼迪总统在国内面临着日益增多的有关核试验所造成的环境污染的指责。古巴导弹危机使赫鲁晓夫一度陷入外交上的被动,为摆脱这种外交被动局面,他愿意考虑同美国进行这方面的谈判,谋求苏联与美国在核问题上的平起平坐地位。另外,苏联科学家也向赫鲁晓夫表示,继续核试验有利于美国提高其核武器的技术、规模和质量,对苏联帮助不大。

两国领导人都有这方面的需要,故而问题就有希望得到解决。但在具体谈判中遇到了最大的问题就是如何确保双方停止核试验,换句话说,如何知道对方确实停止了核试验,如何监督对方的核试验。当时的科学技术手段已经可以使用一些科学方法来进行测试和观察,但还没有达到判断出地震与核试验的差别。这样,现场检查就成为谈判的关键点。一开始,赫鲁晓夫同意双方每年各在对方境内搞2—3次检查。而美国则提出8—10次,这个数字将赫鲁晓夫吓回去了。最后他连一次都不同意了,这令美国外交官们和科学家们感到十分后悔。美国不死心,美国总统和英国首相哈罗德·麦克米伦指示两国驻莫斯科大使会见赫鲁晓夫,向他提出新的方案,即检查次数为3—7次。赫鲁晓夫表示:"这么说你们是想让我们单方面地向外国情报机构开放我国所有的地区了?"赫鲁晓夫答复说:"即便苏联政府同意每年进行2至3次检查,西方大国仍然会想方设法地把差不多半个国家都纳入受检查的范围之内。我们不同意这样做。我对自己同意在苏联境内进行2至3次检查已深感不快。现在我认为我们应该收回这

---

① 多勃雷宁回忆录:《信赖》,第58页。

一建议。为了进行完全必要的监督,建立 2 到 3 个自动地震监测站就足够了。都是由于你们,我才愚弄了自己,因为我们刚一提出建议就得到了要求同意每年进行 8 至 10 次检查的回答,现在又说是一年进行 7 次,对此苏联是不会接受的。我们将不会对肯尼迪再做出任何让步,但可以向(共和党参议员)巴里·戈德华特和其他'鹰派人士'做出让步。"①

谈判继续进行。苏联方面的代表是葛罗米柯,美国谈判代表是哈里曼,英国谈判代表是保守派政治家黑尔什姆爵士。7 月 15 日,赫鲁晓夫与哈里曼和黑尔什姆爵士进行了关键的谈判。赫鲁晓夫表示:"苏联将不会同意进行检查,即便是建议只进行 2 次或 3 次检查也不行",他说:"我们准备同意停止一切核试验,但只能使用'黑匣子'这种手段进行监督,但不能进行实地检查。我们将不会同意以任何形式进行检查,哪怕是一次也不行。至于在那些不需要进行检查便可核实的范围内搞的核试验,我们可以签订这样一个协议。关于间谍活动,看来我们对其含义有着不同的概念。我们很难认同西方国家在此方面的观点。当猫承诺它将只抓老鼠而不碰猪油时,很可能它的确相信自己说的是真话,但毫无疑问,在没有看着时它也会偷猪油。"② 谈判经过两个多星期,最后终于达成了一项协议,即在大气层、陆地和海洋内部分禁止核试验条约。苏、美、英由于无法对地下核试验进行检查而没有达成协议。8 月 5 日,《禁止在大气层、外层空间和水下进行核武器试验条约》在莫斯科签订了。

从签订这个条约中可以看出,赫鲁晓夫在关键问题上并没有让步,也表明赫鲁晓夫对西方国家保持着足够的警惕。

---

① 多勃雷宁回忆录:《信赖》,第 115 页。
② 多勃雷宁回忆录:《信赖》,第 117 页。

第十二章 制造古巴导弹危机

第一节 "导弹"冒险

对美国的无奈

柏林危机的余波还没有过去,古巴导弹危机又接踵而来。柏林危机和古巴导弹危机表面上没有什么联系,实际上它们之间的联系十分密切。这是苏联和美国在世界舞台上的相互争夺的两个剧目。

美国借助欧洲盟友可以毫不费力地介入欧洲事务,并且在苏联势力范围的周边地带形成威胁区和辐射带。两德对峙的后面就是苏美的对峙。1960年柏林危机苏美坦克脸对脸、炮对炮的对峙就说明了一切。苏联感到不对等,尤其是U—2飞机事件和柏林危机之后,赫鲁晓夫感到苏联本土屡屡受到美国的直接威胁,而美国则高枕无忧地享受着大自然给予它的屏障所带来的安全与和平。同时,欧洲的争夺仅仅是苏美两国战后利益交错的一个重点地区,随着世界局势的多变,非洲和亚洲也是两国争夺的地区。但是,拉丁美洲一直是美国平静的后院。苏联感到嫉妒和无奈。但是,俄罗斯民族传统决定了它不甘心于无奈。

对古巴革命看法的转变

就在苏联对遥远的美国具有鞭长莫及之感时,古巴革命爆发了!美国的后院终于起火了!1959年菲德尔·卡斯特罗领导人民进行了古巴革命,推翻了亲美而又独裁的巴蒂斯塔政权。古巴革命引起了美国的仇视和不安,触动了美国在古巴的经济利益和政治利益,所以,美国一直支持反对卡斯特罗的流亡分子,不断地干涉古巴内政。在这种情况下,1959年卡斯特罗明确表示,古巴有可能倾向于苏联。卡斯特罗的呼唤没有引起苏联的明确反应,主要是当时苏美尚处于"蜜月"时期,赫鲁晓夫还陶醉在"戴维营精神"之中,不敢对古巴采取积极的支持态度。那时苏联和古巴的关系没有什么发展。赫鲁晓夫后来承认苏联对当时的卡斯特罗政权

"没有概念"。但是，从 1960 年起苏联就开始对古巴产生兴趣。2 月，苏联部长会议第一副主席米高扬在访美期间应邀访问古巴，主持了苏联博览会，苏联与古巴新政府进行了广泛的接触。值得注意的是，米高扬十分欣赏古巴革命，这实际上是代表了苏联官方的观点。同时，米高扬还同古巴签订了一系列经济协定。5 月 8 日，苏联与古巴建立了外交关系。苏古关系的升温进一步导致了美古关系恶化。1961 年美国同古巴断绝了外交关系。1961 年 5 月古巴宣布自己为社会主义共和国，这更引起苏联的重视。赫鲁晓夫主张对古巴进行大规模的援助。美国决不允许在自己的后院燃起社会主义之火。所以，1961 年 4 月，美国在古巴的猪湾地区登陆，准备武装推翻卡斯特罗的统治。但是，美国的非正义行动失败了。

"导弹"设想

面对美国的入侵，卡斯特罗请求苏联的军事援助，以抵抗美国。赫鲁晓夫在观察局势之后作出了重大的决策，即苏联应该在古巴安装苏联导弹。赫鲁晓夫的这个想法是在 1962 年 5 月形成的。他后来回忆说："在美国对加勒比海地区进行干涉的威胁继续存在的情况下，我们自己究竟采取什么政策呢？这个问题经常在我的脑海里转，我也经常和主席团其他成员讨论这个问题。他们一致认为除非我们采取某些行动，美国是不会放过古巴的。我们有义务尽一切可能来保护古巴，务使其能作为一个社会主义国家而存在并成为其他拉美国家的一个现实榜样。我很清楚，如果我们不采取一些决定性的步骤来保卫古巴，我们很容易失去它。"赫鲁晓夫还表示："古巴的命运以及在这个地区保持苏联威信的问题一直是我所关注的，即使在莫斯科忙于处理国事或去兄弟国家访问亦念念不忘。"赫鲁晓夫在对保加利亚访问时产生了支持古巴的想法。他一直在考虑：如果苏联失去古巴，将会发生什么情况呢？赫鲁晓夫认为，这对马列主义是一个严重的打击。这将大大降低苏联在全世界的地位，尤其在拉美。"我们一定要想出某种对付美国的实际办法。我们一定要建立一种具体有效的遏制办法来对付美国对加勒比海的干涉。但是究竟用什么办法呢？合乎逻辑的回答就是导弹。"赫鲁晓夫说："作为部长会议主席，我发现自己处于一种困难的地位，因为我要决定一种既能对付美国威胁又能避免战争的行动方针。""在保加利亚期间，这些想法一直在我脑海中翻腾。我踱来踱去，深思着该怎么办。我没有把自己的想法告诉任何人。我精神上的苦恼只让自己知道。但是在这段时间里，在古巴设置导弹的想法逐渐在我心中成熟起来。从保加利亚回莫斯科后，我继续考虑此事的可能性。最后我们举行了一次会议，我说在古巴问题上我有些想法要谈谈。"①

1962年5月，苏联高层将苏联驻古巴大使馆参赞亚历山大·阿列克谢耶夫召回莫斯科。赫鲁晓夫召集了中央主席团委员碰头会，科兹洛夫、米高扬、马利诺夫斯基、葛罗米柯、拉希多夫等参加了会议。赫鲁晓夫向阿列克谢耶夫表示："你的使命是和我们决定在那里部署装有核弹头的导弹联系在一起的。这是防止美国全面入侵古巴的唯一一办法。你认为菲德尔·卡斯特罗会同意我们采取这样一个行动吗？"阿列克谢耶夫对赫鲁晓夫提出的建议表示惊讶。他表示，卡斯特罗已经建立起保卫古巴革命的完整战略，因此他不大可能同意采取苏联建议的行动。即使他同意了，美国也会以苏联在古巴的军事存在为借口，使他和他的政府完全孤立于其他拉美国家。马利诺夫斯基不同意阿列克谢耶夫的意见，他说，当时的西班牙共和国政府曾公开接受苏联的军事援助，古巴可能更有理由这样做。赫鲁晓夫的意图是只有苏联在古巴建立导弹基地，才能给古巴带来安全。赫鲁晓夫的另一个观点就是美国将各种基地部署在苏联周围，现在苏联来一个照方抓药，让美国也尝尝受导弹瞄准的滋味。赫鲁晓夫表示："我们的决定会使菲德尔·卡斯特罗感到恐慌，他可能不同意部署导弹。我一直在考虑这件事并且得出一个结论，这就是不应该告诉卡斯特罗我们已经做出了决定，而应该公开宣布，为了挽救古巴革命，迫切需要采取一个大胆的措施，同时还应宣布，由于地区的力量组合对我们不利，所以苏联政府甚至可能考虑在得到卡斯特罗认可的前提下，在古巴部署苏联的导弹。"赫鲁晓夫还表示："我们必须采取一切预防措施，悄悄地运送和部署导弹，以便给美国造成一个既成事实。如果我们不想让那里的局势恶化，那就必须保证在11月4日美国国会选举结束前不把消息透露给新闻界。一旦选举结束，选举的紧张空气缓和下来，美国人除了吞下这颗苦果之外将别无选择。我们对美国在土耳其部署导弹不也是无可奈何吗？"②

苏共中央主席团决定派遣一个代表团访问古巴，代表团成员有中央主席团候补委员拉希多夫、比留佐夫元帅和阿列克谢耶夫，其中比留佐夫元帅是用假名前往的。阿列克谢耶夫返回哈瓦那后，就将苏联的想法向卡斯

---

① 《赫鲁晓夫回忆录》，东方出版社1988年版，第697—699页。
② 多勃雷宁回忆录：《信赖》，第80、81页。

特罗谈了。出乎苏联领导人预料，卡斯特罗反应平静。他表示："这是一个非常冒险的行动。在采取行动之前，我必须和我最亲密的助手商量一下。但是，如果做出这样的决定对社会主义阵营来说是十分必要的，我想我们会同意把苏联导弹部署在我们这个岛上。我们可能是和美帝国主义摊牌的第一个受害者！"阿列克谢耶夫强调，苏联这样做的唯一目的就是防止古巴受到美国可能发动的侵略。①

随后，赫鲁晓夫派遣了一个代表团前去古巴，向卡斯特罗提出这个建议。古巴经过考虑，决定派遣古巴副总理兼国防部长劳尔·卡斯特罗和古巴革命领导人格瓦拉先后访苏，商谈苏联在古巴部署导弹问题。双方达成了在古巴部署苏联导弹的秘密协议。9月2日，苏古双方发表了联合公报。该公报表示，古巴请求苏联提供军事援助和派遣军事专家训练古巴军人，苏联满足了古巴的请求。

联合公报是原则性的，不可能是具体的。实际上苏联人开始向古巴运送地对空"萨姆"导弹和42枚可以携带核弹头的SS—4和SS—5中程导弹，派出4万余名军事技术人员。这些导弹由苏联人员管理、操作和使用。

为什么要将导弹运到古巴

那么，赫鲁晓夫将苏联导弹运到古巴要达到什么目的呢？赫鲁晓夫谈到了自己的想法："从我们方面来说，我们希望古巴仍然是一个革命的和社会主义的国家。我们知道要做到这点，需要给古巴帮助。……我们除了在岛上设置导弹外，没有其他办法可以帮助他们对付美国的威胁。这样一来使得美国的侵略力量面临着进退两难的局面：如果你侵犯古巴，就会使你自己的城市遭到核导弹的攻击。我们设置导弹的意图不是对美国作战，而是阻止美国侵犯古巴以及由此而引起的战争。我们的意图只是给菲德尔·卡斯特罗所创立的新的进步制度一个继续推行下去的机会。"赫鲁晓夫还说："我们在古巴土地上驻扎我们的部队只是为了一个目的：维护古巴人民的独立和防止美国人当时准备派出雇佣远征军入侵古巴。我们自己并不打算发动战争。我们一直认为战争是同我们利益背道而驰的。我们除自卫战争外，从来没有想到别的战争。任何有一点点常识的人都能看出我讲的是真话。要我们从古巴对美国发动一场战争，这将是荒谬至极。古巴

---

① 多勃雷宁回忆录：《信赖》，第81、82页。

离开苏联一万一千公里。我们同古巴的海上和空中交通都很靠不住,所以向美国发动攻击是不可思议的。"①

赫鲁晓夫的目标实际上有两个:第一个是为了遏制美国对古巴的再次军事进攻,增加古巴的防御能力;第二个是让美国具有一种时刻都受直接威胁的恐惧感,因为在古巴安装导弹完全可以打到美国本土,这就意味着苏联与美国处于同一个战略起跑线上,以改变苏联被动的局面。在古巴设置导弹就等于在美国鼻子下面安放了炸弹。美国人的心理会产生不利于政府的负面影响,从而进一步加强苏联的国际地位,进一步软弱美国的战略地位。而且,赫鲁晓夫认为,"猪湾事件"之后美国对苏联的举动不会作出激烈的反应,因为柏林危机就表明,苏联和民主德国建立了柏林墙,美国没有什么办法加以阻止。赫鲁晓夫在犯经验主义的错误,而且,这实际上是在冒险和玩火。

第二节　苏美较量

肯尼迪的强烈反应

尽管苏联的武器是秘密运进古巴的。但是,敏感的美国人还是很快地察觉了苏联的举动。因为美国历来都对自己的安全问题十分重视,现在有人在自己的鼻子底下居然安装起核导弹来了,美国当然会全力以赴地侦察苏联的意图和行动。不仅如此,苏联与古巴建交之后,美国就认真地研究苏联可能采取的一系列方案,肯尼迪经常召开秘密会议讨论这些问题。美国情报部门详细地掌握了苏联在古巴的军事情况。9月4日,就在苏古联合公报发表的第三天,美国总统肯尼迪发表声明,强烈谴责了苏联的行动,并表示美国已经掌握了苏联在古巴安装导弹的情况。肯尼迪还进一步指出,美国掌握的情报表明,苏联运进古巴的导弹不是进攻性的,否则会引起严重的后果。肯尼迪警告苏联不要将进攻性导弹运进古巴。这次肯尼迪的声明是十分平缓的。但在13日,肯尼迪又发表了讲话,语气强硬起来。他表示,如果苏联将古巴作为苏联的进攻性军事基地,美国将采取一切可能的措施加以对付。② 美国开始行动,首先加强了对古巴的监视和

---

① 赫鲁晓夫:《最后的遗言》,第760、761页。
② [美]西奥多·索伦森:《肯尼迪》,上海译文出版社1981年版,第511—512页。

封锁。

赫鲁晓夫口是心非

赫鲁晓夫得知美国的警告后,感到事态严重,美国的反应要比柏林危机时激烈,火药味很浓。所以,赫鲁晓夫指示苏联外交部发表声明,向美国传递信息:苏联援助古巴完全是为了古巴的防御;苏联运进的都是防御性导弹,苏联无意进攻美国;苏联不准备在古巴建立进攻性的导弹基地。声明还表示,苏联根据同古巴签订的协议有权援助古巴,无须其他国家干涉,也不会对其他国家造成威胁。苏联还提出建议,即待11月美国议会选举之前不会采取任何行动使形势复杂化。声明还保证,苏联希望美国选举之后苏美之间进行新的首脑会谈。与此同时,赫鲁晓夫指示苏联驻美大使多勃雷宁:"在与美国人谈话时,你应该明确表示古巴只有苏联的防御导弹。"① 多勃雷宁作为苏联驻美大使居然不了解苏联在古巴部署进攻性导弹的情况。赫鲁晓夫一方面指示外交部发表声明,缓和敌对气氛,另一方面指示在古巴的苏联军事领导加紧行动,紧急动员起来,将导弹基地建立起来,将导弹安装上去,让美国承认既定事实。到时候,美国只能承认这个事实,咽下这个苦果。不仅如此,赫鲁晓夫进一步指示苏联军方尽快将进攻性的导弹——中程导弹安装上去,让美国感到被动。赫鲁晓夫的冒险行动进一步升级。

美国制订对付"导弹"危机的各种方案

美国总统、外交、军事和情报分析部门没有预料到,苏联居然敢于冒这么大的危险设置进攻性导弹基地。情报部门的分析是,苏联首先会安装地对空导弹,在完成这个步骤之前苏联不会安装中程导弹。但是,10月14日,美国U—2飞机拍下了非常准确的照片,即苏联正在安装发射中程导弹的发射架。不仅如此,还发现了苏联的伊尔—28型战略轰炸机。情况十分严重。肯尼迪于16日召开了美国高层联席会议,美国国务卿、国防部、中央情报局、司法部、财政部、参谋长联席会议、肯尼迪的外交和军事顾问等都参加了会议。会上成立了"国家安全委员会执行委员会",集中力量研究苏联在古巴的导弹问题。会议争论十分激烈,各方人士从不同角度对苏联的动机、策略、战略和对美国所产生的种种影响进行了分析和论证,提出了解决问题的种种方案。不管意见分歧有多大,大家都一致

---

① 多勃雷宁回忆录:《信赖》,第76页。

认为，事态严重，苏联此举对美国构成了真正的严重的现实威胁，会对美国产生一系列非常消极的影响，会改变美国与苏联的战略对比。几次会议得出的结论是，美国必须对苏联的行动作出强硬的反应。肯尼迪总统于10月15日表示："我们不得不采取某种行动，否则这个同盟（北大西洋公约组织同盟）将分崩离析。"① 随后，白宫制订了一系列可供选择的方案，即美国同古巴进行直接的外交接触，肯尼迪同卡斯特罗进行谈判。但这个方案被总统否决。肯尼迪认为这次对抗实际上是美苏之间的大国对抗，必须直接同苏联打交道。还有一个方案就是对古巴实行"外科手术"，运用美国占有绝对优势的空中打击力量，摧毁苏联在古巴的导弹基地和伊尔—28型轰炸机。此外，还有另一个更为激进的方案，那就是美国干脆入侵古巴推翻卡斯特罗政权，彻底解决问题。这些方案也被肯尼迪总统否决。肯尼迪总统最后设计了一个"硬中有软"的方案，即迫使苏联从古巴撤出导弹和轰炸机，显示美国大国的实力和决心。美国在操作上要讲究艺术性和把握住程度，既要迫使苏联撤回导弹，又要给苏联留有面子，不能逼得苏联太紧，以防苏联神经崩溃，采取极端冒险的向美国发射导弹或其他行动。肯尼迪表示，实施这个方案的具体步骤就是对古巴沿海实施全面封锁，同时展开一系列军事和外交上的行动，给苏联施加压力。美国计划的成功重在保密。肯尼迪总统表示，美国要装成不知道苏联在古巴部署中程导弹的样子，待美国作出反应时才能收到意想不到的效果。

肯尼迪就是这样设计处理古巴危机策略的。10月18日，苏联外长葛罗米柯访问美国，肯尼迪总统没有提及苏联的中程导弹问题，只是重申了他过去声明的内容。葛罗米柯不知道其中有诈，仍然信誓旦旦地表示，苏联不会向古巴提供进攻性武器，他还提出了举行苏美首脑最高级会谈的建议。葛罗米柯对此次会谈感到十分满意，完全落入了肯尼迪设计的"外交圈套"。他给苏共中央政治局发去了一份秘密电报："根据我们对美国对古巴问题所持立场的了解，可以得出这样的结论：总的看来，形势相当令人满意。这一点不仅可以从一部分美国官员的正式谈话，包括肯尼迪总统10月18日与我们会谈时的讲话得到证实，还可以从我们的外交官从非官方渠道了解到的一系列情报中得到证实。有理由相信，美国目前没有侵略古巴的计划。与此相反，它打算在古巴与苏联

---

① 肯尼迪在1962年10月15日白宫会议上的发言录音，据路透社1994年7月27日报道。

的经济联系中设置越来越多的障碍，以此破坏古巴的经济，在这个国家中造成饥荒，从而煽动对政府的反抗。"葛罗米柯的结论是，美国几乎不会在古巴进行军事冒险。①

肯尼迪总统在白宫设计了"秘密危机"。10 月 22 日晚，肯尼迪发表声明，将"秘密危机"变成公开危机。肯尼迪总统表示，苏联已经在古巴建立了进攻性导弹基地，足以威胁到美国的利益。肯尼迪谴责苏联是在蓄意挑衅，违反苏联在公开和私下所作的承诺和保证。美国必须采取行动迫使苏联将导弹撤回本土。随后，肯尼迪总统发布了一系列命令，即对古巴实施"隔离"以阻止进攻性武器运进古巴；严密监视古巴，把苏联的行动看作是苏联对美国的进攻，美国须对苏联作出报复性的反应。肯尼迪呼吁苏联从古巴撤走导弹。② 此后美国向联合国安理会提出决议案，希望联合国官员监督苏联撤走导弹的实施情况。23 日，肯尼迪总统签署总统令，宣布从 24 日起对古巴实施海上"隔离"，公布了"隔离"的范围。他还宣布拦截检查一切前往古巴的苏联船只。他命令美国在加勒比海域部署 180 艘军舰，美国战略空军多种类型的轰炸机携带核弹头升空待命。美军所有海外军事基地和潜艇的导弹也处于戒备状态，等等。肯尼迪的声明和一系列的命令使加勒比海危机骤然升温，美国的军事调动开始进行，古巴周围海域出现一派战争前夕的气氛。

苏联的强硬态度

肯尼迪总统的突然声明确实造成了苏联中央高层的措手不及。苏联作出了反应。这种反应是针锋相对的，十分强硬。23 日，赫鲁晓夫给肯尼迪总统发去信函并发表了政府声明，反击美国对苏联的指责，强调苏联有权根据协议向古巴提供援助，包括军事援助。苏联认为美国的行动实际上是在发动世界热核战争。苏联将进行最强烈的回击。苏联还表示苏联船只不会听从美国海军的封锁，不会接受美国海军的检查。苏联还提出美国应该从世界各地撤回自己的军队，撤回其军事基地。③ 苏联也仿照美国向联合国提出建议，要求安理会讨论美国破坏加勒比海和平的问题。同时，苏

---

① 多勃雷宁回忆录：《信赖》，第 86、87 页。
② 参见《谁也不能阻止古巴人民前进》（增订本），世界知识出版社 1962 年版，第 34—40 页。
③ 参见《谁也不能阻止古巴人民前进》（增订本），世界知识出版社 1962 年版，有关部分。

联开始了军事准备，华约也行动起来，进入戒备状态。苏美两国、北约和华约两个大的军事组织之间走到了战争的边缘。

历史就是这样安排的。冒险者的冒险行动本来就带有一种投机性质。投机行为本身就包含着实力不足的因素。当遇到强有力的警示或者回击之后，冒险者的现实选择只能是后退。在战争边缘时刻，实际上是意志和力量的较量。为了缓和国内紧张气氛，赫鲁晓夫向中央主要领导建议晚上都到大剧院去，以缓解苏联民众不安和紧张的心理。赫鲁晓夫后来承认，当时他心里紧张，故作镇静。在危机的最紧张的时刻，赫鲁晓夫睡在克里姆林宫的办公室里。赫鲁晓夫在最初时刻处于非常惊慌的状态之中。多勃雷宁评论说："致命的错误预测是赫鲁晓夫本人做出的。他预先没有想到他的冒险挺进将会被及时发现，致使肯尼迪能够组织起猛烈的反击，包括进行直接对抗的威胁。他没有制定在遭受挫折时用来应付局面的退却计划，因此被迫采取临时措施，结果搞得非常狼狈，并使他付出了高昂的代价，最终提前结束了他的政治生涯。他感到非常害怕，以致没有打出他手中的一张好牌——肯尼迪同意从土耳其撤出美国的导弹。其实本应该将此事公之于众，以此为筹码，以美国撤出他们的基地作为我们撤出基地的条件，肯尼迪和腊斯克只能将此当作最后一着来接受。如果赫鲁晓夫做出这些安排，这场危机最终就不会以如此不光彩的撤退下来得到解决。"① 赫鲁晓夫过于迷恋"秘密"，寄希望于美国没有发现苏联在古巴的进攻性战略导弹，这只能是一种幻想。卡斯特罗曾经表示过，希望苏联和古巴签订一项合法的协议，古巴正式公布同意苏联在古巴建立导弹基地。因为美国在西方建立战略导弹基地就是这样做的。但是，赫鲁晓夫却采取了冒险措施。

赫鲁晓夫退却

赫鲁晓夫首先开始退却了。从23日起，赫鲁晓夫改变立场和态度，他给肯尼迪总统写信，希望苏美古三国进行谈判，使局势正常化。他还接受了联合国秘书长吴丹的意见，表示苏联愿意停止向古巴运送武器。自美国宣布"隔离"政策后，苏联船只敢不敢闯入美国所规定的"隔离范围"，这成为美国和苏联及其他国家关注的问题。10月24日，苏联第一艘船只开始接近"隔离"线，全世界都在急切地注视着这个历史性的时

---

① 多勃雷宁回忆录：《信赖》，第88、89页。

刻，苏联船只缓缓地闯入美国规定的"隔离"线，美国军队的飞机和军舰没有激烈反应，没有采取军事行动，只是随着苏联的船只前行，既像护航，又是监视。其他船只则不敢驶入"隔离"区，不敢同美国海军相遇，或者停航，或者绕道而行。此后，赫鲁晓夫一软再软，全面向美国屈服。25 日，美国总统肯尼迪通过多勃雷宁向赫鲁晓夫发出了信件。他声称，古巴危机不是美国造成的，因为苏联已经向古巴提供了进攻性导弹，美国采取的措施是正当的。他呼吁赫鲁晓夫将局势恢复到以前的状况。26 日，苏联通过两个渠道向美国传递信息：一个渠道是赫鲁晓夫指示苏联驻美国大使馆向美国官方发出非正式的解决古巴危机的信号；另一个是赫鲁晓夫写信给肯尼迪总统，提出了解决问题的方案。苏联的方案是，苏联同意从古巴撤回导弹和轰炸机，同时美国必须保证不再入侵古巴。赫鲁晓夫在信中表示，苏联准备缓解局势，他请肯尼迪总统不要拉紧战争之绳。27 日，赫鲁晓夫再次给肯尼迪写信，要求美国从土耳其撤走导弹基地，苏联要求自己有同等的安全保证。但赫鲁晓夫"土耳其"牌打得太晚了，双方都不可能在危机状态下从容地考虑这个问题。在这个关键时刻，苏联与美国的秘密渠道起了重要作用。肯尼迪的弟弟罗伯特·肯尼迪经常与苏联驻美国大使多勃雷宁在深夜会面，传达美国和苏联方面的重要信息。确切地说，危机开始时期，主要是美国方面通过多勃雷宁向赫鲁晓夫提供信息和方案；赫鲁晓夫没有向美国提供什么方案，因为他当时手忙脚乱。后来，多勃雷宁才不断地收到赫鲁晓夫的指示。

　　肯尼迪得知了苏联的最为准确的信息。他没有理睬赫鲁晓夫 27 日的信，只是回答了赫鲁晓夫 26 日的信。他表示，苏联必须在联合国的监督下撤走在古巴的所有导弹，美国取消封锁并保证不入侵古巴。他敦促赫鲁晓夫迅速达成协议。[①] 同时，肯尼迪派其弟罗伯特·肯尼迪同多勃雷宁会面表示，美国总统正在经受着巨大的压力，如果苏联不作出妥协，其后果是十分严重的。至于美国在土耳其和意大利的导弹基地，美国早有意图拆除。苏联不必同解决这次危机联系起来。古巴危机包括两方面的问题，一是古巴能否得到美国的安全保证；二是"以导弹基地换取导弹基地"问题。关于这两个问题，苏联的观点是美国必须保证古巴的安全，同时，苏联撤出古巴导弹基地，而美国撤出土耳其导弹基地；美国的观点是，苏联

---

① [美] 威廉·曼彻斯特：《光荣与梦想》（四），商务印书馆 1980 年版，第 1361 页。

撤出古巴，美国保证古巴的安全，不能将美国驻土耳其的导弹基地与古巴事件联系在一起。美国在未来会撤出土耳其基地，因为关于土耳其导弹基地问题涉及北约成员国，美国不可能自己做主解决这个问题，需要时间。美国可能用4—5个月的时间从土耳其撤出导弹。根据北约组织内部的程序规则，这是最短的时间。

  多勃雷宁用最快的速度将这些超级机密内容转给莫斯科。当时，苏共最高决策层处于非常紧张状态，正在为寻找摆脱危机而讨论。所有中央主席团成员都集聚在赫鲁晓夫的别墅里。10月28日，赫鲁晓夫收到这封信时，立即表示："同志们，现在我们必须找到一种体面的方式来摆脱这场对抗。"这封信的内容对赫鲁晓夫来说十分重要，从而使赫鲁晓夫产生了安稳感。当天，多勃雷宁收到了葛罗米柯的急电："立即和罗伯特·肯尼迪取得联系，告诉他你已经将你们之间的谈话内容转告给了尼基塔·S.赫鲁晓夫。赫鲁晓夫随此电作出了以下紧急答复：'罗伯特·肯尼迪根据总统指示提出的建议得到了莫斯科的赞赏。对总统10月27日的来电将在今天通过广播电台做出答复，而且答复的内容将是极富建设性的。'对困扰总统的问题，即在国际监督下拆除古巴导弹基地的问题，没有异议，这一问题在赫鲁晓夫的讲话中将得到充分说明。"① 实际上，赫鲁晓夫恨不得一下子就将他的答复通过广播发布出去。赫鲁晓夫的助手们几乎是开着鸣笛警车，风驰电掣将赫鲁晓夫的答复送到广播电台的，可见当时赫鲁晓夫的迫切心情。美国总统和全世界民众通过莫斯科的广播得知苏联从古巴撤退的确切信息。10月29日，赫鲁晓夫给肯尼迪总统写信，表示他同意不公开讨论土耳其基地问题，而是通过苏联大使与美国秘密讨论这个问题。他还表示，苏联领导层是在总统同意解决美国在土耳其的导弹基地问题之后才同意接受解决古巴问题的有关条件的。赫鲁晓夫强调，就土耳其问题达成协议将成为进一步缓和国际紧张局势的一个重要步骤。② 美国方面表示，土耳其导弹基地问题，美国总统肯定信守诺言，但不能与苏联达成文字协议。

---

① 多勃雷宁回忆录：《信赖》，第99、100页。
② 多勃雷宁回忆录：《信赖》，第101页。

第三节　赫鲁晓夫与卡斯特罗的信件往来

卡斯特罗让赫鲁晓夫对美实施核打击

10月27日，卡斯特罗给赫鲁晓夫发去了信函。卡斯特罗表示："根据我们现在所掌握的情报分析目前的情况，我认为，在最近24—72小时以内就不可避免地要发生侵略事件。"卡斯特罗判断说："大国主义的侵略具有极大的危险性。"于是，他向赫鲁晓夫提出一项极端的建议："如果他们进攻古巴的企图就要实施，其野蛮的、非法的和不人道的侵略行径将成为现实，在这种情况下就是利用合法权利自卫，考虑永远消除上述危险的大好时机。不管做出这一决定是多么艰难和痛苦。除此而外，我认为没有别的出路的。我的这一想法完全是在大国主义一方面不顾社会舆论、无视国际法准则——公然封锁我海面，入侵我领空，并进而准备进攻我们；另一方面，一意孤行，不顾他们自己也清楚的后果，已使谈判毫无希望的情况下产生的，是由大国主义的侵略政策步步升级所致。"卡斯特罗接着说："您过去是，今后也还是一位忠实的和平捍卫者。因而，我可以想象得出，当您在为争取和平的伟大斗争中，以非凡的努力所取得的胜利果实遭到严重威胁的时候，将会是多么痛苦。"卡斯特罗并没有表示一定要进行战争："当然，在这关键时刻，我们还是希望和平能得到保护，而且，我们还将为此竭尽全力。与此同时，我们也宏观地分析了形势，已经做好了经受各种考验的准备。"①

赫鲁晓夫回信劝卡斯特罗克制和忍耐

10月28日，赫鲁晓夫致函卡斯特罗。他在信中表示，10月27日他已经给肯尼迪总统发去了公函，这将会"有助于"顺利解决古巴免受入侵和摆脱战争威胁的问题。赫鲁晓夫强调，肯尼迪已经表示美国不会以武力入侵古巴，而且还要阻止其盟国入侵古巴。"为此我们想建议您，现在，在这危机的转折关头不要感情用事，要表现出极大的克制。需要说一下，我们十分理解你们对美国的侵略行径及恣意践踏国际法准则的义愤心情。但是你们也应该看到，目前，与其说国际法在起作用，还不如说是五

---

① 《赫鲁晓夫与卡斯特罗的几封来往信函》，《世界史研究动态》1992年第1期，第33页。

角大楼的这帮战争贩子的狂妄行为在左右着世界和平。就在要达成协议之时，五角大楼却在寻找机会破坏这一协议的缔结。您看，五角大楼不是已开始派飞机公然入侵你们的领空了吗！而昨天，你们还打下来一架飞机。自他们入侵你们领空以来，你们还未打下过一架飞机。这一行动一定会被侵略者所利用。"所以，赫鲁晓夫害怕地说："因此我们很想十分善意地劝告你们：要忍耐、再忍耐，克制、再克制。当然如果敌人真的入侵了，那么就要利用一切手段把侵略者打回去。但是，决不能人为地挑起什么事端。这是因为，五角大楼这些狂妄的战争贩子们，可以看得出，现在他们想在已做出保证不再入侵古巴、冲突已经消除、形势正朝着有利于你们的方向发展的时候，诱使你们做出点什么举动，以便他们能够利用来反对你们，最终撕毁协议。所以，我们请求你们，千万不要给大国主义任何可乘之机。"① 10 月 28 日，卡斯特罗又给赫鲁晓夫复信。他委婉地对赫鲁晓夫的劝告提出批评，表示古巴不会"坐以待毙"，"在如此紧张的形势下，任何事件都可能骤然发生"。同时，卡斯特罗表示出比较强硬的立场："我还要再一次地向您表明，原则上，我们是坚决反对对我们的领土的任何形式的侦察的。"

古巴对苏联的匆忙撤退表示不满

28 日，苏联马上通过媒体向全世界宣布，苏联已经停止在古巴的导弹基地施工，并表示愿意拆除这些导弹，运回苏联。苏联解释这样做的理由是，因为美国已经保证不再入侵古巴。苏联在那里设置导弹基地的理由不存在了。苏联还同意联合国官员前来监督苏联导弹拆除情况。肯尼迪总统马上对赫鲁晓夫的妥协表示欢迎。苏美的幕后交易引起了古巴领导人卡斯特罗的强烈不满。因为这样大的事情，苏联事先没有同卡斯特罗商量。苏联在关键时刻将古巴抛在一边的做法令古巴领导人感到震惊。卡斯特罗公开表示，古巴被出卖了，古巴与苏联存在着严重的分歧。他拒绝苏美达成的协议，提出了自己的五个条件，其主要内容是：

△美国必须停止经济封锁和美国在世界各地反古巴的各种经济压迫措施；

△停止一切形式的破坏活动，其中包括派遣特务和武装破坏分子到古巴；

---

① 《赫鲁晓夫与卡斯特罗的几封来往信函》，《世界史研究动态》1992 年第 1 期，第 34 页。

△停止从美国军事基地起飞的、在古巴上空的海盗飞行；

△停止美国舰只和飞机侵犯共和国的领海和领空；

△美国人从关塔那摩军事基地撤走，归还他们侵占的古巴领土。①

苏联立即对卡斯特罗的五点条件表示支持，美国则拒绝古巴的条件。局势又僵持起来。在这种情况下，赫鲁晓夫只有后退，没有别的选择。他派米高扬去古巴，做卡斯特罗工作。当事人阿列克谢耶夫后来分析为什么苏联不马上向卡斯特罗通报苏联从古巴撤走导弹的原因。他说："遗憾的是，正像在如此复杂的情况下常常发生的那样，不论是我们还是古巴人都没有预先考虑到，在该岛部署我们的导弹之后，一旦情况发生具体变化，可供选择的各种方案是什么。后来不得不研究这些方案，那完全是临时应付。"阿列克谢耶夫认为，当时情况紧张，赫鲁晓夫故意不给卡斯特罗发电，生怕卡斯特罗阻止执行苏联撤走导弹的决定。②

赫鲁晓夫的解释工作

与此同时，赫鲁晓夫于10月30日给卡斯特罗写信，解释苏联中央高层为什么做出了这样的决定。赫鲁晓夫首先表示，苏联撤出导弹事先已经与古巴领导人商量过了。他承认，苏联撤出导弹给古巴"造成了一定的困难"。但是，他强调："只有这样，才能消除加勒比海地区可能导致两个大国冲突和引起世界热核战争危险的紧张状态。"赫鲁晓夫在信中谈起了古巴不理解苏联行动的问题："我们从你们的大使那儿获悉，在你们古巴的同志们当中还存在一些意见，说古巴人民原来都以为是有关别的什么内容的声明，但说什么没有想到会是有关撤走导弹的声明。当然，有类似的情绪，对于人民来说，是可以理解的。然而，作为我们这些政治家和国务活动家来说，由于我们是那些暂时还不了解全部情况，一时不能马上理解领导意图的人民的领袖，所以，不仅不能有这样的情绪，而且还必须要正确地去引导人民。只有这样，人民才会拥护和爱戴我们。"赫鲁晓夫继续开导卡斯特罗："若我们纵容人们的这种情绪蔓延，使一些头脑发热的人找借口拒绝与美国政府达成明智的协议的话，那么战争就可能爆发了，千百万人也早就死于这场战争了。而那些活下来的人就要指责说，这是领导人的罪过，是领导人没有采取必要的

---

① 阿列克谢耶夫：《加勒比海危机是怎样发生的》，苏联《环球回声》1988年第33期。

② 阿列克谢耶夫：《加勒比海危机是怎样发生的》，苏联《环球回声》1988年第33期。

措施去预先防止这场毁灭性战争。"赫鲁晓夫透露了自己心虚的情绪："然而，使古巴避免遭到战争和入侵的威胁，并不只取决于我们政府所采取的措施如何，还要看到部署在周围的敌人兵力的状况。所以，应当从全局的角度全面考虑情况。"赫鲁晓夫在解释有关苏联撤走导弹事先是否与古巴领导人商量的这个问题时自相矛盾，他一方面说与古巴领导人商量过了，另一方面又说，当时情况十分危急，"在这样的情况下，我们还继续同你们商讨，那么，我们就会失去有利的时机。而你们也就必然会遭到这一打击"。赫鲁晓夫认为，美国是有可能摧毁苏联这些导弹的。赫鲁晓夫在这里批评卡斯特罗的冒险主张："您在10月27日的电文中建议我们要对敌人的领土首先实施核武器打击。不用说您也十分清楚，这将引起什么样的后果。要知道，这可不是什么一般性的袭击了，而是意味着世界热核战争的开始。""亲爱的卡斯特罗同志，我认为您的建议是不妥的。至少我已看出这将会引起什么样的后果。"赫鲁晓夫继续阐述了自己的关于对热核战争的理解："我们正处于在世界热核战争一触即发的危急关头。当然，这会使美国遭到巨大的损失。但是，苏联和整个社会主义阵营也会受到严重损害。至于古巴和古巴人民所要受到的损失，那更是难以想象了。古巴会首当其冲受到战火的袭击。毫无疑问，古巴人民会奋起英勇反抗的。但是，人民又会牺牲于这种英勇的反抗之中。这也是毫无疑问的。然而，您可知道，我们与大国主义的斗争并不是为了牺牲才去进行的，而是为了在这场斗争中充分利用我们所能争取到的一切条件，用最小的代价来赢得更多的东西，为了夺取共产主义的胜利。"赫鲁晓夫表白，苏联迫使美国保证不使用武力威胁古巴才撤走导弹的，苏联的目的达到了。不过，赫鲁晓夫向卡斯特罗讲了一大堆"革命道理"之后不得不承认，"我们在这里是做了妥协和让步"。但是他辩解说："我们是本着用妥协来换取妥协的原则去做的。美国也同时做了让步，以至不得不向全世界保证不再入侵古巴。"所以，赫鲁晓夫说他在"热核战争"与"让步"之间选择了后者。赫鲁晓夫本来在古巴危机中处于失败的地位，但他却将自己说成似乎是一位英雄，声言苏联取得了"一个伟大的胜利""侵略者失败了"。

卡斯特罗不理解赫鲁晓夫的后退立场

赫鲁晓夫很快就收到了卡斯特罗的回信。卡斯特罗表达了自己的不满情绪。他说："当人们获悉，你们已经做出了突然的、出人意料的、而实际上是无条件地撤走导弹武器的决定时，许多准备为人类事业光荣献身的古巴和苏联人都流下了眼泪。"卡斯特罗进一步解释自己的看法，因为他感到赫鲁晓夫误解了他的观点："我认为，我在给您的信中所说的那些话，您可能没有很好地理解，原因可能是由于翻译的缘故。当然，也许是由于我想用简短的语言表达更多的意思，而词不达意的原因所致。但是，我还是毫不动摇地这样做了。赫鲁晓夫同志，您是不是认为由于我们已经完全意识到了所面临的危险，所以才出于私心有意识地只考虑自己，考虑我们那些准备献身的人民的安危呢？"卡斯特罗做了否定的回答。他表示："我们十分清楚，不要认为我们没有考虑到您在信中所暗示的，一旦爆发热核战争所造成的那些伤亡。然而，恰恰是由于这个原因，我们才不让你们撤走导弹，不让你们让步的。您可能认为，是不是我们希望这场战争？可是，如果战争迫在眉睫，一触即发，那么，又怎么去避免它呢？问题是大国主义完全可能大耍种种伎俩，对苏联和古巴提出我们认为是无法接受的要求。"卡斯特罗埋怨赫鲁晓夫撤走了导弹，这样"侵略者"就有可能首先取得胜利。卡斯特罗向赫鲁晓夫解释，他无意怂恿赫鲁晓夫让苏联去侵略别人。他的意思是，美国一旦侵略古巴，进攻部署在古巴的苏联空军部队，则苏联和古巴就应该给美国以毁灭性的打击。卡斯特罗坚持自己的观点是正确的，"赫鲁晓夫同志，正是从这个意义上讲，我才一直坚持自己的观点。因为我认为，这是对当前十分明朗化的局势的现实的、正确的分析。您可以说服我相信我是错的，但是，您却不能简单地说我因为不坚定而错了。我知道，这个话题是如此的微妙，以至于只能在这种场合，在纯粹的私人信件中才可以涉及。"卡斯特罗斩钉截铁地表示："我无法相信，您的决定是与我们商量过的。在这个危急的关头，我除了错误之外，也再做不出别的什么事情了。让您永远正确去吧。"[①]

赫鲁晓夫的"祝贺"

10月31日，赫鲁晓夫又给卡斯特罗回信。他首先向卡斯特罗表示祝贺，声称古巴取得了"伟大胜利"。赫鲁晓夫实在太能演戏！他的逻辑是，由于苏联在古巴设置了导弹基地，从而引起了美国的恐慌；又出于对苏联导弹的恐惧，美国会采取极端行动，攻击古巴，所以，当苏联取得了

---

① 《赫鲁晓夫与卡斯特罗的几封来往信函》，《世界史研究动态》1992年第1期，第38页。

美国保证不再入侵古巴的承诺后主动撤走自己的导弹，是必要的，也是古巴的胜利。赫鲁晓夫承认，苏联预料到了美国会发现在古巴的导弹基地，而且得知美国发现苏在古巴的导弹基地后他的处境十分困难。赫鲁晓夫的判断是，美国一定会袭击苏联的这些导弹。赫鲁晓夫埋怨卡斯特罗"不完全清楚"。他表示，苏联以自己的让步换取美国更大的让步是一种胜利。赫鲁晓夫透露，美国曾经向苏联表示，匈牙利对苏联意味着什么，古巴对美国就意味着什么。他自我安慰地向卡斯特罗表白，美国并没有使匈牙利改变革命颜色，但是古巴却在美国鼻子底下坚持下来了。赫鲁晓夫为自己辩解："如果认为我们从古巴撤走导弹是为了讨好大国主义，那更是荒谬可笑。我们之所以这么做，是因为导弹没有发射，就已经发挥了它本身应起的作用了。这是我们决策的力量所在。如果讲得形象一点，那就是，我们刚从衣袋里把拳头拿出来，要给大国主义点厉害看看，而它就马上承认了古巴的独立权利，做了它不再进攻，而且还要制止其盟国进攻古巴的保证。"赫鲁晓夫继续向卡斯特罗解释："现在我们同意撤出这些导弹，则是为了使古巴革命渡过这一世界性的危机，避免世界热核战争的威胁。"赫鲁晓夫在这封信里翻来覆去重复"胜利"、"百分之百胜利"、迫使美国做出"保证"的字眼。赫鲁晓夫向卡斯特罗强调"妥协"的重要性，不能妥协是多么愚蠢！①

苏联撤出导弹

一开始，美国政府表示，美国要同苏联谈判，拒绝古巴代表参加谈判。这实际上是美国政府在羞辱古巴，但苏联对美国的这种做法已经没有反抗的余地了，简直是在求和。由于苏美直接谈判，而又涉及古巴的利益，故而苏联处于十分被动的地位，因为美国施加了很大的政治压力，而苏联又无法与古巴进行协调。苏古关系之间裂痕不断增大。美国政府提出，美国军人必须直接在古巴领土上检查导弹的拆卸和撤出情况。苏联马上附和美国的建议，要求古巴同意美国的要求。但是，卡斯特罗关键时刻沉着自若，拒绝了美国的建议。他对米高扬表示，古巴任何时候也不允许任何检查组（无论是来自美国的，还是来自联合国的）进入古巴领土。然后，卡斯特罗转而质问米高扬，美国人为什么不相信你们撤出导弹的庄严保证，既然你们自己相信肯尼迪不进攻古巴的庄严保证？卡斯特罗质问

---

① 《世界史研究动态》1992年第2期，第41—49页。

得非常好，一语道破了赫鲁晓夫当时的心机和尴尬境地。卡斯特罗不愧是政治家，他表示，古巴坚决不能同意美国人进入古巴进行任何检查。他还补充说，苏联允许美国人在海上检查自己的"货物"那是苏联与美国人之间的事情，但是，这种检查不能在古巴海域进行！卡斯特罗斩钉截铁的话不仅是给肯尼迪总统听的，也是给赫鲁晓夫听的。11月8—11日，苏联的导弹在公海接受了美军的检查，42枚导弹全部撤走。随后，苏联被迫撤走了伊尔—28型轰炸机。美国在确切检查苏联在古巴的全部武装"家当"都撤走后，宣布解除对古巴的"隔离"。然而，肯尼迪总统并没有公开保证美国不再入侵古巴。但是，美国确实没有再对古巴采取军事行动。古巴导弹危机就这样结束了。

11月29日，米高扬访问古巴途中在美国作了短暂停留。这是苏共中央主席团建议的，目的是与美国总统沟通因古巴导弹危机而给苏美两国带来的不信任感。肯尼迪总统表示，古巴正在变成"苏联实现其破坏拉丁美洲局势政策的跳板"。肯尼迪总统表示他对古巴本身并不在意，"它能给我们造成多大伤害？"他主要关心的是苏联企图通过改变现有的力量平衡而扩大其在世界这一地区的影响。他的目的非常明确：美国希望苏联将其行动限制在本国之内及其国内建设上，美国也愿意这样做。肯尼迪总统表示："我们现在面临着一个极大的矛盾：虽然我们两国没有直接向对方进行挑战，但我们几乎在任何地方都会发生冲突，由于我们处在一个核时代，因此这种冲突对世界和平构成了严重威胁。革命的第一颗火花不论在哪个地方刚一闪现，你们立刻就会出来说，'我来啦！'我们双方应当避免使地球每一个地方的形势出现恶化。对于赫鲁晓夫和我来说，最重要的事情是相互理解。"米高扬表示："我们赞成解决问题，而不是将问题搁置起来。你所说的'革命火花'指什么？最初我们和古巴没有任何联系。（肯尼迪表示同意）革命一直存在，今后也将一直存在。革命最终将在美洲国家中取得胜利，而且在这里——美国，革命也将胜利。甚至有一天，你可能发现自己成了卡斯特罗的同路人。卡斯特罗虽然不是马克思主义者，然而他正领导着古巴走向社会主义。"肯尼迪总统说："不会是我，但我弟弟真有可能。"米高扬和肯尼迪在美国保证不入侵古巴问题上争论十分激烈。肯尼迪显然不准备做任何明确的正式的公开承诺，但肯尼迪总统明确表示，美国将不会侵略古巴，而且不会背离它在古巴危机期间所采取的立场,"美国不打算进攻古巴,而且也不允许其他国家这么做。赫鲁晓夫和我是互相理解的,我将履行我做出的承诺。"① 肯尼迪总统向米高扬发出了明确的信息,即苏美在全世界维持现状。但由于古巴危机所造成的惊人的震撼刚刚过去,赫鲁晓夫没有很好地体会到美国这个意图的真正含义。

赫鲁晓夫在处理古巴危机中反映了什么呢?多勃雷宁分析说,古巴危机"是冷战中最富有戏剧性的事件","这场危机将两个大国最大限度地拖到核战争的边缘,因此它成为人们推断两个大国的对抗究竟能达到何种程度的界石,同时也告诉我们应该采取什么样的行动来防止核战争。在此后的30年里,古巴危机期间的某些做法成为核游戏的规则和界限,同时也成为莫斯科与华盛顿之间重要的、反复无常的、危险的关系中的规则和界限"。② 阿列克谢耶夫表示:第一,古巴危机不是导致了,恰恰相反,是最终防止了美帝国主义在加勒比海地区进一步采取的侵略行动,拯救了古巴革命;第二,加勒比海危机是"冷战"的产物。大国之间的对立和那时同时产生的相互威胁政策,成了1962年秋的事件的背景。苏联在古巴部署导弹进行无谓的冒险,在当时的条件下是合理合法的,另一方面也导致了美国将苏联视为平等的谈判伙伴;第三,正是在消除了加勒比海危机之后,才开始实行探索共同缓和国际紧张局势的途径,在消除加勒比海危机的过程中,获得胜利的是理智和健全的理性。③ C. 米高扬表示,古巴危机的教训教导人应当如何摆脱最急迫的、最危险的危机,为了不使危机酿成灾难,又是多么需要忍耐、谨慎、沉着和智慧。但主要的经验还是在于,不要把事情搞到无可挽回的地步。④

古巴危机导致了以下几方面的结果:

△暴露了赫鲁晓夫外交政策的不成熟性和冒险性;

△暴露了赫鲁晓夫冒险之后的软弱性;

△刺激了苏联军方大规模发展军事力量的决心和信念;

---

① 多勃雷宁回忆录:《信赖》,第103、104页。
② 多勃雷宁回忆录:《信赖》,第79页。
③ 阿列克谢耶夫:《加勒比海危机是怎样发生的》,苏联《环球回声》1988年第33期。
④ C. 米高扬:《战争未打起来》,《新时代》1987年第46期。

△促使赫鲁晓夫政权垮台；
△促使美国对苏联有了真实的认识；
△形成了核时代大国解决冲突的一般规范、原则和最后界限。

第十三章　入侵捷克斯洛伐克

第一节　对国际共产主义运动的基本看法

石像上的蚂蚁

勃列日涅夫上台之后，同东欧社会主义国家领导人交往十分密切。东欧国家领导人纷纷前往莫斯科，拜访新任苏联领导人，探听"老大哥"的意图；勃列日涅夫为了贯彻自己在东欧的战略意图也不断地出访这些国家。在1964年庆祝十月革命胜利47周年大会上，勃列日涅夫表示，"每一个社会主义国家注意其他国家建设新社会的经验，这是可以理解的。同时我们认为，把某一党某一国的经验强加给其他党和其他国家，这是不对的。选择这些或那些社会主义建设的方式、形式、方法，这是每个国家人民的主权。我们的出发点是，社会主义建设道路中的特殊性决不应该阻碍兄弟的社会主义国家间友好关系的发展。在社会主义建设具体问题上，这一或那一观点的正确性，我们觉得，应该由事业，由新社会建设中取得的结果的效率来检验"①。勃列日涅夫这段话讲得很好，只不过他不准备按照这样的思想去做。1964年12月3日，勃列日涅夫在苏捷友好大会上表示，"当然，在社会主义国家的关系中有时也出现一些不容易解决的复杂问题。有人看不到历史的前景，因而仓促作出错误的结论"。勃列日涅夫批评西方社会对社会主义国家之间关系的诽谤，"无怪乎人们把这一目光短浅的预言家同大石像上爬行的蚂蚁相比，他们只看到石像上粗糙的一面，而看不到石像的雄伟"。②

空谈"团结"

1965年4月8日，勃列日涅夫在华沙群众大会上表示，"现在很多社

---

① 《真理报》1964年11月7日。
② 《真理报》1964年12月4日。

会主义国家正在积极寻求计划工作和领导国民经济、科学地组织劳动和管理的新形式……而研究其他兄弟国家的相应经验,无疑对每个社会主义国家都有很大意义。如果我们善于互相学习经验,那么,我们大家就可以吸取不少教益。"他还说,世界社会主义体系的各国之间的关系是新型的关系,这种关系的发展是一个复杂的、多方面的过程。在这个过程中,必须经常关心把每个国家的本国利益同整个社会主义世界的利益,同工人阶级和为反对帝国主义而斗争的一切革命、解放力量的国际性目的正确地结合起来。他表示,"处于不同条件下的各社会主义主权国在对待解决这些或那些个别问题方面,可能有不同的态度,在对待这些或那些具体问题(不论是内政性质的,还是对外政策性质的)方面,可能有利益的分歧,这是完全可以理解的。然而如果正确地对待这些现象,那么,它们决不应该使社会主义大家庭的关系黯淡起来,决不应该削弱它的一致"①。

在苏共二十三大上,勃列日涅夫强调,在苏联党和国家多种多样的对外政策活动中,对加强社会主义国家大家庭的威力和团结的关心占有特别重要的地位。勃列日涅夫历数苏联与社会主义国家一大堆成绩之后,不得不承认:"社会主义体系国家在自己的发展中,经常遇到十分复杂而多方面的现实生活所产生的新问题。当然,所有这些问题没有也不可能有现成的解决办法。"勃列日涅夫认为,"华沙条约是社会主义各国人民的成果的可靠盾牌"。勃列日涅夫强调,"发展和加强同所有社会主义国家共产党在马克思列宁主义原则上的思想政治联系,发展和加强苏联同社会主义各国的政治、经济和其他联系,尽力促进社会主义大家庭的团结,加强它的威力和影响,今后仍然是党和苏维埃国家对外政策活动的一个主要方面。苏共将从自己方面尽一切可能,使世界社会主义体系越来越强大,并且从胜利走向胜利。"谈到国际共产主义运动问题,勃列日涅夫承认,世界共产主义运动"碰到了严重的困难"。他认为,共产党之间的分歧"既不符合任何一个兄弟党的利益。也不符合世界共产主义运动的共同利益"。"苏共认为,促进我们运动的队伍的团结,是所有共产党人的职责。"②

国际共产主义运动的团结是必要的,但问题在于,这种团结是在什么基础上进行的,如果是以一个国家和一个党为中心,而且这个国家和党时

---

① 《真理报》1964 年 4 月 9 日。
② 勃列日涅夫在苏共二十三大上的总结报告,《真理报》1966 年 3 月 30 日。

时搞霸权主义和大党主义，那么，这种团结就不可能存在。

第二节　关注捷克斯洛伐克事态

诺沃提尼抱残守缺

1956年东欧出现的危机形势，应该促使苏联和东欧社会主义国家的领导人认真地反思一下社会主义应该选择什么样的建设道路，检查自己工作中的问题和矛盾。但遗憾的是，捷克斯洛伐克领导人没有这样做。引发波兰和匈牙利大规模的政治危机的问题和矛盾在捷克斯洛伐克也存在，处于积蓄之势。1968年，"布拉格之春"实际上就是1956年东欧国家危机的滞后反应。然而，这种反应一经到来就带有强烈的冲击力和震荡性。

战后，捷克斯洛伐克同其他东欧社会主义国家一样，实行与苏联差不多的内外政策。值得一提的是，1953年3月，捷克斯洛伐克党中央领导人克利门特·哥特瓦尔德在参加斯大林葬礼不久也不幸去世了，安托宁·诺沃提尼接任捷共党中央第一书记。此人思想保守，视野不开阔，他主持捷共工作期间积累了许多问题，其中主要在经济方面。

捷克斯洛伐克借鉴的是苏联那一套经济体制和经济发展模式。最初，其经济发展速度很快，但是，同东欧其他社会主义国家一样，不久就显现出严重的问题。首先，高度集权的管理模式束缚了人们的生产积极性和主动性，极大地限制了生产者的创造力，其经济发展越来越靠行政命令方式进行推动，人的经济利益受到忽视和损害。这样，其经济就呈现出高投入与低产出并行存在的现象。还要看到，捷克斯洛伐克长期坚持片面发展重工业的方针，其经济结构很不合理，经济比例严重失调，这给该国的经济和人民生活水平的提高带来了严重的影响。另一个重要原因是捷克斯洛伐克与苏联的经济关系出现许多问题，主要涉及两国根本的经济利益问题。苏联的大国主义使捷克斯洛伐克在同其进行贸易过程中总是处于不利地位，而苏联又不让该国同西方国家进行大规模的贸易活动。这样，两国之间的经济矛盾就越来越深。苏联控制该国不仅表现在经济方面，而且表现在政治方面。随着东西方对抗的加强，苏联对该国的控制越来越加大力度。在斯大林时期，捷克斯洛伐克就出现了许多冤假错案，清除了许多"铁托分子"。可以说，在东欧国家中随从斯大林搞大清洗最积极的国家就是捷克斯洛伐克，清洗人数高达7万多人，这在东欧国家是最高的数字。战后最初时期，捷克斯洛伐克原来的党中央总书记斯兰斯基被处死。苏联控制捷克斯洛伐克政治的主要手段是直接参与该国人事方面的安排。诺沃提尼跟着苏联亦步亦趋，引起捷克斯洛伐克人民极大不满。不仅如此，此人自知威信不高，于是就大搞个人崇拜。

1956年苏联自己批判了对斯大林的个人崇拜，紧接着，波兰和匈牙利出现了动荡局面。面对这种局势，诺沃提尼也进行了一些经济改革，做个样子，实际上并没有对经济体制进行认真改革。而且，当1958年苏联批判南斯拉夫为"修正主义"时，诺沃提尼顺势而下，不再提什么改革了。更可笑的是，1962年捷共以十二大决议的形式重新肯定原有经济体制。

奥塔·希克改革派占了上风

捷共的抱残守缺使经济局面越来越恶化，经济困难十分明显地显现出来。捷共保守的领导核心受到国内各方面的压力和挑战。与此同时，捷克斯洛伐克内部的改革派逐渐提出了自己的观点，全力影响捷共最高决策层。奥塔·希克就是捷改革派的一位代表人物。1964年1月，奥塔·希克领导的国家计划委员会提出了一个改革纲领，即《关于国民经济计划管理新体制的原则草案》，其主要内容就是扩大企业的自主权，运用市场机制来管理国民经济。这在当时是一个很好的改革构想。但是，诺沃提尼竭力阻挠奥塔·希克的改革，致使改革无法深入下去。

到了1967年，捷克斯洛伐克的经济更加困难，社会不满情绪上升。在这种危机前夕，捷共党中央内部的斗争更加激烈。斗争主要在党内改革派和保守派之间进行。党内改革派的主要代表人物是杜布切克；党内保守派代表人物是诺沃提尼。双方的矛盾在1967年10月的捷共中央全会上公开化。杜布切克提出了改革路线，主张进行党的机构改革，实行党政分开。当时，诺沃提尼既是党的第一书记，又是国家总统。杜布切克此时提出党政分开，实际上就是针对诺沃提尼的。在这次中央全会上有的人甚至直接提出诺沃提尼辞职的要求。当时，捷克斯洛伐克的政治气氛十分紧张。

捷克斯洛伐克政治局势的紧张，引起苏联中央最高决策层的关注。勃列日涅夫是诺沃提尼的支持者。在诺沃提尼政治地位岌岌可危的时刻，苏联不能坐视不管。于是，勃列日涅夫亲自出马，紧急访问了捷克斯洛伐克，企图对该国的政治局势施加苏联影响，保住诺沃提尼。但是，勃列日涅夫此行没有达到目的，那就是捷共中央和广大党员反对苏联干涉捷克斯洛伐克内部事务。勃列日涅夫碰了钉子之后承认捷克斯洛伐克最近发生的事情是该国的内部事务，苏联无意干涉该国内政。苏联干预捷克斯洛伐克政治事务的做法受到了抵制。

捷克斯洛伐克党内斗争在进一步发展和升级。1968 年 1 月中央全会，捷共两派又进行了公开的斗争。诺沃提尼被迫辞去党的第一书记职务；杜布切克担任党的第一书记。这实际上是捷共改革派取得了胜利。但是，这个胜利只是局部的，不带有全局性质，因为诺沃提尼还是国家总统，继续通过国家权力施加自己的影响。

杜布切克任党的第一书记之后着手清理过去遗留下来的各种问题，其中最主要的问题就是清理过去的冤假错案，首先给前党的领导人斯兰斯基平反昭雪。随后，他在经济方面进行调整和改革。在思想文化领域，杜布切克也实施了比较宽松的政策，意识形态方面出现自由讨论的迹象。为了取得苏联和东欧其他社会主义国家的理解和同情，杜布切克先后访问了苏联、匈牙利和波兰，向勃列日涅夫、卡达尔和哥穆尔卡介绍捷克斯洛伐克的改革设想和基本思路，希望这些国家支持捷克斯洛伐克的改革。

诺沃提尼对杜布切克的这一套做法十分反感，进行了抵制。但是，捷克斯洛伐克的改革不是杜布切克个人的要求，而是代表了国家民众的心声。所以，诺沃提尼的抵制没有起到明显的效果，于是他准备铤而走险，力图采取强力手段将杜布切克为首的改革派赶下台。但是，正义不站在诺沃提尼一边，他失败了。1968 年 3 月，他不得不辞去国家总统的职务，随之，诺沃提尼的一班人马全都下台。捷共改革派趁机在党和国家中央政权中占据了绝对优势地位。

第三节 "布拉格之春"与苏联对策

《行动纲领》出台

1968 年 3—4 月，捷克斯洛伐克首都出现前所未有的改革浪潮和气息。这就是所谓的"布拉格之春"。4 月，捷共中央举行全会，提出了改革纲领，即捷共《行动纲领》。这个纲领十分重要，它对以后的社会主义国家改革影响很大。该纲领首先承认，捷克斯洛伐克的改革是在社会主义范围内进行的。改革不是为了推翻社会主义，而是为了完善社会主义，给予社会主义发展以新的形式、新的活力。这个纲领最大的特点就在于，它是一个综合性的改革纲领，涉及各方面的改革。关于政治体制，该纲领提出，必须改造整个政治制度，使之有利于积极发展社会主义的社会关系。政治制度的基本任务必须是提供可靠保证，以防主观主义和滥用职权的老办法回潮。关于党的领导，该纲领提出，共产党依靠人们的自愿支持，党不是依靠对社会的统治，而是依靠最忠诚地发展自由、进步和社会主义的努力；党不能用强制手段获得和维护权威，而必须不断地以自己良好的行动来获得和维护权威，党不能通过发布命令来贯彻；党不能以自己的机关来代替国家机关、经济组织和社会组织。该纲领提出了反对国家权力垄断化的思想，强调要使工人阶级和其他一切劳动者有可能通过自己的思想、行动和意志来影响国家的政治决策。该纲领强调言论自由与报道自由，取消新闻检查。该纲领提出迁徙自由。该纲领还规定，必须采取措施，防止个人权力过分集中，必须确定权力分配原则，并建立一种各环节之间相互监督的制度。这样，一个环节的错误和越轨行为，可以通过另一环节及时加以纠正。在外交政策方面，该纲领批评过去没有充分利用一切可能来进行积极活动，没有主动用自己的观点去阐述和对待一系列重要的国际问题。所以，今后捷克斯洛伐克的外交政策要充分体现自己的民族利益，也充分体现其国际利益。该纲领还提出了建设社会主义新模式的概念，"我们要建立一种十分民主的、适合捷克斯洛伐克条件的社会主义新模式"。"现在我们的任务在未知的条件下开辟和实验新的道路，赋予社会主义发展以新的性质"。关于经济改革，纲领提出，党不能直接管理经济，企业是经济管理的独立法人，实行自治；取消外贸垄断，企业有外贸经营权；农业合作社完全独立经营，农民可以直接到市场出售自己的产品。《行动纲领》强调，"现在我们正面临着非同寻常的形势。我们将进行实验，赋予社会主义发展以新的形式，运用创造性的马克思主义思想和国际工人运动的经验，并要以对捷克斯洛伐克的社会发展的正确理解作为基础。我们的国家对国际共运是负有责任的，它有责任总结和利用自己比较先进的物质生产基础、非常高的教育水平和无可置疑的民主传统。如果我们不利用这些条件，任何人也不会原谅我们。"

这个《行动纲领》是20世纪五六十年代东欧国家提出的最完整、最新颖、最彻底的改革纲领。实际上，这个纲领旨在突破苏联模式的限制，探索和发展符合捷克斯洛伐克条件的社会主义道路。同时，该纲领渗透着比较强烈的独立自主的思想。

勃列日涅夫对《行动纲领》颇为不安

捷克斯洛伐克《行动纲领》的出台引起苏联中央高层密切注意和不安。苏联中央领导人在研究和讨论如何面对自己阵营中的这股改革浪潮。

勃列日涅夫的一个目标是非常明确的，那就是不允许捷克斯洛伐克出现不同于苏联的方针和路线。在苏联领导人看来，捷克斯洛伐克的行动向苏联提出了强有力的挑战，这种挑战来自四个方面：第一，捷克斯洛伐克的改革是对苏联模式的挑战，是对苏联社会主义理论和实践的怀疑与否定，绝不能让捷克斯洛伐克这种改革持续下去；第二，捷克斯洛伐克的行动触及了苏联对这个国家的控制线，捷克斯洛伐克独立自主的外交政策倾向使苏联感到了捷有脱离"苏联轨道"的危险；第三，捷克斯洛伐克这样鲜明的改革实验和对苏联的离心力会对其他东欧社会主义国家产生示范作用，如不加控制和遏制，其他东欧国家纷纷效法起来，会使苏联陷入十分被动的处境；第四，捷克斯洛伐克的改革不可避免地会对苏联本身形成强大的冲击，加剧苏联最高决策层的政治压力，从而造成苏联本身的不稳定。所以，勃列日涅夫等苏联最高领导人决定对捷克斯洛伐克采取干预和遏制的政策。

莫斯科召见

1968年5月4日，捷共中央第一书记杜布切克、政府总理切尔尼克、斯洛伐克比拉克和国民议会主席斯姆尔科夫斯基前往莫斯科。苏方参加会谈的有：党的第一书记勃列日涅夫、最高苏维埃主席波德戈尔内和政府部长会议主席柯西金、苏共中央政治局委员苏斯洛夫和卡图谢夫。勃列日涅夫在这次会谈中激烈地批评了捷共领导人，其他苏共领导人也发泄了对捷共领导人的不满情绪。勃列日涅夫不断地向捷共领导人就捷克斯洛伐克国内局势提出问题，他的秘书也不断地提供来自捷克斯洛伐克的最新情报和信息。当时苏联驻捷克斯洛伐克大使是契尔沃年科。此人没有对捷克斯洛伐克和苏联的关系起到推动作用，而是竭力搜集不利于两国关系的信息和情报。捷共领导人拒绝了苏联领导人的批评，并对勃列日涅夫提出的疑问进行了解释。但是，这次会谈暴露出捷共领导集团中的分裂状态，捷共领导人比拉克站在苏联方面批评捷共的政策。这次会谈简直不是两国和两党之间的正常的会晤，而是苏方领导人集体训斥捷共领导人。勃列日涅夫要求杜布切克等人采取强硬的行政手段，包括警察手段，来对付捷克斯洛伐克国内的持不同意见的人。[①] 在这次会谈时捷共领导人提出苏联向捷克斯洛伐克贷款问题，用于国家的加工工业现代化和逐步改革国家的工业结构和布局。柯西金作为部长会议主席对捷共领导人的回答是模棱两可的。捷共领导人表示，如果苏联不提供贷款，则捷共准备向西方金融机构借款。柯西金表示，西方国家现在不需要将来也不需要捷克斯洛伐克用贷款生产出来的消费品；捷克斯洛伐克生产出来的消费品首先应该在苏联市场上出售。捷共领导人通过这次会谈对苏联的援助不再抱有幻想。

苏联提议召开华沙条约国会议

苏联提议召开华沙条约国会议，讨论捷克斯洛伐克的国内局势。大多数华沙条约国表示支持，只有罗马尼亚表示反对。1968年3月，华沙条约国会议在民主德国的德累斯顿召开。这些国家的首脑在会上讨论捷克斯洛伐克问题。杜布切克出席会议。此前，罗马尼亚领导人齐奥塞斯库曾经劝阻杜布切克出席会议，不要让会议讨论一个国家的国内问题。齐奥塞斯库的建议是正确的。但是，杜布切克认为，捷克斯洛伐克党中央的行动是正确的，没有什么可向兄弟党隐瞒的，利用这个机会还可以做这些国家领导人的工作，取得他们的理解和支持。

杜布切克当然不想将同苏联的关系搞僵。他甚至在诺沃提尼下台后自己没有担任总统，而是推举年事已高的斯沃博达任总统。斯沃博达是一位战争英雄，第二次世界大战时期在苏联组织了捷克斯洛伐克旅，和苏联军队一起同法西斯德国进行斗争，并获得了苏联英雄称号。苏联领导人十分欣赏他。但是，战后诺沃提尼打击他，他实际上处于被流放状态。赫鲁晓夫执政后在访问捷克斯洛伐克时特意提出要会见他。杜布切克上台后，斯沃博达被平反。这次他出任总统，无论对捷克斯洛伐克还是对苏联来说都是一位合适的人选。可见，杜布切克用心良苦。然而，杜布切克的种种行动没有"感动"苏联。苏联已经决定采取坚决的干预措施，这也许是勃列日涅夫吸取赫鲁晓夫在匈牙利事件问题上的犹豫不决的教训。

要干预就必须有军队的参与。苏联军队只有进入捷克斯洛伐克才能够有效地控制住局面。5月17日，苏联国防部长格列奇科奉勃列日涅夫之命率领军事代表团访问捷克斯洛伐克。他向杜布切克提出要求，即将苏联

[①] ［捷］约瑟夫·斯姆尔科夫斯基：《斯姆尔科夫斯基回忆录——苏联侵捷前后》，商务印书馆1975年版，第22页。

的一个师移驻捷克斯洛伐克的西部边境地区,"以共同防御联邦德国"。杜布切克拒绝了这个无理的要求。随后,苏军又提出要在捷克斯洛伐克境内举行军事演习。捷共党中央认为屡次拒绝苏联的要求会引起不好的后果,所以,这次他们同意了苏军的请求,并认为这只是一次小规模的军事演习,演习后苏军就会离去。但是,捷共将苏联"老大哥"想得太好了。苏军演习搞得很大,各军兵种都参加了。演习进行得没完没了。杜布切克发现苏军实际上占领了捷克斯洛伐克一些重要地区。于是,杜布切克要求苏军撤回,但是,苏军根本没有想要离开的意思。7月10日,杜布切克打电话给勃列日涅夫,强烈要求苏军撤出捷克斯洛伐克。他坚决表示:"如果您那一方让这样的事态继续下去,那么,两国间保持着的友好关系就会完全遭到破坏。"[①] 杜布切克的这番话起了作用。苏方宣布演习结束,苏军准备撤出。但撤出速度缓慢得惊人。苏军宣布撤军,表明苏联最高决策层准备采取和缓一步的方针,先撤出军队,麻痹捷克斯洛伐克和国际舆论,然后再寻找机会。

《两千字宣言》刺激了苏联

捷克斯洛伐克的改革运动在不断地发展。在改革进程中出现了比较极端的口号和主张。杜布切克注意到了这种态势,他及时地加以警告和制止,不允许将民主理解为极端民主和无政府主义,捷克斯洛伐克不能向多党制方向发展。但是,就在此时,捷克斯洛伐克出现了《两千字宣言》。这个宣言是捷克斯洛伐克70位知名人士提出的,并在报刊上公开发表了。宣言要求政府不要害怕"外界的干预",要继续进行国内的改革。为了支持这个改革,可以拿起武器。"最近,外国干预我们国内形势的可能性,引起了极大的不安。面对着优势的力量,我们只能有礼貌地保持坚定态度,而且不去触犯别人。我们可以让我们的政府知道,只要它遵照我们的委托办事,我们将支持它,甚至可以拿起武器来;我们也可以向我们的盟国保证,我们将履行我们的同盟、友好和贸易条约。不断地挑剔和没有根据的怀疑,只能使我们政府的处境更加困难,对我们也没有好处。"[②] 《两

---

① 转引自泽曼《布拉格之春——1968年的捷克斯洛伐克纪实》,上海人民出版社1973年版,第178页。

② 转引自泽曼《布拉格之春——1968年的捷克斯洛伐克纪实》,上海人民出版社1973年版,第155页。

千字宣言》的发表，不仅给捷克斯洛伐克局势带来了巨大刺激作用，而且也给苏联带来了巨大的刺激作用。勃列日涅夫得知这个宣言的内容后，简直控制不住自己的愤怒心情。苏联马上表示，《两千字宣言》的出笼是对苏联不友好的表现，也表明捷克斯洛伐克国内的"反革命势力"在不断发展，1956年匈牙利事件即将在捷克斯洛伐克重演。这是对捷克斯洛伐克最严厉的警告，也预示着苏联准备干涉该国的内政。

苏联的一连串动作

捷克斯洛伐克议会代表团由议会主席斯姆尔科夫斯基率领访问莫斯科。这是6月份的事情。斯姆尔科夫斯基抵达苏联后，立即对捷克斯洛伐克所发生的事情进行解释，并多次对苏联记者发表谈话。但是，斯姆尔科夫斯基的做法引起苏联领导人的不安。苏联驻捷克斯洛伐克的前任大使齐米亚宁警告斯姆尔科夫斯基不要在访问期间再谈捷克斯洛伐克国内事情，因为苏联民众不知道捷克斯洛伐克发生了什么。苏联领导人担心捷克斯洛伐克的改革会影响苏联的稳定。勃列日涅夫接见了该国议会代表团。这位苏联最高领导人单独同斯姆尔科夫斯基谈话，表示对杜布切克的强烈不满，暗示要斯姆尔科夫斯基取代杜布切克。斯姆尔科夫斯基感到十分惊讶，但是他回国之后没有将这件事情透露出去。

苏联召集了华沙条约国会议，杜布切克等捷共领导人这次拒绝参加会议。捷共中央领导集团还专门做了一项决议，即捷共中央主席团在局势动荡时期不应该到国外参加会议。7月14—15日，出席这次会议的苏联、波兰、匈牙利、保加利亚和民主德国通过了一份政治文件，即向捷克斯洛伐克提出了五国联名信。[①] 在这封信中，上述五国对捷克斯洛伐克施加了强大的政治压力，这实际上是五国向捷克斯洛伐克发出的最后通牒。信中表示："我们认为有必要在这封信中极为诚恳和坦率地向你们阐述我们的共同意见。我们希望你们能很好地理解并正确地估价我们的意图。"信件要点如下：

△你们国家事态的发展使我们深感不安。我们深信，受到帝国主义支持和反对派对你们党和捷克斯洛伐克社会主义共和国的社会制度基础的进攻，使你们国家有离开社会主义道路的危险，因而也使整个社会主义体系的利益受到威胁。

[①] 《真理报》1968年7月18日。

△我们过去和现在都无意干涉纯属你们党和你们国家内部事务的事情，无意破坏共产党和社会主义国家关系中尊重、独立和平等的原则。

△我们不像过去的一些代表人士那样对你们发表意见，他们企图妨碍你们纠正错误和缺点，其中包括所发生的破坏社会主义法制的现象。

△我们不干涉捷克斯洛伐克社会主义国民经济的计划和管理方法，不干涉你们旨在完善经济结构和发扬社会主义民主的行动。

△我们不能同意敌对势力使你们国家离开社会主义道路，造成把捷克斯洛伐克从社会主义大家庭中争夺过去的危险。这已经不仅仅是你们的事了。这是用联盟、合作和友谊联合起来的所有共产党和工人党以及国家的共同事业。

△我们的联盟威力和巩固取决于我们每一个兄弟国家社会主义制度的内在力量，取决于在本国人民和国家的政治和社会生活中起领导作用的我们各党的马克思列宁主义政策。破坏共产党的领导作用会导致取消社会主义民主和社会主义制度，从而对我们联盟的基础和我们各国大家庭安全造成威胁。

△反动势力利用党对国家领导的削弱，蛊惑性地用"民主化"口号，发起了反对捷共、反对捷共正直和忠诚的干部的运动，这显然是打算取消党的领导作用，颠覆社会主义制度，使捷克斯洛伐克同其他社会主义国家对立起来。

△反动派取得了在全国公开行动的机会，发表了名为《两千字》的政治纲领，并在这纲领中公开号召反对共产党和反对宪法权力，号召罢工和骚乱。

△你们难道没有看到这些危险？在这种情况下难道可以消极，仅限于发表一些忠于社会主义事业和盟国义务的宣言和保证？你们难道没有看到，反革命正在从你们那里夺走一个又一个的阵地，党正在失掉对事件进程的控制，并在反共势力的压力下退却得越来越远？

△我们确信，已经出现了这样一种形势，在这种形势下，对捷克斯洛伐克社会主义基础的威胁使其余社会主义国家共同的切身利益也遭到危险。如果我们对这种危险漠然视之，漠不关心，那么，我们这些国家的人民将决不会原谅我们。

△坚决回击捷克斯洛伐克的反共势力和坚决为保全捷克斯洛伐克的社会主义制度而斗争，这不仅是你们的，而且也是我们的任务。

捷克斯洛伐克主席团接到联名信后立即进行答复，逐条回击了联名信的观点，警告不要干涉捷克斯洛伐克的国内事务。同时，捷表示可以同上述五国个别举行双边会谈。

7月19日，《真理报》就捷克斯洛伐克局势发表社论表示"社会主义的捷克斯洛伐克是否存在的问题已经提出来了"。社论还表示，对捷克斯洛伐克极右势力表现犹豫不决就意味着"大灾难"，强调苏联方面将对捷克斯洛伐克进行全力支援。

第四节 谈判与入侵

切尔纳会谈

苏共向捷克斯洛伐克党中央提出建议，两国共产党全体中央政治局委员到苏联进行谈判。捷共中央领导人表示同意举行双边会谈。1968年7月29日，捷克斯洛伐克代表团和苏联代表团在捷与苏边界捷一侧的小城镇举行了双边会谈。切尔纳是捷克斯洛伐克边陲一个很小的镇子，人口只有两千多。捷苏首脑会谈在这里举行颇有一番缘故。原来，苏联提出要捷克斯洛伐克代表团去莫斯科或者基辅举行会谈，但是捷领导人坚持在捷境内举行会谈。这样，苏联勉强接受了这个建议。然而，苏联提出只能在离苏联较近的地方举行。切尔纳离苏联边界不过几百米，苏联代表团可以随时回到自己的领土上休息和用膳，可以利用本土通信工具同莫斯科保持联系。最有趣的是，捷苏两个最高级的党和政府代表团分别住在两列火车上。两列火车并排而停，捷方代表团的火车停靠在窄轨上，苏联代表团的火车停靠在宽轨上。之所以这样安排，是因为捷共领导人担心突然之间苏联人将他们"载入"苏联境内。这充分地说明了双方相互不信任。斯姆尔科夫斯基在回忆录中表示："选择切尔纳作为会谈地点，是因为我党主席团拒绝离开共和国领土，好像我们预测到苏联领导人在1968年8月21日对我们要采取行动似的。"①

会前，勃列日涅夫提出一个动议，即苏捷双方所有中央政治局委员都参加会议。这样苏方的阵容是总书记勃列日涅夫带队，成员是政治局委员沃罗诺夫、柯西金、马祖罗夫、佩尔谢、波德戈尔内、苏斯洛夫、谢列

---

① ［捷］约瑟夫·斯姆尔科夫斯基：《斯姆尔科夫斯基回忆录——苏联侵捷前后》，第45页。

平、谢列斯特，中央政治局候补委员杰米契夫、马谢罗夫。苏共中央政治局委员只缺席两人，由中央书记处书记卡图谢夫和波诺马廖夫代表。捷方由杜布切克带队，成员由 14 人组成。勃列日涅夫为什么这样做呢？其意图有两个：一个是勃列日涅夫要看看杜布切克在捷党中央领导核心的支持率到底有多高；另一个是勃列日涅夫准备通过与捷所有的领导核心接触，进行分化和离间活动。

指责和辩白

这不是在会谈，而是在指责和辩白。勃列日涅夫和其他苏联领导人从会议一开始就摆出审问的架势。勃列日涅夫不断翻动从捷克斯洛伐克报刊上剪裁下来的材料，一边读一边质问捷领导人，而杜布切克等人则一一进行辩解。勃列日涅夫等人无非是认为捷领导人在搞自由化的改革，在实施"独立的"外交政策。勃列日涅夫甚至表示："你们的政策竟让所谓'自由作家们'来发号施令，这简直是发疯！他们是帝国主义的爪牙，至少也是干着帝国主义者所希望的事情。"勃列日涅夫翻开捷报纸，让捷方领导人看一则广告，广告上公开征聘党支部书记，条件只是具有大学学位即可。勃列日涅夫指责说："这就是证明捷克整个危险局势的典型事物！从没有用共产党的适当方法进行过训练的普普通通的人中间选用党的干部，——要是搞这种事情，请问：共产主义会搞成啥样子？"① 勃列日涅夫最后向捷方递交了一份任免捷共领导的清单，要求捷共领导人照办。在这份清单里，那些苏联反感的捷共政治家都被"清除"掉了。杜布切克和总统斯沃博达坚决拒绝苏方提供的干部"清单"。斯沃博达警告苏联代表团，如果苏联代表团不改变对捷克斯洛伐克歧视性的态度，他将辞职并将其获得的苏联英雄勋章退回苏联。会谈十分激烈，很难看到妥协的前景。在这次会议上，苏共中央政治局委员、乌克兰党中央第一书记谢列斯特指责捷共领导人要将外喀尔巴阡俄罗斯从苏联分裂出去。谢列斯特的指责激怒了捷共领导人。杜布切克表示，如果再这样进行下去，捷共将收拾行李，不再参加会议，因为这样的会议带有侮辱性质。于是，捷共领导人离开了会场。勃列日涅夫同其他苏联领导人商量一番后，来到了杜布切克的包厢，向捷共领导人对谢列斯特的发言表示道歉，希望捷共领导人继续参加会谈。

尽管会议在捷领土上举行，但杜布切克出于对苏方的信任，没有采取

---

① 转引自泽曼《布拉格之春——1968 年的捷克斯洛伐克纪实》，第 189、191 页。

下属建议，未能编制同首都布拉格联络用的密电码，结果出现了重大失误，切尔纳三条通向布拉格的电话线都被苏联通信兵窃听。勃列日涅夫等人对捷方的态度了如指掌。会谈继续进行。会谈讨论三天没有结果，倒将勃列日涅夫累病了，他心脏病发作。会谈就此收场。不过，双方同意于8月3日在捷克斯洛伐克境内继续进行会谈。这次会谈不久，勃列日涅夫给杜布切克打电话，指责他为什么不按照苏联方面的安排去执行？

苏捷再次会晤

捷苏双边会谈于8月3日在斯洛伐克首府布拉迪斯拉发再次举行。会前双方达成协议，苏联在会议上不再谈及捷克斯洛伐克内政问题，苏联军队立即撤出捷克斯洛伐克。捷克斯洛伐克方面可以接受讨论该国对华沙条约组织所担负的责任。但是，苏联醉翁之意不在酒。在苏联提出的联合声明中有一句话是非常关键的："对苏联和东欧人民取得的成果加以支援和保护，是所有社会主义国家共同的国际主义义务。这是全体与会者的一致观点。"捷共领导人研究完这个联合声明后，当即向苏联方面提出了疑问，要求在这句话的后面加上以下内容，即"同时要尊重各国的主权和民族独立"。勃列日涅夫不同意这个修改。苏联这个提法为其大规模侵入捷斯洛伐克埋下了伏笔。随后，捷苏双方举行了盛大的联合声明签字仪式，苏联领导人宣布最后一批苏军已经撤出捷克斯洛伐克。捷克斯洛伐克人民和领导人都松了一口气。8月4日，杜布切克发表讲话，对捷克斯洛伐克局势表示乐观。但是，苏联正在暗地里准备突然入侵这个不听话的国家。

其实，在苏联动手之前，南斯拉夫总统铁托和匈牙利领导人卡达尔都警告过杜布切克：要防止苏联突然入侵！8月9—10日，南斯拉夫总统铁托访问了捷克斯洛伐克。铁托的观点是，杜布切克同苏方的两次会谈实际上是重大失败。他认为，杜布切克在切尔纳给苏联的东西太多，这些妥协的结果就是给了苏联随时借口捷"背信弃义"而进行干涉的根据。铁托提出建议：要么不论国内反应如何立即履行在切尔纳所作的让步，或者不管莫斯科的反应如何尽快地加以拒绝，在这两者之中加以选择。铁托倾向于第二种选择，认为杜布切克的"顺从"政策是一场灾难的根源。铁托表示，苏联武装进攻的可能性极大。① 但是，杜布切克等捷共领导人对此忠告重视不够。

---

① 转引自泽曼《布拉格之春——1968年的捷克斯洛伐克纪实》，第199、200页。

苏联高层的最后决定

勃列日涅夫多次主持召开苏联领导核心会议，探讨遏制捷克斯洛伐克改革进展的种种方案。据多勃雷宁分析，勃列日涅夫和柯西金对苏联进入捷克斯洛伐克没有足够的把握，表示怀疑，但是所有其他中央政治局委员和中央书记以及几乎所有元帅都支持对捷克斯洛伐克采取强硬政策。[①] 苏共中央政治局在对待捷克斯洛伐克问题上的分歧仅仅在于"万一不需要动手"和"什么时候动手"的问题。问题在于：一切早已准备就绪的打击，在下手之前，应当给予杜布切克多少机会。[②] 但在切尔纳会议之后，苏联最高领导人认为杜布切克"违反了"切尔纳会议精神，捷克斯洛伐克领导人不可救药了。

苏联最高决策层在决定动手之前主要考虑到了以下几个因素：第一，杜布切克的行动会给东欧其他国家树立榜样，必须加以遏制；第二，捷克斯洛伐克出现的"春潮"会给苏联本身带来巨大的现实威胁，尤其在政治上和意识形态方面更是如此；第三，捷克斯洛伐克的举动会刺激乌克兰的民族主义，所以，乌克兰党中央第一书记谢列斯特顽固地批评捷领导人不是偶然的；第四，捷克斯洛伐克准备与西方实行经济往来，会打乱经互会的部署和计划；第五，如果捷克斯洛伐克控制不住，则其有可能转入北约怀抱，对苏联和其他东欧盟国造成极其不利的影响；第六，苏联的霸权主义思维决定了它不能容忍捷克斯洛伐克不按照苏联的观念行事，苏联最高领导人认为自己有能力采取包括军事干预在内的一切手段控制捷局势的发展；最后，苏联最高领导人认为，西方国家不会采取强硬的干涉态度，因为这是苏联势力范围内的事情。

不过，在作出最后决策之前还是有不同意见的。柯西金主张，为了不妨碍与美国总统约翰逊举行最高级会谈，以推迟武力进入捷克斯洛伐克期限为宜。沃罗诺夫、谢列平和苏斯洛夫支持柯西金的建议。但勃列日涅夫则主张立即动手，谢列斯特等人支持这个意见。最后，还是勃列日涅夫的意见占了上风。一项强硬决策终于出台。8月19日，苏共中央召开非常全会，讨论捷克斯洛伐克局势。全会决定对该国实行军事干预。就这样，苏联武力干预捷克斯洛伐克的方案被正式确立。

---

① 参见多勃雷宁回忆录《信赖》，第205页。
② 转引自泽曼《布拉格之春——1968年的捷克斯洛伐克纪实》，第203、204页。

入侵

1968年8月20日晚，捷克斯洛伐克首都布拉格机场上空出现了一架苏联运输机，声称飞机出现机械故障，要求紧急降落。事先捷克斯洛伐克民航部门收到了苏联这架运输机经过布拉格上空的通知，所以，机场同意该运输机降落。但是，运输机降落之后，从飞机上冲出来的不是一般的人员，而是苏联特别突击队队员。他们个个荷枪实弹，训练有素，还未等机场工作人员反应过来就将机场的主要机构占领并控制了。紧接着，苏联飞机一架接着一架地降落在布拉格机场。与此同时，苏联、波兰、民主德国、匈牙利、保加利亚五国军队从18个地点、3个方面进入捷克斯洛伐克领土。

这些迹象完全表明，苏联和其他华约国家进入捷克斯洛伐克是经过充分准备的。每一个细节都考虑得非常细致。就在苏军特别突击队占领机场之后，苏联驻捷克斯洛伐克大使契尔沃年科出现在机场，将苏军的高级将领从飞机上接了下来。随后，他们一起前往总统府，会见捷克斯洛伐克总统斯沃博达。苏联的行为本来是一种对捷克斯洛伐克主权的巨大侵犯，但是，请听契尔沃年科冠冕堂皇的解释。他对斯沃博达总统说，捷克斯洛伐克局势非常紧张，苏军进入是为了挽救该国，是为了国际共产主义和社会主义团结。他还表示，苏联有足够证据表明，苏联和其他华约国家的军队不进入，则"反革命势力"就会在西方国家的支持下接管捷克斯洛伐克。苏联对捷克斯洛伐克多么"关心"！苏联大国主义此时已经膨胀到如此之地步，以至于他们对一个国家的主权概念根本予以忽视，为了自己的利益不惜损害另一个国家的主权。而且，苏联还将"入侵"行动说成是拯救这个国家，是为了国际主义的团结。好一个"社会主义的团结"！这只能说是刺刀下的"团结"。刺刀下会有团结吗？只能留有伤痕！捷克斯洛伐克总统斯沃博达是一位爱国主义者，在刺刀下没有低头。他对苏联的进兵行动表示极大愤慨。随后，他驱车到党中央大厦参加捷克斯洛伐克党的最高级会议。

捷共中央高层会议

此时，捷共党中央领导核心正在召开会议，研究召开党的十四大问题。会议开到深夜还没有结束。但是，到了晚11点半，切尔尼克总理接到电话，他惊慌地向大家报告，华约军队从几个方面进入了捷克斯洛伐克，正在向首都布拉格挺进！据议会主席斯姆尔科夫斯基回忆，当时捷共中央主席团的许多领导人都被突如其来的消息惊呆了。杜布切克也是如此。经过短时期的混乱之后，主席团决定向捷克斯洛伐克国民宣布这一情况，并起草声明。随后，中央主席团成员每一个人都公开表态：支持还是反对这个声明。表态结果：7 比 4，赞同发表声明。但是，党中央的声明在电台刚刚发布，就被掐断了。原来，当时主管广播宣传事务的霍夫曼不让发布党中央的声明。于是，捷共中央启动了备用电台，将党中央的声明全文发布出去，顿时全世界得知捷克斯洛伐克发生了什么事情。

告捷克斯洛伐克社会主义共和国全国人民：

昨天，1968 年 8 月 20 日晚 11 时许，苏联、波兰人民共和国、德意志民主共和国、匈牙利人民共和国和保加利亚人民共和国的军队越过了捷克斯洛伐克社会主义共和国的边界。共和国总统、国民议会主席团、政府主席和党中央第一书记对此一无所知。当时党中央主席团正在开会，讨论党的第 14 次非常代表大会的准备工作。主席团号召全国公民保持平静，不要抵抗前进中的外国军队，因为现在已经不可能保卫我国的国界了。

根据同样的理由，没有命令我国军队、公安部队和工人民兵保卫国土。中央主席团认为，这一行动违反了社会主义国家之间关系的基本原则，破坏了国际法的基本准则。

党和民族阵线的领导干部都应该坚守岗位，他们是根据捷克斯洛伐克社会主义共和国的法律和规章作为人民的代表和他们组织成员的代表当选担任这些职务的。宪法授权的有关机关已召集国民议会和共和国政府会议，党中央主席团也在召集党的中央委员会，以便应付业已形成的局势。

捷克斯洛伐克共产党中央主席团

清晨，苏联的军队包围了捷共中央所在地。特别突击队和坦克都将枪口对准捷共党的领导核心的那座建筑。捷共党的领导核心成员都在这里。苏联士兵在捷克斯洛伐克人的引导下进入了大厦，并将捷共党中央领导核心成员一一看管起来。早晨，在党中央大厦附近，布拉格群众抗议侵略的游行队伍遭到苏联军队的射击，流血事件发生了。最后，苏军用坦克履带将血迹刮掉。

勃列日涅夫指示苏斯洛夫炮制了五国政府声明。这是一份特别的声明，从声明中可以看出苏联的大国主义意图。声明如下：

捷克斯洛伐克的兄弟们：

保加利亚人民共和国政府、匈牙利人民共和国政府、德意志民主共和国政府、波兰人民共和国政府和苏维埃社会主义共和国联盟政府向你们呼吁。

应忠于社会主义的捷克斯洛伐克党和国家领导人的请求，我们已指示我们的武装部队前去支援捷克斯洛伐克的工人阶级和全体劳动人民保卫社会主义成果的斗争，这些社会主义成果正日益受到国内外反革命势力策划的阴谋的威胁。

我们这一行动是根据兄弟国家的共产党和工人党在布拉迪斯拉发会议上承担的集体主义义务进行的，是根据要支援、巩固和保卫每个国家的社会主义成果和要反对大国主义阴谋的义务进行的。

受到大国主义怂恿和支持的反革命分子正在夺权。夺取了报刊、广播电台和电视台权力的反社会主义分子对捷克人和斯洛伐克人在二十年之久的社会主义斗争中用自己辛勤的双手所创造的一切成果都加以攻击和嘲笑。

敌人挑动人民反对为社会主义献身的好干部；他们破坏了法制基础和法律秩序，肆意将具有阶级觉悟的工人和农民排斥于国家政治生活之外，迫害拒绝与他们同流合污的忠诚的知识分子。那些践踏社会主义法律，正在准备篡夺政权的反社会主义势力还建立了自己的组织。而这一切都是在所谓民主的蛊惑人心的口号下进行的！我们相信，忠于社会主义民主理想的捷克斯洛伐克人民是不会受骗的。只有通过加强工人阶级及其先锋队——光荣的捷克斯洛伐克共产党的领导作用，真正的自由和民主才能够得到保证。

标志着开始努力纠正过去错误的捷共 1 月中央全会要求达到的正是这一目标。我们这些国家的党和人民支持加强和进一步完善社会主义民主的正确目标。

最近几个月来，巧妙地伪装起来的反社会主义势力，集中力量破坏社会主义基础，一批渗透到捷克斯洛伐克党和国家领导机关的坏人，为这些颠覆活动作掩护，从而帮助了反革命分子积蓄力量，准备最后夺权。

在蒂萨河畔切尔纳举行的苏捷会谈中和布拉迪斯拉发会议上，捷克斯洛伐克领导人总是说，他们要保卫工人阶级的利益，要击败企图破坏社会主义事业的反动势力。他们还保证要加强捷克斯洛伐克和社会主义兄弟国家之间的团结。

可惜，他们没有实现这些保证和诺言，这就进一步鼓励了反社会主义势力及其外国保护者加紧其敌对活动。敌人正准备把这个国家彻底搞乱。

这些反革命分子以为，由美帝国主义的侵略行动，特别是由联邦德国复仇主义势力引起的复杂而紧张的国际形势下，他们能够使捷克斯洛伐克脱离社会主义国家的大家庭。但是，这不过是他们的痴心妄想。社会主义国家有足够的力量来支援一个兄弟国家，保卫社会主义事业。

亲爱的朋友们！

现在，你们的阶级兄弟前来支援你们了！他们不是来干涉你们的内政，而是帮助你们同反革命作斗争，保卫社会主义事业，消除威胁你们国家的主权、独立和安全的危险。兄弟的联盟国家的军队来到这里，其目的要使任何人都不能夺走你们在我们反法西斯共同斗争中获得的自由，任何人都不能阻挡你们在光辉的社会主义道路上前进。在捷克斯洛伐克的自由和独立的危险消除后，这些军队将离开你们的领土。

我们相信，社会主义大家庭各兄弟国家的紧密团结定将战胜敌人的阴谋。

社会主义的捷克斯洛伐克万岁！

社会主义各国人民之间的友好和兄弟情义万岁！

    保加利亚人民共和国部长会议
    匈牙利人民共和国部长会议
    德意志民主共和国部长会议
    波兰人民共和国部长会议
    苏维埃社会主义共和国联盟部长会议

第五节　绑架下的莫斯科谈判

名副其实的政治绑架

占领了整个捷克斯洛伐克之后，勃列日涅夫就指示将捷克斯洛伐克党政军主要领导人带到莫斯科去。捷克斯洛伐克领导人认为这实际上是一种"绑架"行为。当时，捷克斯洛伐克领导人不知道苏联军人将把他们带到哪里去，所以，他们心里很紧张。经过几次换乘飞机飞行，这些领导人被搞得昏头涨脑。最后，他们判断出他们来到了莫斯科。苏联人当然不可能让捷克斯洛伐克领导人待一起，他们是分别被带到莫斯科的。

但是，苏联人也采取区别对待的方式。斯沃博达总统于8月23日到达莫斯科，苏联方面为他举行了盛大的欢迎仪式。在谈判时斯沃博达总统提出捷方必须让党的第一书记杜布切克、政府总理切尔尼克和议会主席斯姆尔科夫斯基参加，否则他拒绝与苏联方面举行正式会谈。勃列日涅夫要求斯沃博达总统承认苏联和其他华约国家军队进入捷克斯洛伐克是合法的。总统拒绝了这样的提法。

勃列日涅夫对斯沃博达说："在捷克斯洛伐克，除了苏军司令部和苏联军队以外，已经不存在任何合法的权威。假如在48小时以内还没有把适当的新政府组织起来的话，我们根据捷克斯洛伐克人民自己的请求，只要进一步公布它们作为两个共和国参加苏维埃社会主义共和国联盟，就可以马上接管捷克斯洛伐克。"斯沃博达总统表示："你们要是干出那种事儿来，一千几百万的捷克人和斯洛伐克人与其投降，宁可选择死亡。"苏斯洛夫表示："这对我们可算得了什么！在战争期间，我们有比你们全部人口还要多的人民死在德国人手里！"斯沃博达警告勃列日涅夫，苏联这样做会给苏联和共产党的整个伟大目标带来世界性反应的危险。勃列日涅夫明确表示："少说糊涂话了吧！西方最大的强国充分理解我们的极端重要的安全利益，同意我们这个做法。只有这一点最重要！"①

斯姆尔科夫斯基主席被带到苏共党中央委员会大厦后就同苏共领导人举行了会谈。斯姆尔科夫斯基左面坐着什帕切克，右面坐着西蒙，他同勃列日涅夫坐对面；勃列日涅夫左面是波德戈尔内，右面是柯西金。勃列日

---

① 转引自泽曼《布拉格之春——1968年的捷克斯洛伐克纪实》，第234、235、237页。

涅夫向他们表示，捷克斯洛伐克发生了可怕的事件，召开了党的十四大。勃列日涅夫要求斯姆尔科夫斯基等领导人回到捷克斯洛伐克去，条件是废除党的十四大通过的种种决议，实行"共产主义政策"。斯姆尔科夫斯基表示，他回去当然要实行共产主义政策，同时这个政策将符合他的良心和捷克斯洛伐克人民的意志。这句话刺激了苏联领导人，柯西金谴责斯姆尔科夫斯基："像你这样的老共产党人，怎能讲出这样的话！"斯姆尔科夫斯基表示："我这样说，是经过慎重考虑的，正因为我是一个老共产党人，我现在比过去更加想实行真正符合我的良心的政策。"① 什帕切克和西蒙支持斯姆尔科夫斯基；波德戈尔内和柯西金捍卫勃列日涅夫提出的思想。双方进行了激烈的辩论。勃列日涅夫显得很生气，据斯姆尔科夫斯基回忆，他甚至用"你"而不是用"您"来称呼捷克斯洛伐克领导人。斯姆尔科夫斯基没有让步，他表示："同志们，正是你们破坏了我们民族之间一百年来的友谊，我们民族在一百年前建立了对斯拉夫民族的兄弟感情，过去我们热爱过斯拉夫俄国。五十年来我们一直热爱苏联。我国人民是你们最忠实的朋友，但是，你们在一夜之间就把这一切都毁掉了。"② 讨论没有取得成果。最后，双方一致同意，先将问题放下，以后再议。

捷克斯洛伐克主要领导人见了面。他们是党中央第一书记杜布切克、共和国总统斯沃博达、政府总理切尔尼克和议会主席斯姆尔科夫斯基等人。可以说，几乎捷克斯洛伐克的头头脑脑都在莫斯科。这真是一种非常奇特的现象，尽管此前捷共中央主席团做出过决议，在局势危急时刻捷共领导人不能到境外参加活动。但是，他们此时到莫斯科可以说是身不由己，是苏军和其他华约军队50万大军将他们"请"来的。此时，杜布切克心脏病发作，头部因病发作碰到浴盆边上而扎上了绷带。他不能参加谈判。

苏联方面提出了一份草案，要求捷克斯洛伐克领导人签字。捷克斯洛伐克领导人中有几个还没有等到听完草案的内容就气得昏过去了。捷克斯洛伐克领导人不接受苏方提出的草案。随后，他们起草了自己的草案，递交给苏联方面。于是，双方各有自己的草案。捷克斯洛伐克方面选出了谈

---

① ［捷］约瑟夫·斯姆尔科夫斯基：《斯姆尔科夫斯基回忆录——苏联侵捷前后》，第78、79页。
② ［捷］约瑟夫·斯姆尔科夫斯基：《斯姆尔科夫斯基回忆录——苏联侵捷前后》，第79页。

判代表团,斯姆尔科夫斯基为代表团团长。他向苏联党中央书记波诺马廖夫阐述了捷克斯洛伐克方面的立场,即捷克斯洛伐克方面不能接受苏联提出的草案。随后,波诺马廖夫也回答说,苏联方面决不能接受捷克斯洛伐克方面提出的草案。谈判陷入僵局。波诺马廖夫威胁说:"你们现在不签,过一个星期再签。一个星期后不签,过 14 天再签,如果 14 天还不签,那就过一个月再签。"① 给斯姆尔科夫斯基的印象是苏联有充分的时间等待他们签字,而且不签字他们是不可能回到布拉格的。

斯姆尔科夫斯基回去后将情况向其他领导人作了汇报。最后,捷克斯洛伐克领导人决定除了将苏联草案作为谈判的基础外,别无他法。于是,与苏联进行谈判的工作正式开始了。勃列日涅夫提出,草案必须写入华约军队进入捷克斯洛伐克是来制止反革命的,是给捷克斯洛伐克人民提供国际主义援助的。捷克斯洛伐克代表团拒绝了这个观点。苏联最后让步,不再这样提出问题。捷克斯洛伐克方面提出,华约部队驻扎在捷克斯洛伐克必须是暂时的。苏联方面接受了这个建议。捷克斯洛伐克方面还提出捷克斯洛伐克今后必须坚持 1968 年 1 月以后的方针和政策,必须实行改革和民主化,但是苏联方面拒绝了这个提法。

最后一次谈判是最关键的。杜布切克等人参加了会谈。勃列日涅夫请来了新闻记者,在会议开始之前做了拍摄等一系列采访工作。随后,举行了双方会谈。勃列日涅夫首先发言,他激烈地指责捷克斯洛伐克领导人;杜布切克反唇相讥。会议充满了火药味,相互指责之辞不绝于耳。随后斯沃博达总统讲话。他提出建议,即双方不要再相互进行指责了,他表示要逐字逐条地讨论苏联提出来的议定书。他还表示,一切都会好起来的。当苏联军队从捷克斯洛伐克撤走后,人们会用鲜花来欢送的。最关键的是捷克斯洛伐克是否在苏联方面提出的议定书上签字。在签字之前,捷克斯洛伐克领导人一一表态,记录在案。这些领导人怀着沉重的心情,都表现得非常犹豫,揣摩良久,才进行表态。如斯姆尔科夫斯基询问该国的司法部长库切拉,从国际法的角度来看,这些领导人是否有权代表捷克斯洛伐克国家签署这些文件?但得到的答复也是含糊的。表态工作由政府总理切尔尼克主持。最后,绝大多数领导人都表示同意签署莫斯科提出的议定书。只有捷克斯洛伐克民族阵线主席、捷共中央主席团委员弗朗齐歇克·克里

---

① [捷] 约瑟夫·斯姆尔科夫斯基:《斯姆尔科夫斯基回忆录——苏联侵捷前后》,第 82 页。

格尔表示反对签字。签字之后，捷共一位领导人说，乌布利希、哥穆尔卡、卡达尔和日夫科夫在克里姆林宫的一个大厅里邀请捷共领导人过去，一起干杯，向捷克斯洛伐克领导人表示祝贺。斯姆尔科夫斯基代表其他领导人拒绝"邀请"，不想同他们一起干杯。捷克斯洛伐克领导人准备回国，但是，苏联方面不让拒绝签字的克里格尔回国，准备继续扣压他。捷克斯洛伐克领导人非常愤怒，结果双方又进行了"四巨头"会议：捷克斯洛伐克四巨头是党的第一书记杜布切克、总统斯沃博达、政府总理切尔尼克和议会主席斯姆尔科夫斯基；苏方四巨头是党的第一书记勃列日涅夫、政府总理柯西金、最高苏维埃主席波德戈尔内和党中央意识形态总管苏斯洛夫。经过谈判，苏联方面让步，保证克里格尔与捷克斯洛伐克领导人一起回到布拉格。随后，苏联方面逐渐地将杜布切克等人撤换下去，亲苏联的胡萨克成为捷克斯洛伐克最主要的领导人。苏联重新控制了捷克斯洛伐克。

苏联特别注意美国的反应

苏联中央决策层在苏联军队进入捷克斯洛伐克之后，马上要求苏联驻美大使多勃雷宁向美国总统约翰逊通报这个消息。苏方的措辞是，苏军进入捷克斯洛伐克是为了消除该国境内的反社会主义制度的政治势力；威胁安全的现实危险一旦消除，苏军就立即撤军；莫斯科保证不损害苏美关系。出乎苏联最高决策层预料的是，美国政府对苏联的反应没像他们想象的那样激烈，约翰逊总统反应十分平和。他甚至提出要苏联邀请他访问莫斯科的事情。但是，很快约翰逊总统就开始批评苏联的做法，不过这种批评就连苏联高层也感到是应付了事。苏联方面马上感觉到，美国对苏联侵入捷克斯洛伐克不准备做出极端的反应。但令美国高层不安的是，苏联是否会如法炮制侵入罗马尼亚。所以，美国高层一直追问这个问题。8月28日，美国国务卿腊斯克紧急召见多勃雷宁，表示美国情报部门收到了一系列有关苏军逼近罗马尼亚的情报。他要求大使做出解释，同时他表示："请求你们不要入侵罗马尼亚，因为其后果是无法预料的。我们还希望不要对西柏林采取行动，因为这样做可能会引发一场严重的国际危机，我们希望无论如何也要避免这种情况的发生。这一切对苏美关系和整个世界都将是一场灾难。"①

透过美国对苏联侵入捷克斯洛伐克的反应，莫斯科最高决策层对美国基本"容忍力"有了清楚的认识。1968年9月16日，苏联外交部长葛罗

---

① 多勃雷宁回忆录：《信赖》，第210页。

米柯又向苏共中央政治局提交了苏联外交政策及苏美关系状况的研究报告。苏共中央政治局批准了这个报告。这份报告的背景是,苏联刚刚对捷克斯洛伐克进行干涉,苏美关系恶化。报告认为,"苏联外交政策的主要目标是巩固社会主义共同体并发展苏联同兄弟的社会主义国家之间多种形式的、更加深入的合作"。报告提出苏联和其他社会主义国家的关系应该像西方国家关系一体化那样实行社会主义国家一体化,分阶段地、通过各种途径且建立起事实上的联盟。这是社会主义国家在当前国际形势下应该坚定追求的目标。报告提出这方面的问题不是偶然的,因为赫鲁晓夫时期的波兰事件和匈牙利事件,以及勃列日涅夫上台不久出现的捷克斯洛伐克事件,在苏联看来,这些都表明了一个问题,那就是社会主义国家的一体化进程搞得不好,社会主义国家内部出现了问题,所以,今后要认真地加以梳理这些问题,目标就是"巩固社会主义共同体"。可见,苏联当时对东欧政治空间十分敏感和关注。报告的另一个重要内容就是论述援助民族解放运动与增强苏联自己经济实力之间的关系。报告认为,苏联应该"根据我们的能力"对民族解放运动提供"相应的援助",要反对新殖民主义。同时,苏联在与发展中国家进行经济关系时,应该考虑到"有益于苏联的方式"。报告随后透露出自己的鲜明的观点,"苏联首先应保持其国内的稳定才可能在世界舞台上保持强大的力量,就像美国的强大是由于它国内稳定并在此基础上奉行其全球战略一样"。报告估计到了苏美关系的紧张化局势,所以提出了这样一个原则:"发展我们与美国的关系要求我们在执行政策中把必要的坚定性和灵活性结合起来,并要求我们积极地运用外交策略。尽管存在着战争的危险,但核战争并不是绝对不可避免的。"报告对美国对捷克斯洛伐克事件的看法进行了评价,认为一方面美国从政治上和意识形态方面对苏联进行了攻击,"另一方面,苏联就捷克斯洛伐克事件采取行动的决心使美国领导人对他们在该地区的潜力量有了更为清醒的估计,并再次看到我国领导层保卫苏联重大利益的决心"。[①]从这里苏联最高决策层得出结论,美国会容忍苏联在苏联"势力范围"的任何行动,它不会采取主动的军事措施加以干涉。在苏联最高决策层看来,美国的这种态度,使得苏联有可能对其他社会主义国家采取比较极端的军事行动,而又不会受到美国的激烈反对。正是出于这种判断,苏联最

---

① 参见多勃雷宁回忆录《信赖》附录,第728—729页。

高决策层曾经试探对中国实施"核外科手术";也正是基于这种判断,苏联最高决策层做出了侵入阿富汗的错误决策。

第六节　苏联对侵入捷克斯洛伐克看法的改变

勃列日涅夫的辩解

10月31日,苏共中央召开全会,通过了《关于苏共中央政治局的对外活动的决议》,赞同和完全拥护苏共中央政治局的活动。最后,苏共中央机关报发表社论,表示捷克斯洛伐克有离开社会主义大家庭的可能,所以苏联等国本着国际主义原则和同盟公约,援助了兄弟的捷克斯洛伐克人民以捍卫其社会主义成果。苏联这样做是完全正确的、及时的,有助于粉碎捷克斯洛伐克的社会主义敌人和国际帝国主义分子的阴谋。[①] 苏联如此辩解虚弱无力,令人感到这种谎言的荒谬。苏联打着国际主义的旗号入侵周边兄弟国家,手段极其恶劣,影响极坏。

1971年,勃列日涅夫在二十四大上对捷克斯洛伐克事件进行了总结。他说:"捷克斯洛伐克事件再次提醒人们:在已走上社会主义建设道路的国家里,仍在某种程度上保留下来的内部反社会主义势力在一定条件下可能活跃起来,甚至可能指望外来的帝国主义的支持而直接采取反革命行动,帝国主义则是随时准备同这些势力结成同盟的。""在这方面就十分清楚地表现出了右倾修正主义的危险性,右倾修正主义在'改善'社会主义的幌子下,竭力阉割马克思列宁主义的革命实质,并且为资产阶级意识形态的渗透扫清道路。""捷克斯洛伐克的事件令人信服地表明,不断加强党在社会主义社会中的领导作用,不断完善党的领导的方式方法,用创造性的马克思列宁主义的态度来解决社会主义发展中的业已成熟的各种问题,这一切是多么重要。""我们当时已经看出,问题不仅在于帝国主义及其帮凶企图推翻捷克斯洛伐克的社会主义制度。问题还在于,企图通过这种办法打击整个欧洲的社会主义阵地,为最富有侵略性的帝国主义势力随后向社会主义世界进攻创造有利条件。""当时,考虑到捷克斯洛伐克党和国家内的社会主义成果已遭到的危险,我们和社会主义兄弟国家一起作出了决定——给捷克斯洛伐克提供国际主义的援助,以保卫社会主

---

① 《真理报》社论:《战斗的纲领》,《真理报》1968年11月3日。

义。在帝国主义势力和反革命势力造成的非常条件下,是我们的阶级义务、对社会主义国际主义的忠诚、对于我们这些国家的利益以及对于欧洲社会主义与和平的命运的关怀,责成我们这样做的。"①

勃列日涅夫主义的出笼

入侵捷克斯洛伐克后苏联遭到全世界的谴责。美国特别担心苏联会马上如法炮制,侵入罗马尼亚。美国发出了强烈的警告。中国对苏联的侵略行径也表示了强烈的谴责。必须为这种行动找到一个理论上的说法,于是,勃列日涅夫就炮制出了所谓的"有限主权论"。1968年11月12日,勃列日涅夫在波兰统一工人党第5次全国人民大会上发表讲话,抛出"有限主权论"。他说:"当社会主义的内外敌对势力试图扭转某个社会主义国家的发展,复辟资本主义制度,当那个社会主义国家事业遭到了危险——这就不再仅仅是那个国家人民的问题,而变成了一个共同的问题——所有社会主义国家关心的问题。"② 勃列日涅夫也承认,提供军事援助来消除对社会主义制度的威胁是一个迫不得已的措施,但必要时也要使用。苏联理论界准确不过地阐述了勃列日涅夫的这个"理论"。如《真理报》在一篇文章中指出:"必须着重指出,如果一个社会主义国家似乎采取了超然立场而又能保持自己的民族独立,这实际上正是因为有强大的社会主义大家庭,首先是有苏联作为它的中心力量的存在,这里也包括它的强大的军事力量。任何削弱社会主义世界体系这种联系的行为都直接影响到所有社会主义国家,它们对此不能漠不关心。"这篇文章还表示:"为了履行他们对兄弟的捷克斯洛伐克人民的国际主义义务和捍卫他们自己的社会主义成果,苏联和其他社会主义国家不得不采取坚决行动。"文章说:"其他社会主义国家帮助捷克斯洛伐克劳动人民,阻止外国对捷输出反革命,这就构成了捷克斯洛伐克社会主义共和国的真正主权。"③ 勃列日涅夫自己也开始阐述这个观点。勃列日涅夫"有限主权论"的核心和实质就是,苏联是社会主义大家庭中的核心,而社会主义大家庭的利益要高于各个社会主义国家自己的利益,为了维护所谓的社会主义国家大家庭的利益可以牺牲各个社会主义国家的利益。由于苏联是这个大家庭的核

---

① 《真理报》1971年3月31日。
② [美]塔德·舒尔茨:《"布拉格之春"前后》,新华出版社1983年版,第654—656页。
③ 《社会主义国家的主权和国际主义义务》,《真理报》1968年9月26日。

心，当然苏联的利益和需要就是其他社会主义国家当然要维护的。实际上就是其他社会主义国家让出部分主权，或者说，其他社会主义国家的主权是有限的，而苏联的权力则是无限的。勃列日涅夫的这个理论受到了南斯拉夫等国的激烈批判，中国也坚决反对这个理论。

戈尔巴乔夫的反思

但是，历史进入 80 年代，苏联对自己的行为进行了反思。戈尔巴乔夫承认当时苏联出兵是错误的。1989 年苏联政府正式发表声明确认了这一点，声明表示："1968 年，当时的苏联领导人在捷克斯洛伐克围绕客观上已成熟的任务的内部争论中接受了一方的立场。为这种不平衡的、不适当的立场和对一个友好国家事务的干涉进行辩解的理由是，当时东西方存在着尖锐对抗"，这是不正确的。声明认为："我们赞成捷克斯洛伐克共产党中央主席团和捷克斯洛伐克政府的观点，即 1968 年五个社会主义国家出兵捷克斯洛伐克是没有理由的，从现在众所周知的全部事实来看，关于出兵的决定是错误的。"[①]

影响

苏联入侵捷克斯洛伐克至少造成了以下几个重大影响：第一，它表明苏联社会主义事业遭到了巨大打击，严重影响了社会主义在国际上的形象。第二，它遏制了东欧国家独立自主地探索建设社会主义道路的进程，无理地掐断了东欧社会主义追求真理、繁荣国家的梦想，为日后的东欧剧变埋下了伏笔。第三，它使苏联的改革进程受到了制约和阻碍，严重影响了苏联自身探索改革的进程，1968 年给苏联高层带来的震撼不亚于 1956 年波兰和匈牙利事件。不仅如此，苏联中央高层得出的结论是，大幅度的改革会导致机体倾斜，会出现倾覆的危险，所以，自 1968 年以后，苏联虽然也提改革，但其改革的力度大大缩减，以至于最后销声匿迹。第四，它使冷战以来的"雅尔塔体系"更加巩固，美国在这个事件上的轻度反应预示着西方国家承认了苏联的"势力范围"，苏联要在其他国际问题上作出让步，"势力范围"的概念深深印在苏美领导人的决策逻辑思维之中。第五，苏联入侵捷克斯洛伐克引起了中国的严重不安，使中国更加清醒地认识到苏联领导人推行的霸权主义政策的本质，也刺激了中国对国际局势作出了更为敏感的分析和判断。

---

① 《真理报》1989 年 12 月 5 日。

第十四章　谋求世界霸权

第一节　苏共二十三大的外交方针

勃列日涅夫时期，苏联外交决策的基点是谋求世界霸权。1968年入侵捷克斯洛伐克，1969年挑起珍宝岛事件，对中国进行武力威慑，70年代与美国在全球范围争霸且愈演愈烈……这与赫鲁晓夫时期苏联外交决策的基调已有很大不同了。赫鲁晓夫时期，虽然也干涉波匈事件，搞反华闹剧，制造古巴导弹危机，但基调毕竟是"戴维营精神"，是缓和。

不过，勃列日涅夫时期苏联外交的进攻态势有一个发展过程，是随着经济、军事实力的增强而逐步构成的。勃列日涅夫在执政前期，对赫鲁晓夫外交政策只是作部分调整，而把赫鲁晓夫外交的基本战略继承下来。这时期的外交部长，仍然是1957年就在其任的葛罗米柯。

苏联新领导人对时局的估计

勃列日涅夫在苏共二十三大上对国际形势作了估计。他表示，苏共二十二大以后时期的特点是，苏联和整个世界社会主义体系的国际影响不断增长；反对殖民主义压迫、争取自己的独立和进步的国家和人民取得新的胜利；资本主义国家中工人阶级的斗争积极起来；国际共产主义运动和工人运动进一步发展。另一方面，在这个时期，资本主义总危机继续加深，资本主义国家之间的矛盾继续增长。帝国主义，首先是美国的帝国主义集团不止一次地采取了厚颜无耻的挑衅行动，直到进行战争冒险。国际局势因而尖锐化了。这就是苏共中央对当时国际形势总的估计。

勃列日涅夫说："苏共中央是根据资本主义世界中发生的进程来进行自己的对外政策活动的。"苏共中央对资本主义世界的判断是，资本主义体系经历着总危机，它的内部矛盾正在加深。苏共中央虽然已经看到了资本主义世界所做出的一系列调整，如采用国家调解经济的办法，加强科技进步，等等，但是，苏共中央的结论是，这些措施不可能"治好"资本主义的"根本缺陷"。勃列日涅夫在报告中承认，一些主要资本主义国家在战后年代的经济增长速度比两次世界大战之间的时期要高。但是，他的结论仍然认为这是暂时的现象，资本主义的"衰退"仍然会替代其"增长"。勃列日涅夫还"清楚地看到"，"资本主义经济潜在破坏力继续在起作用，这种经济不能避免新的动荡"。"对资本主义来说，越来越艰难的时光就要到来。它的注定灭亡是越来越明显的了。"勃列日涅夫提到了帝国主义经济的军国主义化倾向，并将这种倾向与帝国主义总侵略的政策联系到一起。

对美关系仍然是勃列日涅夫关注的焦点。勃列日涅夫在报告中表示要同美国发展关系。他说："我们曾经不止一次地宣称愿意发展我们同美国的关系，而且现在仍然抱着这样的态度。但是，这要求美国停止侵略政策。在侵略和暴力的有毒的土壤上，不会培育出和平合作的好果实。"

关于外交政策的理论问题，勃列日涅夫表示："我们深信，国际共产主义运动关于侵略者可以制服和新的世界战争可以防止的结论仍然有效"，"苏联把不同社会制度国家和平共处看作是社会主义和资本主义之间阶级斗争的形式，同时一贯地主张同资本主义国家保持正常的、和平的关系，主张通过谈判的途径，而不是通过战争的途径解决国与国之间的争端。苏联坚决主张不干涉所有国家的内政，尊重它们的主权和不侵略它们的领土。"但是，勃列日涅夫强调，"在谈到资本主义国家或殖民地的阶级斗争和民族解放斗争的内部进程时，和平共处是不可能的。和平共处原则对压迫者和被压迫者之间、殖民主义者和殖民压迫的牺牲者之间的关系来说是不适用的。""至于同资本主义国家的国家间的关系，我们主张，这种关系不只是和平的，而且包括在经济、科学和文化领域内尽可能广泛的互利的联系。"

欧洲是勃列日涅夫关注的重要地区，而联邦德国问题一直是战后苏联领导核心注视的问题。勃列日涅夫表示："苏联对保障欧洲安全有着切身的利害关系。现在，联邦德国帝国主义是美国在欧洲加剧国际紧张局势方面的主要盟国。联邦德国越来越成为战争危险的策源地，在那里正翻腾着复仇主义的情绪。"①

---

① 以上均是勃列日涅夫在苏共二十三大上的总结报告，《真理报》1966年3月30日。

从苏共二十三大外交政策的基本内容中，我们可以得出结论，即勃列日涅夫上台后一度秉承了赫鲁晓夫的基本外交战略。

葛罗米柯的外交政策备忘录

苏联"三驾马车"政治权力格局形成之后，保持了国内政治稳定的局面。但是，苏联新的领导班子准备对国际局势有一个更明确的构想和比较一贯的政策，抛弃赫鲁晓夫鲁莽外交的痕迹。于是，苏共中央政治局指示苏联外交部提交一份有关国际局势的研究报告。1967年1月13日，葛罗米柯向中央政治局提交了这个报告，并得到中央政治局的批准，成为以后苏联外交政策的基本原则。由此可见，这个研究报告的内容十分重要。

报告表示："近些年的经验表明，与美国实现和平共处是极为复杂的工作。总的看来，国际局势紧张不符合苏联及其盟国的国家利益。社会主义建设和经济发展需要保持和平。在缓和的条件下更易于巩固和提高苏联在世界上的地位。"这表明，苏联对当时国际局势的认识是比较清醒的，不主张国际局势的紧张化和尖锐化。

报告还分析说，肯尼迪和约翰逊外交政策的主要原则是维持世界现状，此外，美国拥护维持现状的势力把其政策同继续进行军备竞赛及准备进行地区性军事冲突结合起来，同时，"美国统治集团不得不承认各种力量目前的相互关系以及社会主义取得的成就"。由此可见，苏联高层认定了美国准备与苏联在世界范围内划分"至关重要的利益范围"和"第三范围"。但是，报告认为，美国的这种"维持世界现状"的观点不符合苏联的"世界革命"意图，"美国政府企图阻止共产主义在全世界进一步传播，当然，这是不可能的"。由此可见，苏联决心向世界推行苏联式的"社会主义"范围，但从另一方面说，这实际上就是大国主义和霸权主义的反应。明确地说，苏联推行"世界革命"的另一面就是大国主义和霸权主义，这就是苏联外交政策"卢布"的正反面。

但是，不管怎样，这份研究报告提出了一个十分关键的问题，即"世界革命"与苏美关系问题。报告表示："如果我们从更加广泛的前景上，而不是从目前由于美国侵略越南引起的两国关系的不利状况考虑苏美关系的话，可以说在目前这个转折时期出现的问题归根到底就是在世界和平的条件下或在世界大战的间歇期间，国家和民族将如何实现从资本主义到社会主义的转变。然而，全球性的核战争是否会爆发，其答案无疑只能取决于苏美关系的发展状况。"从这个总的观点出发，报告提出了三个基本的看法：

一是，"我们必须坚定地继续从政治上和意识形态上抵制中国领导人的冒险性计划，他们寄希望于以苏联为首的社会主义国家同美国之间在 8 至 10 年内必定爆发一场武装冲突。认为美国一心想要进行战争，因此同美国发生战争是不可避免的观点准确地反映了中国人的立场。我们把主要力量集中于国内工作上完全符合列宁关于创造新的、更高水平的劳动生产率将保证社会主义最终战胜资本主义的论断"。（这里表明，苏联特别害怕中国将苏联拖入与美国的军事冲突上去，这种想法实际上是斯大林和赫鲁晓夫一贯观点的延伸和发挥。同时我们回过头来仔细地分析勃列日涅夫执政以来苏联外交政策，就会发现苏联在世界舞台上虽然与美国矛盾重重，但界限确实在于不准备与美国打一场战争，哪怕是一场局部的有限的战争。该报告另一个观点，即"把主要力量集中于国内工作"是很好的观点，这也表明苏联外交部的观察是敏锐的，但遗憾的是，苏联最高决策层没有按照自己确定的方案行事。）

二是，"我们在原则上不排除为维护和平、确保某些重大国际问题得以解决而采取苏美合作行动的可能性，与此同时，我们当然必须避免造成这样的印象，即我们特别重视两个大国的关系，而忽视其他国家的利益。"（这一点是同前一个观点相互联系的，实际上苏联决策层将苏联与美国尽可能的合作放到非常重要的位置。在苏联最高决策层看来，与美国的关系是苏联外交政策最重要的方面，其实这个观点在历来苏联领导人讲话中和党的代表大会上都得到了体现。该报告强调这个观点，只能表明，与美国合作的原则今后还必须遵循。）

三是，在国际舞台上要把意识形态同国家的外交政策分开。报告提出了具体的建议，"我们在与各个西方国家——包括美国——交往的过程中，不应该因为对帝国主义持片面的看法而主动拒绝采取外交策略的可能性。在某些情况下，有必要将共产国际的活动和外交部的活动明确区分开——列宁曾经强调过它们的区别。为了使我们的对美政策更加灵活，更富有成效，正式的对外政治声明和苏联政府采取的行动必须绝对地、更明确地以对外关系的利益为基础。两种制度间的社会和意识形态方面的斗争以及从意识形态的观点对美国和其他西方帝国主义国家的政策所做的批评，绝对应该通过党、公众组织及新闻界来进行，因为它与我们同其他国家的关系无关。"（这实际上是苏联外交部同苏共中央国际部和联络部相互矛盾存在的一种反应。不仅如此,这个建议的提出是明智的和现实的,即社会制度间的和意识形态之间的斗争、分歧主要通过党的渠道进行,而国家间的利益和调解通过正常的外交渠道去解决。这主要是避免外交上的被动和争取外交上的灵活。)

报告的另一些观点也值得注意:

△为社会主义国家的团结而斗争是抗击美国分裂社会主义社会行为的主要手段。

△为了实现削弱美国在西欧地位的目的,应该不断地坚持欧洲问题只能"由欧洲人来解决"的原则。必须坚持倡导欧洲能够而且必定会保证其自身的安全并加强东西欧之间相互信任关系的思想。

△在古巴问题上,苏联主要的和长期的任务仍然是对古巴提供经济和政治援助,并且还要加强它的防御能力。

△关于民族解放运动,要有重点地发展如埃及、马里、缅甸、刚果、坦桑尼亚这样走上非资本主义发展道路最进步的国家,及其对苏联具有战略意义的国家的经济合作,如阿富汗、土耳其、巴基斯坦和伊朗等。

△关于中东局势,苏联应该一方面支持阿拉伯国家反对以色列扩张政策的斗争;另一方面灵活地控制某些阿拉伯国家(叙利亚)的极端主义政策倾向,使之确立加强国内力量的政策方向。

△在裁军问题上,苏联要采取积极立场,要达成一项核不扩散协议,防止联邦德国和其他非核国家走上发展核武器的道路,为此可以与美国合作和对话。同时向美国施加政治压力,迫使美国将军队从国外基地中撤走并削减军费开支。

△关于影响美国政治力量联盟的可能性问题,苏联应该采取一切办法分化美国政界的温和派和强硬派,为了防止帝国主义侵略势力今后发动世界核战争,要孤立"主战派"。[①]

苏联外交部的这份外交政策备忘录具有很高的政策价值,它成为一段时间苏联外交政策的基石。同时,这也表明葛罗米柯在制定对外政策方面影响越来越大。多勃雷宁评价说,葛罗米柯对勃列日涅夫的影响总的看来是积极的,他制定的政策总是具有连续性和预见性,他的外交政策风格与勃列日涅夫的比较合拍,都主张稳健的,而不是大幅度倾斜的政策。基辛

---

① 参见多勃雷宁回忆录《信赖》附录,第724—727页。

格曾经评价葛罗米柯为"一部固执地开往目的地的沉重的压路机"①。

第二节 对美侵越的基本政策

站在越南一边

60年代中期勃列日涅夫上台后遇到的最大的外交问题就是美国入侵印度支那。如何对这个重大的外交问题做出反应？苏联应该实施什么样的外交政策？自从美国入侵越南伊始，苏联中央决策层就采取了明确的立场和态度，支持越南的抗美斗争。苏联中央决策层决定向越南提供最现代化的武器以及弹药和物资设备。同时，苏联中央领导核心决定派苏联专家去越南帮助训练越南军人，培训越南军队掌握苏联新式武器。苏联中央决策层还同意接受越南军官到苏联进行培训。"以苏共中央和苏联政府为一方，同以越南劳动党中央和越南民主共和国政府为另一方，双方之间经常进行接触，经常举行最高级别的会晤。双方在会晤时互相交换国内和国际生活问题的情报，研究苏联对战斗中越南的援助问题，商定政治方面的共同步调。""苏共中央及苏联部长会议不止一次会见越南领导人。勃列日涅夫多次参加了这样的会见。就越南局势和反击侵略的有效手段交换意见，制订了全面援助越南的协定。"②

这表明，苏联最高决策层不失时机地利用美国发动的错误战争，采取主动的外交态势，向美国发起外交攻势。但是，苏共中央决策层表示，苏联与美国的关系是第一位的，而越南问题并不涉及苏联国家的根本利益。这样，苏联最高决策层就在对待越南问题上面临一个难解的矛盾，一方面苏联以社会主义"代言人"和"维护者"的形象出现，这就要求支持越南的抗美斗争；另一方面，苏联支持越南的抗美斗争必然影响到苏美关系，并在一定程度上损害苏联的国家利益。勃列日涅夫曾经明确表示，苏联不想"陷入越南这片沼泽中"。

后来苏联对越南问题有了新的看法，这表明苏联积极深入越南事务，是有战略性考虑的：一方面，通过越南，苏联可以插手南亚和东南亚事

---

① 多勃雷宁回忆录：《信赖》，第149页。
② [苏联]葛罗米柯：《苏联对外政策史（1945—1980）》下卷，中国人民大学出版社1989年版，第437页。

务；另一方面还可对中国形成潜在的战略包围圈。正是从这几个战略意图上考虑，苏联积极介入越南抗美斗争，施加影响。

柯西金访问越南

越南战争正在进行。勃列日涅夫感到苏联领导人应该到越南去访问，表明苏联对越南的支持。苏联中央领导核心对这个问题进行了多次商谈。多数领导认为，苏联应该派高级领导人访问越南，因为自从苏联新领导班子上任后还没有最高级领导人访问这个国家。但是，勃列日涅夫感到让苏联政府首脑访问越南最合适。这个建议得到了其他中央领导人支持。于是，柯西金开始着手准备访问越南。

1965年2月初，柯西金率苏联政府高级代表团访问越南。柯西金发表了精心准备的政府声明。在该声明中他表示，遵照社会主义国际原则，它不能对社会主义兄弟国家的安全漠不关心，因而给予越南必要的援助和支持。[①] 为配合柯西金访问越南，苏联政府发表声明，向美国发出威胁，苏联将不得不与盟国一起，采取保护越南安全和加强其国防力量的措施，苏联将履行其对兄弟社会主义国家的国际职责。[②] 苏联政府还表示："苏联过去和现在始终不渝地主张同美国建立正常关系，主张改善两国关系。但是，发展关系是一个相互的过程，这里可是含糊不得的。这个过程同政策中的侵略表现不相容，因为这种侵略行为一笔勾销了为改善苏美关系而采取的这些或那些步骤。"[③] 从这些言论中可以清楚地看出，苏联对美国施加了强大的政治压力，并将苏美关系恶化归结为美国入侵越南。但是，就在柯西金在河内访问之际，越南军队袭击了美国军队的一个基地，美国总统约翰逊下令对北越实施有规律的轰炸。这使柯西金陷入十分尴尬境地。

1965年4月，越南劳动党中央第一书记黎笋率领越南党政高级代表团访苏。勃列日涅夫等同黎笋进行了会谈。黎笋向勃列日涅夫提出苏联援助越南的具体方式和数量，其中包括武器。此后，越南领导人像走马灯一样访苏；苏联中央决策层向越南领导人提出建议，讨论和决定在越南反击美国斗争中的策略和战略，协调苏联和越南在停止战争上的外交立场和步骤。

---

① 《真理报》1965年2月11日。
② 《真理报》1965年2月9日。
③ 《苏联对外政策和国际关系文件集（1964—1965年）》，莫斯科1966年版，第120页。

二十三大上抨击美国侵犯越南

苏联当然不能不利用党的代表大会来谴责美国，支持越南。在党的二十三大上，勃列日涅夫在总结报告中谴责了美国对越南的侵略，"美国对越南的侵略使它自己蒙受了永远无法洗刷的耻辱"。勃列日涅夫要求美国停止对越南的侵略，撤出一切美国军队。"由于美国侵略越南和美帝国主义的其他侵略行动，我们同美国的关系恶化了。而这是美国统治集团的过错。"① 这次代表大会还专门通过了《关于美国侵略越南的声明》。声明指出，苏共二十三大表达苏联共产党员、全体苏联人民的意志和感情，愤怒地谴责美国对兄弟的越南人民的野蛮侵略。"代表大会坚决声明：侵略者把反对越南人民的可耻战争'逐步升级'的时候，将会看到苏联和其他社会主义朋友与兄弟们对越南的日益加强的支持。越南人民将成为自己整个土地上的主人。无论是谁永远不能扑灭越南民主共和国高举的社会主义火炬。"声明还要求美国立即停止侵略越南的战争。②

1967年1月13日，在葛罗米柯向苏共中央政治局提交的外交政策备忘录（经政治局批准）中表示，"至于美国入侵越南及其对双边关系产生的影响，我们应该继续向越南民主共和国提供全面的援助，但却不要直接卷入战争。我们必须使美国人认识到，对越南民主共和国采取进一步升级的军事行动将迫使苏联向这个国家提供更大规模的援助，摆脱目前这种状况的唯一出路是在尊重越南人民合法权利的基础上达成一项政治解决问题的方案。因此，结束越南冲突无疑会对苏美关系产生积极的影响，并会为解决某些国际问题提供新的可能性。"报告还表示："我们不应该回避就我们的利益问题与美国达成协议，如果这样的协议同我们关于越南问题的原则立场并不矛盾的话。不用说，我们应该避免不得不在两条战线上作战的局面，即一方面反对中国，另一方面反对美国。将苏美关系维持在一定的水平上将是有助于我们取得这一目标的因素之一。"③

后来，苏联还反对美国对老挝和柬埔寨的侵略。苏联利用美国陷入越南战场之际采取各种手段，在国际舞台上打击美国、揭露美国，在外交上取得了主动。

---

① 勃列日涅夫在苏共二十三大上的总结报告，《真理报》1966年3月30日。
② 《苏联共产党第二十三次代表大会·速记记录》第2卷，莫斯科1966年版，第290页。
③ 多勃雷宁回忆录：《信赖》附录，第726页。

第三节　介入中东事务

美国在中东地区具有自己的战略意图和一系列的策略构想。勃列日涅夫时期，苏联对中东问题的关注程度越来越大。

以色列是中东一个富有挑战性的国家。1967年以色列又一次向阿拉伯国家开战，试图在被夺取的阿拉伯国家土地上建立一个大犹太国。苏联中央高层迅速对中东事态做出了反应。苏联政府在战争开始后立即发表声明，要求以色列"立即和无条件停止对阿拉伯联合共和国、叙利亚、约旦和其他阿拉伯国家的战争行动，把它们的军队撤到停火线后面"[①]。苏联中央领导核心的对策是，必须制止以色列的侵略行动，要让阿拉伯国家感到苏联是站在他们一边的。所以，苏联中央高层迅速同阿拉伯国家领导人取得了直接的联系，并提出苏联要在联合国安理会上施加压力，通过停火协议。与此同时，苏联政府向阿拉伯国家提供了包括军事在内的一系列帮助，安排阿拉伯国家的防务。勃列日涅夫向中央政治局提出建议，让波德戈尔内以苏联最高苏维埃主席团主席的身份访问阿拉伯联合共和国、叙利亚和伊拉克。中央政治局接受了这个建议。

中东问题成为苏联中央决策层关注的国际焦点问题。1967年6月20日，召开了苏共中央全会。会议议程主要有两个：一个是关于苏联对以色列在近东侵略的政策；另一个是讨论十月革命50周年提纲。由此可见，苏共中央对中东问题是多么重视。勃列日涅夫在会上作了题为《关于苏联对以色列在近东侵略政策》的报告。乌克兰党中央第一书记谢列斯特、哈萨克斯坦党中央第一书记库纳耶夫、全苏工会中央理事会主席格里申、莫斯科市委第一书记叶戈雷契夫等在全会上发言。最后，中央全会通过了《关于苏联对以色列在近东侵略政策》的决议。决议表示：**"完全赞同中央政治局旨在制止以色列侵略，支持遭到进攻的阿联、叙利亚和其他阿拉伯国家，为了普遍和平的事业而防止侵略的危险后果所执行的政治路线和实际活动。"** 苏共中央将矛头指向美国，认为："以色列的侵略，这是国际帝国主义最反动的势力，首先是美国阴谋活动的结果，这个阴谋的目的是反对民族解放运动的一支队伍，反对为了劳动人民的利益走上进步的社

[①]　《真理报》1967年6月6日。

会经济改造的道路并执行反帝政策的先进阿拉伯国家。"决议强调，苏联政府和人民站在阿拉伯国家一边，"中央全会表达苏联共产党员、全体苏联人民的意志，坚决谴责以色列的侵略，并声明自己对阿联、叙利亚、阿尔及利亚和其他阿拉伯国家的声援。"全会指出，苏联和其他社会主义国家迅速、果断和共同的行动，在停止近东军事行动方面起了重要的作用。我们党和苏联政府的立场、它们就近东事态采取的实际措施受到全体苏联人民的完全拥护。苏共中央全会提出的任务是，不让侵略者利用其背信弃义行动造成的结果，力争立即无条件地把干涉者的军队从他们占领的领土上撤至停战线的后面，并且赔偿侵略者给阿联、叙利亚和约旦带来的损失。①

苏联中央领导核心打算利用联合国这个阵地来打击以色列和美国。根据苏联提出的建议，联合国大会召开了紧急特别会议。1967年6月19日，苏联部长会议主席柯西金利用这个讲坛谴责了以色列和美国。他说："苏联忠于各国人民和平、自由和独立的理想，将在联合国国内外采取一切可能的措施，以争取消除侵略的后果并协助安排这一地区的持久和平。"② 但是，美国控制联合国紧急特别大会，致使苏联关于谴责以色列的决议未获通过。但是，苏联政府成功地使联合国安理会于1967年11月22日通过了这样一个决议，规定：以色列军队撤出所占领的阿拉伯领土；结束战争状态；尊重、承认周边国家的主权、领土完整和政治独立；等等。这个决议对解决中东地区的危机起到了重要作用。为执行联合国安理会的决议，联合国秘书长吴丹指派瑞典驻苏联大使雅林为特使，负责解决中东危机。苏联政府支持雅林的工作，在外交上和政治上予以配合。阿联外长提出实现联合国安理会决议的日程计划后，苏联政府表示支持。但是，雅林并没有完成自己的使命，因为美国和以色列干扰这个工作。不过，苏联中央高层竭力谴责美国，将自己塑造为阿拉伯国家的朋友的意图达到了。

但是，达到一个目的必然要失去另一个目的。中东"六日战争"给苏联中东政策提出了十分尖锐的挑战：埃及、叙利亚和约旦的失败，使苏联作为其保护国的形象受到了损害；另一方面，由于苏联对以色列态度极其强硬，丧失了短时期内恢复关系的可能性。后来，勃列日涅夫意识到了这一点，他准备采取措施，缓和与以色列的关系。他向苏共中央政治局提

---

① 《真理报》1967年6月22日。
② 柯西金：《向着伟大的目标（讲演论文选集）》第1卷，俄文版，第465页。

出了这个想法，但没有得到支持，葛罗米柯和苏斯洛夫都反对勃列日涅夫的这个建议。

第四节　与美国第一阶段限制战略武器会谈

谁是苏美外交舞台上的主角

苏联"三驾马车"权力体制的出现，使苏联外交政策的制定人和执行者角色问题突出了。谁代表苏联与美国进行谈判？这个问题既简单又复杂，因为这涉及谁在克里姆林宫制定外交政策。应该说，赫鲁晓夫下台以后，苏共中央政治局集体制定外交政策，谁也没有足够的权力独自制定外交政策，但总需要有人来代表苏联与世界打交道。在这个角色的竞争中，柯西金首先取得了优势。柯西金代表苏联访问了许多国家，签署了许多协定。1967年6月，柯西金参加联合国会议，尔后又同美国总统约翰逊进行苏美首脑高级会晤，这就是葛拉斯堡罗最高级会谈。约翰逊与柯西金的这次会晤是苏联新领导班子掌权以来苏美首脑首次会晤，双方讨论了双边关系、越南问题、中东问题以及其他若干问题。但是，这次会晤不是苏方主动提出的，也不是柯西金主动为了出风头搞出来的，而是美国的热情很高。这就决定了柯西金不会与约翰逊总统达成什么具体决议，因为许多问题柯西金没有得到政治局的授权不能发表明确的意见，这就极大地局限了这次会谈的质量。不过会谈本身还是比较顺利的。葛拉斯堡罗最高级会晤是苏共中央总书记没有出席的唯一一次苏美最高级会晤。

柯西金与约翰逊最高级领导人的接触，使两国关系不断加深。苏联表示支持约翰逊总统的竞选，并为约翰逊总统摆脱越南危机做了许多努力。但是，约翰逊总统受到越南问题的巨大压力不得不宣布退出竞选，副总统汉弗莱参加竞选。苏联十分担心尼克松竞选成功，所以竭力支持汉弗莱竞选，苏共中央政治局曾经秘密讨论并通过决议，准备秘密对汉弗莱实施财政资助。葛罗米柯发来密电要多勃雷宁同汉弗莱接触，暗示此事，结果被婉言谢绝。这是苏联中央决策层第一次准备通过秘密捐款方式积极介入美国内部事务的尝试，不过也是最后一次。

1968年尼克松入主白宫，引起了莫斯科最高决策层的严重忧虑。在勃列日涅夫等人看来，尼克松是极端的反苏和反共分子，他的上台对苏美关系不会有所建树。但是，勃列日涅夫等人逐渐地改变了看法。勃列日涅夫当政时间越长就越发现，美国有一个非常奇特的现象，那就是在台下这个人辱骂苏联最凶，然而一旦上台就改变了态度，对苏联采取了对话姿态。而且，美国地方官员对苏联的攻击完全与达到自己的国内政治目的有关，而与自己的政治态度关系不大。在尼克松执政期间，苏美秘密渠道的作用发挥得淋漓尽致。尼克松和基辛格热衷于这种秘密外交的方式，当然，这种方式也避免了许多不必要的摩擦和干扰。尼克松执政期间，美国的外交政策机制出现了很不正常的局面，主持外交事务的国务卿罗杰斯没有实权，而尼克松的国家安全事务助理基辛格的权力很大，可以说当时美国外交政策的基本构架出自基辛格之手。

当时，苏联对美政策的基本考虑就是，让美国总统意识到，实行与苏联对抗的政策是没有好处的，同时暗示尼克松，苏联准备与之进行对话并发展双边关系。1970年4月6日，葛罗米柯向中央政治局提交了外交政策备忘录，明确地反映了这种观点。1970年底，葛罗米柯和安德罗波夫联合向苏共中央政治局提交了一份外交政策备忘录，他们对尼克松两年来的苏美关系作了总结，认为尼克松原有的政治观点没有多大改变，苏美的对抗局面还要持续一段历史时间。他们表示，必须让美国考虑到苏联的利益。他们提出，必须使美国统治集团认识到同苏联进行直接对抗是没有前途的，避免这种对抗才"符合美国最大的国家利益"，为此必须保持苏联的军事实力。同时他们还强调了苏联必须与美国实行和平共处的方针，不排除与美国达成符合苏联利益的协议的必要性。[①] 苏共中央政治局批准了这个备忘录，并决定积极地与尼克松总统发展关系。苏共最高决策层分析认为，尼克松在争取连任的征途中需要改善苏美关系，在这个前提下举行苏美首脑会谈是可能的。当时，勃列日涅夫的地位逐渐稳固，他与柯西金的较量告一段落，取得了优势，完全可以与尼克松举行最高级会晤。

苏美会谈

1969年11月至1972年5月，苏美举行了关于限制战略武器的会谈，这是苏美军备控制中的一次非常重要的谈判。从谈判的情况来看，美国实际上正式承认了苏联与自己的战略均势地位，双方都在谋求均势状态下的竞争与调整问题。苏联对这次谈判十分重视，因为从赫鲁晓夫开始，苏联中央高层就谋求赶上美国的军事水平，打破美国的军事领先地位。到60

---

① 多勃雷宁回忆录：《信赖》，第240页。

年代末期，苏联基本上达到了这个目的，取得了与美国大致上的战略均衡地位。但是，苏联也感到了极大的经济方面的压力，核竞争使苏联的经济投入越来越大，1969年苏联投入核武器方面的费用达250亿美元，而当时苏联的国民生产总值才3000亿美元。所以，勃列日涅夫感到苏联在达到与美国大致上的战略均衡之后，必须遏制下一轮的军备竞赛，维持现有的大致均势。所以，苏联当局对限制战略武器会谈抱有非常积极的态度。苏联的这个意图在苏共二十四大上得到了阐述。勃列日涅夫在报告中表示："我们正在就有关限制战略武器问题同美国进行谈判。这项谈判如能得到圆满结果，就能避免又一个回合的火箭武器竞赛，就能腾出大量资金用于建设性的目的。我们正在努力使这项谈判取得积极的成果。然而我想强调指出，如果只要在同等地考虑到各方安全的利益并且任何人都不追求单方优势的话，那么，一般来说，裁军谈判，尤其是那种讨论极其微妙的军事技术方面的谈判是会有成效的。为停止核武器以及常规武器的军备竞赛和争取裁军——直至全面彻底裁军而斗争，今后仍然是苏共、苏维埃国家对外活动的一个重要方针。"① 另一方面，由于苏联入侵捷克斯洛伐克等问题，引起了全世界的谴责，所以，苏联中央高层准备通过会谈，改善苏美关系，改变国际形象。

对中美关系改善的关注

到1971年，尼克松向苏联最高决策层发出了举行最高级会晤的信息。苏共中央政治局讨论了尼克松的建议。柯西金表示可以同尼克松举行会谈，一些政治局委员也表示同意。但葛罗米柯提出了不同看法，他提出，苏联要利用尼克松急于举行最高级会谈的心理，首先解决西柏林问题。葛罗米柯的观点得到了大多数政治局委员的支持。勃列日涅夫在比较权威的发言中也表示同尼克松会谈的问题可以放一放，这里涉及越南问题，也涉及美国总统大选问题。但勃列日涅夫并没有把同尼克松会谈的大门关上，他认为，举行苏美首脑会谈是必要的，只是要找一个恰当的时机。

不过，美国外交政策出现了新的举措，1971年7月9日至11日，基辛格访问了中国，这引起了苏联中央决策层的严重不安。对他们来说，美国与中国发展关系是不利于苏联战略利益的。勃列日涅夫马上派苏联驻美国大使多勃雷宁同基辛格会谈。基辛格表示，他在同中国领导人会谈中几

---

① 勃列日涅夫在苏共二十四大上的总结报告，1971年3月30日。

乎没有涉及苏联问题，他甚至感到中国最担心的实际上不是苏联，而是日本。①

就在这种情况下，勃列日涅夫改变了态度，他准备打破苏联领导人中间谁是外交政策最终决策者的僵局。在这方面，葛罗米柯竭力帮助勃列日涅夫进入外交的决策者当中来。他给苏联大使们下达了特别指示，并且指示多勃雷宁同基辛格私下会谈，向美国人解释苏联政治权力结构的情况，希望美国总统的信件以后不是转交给政府总理，而是转交给勃列日涅夫。于是，基辛格第一次向勃列日涅夫递交了私人信件。②

尼克松在这封信里表示，美国理解苏联在东欧的特殊利益，信里解释了美国对华政策，同时还阐述了美国在限制战略武器、西柏林问题、中东问题和东南亚问题上的基本看法。但这些看法与勃列日涅夫的观点相距甚远。苏联没有对尼克松的一系列建议做出必要的及时的反应。这是因为，苏联的外交决策机制与美国有很大不同，苏联最高决策层是中央政治局，无论勃列日涅夫还是葛罗米柯，都不能独自决定外交政策，都要经过中央政治局委员们的讨论。这样，苏联外交政策的制定程序就比较复杂，也很难达到应有的战略高度和预见性。葛罗米柯为了使自己的建议最大限度地得到通过，必须考虑到其他政治局委员的认可程度和认识能力。实际上，在政治局中多数委员们对国际局势和外交政策不太了解，每个政治局委员都有自己的分工。但是不分管国际事务的政治局委员也同样具有外交事务上的发言权。不过，一般地说，如果葛罗米柯提交的报告没有太大的"痕迹"（诸如对西方让步过多，意识形态上"不鲜明"等问题），中央政治局委员比较容易地通过外交政策方面的决议，尤其是后来勃列日涅夫的地位越来越稳固，其外交发言权也就越来越大，而勃列日涅夫特别倾听葛罗米柯的种种建议，所以，外交大权基本上掌握在勃列日涅夫—葛罗米柯手中。

1972年初，尼克松总统成功地访问了中国，又使苏联最高决策层感到了强烈的震动。苏联一直担心美国会打"中国牌"，而且在苏联看来，中国比美国更加危险，更没有把握。尼克松访华奠定了国际关系格局中的"三角"外交模式，这无疑提高了中国的外交地位和作用。关于中美外交

---

① 多勃雷宁回忆录：《信赖》，第262页。
② 多勃雷宁回忆录：《信赖》，第262页。

的突破，多勃雷宁评论说："然而，尼克松访华是中美关系史上的一个重大突破。它对华盛顿和莫斯科的交往产生了重大的影响。它们不再把自己当成是激烈竞争中的天平两端仅有的两只有分量的砝码。第三股力量已经加入到均势之中。它不仅对另外两股力量发出了挑战，而且为它们实施更为灵活的外交策略提供了机会。中国当然也非常愿意参加这场游戏。尼克松访华回来后私下里对国会领导人说，他认为中国领导人受两种因素的驱动：第一，他们急于使中国跻身世界强国的行列；第二，他们同苏联的关系不太好。"①

苏美关系在尝试着突破。限制战略核武器的谈判还在继续。没有必要叙述这次谈判的细节，这是十分烦琐的过程，是两个超级大国讨价还价的过程。但必须指出的是，苏联中央高层在谈判中加入了反中国的内容。在第一轮谈判中，苏联代表团团长谢苗诺夫就提出了反对中国的内容。他向美方提出建议，共同对付拥有核武器的第三国的所谓"挑衅"行为。随后，在第二次会谈中苏方又一次提出了这个问题。谢苗诺夫向美方首席代表史密斯提出建议，其具体内容是苏美有必要研究和讨论第三国使用核武器进行挑衅进攻的问题，并谋求达成一项对付这种"挑衅"的协议。1970年7月7日，谢苗诺夫奉中央之命，向美国提交了一份文件，建议美国与苏联签署一份共同报复任何进行挑衅核攻击国家的双边协议。苏联提出如果遇到第三国准备进行核挑衅，则苏美应保持联系；若第三国实施核攻击，则双方应该进行报复。但是，当时美国正在谋求与中国改善关系，拒绝了苏联提出的这个建议。

如何对待尼克松访苏

这次谈判的具体成果是1972年双方达成了一揽子协议，其中包括限制战略反弹道导弹系统条约、关于限制进攻性战略武器的临时协定以及临时协定议定书。原定尼克松5月访苏，签署协定。但是，就在这时出现了特殊情况，美国在越南的军事行动使苏美最高级会谈蒙上一层厚厚的阴影。随着尼克松访苏日期的日益临近，美国轰炸越南的力度也越来越加强。勃列日涅夫焦急地注视着事态的发展。他多次给尼克松写信，警告美国方面要减少对越南的轰炸，否则会影响苏美会谈。实际上这也是越南打出的一张牌，越南的意图是乘尼克松访苏之机对美国进行反击，刺激美国

---

① 多勃雷宁回忆录：《信赖》，第277页。

在越南动手，取得军事上和外交上的好处。越南方面明确表示，美国应该直接同越南谈判，而不是与莫斯科方面谈论越南问题。其实，越南的立场是正确的。1972年5月6日，勃列日涅夫又给尼克松写信，警告美国在越南要保持克制态度。但基辛格表示，美国只能根据军事和政治形势的需要在越南采取行动。尼克松没有理会勃列日涅夫的信函，5月8日，尼克松在全国发表了电视讲话，明确宣布美国将在越南采取大规模的军事行动，并准备切断北越的武器援助。尼克松明确表示，苏联及其他国家在支持越南，提供了军事援助。同时，他表示美国愿意同苏联保持密切关系，呼吁苏联要将苏美关系要放到苏联和北越关系之上。

情况越来越复杂，苏共中央政治局陷入非常被动的局面，一方面苏联希望与尼克松会谈；另一方面尼克松不断地对北越采取大规模的军事行动。勃列日涅夫是倾向于同尼克松会谈的，但是中央政治局委员中出现了不同的声音。苏联最高苏维埃主席团主席波德戈尔内、国防部部长格列奇科元帅和乌克兰党中央第一书记谢列斯特反对在这种情况下邀请美国总统访苏。柯西金和葛罗米柯赞同尼克松如时访苏，而苏斯洛夫举棋不定，这实际上是一个反常现象。苏美会谈危在旦夕。尼克松收到了勃列日涅夫的信函。信函充满了指责之词："总统先生，在这个苏美关系和整个世界格局都非常紧张的时刻，我和我的同事们期望美国方面尽其所能避免对我们两国关系的现在和未来造成不可弥补的损害。"① 勃列日涅夫没有提到即将举行的苏美首脑会谈问题。

尼克松没有让步；苏共中央政治局又谈论这个问题。在分析越南态度问题上，政治局委员出现了相对集中的意见。他们认为，越南实际上是在利用苏联。恰恰在这个时候与美国较劲，就是要把苏联与美国的关系置于非常紧张的框架之内。有些政治局委员认为，越南不向苏联提供必要的、战略性的信息，苏联从美国得到的信息要比在越南得到的多。苏联没有必要为越南而牺牲苏美关系，没有必要让河内来否决苏美首脑会谈，这样做不符合苏联的国家利益。与此同时，葛罗米柯又找到了另一个充足的理由，即苏联同联邦德国达成了一些协议，取消尼克松访苏会影响到苏联与联邦德国的关系。葛罗米柯还在政治局会议上表示，取消尼克松访苏会使苏美关系在相当长一段时间内陷入紧张状态，不利于已经初步达成协议的

---

① 多勃雷宁回忆录：《信赖》，第285页。

限制核武器谈判，会促使新一轮军备竞赛出现。这个问题太重要了，勃列日涅夫建议将这个问题提交中央全会解决。中央全会决定按期接待尼克松访苏。这表明，中央全会在考虑尼克松问题时将国家利益放到了意识形态之上。苏联中央决策层做出这样的决策，就连美国的基辛格和尼克松都感到意外，按照苏联的一般惯例，这次苏美首脑会谈在这种背景下至少要推迟举行。

尼克松终于如期访苏，时间为5月22日至6月1日。苏联领导层进行了分工，勃列日涅夫作为总书记同尼克松就军事和政治问题举行谈判；柯西金同尼克松谈论经济问题；葛罗米柯协助他们进行谈判。在进行政治谈判时，勃列日涅夫直接向尼克松提出了中国问题，他表示，中国领导层试图在国际关系中挑拨离间，利用苏联同美国以及同其他国家之间的矛盾。[①] 勃列日涅夫和尼克松在莫斯科共同签署了一些条约和议定书。这样美国就将苏联当作了一个平等的战略均势对手，承认了苏联与美国的战略均势地位。这些条约的签署实际上为两国的军备竞赛制定了游戏规则和竞争框架。苏联在战略上取得了与美国平起平坐的地位，成为世界公认的两个超级大国之一。苏联将自己的国际影响推到了顶峰。70年代的缓和局面的出现不是偶然的，归纳起来，实际上是苏联主动调整了对外政策。勃列日涅夫担任党的总书记之后，经过几年的探索和观察，对国际局势有了基本的判断，所以越来越多地介入外交政策之中。勃列日涅夫的外交政策观念中具有以下几个方面的构想：

△继承了赫鲁晓夫战争是可以避免的观点，认为核战争是完全不能接受的；

△争取缓和，减少军费开支，立足于国内事务；

△改善苏美关系，促使欧洲问题得到解决；

△阻止美国与中国接近，孤立中国；

△改善苏美关系会使勃列日涅夫国内的政治地位更加巩固。

应该说，这些内容还谈不上系统的外交战略构想，但其目标是明确的，这是70年代苏联所要追求的外交政策的基本目标。到70年代末，总结一下苏联外交政策的这些基本目标的实现情况就可以看出，勃列日涅夫的外交政策目标许多都没有得到实现。但总的说来，由于越南战争的结

---

① 多勃雷宁回忆录：《信赖》，第293页。

束,苏美关系出现了缓和的大趋势。1973年6月,勃列日涅夫回访了美国。正是在这次访问期间,勃列日涅夫喝醉了,向尼克松讲起了苏共中央政治局的事情,发泄了对波德戈尔内和柯西金的不满。1974年6月,就在尼克松国内处境十分不妙之时,勃列日涅夫又一次在莫斯科接待了他,举行了最高级的首脑会谈。

历史有许多看起来似乎是无法理解又非常容易理解的事情。当尼克松竞选总统成功之时,曾几何时,克里姆林宫的领导人忧心忡忡,对尼克松没有好感,认为此人是一个超级反苏分子。但自尼克松带着轰炸越南的"礼物"来会见苏联领导人时,勃列日涅夫对尼克松却减少了偏见,认为尼克松是一个易于打交道的政治家。随后,勃列日涅夫访美又与尼克松进一步结下了友谊。勃列日涅夫对尼克松的好感不仅仅是因为尼克松送给了勃列日涅夫凯迪拉克汽车,而是因为他感到与尼克松合作可以实现苏美主宰世界的野心。最后,事情却发展到了这样的程度,在尼克松"水门事件"发生之后和去职之后,勃列日涅夫连续发去安慰信。

第五节 苏共二十四大对国际局势的看法

对资本主义的基本看法

在1971年苏共二十四大上,勃列日涅夫对国际局势进行了全面的阐述。当然,他阐述的并不是个人的观点,而是苏共中央的基本看法。勃列日涅夫表示:"当代资本主义的特征,在很大程度上是由它正在适应世界上的新形势这一点所决定的。资本主义国家的统治集团在同社会主义对抗的情况下,比任何时候都更加惧怕阶级斗争发展成为群众性的革命运动。因而资产阶级力图采用更加隐蔽的方式来剥削和压迫劳动人民,在一些情况下并愿意实行局部的改革,以便尽可能地把群众束缚在自己的思想和政治控制之下。垄断集团广泛利用科学技术进步成就来加强其阵地、提高生产的效率和发展速度、加强对劳动人民的剥削和压迫。"勃列日涅夫话题一转,强调:"但是,适应新的条件,并不意味着资本主义作为一个体系的稳定。**资本主义的总危机在继续加深**。甚至一些最发达的资本主义国家也摆脱不了严重的经济动荡。例如,美国将近两年来就是不能摆脱当前这次经济危机。"① 勃列日涅夫的这种表达方式，一方面表明苏共中央注意到了资本主义世界利用科技进步所取得的成效；另一方面又不能正视这种科技进步给资本主义世界会带来巨大的变化。

对苏美关系的评价

在二十四大上，苏共中央当然不会忽视苏美关系问题。在苏共最高决策层看来，苏美关系是最重要的关系。勃列日涅夫对苏美关系的论述如下："苏美关系的改善，将符合苏联人民和美国人民的利益，符合巩固和平的利益。但是，我们不能忽视美国在世界各地的侵略行动。最近美国政府在一系列国际问题上，其中包括在涉及苏联利益的那些问题上的立场更加强硬了。在美国对外政策中频繁出现的曲折，也使得同美国打交道复杂化了，看来，这种曲折也是与某些权宜的国内政策手腕有关的。我们的出发点是，苏美两国之间关系的改善是可能的。我们对资本主义国家，其中包括美国的原则性方针是，在实践中始终不渝地完全地实行和平共处原则，发展互利的联系，而同那些愿意在加强和平方面进行合作的国家进行这种合作，并使同它们的相互关系具有最大程度的稳定性。但是，我们不能不考虑，我们与之打交道者，是真正愿意在谈判桌上解决问题，还是企图推行'实力地位'政策。"② 勃列日涅夫表示："我们郑重宣布：我们无论对谁都没有领土要求，我们不威胁任何人，也不打算进攻任何人，我们主张各国人民自由和独立地发展。但是，谁也不要试图用最后通牒和武力的语言同我们谈话。"③

"和平纲领"出台

在苏共二十四大上最引人注目的是，苏共中央搞出了一个新的外交名堂，这就是勃列日涅夫提出的一项"和平纲领"，具体内容是：

△消除东南亚和近东的战争策源地，立即给予任何侵略行动和国际上的专横行为以坚决的回击；

△把不使用武力和不以武力相威胁变为国际生活的准则，缔结相应的双边条约和地区性条约；

△最终承认第二次世界大战所造成的欧洲领土的变化，在这个大陆上

---

① 《真理报》1971年3月31日。
② 《真理报》1971年3月31日。
③ 《真理报》1971年3月31日。

实现导致缓和与和平的根本转变，召开并胜利举行全欧会议；

△保障欧洲的集体安全，为此目的取消北大西洋联盟和华沙条约，或者第一步先撤销它们的军事组织；

△禁止核武器、化学武器和细菌武器，普遍停止核武器试验，在世界各个地区建立无核区，裁减各国的核军备；

△积极开展停止一切形式军备竞赛的斗争；

△废除外国军事基地，在军事对峙特别是危险的地区，首先是在中欧，裁减武装力量和军备；

△削减军费支出，首先是各大国的军费支出；

△彻底消灭残存的殖民制度，普遍谴责和抵制任何种族主义和种族隔离的表现；

△在各个领域内加深同各国的互利合作关系，只要它们也愿意这样做。①

提出"和平纲领"表明，苏联中央领导核心准备在外交政策方面积极行动起来，一方面趁美国外交碰壁之时在世界舞台上发挥更加重要的影响和作用；另一方面指导苏联和其他卫星国外交工作的方向。在苏共二十四大上提出这样一个"和平纲领"，是苏联中央领导核心反复酝酿、精心准备的结果。在党的代表大会提出外交政策的具体任务是苏联领导人对外交政策十分重视的典型表现，正好符合苏联推行大国外交、实行全球争霸的战略目的。

还有两个外交动作

苏共二十四大在外交上还采取了两个明显的动作：

一个是通过《给印度支那人民自由与和平》呼吁书，表示完全支持印度支那的抗美斗争，完全站在印度支那人民一边，"在当前的形势下，需要全力在各地加强对斗争中的印度支那各国人民的声援，坚决地反对美国统治集团的侵略政策。""美国侵略者从印度支那滚出去！"②

另一个是代表大会的声明：《争取近东的公正长久和平》。声明表示声援阿拉伯国家，声明认为："以色列上层统治集团和犹太复国主义集团的扩张主义野心已充分暴露。以色列侵略者及其庇护者——虚伪地声称希

---

① 《真理报》1971年3月31日。
② 《真理报》1971年4月9日。

望和平，而实际上却对以色列扩张主义分子进行怂恿的美国帝国主义集团在国际上的孤立，正在日益加剧。"①

外长的发言值得注意

在苏联外交中，葛罗米柯的言论值得注意，因为如果说在赫鲁晓夫时期苏联外长的权力还很小，那么到了勃列日涅夫时期，葛罗米柯的地位和威望越来越高。作为外交战线上的老手，葛罗米柯外交决策上的影响也越来越大。葛罗米柯在二十四大上说，在国外有144个大使馆和领事馆在政治方面代表苏联的国家利益；苏联参加了400多个国际组织的活动；7000多个现行国际条约和协定上有苏联的签字。他说："今天，没有哪一个比较重要的问题没有苏联的参加或者违背它的意愿而能够得到解决的。如果今天有谁企图证明，没有苏联也可解决这些问题，这个人就会被认为是一个怪人。"这是葛罗米柯对苏联国际地位的公开表述，也真实地反映了苏联中央高层的内心观点。葛罗米柯还说，"我们的对外政策的力量在于它的真实性。""在我国的对外政策中，它的革命性和捍卫和平事业的彻底性，坚定地捍卫苏联的国家利益和真正的国际主义，一向结成一个统一的整体。苏联的对外政策是真诚的和坦率的，就其目标来说，也是这样。""目前的形势的复杂性要求我们必须看到并且准确地勾画出国际事件中主要的发展方向，看清发生的事情的阶级内容。""在帝国主义者的威胁面前屈服和热衷于超革命的词句，我们都是反对的。不论是前一种还是后一种表现都反映了对社会主义各国、国际工人运动和所有进步力量所拥有的力量和潜力估计不足。一句话，在同帝国主义发生冲突的情况下表现胆怯或者不能控制自己的神经，以及装模作样的装饰门面的超革命性，都不是马克思列宁主义，我们党坚决反对这种做法。""我们党把意识形态斗争的领域同我们与资本主义各国国家间关系的领域明确地区分开来。意识形态的斗争在极其尖锐地展开着，在这个斗争中既不能有和平，也不可能有休战，而我们同资本主义国家的国家间关系则建立在列宁的和平共处原则上。苏联及其盟国建议通过和平途径、通过谈判的途径来解决一切估计争端。我们从自己方面，正在做我们所能够做的一切来寻求这种解决办法。这是唯一现实的处理事务的方法，也是我们党、苏共中央、政治局和苏联

---

① 《真理报》1971年4月9日。

政府一贯采取的方案。"①

从苏联外长葛罗米柯的发言中可以看出,苏联在外交方面下了巨大的功夫,苏联中央决策层在制定外交政策和分析国际局势方面花费了极大的精力。

第六节 苏联的进攻性战略

从60年代后期开始,苏联对外政策逐渐发生变化,与美国争夺世界霸权的斗争越来越激烈,苏美之间展开了全球范围内的较量。苏美军备竞赛主要表现在核优势的竞争上,苏联根据自己经济实力情况,在与美国竞争中不寻求整体优势,而寻求武器项目系统的优势。

从70年代起,苏联外交政策发生了巨大的变化,其中最主要的变化就是苏联中央高层在国际舞台上实施了全球性进攻性战略。

全球性进攻性战略

所谓全球性战略就是,苏联在世界上的影响力具有广阔的空间,具有全球性意义和范围。在苏共二十四大上葛罗米柯已经明确表示,世界上没有哪一个问题不是在苏联参加下得到解决的。葛罗米柯的这个思想后来被勃列日涅夫原原本本地接受。勃列日涅夫在苏共二十五大的政治报告明确宣布:"目前在制定我们的对外政策的时候,也许地球上没有哪一个角落的情况是不以某种方式加以考虑的。"从这里可以看出,苏联的全球性战略的实质。

另一个特点是进攻性,所谓进攻性就是指苏联在全球采取主动的、积极的介入姿态,一方面与美国争夺世界霸权,另一方面提高自己对世界的影响力、控制力和覆盖面。1975年6月4日,苏共中央书记波诺马廖夫发表讲话,声称"我们的时代是社会主义发动稳固的不可逆转的历史性进攻的时代"。波诺马廖夫是当时苏共中央主管国际问题的中央书记,他的讲话代表苏共中央高层意图。勃列日涅夫也对苏联的进攻性战略进行了论述,在他看来,经济力量和防御力量的加强使苏联胜利地在国际舞台上展开积极的攻势。可见,经济力量和国防力量的加强导致了苏联在全球展开了巨大的战略攻势。苏联理论界也开足马力论证这个进攻性战略。他们

---

① 《真理报》1971年4月4日。

表示，现代条件下的革命进程具有真正的全球性，具有不可逆转性。苏联"正在走上自己斗争中的一个崭新阶段，即向垄断资本主义阵地展开积极进攻的阶段"①。

实际上这个战略构想在苏共二十四大就开始确立了。当时勃列日涅夫代表苏共中央提出了"和平纲领"。1975 年 4 月 16 日，苏共中央通过关于召开苏共第 25 次例行代表大会的决议。该决议除了阐述苏联国内的方针政策之外，还对外交方针进行了一番阐述。决议对社会主义国家之间的关系进行了总结，认为社会主义对外政策取得杰出成就的基础是，苏联和社会主义大家庭其他国家在经济和国防方面的巨大成绩，各兄弟国家牢固的团结和它们行动的协调一致，在保卫和平和保卫人民根本利益方面的一贯性和原则性。决议对苏联与资本主义关系进行了分析，认为帝国主义的"冷战政策"正在遭到失败。不同社会制度国家和平共处原则的确立是与侵略和强制的政策相对立的，它是使爱好和平的力量团结起来的重要动力，促使资产阶级国家中正视现实的人士参加缓和的工作。在最近期间顺利结束的欧洲安全和合作会议对于使缓和不可逆转将具有特殊意义。苏共中央全会指出，现在具有公正而和平调解国际冲突的必要客观条件。全会认为，政治缓和应该补充以军事方面的缓和，应该利用政治缓和来缩减军备和为裁军而斗争，并且在互利平等的基础上、在没有任何歧视和不干涉内政的情况下发展一切国家之间的国际经济、科学技术和文化联系。同时苏共中央全会指出，战争势力、反动势力和侵略势力并没有放弃破坏当代世界出现的良好形势的意图。他们加紧军备竞赛，反对消除当前的国际危机，企图用粗暴干涉别国内政的办法破坏各国人民争取自由和民主的斗争，污蔑和平共处政策。中央全会指出，不同国家居于领导地位的政治活动家的定期会晤，包括最高级的双边和多边会谈，对于在和平共处原则的基础上改变国际关系过去曾经发挥、今后仍然应当发挥重要作用。②

1976 年在苏共二十五大上勃列日涅夫完整地提出了进攻性战略的思想。他说："我们正处于发生根本性社会变革的时代"，其标志是：社会主义阵地在不断巩固和扩大；民族解放运动的胜利为已经获得独立的国家开辟了新的天地；劳动人民反对垄断集团压迫、反对剥削制度的阶级斗争

---

① 《苏共历史》1975 年第 11 期。
② 《真理报》1975 年 4 月 17 日。

不断发展；革命民主主义的反帝运动的规模越来越大。上述"所有这一切都标志着世界革命进程在发展"，"这就是历史的强劲步伐"。勃列日涅夫为什么提出"世界革命进程"的概念？为什么提出进攻性的世界战略呢？其理论根据就是，社会主义国家不断发展，威力增长，对国际政治的影响加强，这就是当前人类社会进步的主要潮流。勃列日涅夫认为，在资本主义国家爆发危机的情况下，社会主义的吸引力更加增长了。这是进攻性战略理论的第一个根据。第二个根据就是，苏联中央高层把资本主义的危机估计得过于严重，认为资本主义世界这次危机的尖锐程度和深度只有30年代初期的危机"可以与之相比"，它同时遍及世界资本主义经济的各个主要中心。"值得注意的是，这次严重的危机震撼了战后形成的高度发达的国家垄断经济。"资本主义已经"无法消除资本主义的矛盾"，资本主义国家之间的"分歧正以新的形式出现"，矛盾"愈演愈烈"。总之，"这次危机不同往常"。第三个理论根据就是，苏联的经济力量和军事力量有了大的发展，从而使苏联的进攻性战略有了坚实的物质保证和准备。勃列日涅夫在苏共二十五大上表示："苏共的国际活动是全民的事业。这一活动是以我国的经济实力和防御威力、精神力量及苏联人民用劳动创造的一切为支柱的。""苏共的国际地位比以往任何时候都要巩固。"[①] 所以苏联信守这样的原则："我的东西是我的，你的东西则要分给我一半。"

苏联进攻性战略的内容具有综合性质。它包括苏联的世界政治战略、经济战略和军事战略。世界政治战略就是指苏联对世界实行总的战略。这个政治战略的特点就是缓和战略，即在苏联看来，运用和平方式向西方发起强大的政治攻势，缓和是积极的和平的一种进攻方式，这是苏联和平共处政策具体体现。勃列日涅夫在苏共二十五大上表示，"缓和与和平共处涉及的是国与国之间的关系。这首先意味着，国与国之间的争端和冲突不应通过战争，不应通过使用武力或以武力威胁来解决。""我们认为缓和是为和平的社会主义和共产主义建设创造更有利的条件的途径。这只不过是证明，社会主义同和平是不可分割的。"但是，这并不是意味着勃列日涅夫改变了进攻性战略。勃列日涅夫表示："缓和绝不是取消，而且也不可能取消或改变阶级斗争的规律。谁也不会指望，在缓和的条件下，共产

---

① 《真理报》1976年2月25日。

党人会容忍资本主义的剥削或者垄断资本家变成拥护革命的人。"①

苏联的军事战略是苏联全球性进攻性战略的核心部分。勃列日涅夫曾经表示：现代战争的样式既可能是核战争，也可能是常规战争，既可能是世界大战，也可能是局部战争。② 所以，勃列日涅夫积极发展苏联军事力量，扩大苏联在全球的军事影响，在世界上采取积极的介入态度，以求实现其战略目标。

苏联为配合其全球性进攻性战略当然也制定了经济战略，优先发展重工业，尤其是重点发展国防工业。这个经济战略我们在此不准备展开，相关内容在经济决策部分论述。

实现战略的步骤和手段

为实现其全球性进攻性战略，苏联采取了一系列手段和步骤。

首先，同美国和西方国家缓和关系，尤其是与联邦德国改善关系。70年代初期，中苏关系十分紧张，苏联为遏制中国，减少来自东西两边的压力，决定与美国缓和关系，稳定与西方国家的战线。这方面的表现是，尽管尼克松在越南大打出手、苏共中央高层意见分歧很大，但是，勃列日涅夫还是坚持按期邀请尼克松访苏。1972年尼克松访苏时与勃列日涅夫达成了有关限制战略核武器问题的一些协定和条约。勃列日涅夫生怕尼克松此次访苏没有成果，他在会见尼克松时表示，世界上有些强大势力想要阻挠这次最高级的会谈，如果会谈不成，这对中国人一定是一个大的礼物。可见，苏联缓和与美国的关系有遏制和反对中国的因素，而且这个因素的作用很大。随后，1972年5月29日，苏美签署了《苏美关系基本原则宣言》，两国还发表了联合公报。苏联对尼克松访苏大肆宣传。6月1日塔斯社特地发表声明，声言中央政治局、部长会议和最高苏维埃"一致同意"苏美首脑最高级会晤的结果，称尼克松的访苏为两国新型关系奠定了基础。

然而，中国的外交态势更加引人注目。毛泽东作出决策，邀请尼克松访华。尼克松的访华给苏联中央最高决策层以很大的震动。他们生怕中国与美国联合抵抗苏联，担心中国与美国建立针对苏联的战略轴心。于是，勃列日涅夫迫不及待地表示要访美，其意图一是抵消因尼克松访华给苏联带来的冲击；二是巩固与美国建立的"新型关系"。1973年6月勃列日涅

---

① 《真理报》1976年2月25日。
② 1973年10月26日勃列日涅夫在莫斯科世界和平大会上的讲话。

夫访美，实际上这是继 1959 年赫鲁晓夫以来苏联最高领导人首次访美，双方签署了一揽子条约和协定，世界上两个超级大国充分地显示出要主宰世界的野心和趋向。转年，尼克松于 7 月又一次访苏。勃列日涅夫利用"缓和"战略达到与美国共同主宰世界的目的。后来，勃列日涅夫与美国总统卡特签署了第二阶段限制战略核武器协议。1978 年 4 月 7 日，勃列日涅夫在视察太平洋舰队时表示，"我们在研究党提出的我国今后的发展计划和经济建设的问题时，自然不能不注意到当前的国际局势。就当前世界形势来说，国际紧张局势转向缓和已经是确定的了。"[①] 1978 年 4 月 25 日，勃列日涅夫在苏联共产主义青年团第 18 次代表大会上说，"今天，缓和已不是一种理论、一种口号、一种美好的愿望了。在缓和方面已做了不少好事，这些事很具体，也能看得到。在欧洲，缓和已成为国家相互关系的基础，也涉及各国生活的各个方面。苏美关系，尽管有受形势影响而发生的波动，但现在看来也有了更有利于和平事业的新起色。"[②] 1980 年 7 月 29 日，勃列日涅夫在答《真理报》编辑部问时说，"缓和、合作和安全，这就是我党和苏维埃国家在欧洲事务中以及在整个世界政治中的总路线。"[③]

勃列日涅夫一方面与美国改善关系，另一方面与联邦德国建立良好的关系。勃列日涅夫迎合联邦德国领导人勃兰特提出的新东方主义的政策，抓住机会与联邦德国改善了关系。1970 年苏联与联邦德国关系实现了正常化。正是在苏联缓和战略背景下，欧洲安全合作会议得以召开。

还要看到，苏联主动缓和同西方国家的关系也有保持同美国的战略均势的目的。苏联希望将这种战略均势维持在原有的水平上，还希望搞新一轮的军备竞赛，打破原有的均势。

其次，加强了在亚非的军事干涉。苏联 70 年代在亚非地区的军事扩张达到了前所未有的程度。苏联支持印度分裂巴基斯坦；介入埃及事务，密谋推翻埃及总统萨达特；卷入埃塞俄比亚和索马里的武装冲突；积极策划南也门的军事政变；支持古巴军队侵入安哥拉；支持雇佣军侵入扎伊尔；直接出动军队侵入阿富汗。在这些问题的决策方面，苏共中央政治局

---

① 《真理报》1978 年 4 月 8 日。
② 《真理报》1978 年 4 月 26 日。
③ 《真理报》1980 年 7 月 30 日。

更加依靠苏共中央国际部。该部由中央书记波诺马廖夫领导。一般地说，苏共中央国际部和外交部有一个不成文的分工，外交部主要负责处理国家之间关系，特别是与西方的关系；与亚非国家的关系、国际共产主义运动和社会主义国家关系主要由国际部负责。但在第三世界问题上，苏斯洛夫的发言权很大，他一直负责苏共意识形态问题和国际共产主义问题。安哥拉问题是波诺马廖夫一手策划的。苏联支持安哥拉人民解放运动，而美国也介入了安哥拉事务，这样，两个超级大国在安哥拉进行了角逐。

最后，苏联对中国实施战略包围。苏联对中国的战略包围主要表现在：

△在中苏边界陈兵百万，形成对中国战略上的压力。原来苏联在7000多公里的中苏边界上只有10个师的兵力，但到70年代初期就已经达到了40多个师。1978年勃列日涅夫视察远东，三次观看军事演习，向中国示威，炫耀武力。

△苏联不断加强对蒙古国的控制，将蒙古国视为包围中国的重要环节。1966年苏联同蒙古国签署了《友好合作互助条约》，具有军事同盟性质，苏联开始驻军蒙古。珍宝岛流血事件之后，苏联进驻蒙古国的军队数目急剧增加。

△挑拨印度反对中国，大量向印度提供各种武器。1969年苏联提出了"亚安体系"，旨在孤立和包围中国，从而得到了印度的支持。1971年苏联与印度签署了《和平友好合作条约》，确定在任何一方遭到进攻或者受到进攻威胁时，缔约国应立即共同协商，以便消除这种威胁并采取适当措施来保证两国的和平和安全。这实际上是对中国的一种遏制姿态。

△扶持越南反对中国。越南全国解放之后，苏联就大举进入，给越南提供经济和军事援助，精心扶持越南，但条件是越南必须反对中国，从而使越南成为反对中国的最积极国家。1978年11月，苏联与越南签署了《友好合作条约》，规定一旦一方成为进攻的目标或者受到威胁的目标，缔约国双方将立即相互协商，以消除这种威胁和采取相应的有效的措施保证两国的和平与安全。该条约签署后越南反对中国更加激烈，成为苏联反对中国的军事基地和反华前哨。苏联还支持越南侵入柬埔寨，从而对东南亚和中国形成直接威胁。

△直接出兵侵入阿富汗，从西北部地区形成对中国的战略包围态势。

二十六大对国际局势的基本估计

1981年2月，苏共第二十六大召开。勃列日涅夫承认，自1976年至1981年，世界局势经历了一个复杂而充满风暴的时期，帝国主义在世界上的统治范围已经缩小。

实际上，80年代初期，东欧国家出现了不稳定的局面，尤其是波兰事件一直令苏联感到头痛。所以，在二十六大上，勃列日涅夫特意大谈社会主义国家所取得的成就，大谈社会主义国家"钢铁般"的团结。不过值得注意的是，勃列日涅夫不能不提到社会主义国家集团中所出现的一些问题。勃列日涅夫说："我们远非要把当前社会主义世界的情景描绘得如花似锦。我们这些国家的发展也常遇到复杂情况。向经济的集约化发展过渡，实现大规模的社会纲领，培养共产主义意识，这一切都不可能一蹴而就。这里既需要时间，也需要不倦的创造性探索。当然还必须相互学习。"勃列日涅夫表示：我们要仔细研究和广泛运用兄弟国家的经验。勃列日涅夫承认社会主义国家建设社会主义进程中犯过错误和过失，这给敌视社会主义分子提供了土壤。

谈到波兰问题，勃列日涅夫认为："那里的社会主义敌人在外部势力的支持下，制造无政府状态，力图使事态的发展转到反革命轨道上去……波兰出现了对一个社会主义国家的基础的威胁。"他总结说："波兰事件再次告诉人们，仔细地听取群众的呼声，坚决同官僚主义和唯意志论的各种表现作斗争，经济发扬社会主义民主，在对外经济联系中执行深思熟虑的现实主义的政策，这一切对于党、对于加强党的领导作用来说是多么重要。"他还说："世界社会主义的历史上有过各种各样的考验，既有复杂的时刻，也有危机的时刻。但是，共产党人总是勇敢地迎接敌人的进攻并取得了胜利。过去是这样，将来也会是这样。"

勃列日涅夫在这次代表大会上对苏美关系作了低调处理，他承认苏美关系倒退了，他将倒退的原因都推给了美国。不过，勃列日涅夫对美国还是抱有希望的，"今天美国的决策人最终将能更现实地看待事物"。勃列日涅夫强调，苏联和美国之间、华沙条约和北约之间业已形成的军事战略均势，客观上有助于维护全世界的和平。我们过去和现在都不谋求对另一方的军事优势。这不是我们的政策。可是，我们也不允许形成对我们的这种优势。这种企图以及从实力地位出发同我们谈话是绝对没有前途的！勃列日涅夫表示,"国际局势在很大程度上取决于苏联和美国的政策"。① 后来,1981年8月20日,勃列日涅夫说:"苏联和美国是当代两个影响最大的国家。全世界的政治气候在很大程度上取决于苏美两国的关系,从而从来没有像现在这样迫切需要苏美两国进行对话。"②

面对全世界的指责,勃列日涅夫在这次代表大会上表示,苏联进入阿富汗是因为该国遭到了帝国主义不宣而战的战争,也给苏联造成了直接威胁,所以,苏联不能不对阿富汗进行军事援助,他表示苏联军事人员同阿富汗当局"协商后"撤出阿富汗。

阿富汗是苏联的一个政治的、军事的和外交的陷阱,苏联为自己设置了这个陷阱。现在,我们就考察一下苏联是怎样落入这个陷阱的。

第七节 出兵阿富汗:极其错误的决策

70年代中后期苏联对美关系的设计

1974年8月,美国副总统福特因尼克松辞职而升任总统。有了同尼克松打交道的经验,苏联最高决策层与福特打交道并不感到困难,而且是轻车熟路。正是在这种背景下,苏联最高决策层提出与福特举行最高级会谈,巩固已经取得的苏美关系的缓和成果,因为当时中苏关系仍然很紧张,苏联国内局势也出现了许多问题。勃列日涅夫的积极态度得到了其他政治局委员的支持和理解。

1974年11月,美国总统福特到苏联的远东符拉迪沃斯托克与勃列日涅夫会谈。之所以选择这个地点,勃列日涅夫是想"刺激"一下中国领导人,但对中国领导人没有"刺激"成,自己却因为从莫斯科长途旅行而出现第一次中风。这次会谈取得了一些成果,双方在限制战略武器方面达成了谅解。福特和勃列日涅夫都对这次会谈给予了高度评价,这次会谈使苏美关系达到了高峰,也使缓和达到了新的水平。

正是在这种缓和的背景下,1975年7月30日至8月1日,欧洲安全与合作会议在赫尔辛基举行,签署了赫尔辛基文件。签署这个文件出现了

---

① 勃列日涅夫在苏共二十六大上的总结报告,《真理报》1981年2月24日。
② 勃列日涅夫为《苏维埃生活》杂志创刊25周年撰文《重要的是保卫和平》,《真理报》1981年8月21日。

一个重要的插曲。当苏共中央政治局讨论赫尔辛基文件时出现了争论。赫尔辛基文件包括三方面的内容，即安全、经济合作和人道主义合作。对前两个问题中央政治局委员没有多大的意见，主要分歧在"人道主义合作"上。波德戈尔内、苏斯洛夫、柯西金和安德罗波夫等人对这个问题持怀疑态度，外交部的一些大使也表示忧虑。因为如果签署了这个文件，就会对苏联国内持不同政见运动产生刺激，也使苏联在人权问题上今后受制于人。但是，葛罗米柯坚持签署这个文件，因为如果不在"人道主义合作"问题上做出承诺，那么战后边界和欧洲政治版图就不会得到承认，苏联与西方的经济合作就不会得到发展。前两项内容十分诱人，勃列日涅夫支持葛罗米柯的立场，最后大家被说服了。但政治局表示，关于"人道主义合作"问题只是一种姿态，莫斯科不想履行其诺言。

苏美缓和时期很快就过去了。1977年福特丢掉了总统位子，卡特成为美国总统。莫斯科发现这位新的美国总统对莫斯科不太友好，不断提出人权问题。苏美关系出现慢性危机。经过一番努力，勃列日涅夫和卡特于1979年在维也纳举行了最高级会谈，签署了第二阶段限制战略武器会谈条约。在这次会谈中，勃列日涅夫向卡特总统提出了中国问题，他认为相信中国领导人的保证是危险的，并警告美国人不要利用中国人反对苏联。

苏联对阿富汗感兴趣

阿富汗是苏联南下印度洋的战略要地，苏联早就对阿富汗感兴趣，在阿富汗下了很大的工夫，以经济援助等方式向这个国家渗透。苏联出于战略上的考虑，早就有重点地进行了战争准备，帮助阿富汗修建了与苏联境内相连接的两条战略公路。1978年4月，苏联通过策划亲苏政变，推翻了达乌德政府，12月，苏联又与塔拉基政权签订了"友好睦邻合作条约"。这个条约很重要，该条约具有军事同盟性质，从而为苏联侵入阿富汗制造了所谓法律"根据"。苏联大力培植塔拉基政权。但是，1978年9月，阿富汗局势发生了不利于苏联的变化。当塔拉基准备清除内部派系阿明时却失手，反被阿明夺取了政权。阿明上台之后当然对苏联抱有足够的戒心，同苏联疏远关系，逼迫苏联撤换大使，拒绝苏联向阿富汗增兵，由此苏联与阿富汗的矛盾激化。苏联怀疑阿明投靠了美国，对阿明更加不满。

一般地说，国际社会对苏联入侵阿富汗的分析是，苏联有精深的战略意图，有明确的深入印度洋的战略构想。但苏联驻美国大使多勃雷宁表示，"莫斯科并未制定任何宏大的战略计划，以建立通向中东的石油富国的新的立足点和由此获得对美国的全球优势,这与美国最顽固的反苏分子的主张,其中包括白宫内卡特那些人的主张形成对比。如果苏联领导人拥有这样一种计划,他们将会更加注意华盛顿可能做出的反应,将会采取先发制人的外交措施。但在苏联档案馆,无任何确凿证据证实这种征服战略理论。""苏联对当地局势做出的反应是,我们的南部边境地区的安全由于阿富汗内部日益动荡和阿明政权的显然无能而受到威胁。"乌斯季诺夫的观点是,阿富汗必须遏制,否则就会成为美国反对苏联的前哨,而安德罗波夫和波诺马廖夫则准备利用这个机会"扩大马克思主义意识形态的范围"。所以,多勃雷宁的结论是:"苏军在阿富汗的出现不是克里姆林宫领导人在扩张主义与缓和之间做出自觉选择的结果"①。

苏联中央决策层的错误决定

苏联侵略阿富汗蓄谋已久,一直在精心策划入侵行动。苏联充分利用了国际因素和有利时机进行行动,因为当时美国与伊朗关系恶化,伊朗人质问题搞得美国在国际上十分被动,无暇顾及其他行动,南亚局势也出现动荡,这些因素都对苏联的入侵提供有利的时机。苏联最高决策层还选择了圣诞节和新年期间行动,以麻痹阿富汗当局。为出兵,苏联故意制造借口说什么美国、中国和巴基斯坦对阿富汗构成了威胁,利用各种外交上的行动掩盖出兵计划,大谈"缓和"外交思想。在军事上,苏联军事指挥人员纷纷视察阿富汗,摸清了阿富汗军队的一切情况。如苏联国防部副部长、陆军总司令帕夫洛夫斯基大将率苏军代表团在阿富汗滞留了三个月,代表团成员达50多人。苏联内务部官员也考察了阿富汗,这些活动为苏联中央高层决策者提供了入侵阿富汗的准确情报和信息。此前,苏联技术人员一直在为阿富汗扩建巴格兰姆机场,延长飞机跑道,以便适应苏联大规模空降部队的需要。

苏联最高决策层感到时机已经到来。1979年12月初,外长葛罗米柯、克格勃首脑安德罗波夫和国防部部长乌斯季诺夫组成的小圈子多次讨论这个问题。这几个人都是苏共中央政治局委员。应该说,作为职能部门的首脑,他们讨论这些问题并没有什么感到惊讶的,政治上他们有权讨论这些问题,但他们应该全面地分析局势,征求多方面的意见和论证。显然,他们担心这样的绝密行动会泄露出去。随后,他们将讨论的结果向勃

---

① 多勃雷宁回忆录:《信赖》,第504、505页。

列日涅夫作了详细的汇报。但是，在这次出兵方案论证中负主要责任的应该是国防部部长乌斯季诺夫，他作为国防部部长对阿富汗的军事行动的论证意见是至关重要的。但乌斯季诺夫不是职业军人，他对军事部署和作战样式等一系列军事范畴不了解、不精通。不了解、不精通没有关系，国防部有了解和精通作战的职业军人、高级指挥将领，应该仔细地听取他们的意见，而且正反两方面的意见都要听。作为苏联职业军人，当时的苏联总参谋长和其他高级军事官员曾经反对过出兵阿富汗。这些军官是尼古拉·奥加尔耶夫、谢尔盖·阿赫罗梅耶夫和瓦连金·瓦连尼科夫等。他们非常负责地向乌斯季诺夫提交了一份报告，其主要观点是，苏联可以速胜，拿下首都喀布尔和其他要地没有问题，但如何持久地控制这个国家却是难题。苏联军队进入之后，面临着如何同阿富汗的残余部队打持久战的任务，而苏联正规部队打持久战具有很大的不利之处。阿富汗复杂的地形不利于大规模的苏军部队展开，有利于游击队的作战特性。乌斯季诺夫看完这个报告，十分生气，他严厉批评了这个报告，并命令这些高级将领准备出兵阿富汗。12月6日，勃列日涅夫、安德罗波夫、乌斯季诺夫、葛罗米柯和契尔年科开了一个碰头会，倾向于出兵作战。勃列日涅夫也感到这个问题十分重要。12月中旬，勃列日涅夫召开了一次政治局全体会议，专门讨论这个问题。随后，指定了三位参加讨论的委员准备一份特别报告，分析阿富汗局势和苏联对该国进行军事干涉的可能性。12月12日深夜，苏联最高决策层召开了一次非常秘密的会议，参加者不是整个政治局，而只是政治局内部最有影响的成员，他们是安德罗波夫、葛罗米柯、乌斯季诺夫、苏斯洛夫、莫斯科市委第一书记维克托·格里申、基里连科、苏共中央国际部部长、中央书记波诺马廖夫。勃列日涅夫主持了这次秘密会议，他要求葛罗米柯、安德罗波夫和乌斯季诺夫汇报他们的方案。他们的分析是，阿富汗形势严重，威胁了苏联南部边境地区的安全。这种局面能够被美国、中国或伊朗通过建立和扶植一个不友好的阿富汗政权用来对付苏联。他们的结论是，必须立即派兵进入阿富汗，这是十分必要的。乌斯季诺夫认为，苏联整个军事行动可以相当迅速地完成，安德罗波夫、葛罗米柯分别从安全和外交方面论证了苏联军事行动的必要性。波诺马廖夫从国际共产主义运动的角度也支持这个计划。所有参加会议的人都认为，这次军事行动的背景与苏联军队进入捷克斯洛伐克几乎相同，因而结果也可能是一样的。① 应该说，在讨论出兵阿富汗的过程中安德罗波夫和乌斯季诺夫起了主导作用，苏联军事和克格勃系统积极地参与了阿富汗内部事务，他们也认为拿下阿富汗是十分容易的事情。葛罗米柯积极支持，他显然低估了国际上对苏联进兵阿富汗的不利反应，仍然认为，其反应程度与苏军进入捷克斯洛伐克相同。苏联屡次搞黩武主义，胆子越来越大，他们已经感到国际社会只能承认苏联所造成的既定事实。正是在这次会议上制定出了入侵阿富汗的重大决策，其中苏军领导人在此起了重要作用。

12月13日，勃列日涅夫召集了政治局全体会议，讨论阿富汗问题，这次会议正式决定出兵阿富汗。当然，戈尔巴乔夫也参加了这次会议。会议批准了向各驻外使领馆统一口径的声明，批准了塔斯社对出兵阿富汗的"解释"要点，通过了向苏联人民进行内部传达的"宣传提纲"。勃列日涅夫任命苏联国防部第一副部长谢·索科洛夫元帅为侵阿苏军总司令，指挥作战。此人1932年入伍，出身坦克部队，是勃列日涅夫的亲信。

进兵阿富汗

为贯彻中央高层这个重大的决策，苏军入侵阿富汗总指挥系统开始启动，制定了严密的军事行动计划和方案：

△预先占据机场和要地。苏军借口保卫军事设施和防止阿富汗反政府武装进攻，派遣近200多人的兵力进驻巴格兰姆、兴丹军事基地和萨兰山口。这实际上控制了阿富汗首都的战略要地。

△对阿富汗军队进行密集控制，派苏联军事顾问和专家到阿富汗军队中去，监视和控制阿富汗军队的行动。

△策划暗杀阿明左右手。

△破坏阿富汗军队的战斗力，以检查阿军武器技术状况为名拆卸了一些重型武器。

12月上半月，苏军前线指挥部成立，统一指挥苏军空军和陆军部队。苏军这次侵入有自己的特点，那就是突然性。此前苏军没有表现出大规模军事调动的迹象。苏军实际上突然启动了苏联土耳其斯坦军区部署在苏联与阿富汗边境的四个师、苏联与伊朗边境的一个师和中亚军区的一个师。这些师离阿富汗不远，行动起来可以迅速投入战斗。不过，苏联侵入阿富

---

① 多勃雷宁回忆录：《信赖》，第500、501页。

汗的空降兵却是从白俄罗斯军区调过来的。12月14日和15日，苏联空军举行了远程空运演习，将白俄罗斯军区的第103空降师和南高加索军区的第104空降师各一部分调往莫斯科附近，随后很快奔赴中亚地区。当然，中亚军区的第105空降师不用怎么调动就能够投入行动。地面部队也配备得很好。从19日开始，苏联第360和357一线摩托步兵师和第16、210、66和54二线摩托步兵师准备完毕。苏联这次行动出动了10万军队。1979年12月27日晚，苏军空降兵突袭喀布尔。

苏军对阿富汗采取的作战模式是：以紧急空降部队控制阿富汗首都喀布尔。随后以两条主要进攻路线包抄阿富汗军队，占领其主要城市，与此同时封锁苏联与阿富汗边界，关起门来进行围剿阿富汗军队。

"攻心"战术。苏联军队行动的最主要方案是使用空降师，直捣阿富汗首都。12月24日晚到27日，苏联军队向阿富汗表示，苏联方面要向阿富汗运送装备以及护送装备的警卫人员，实际上在向阿富汗大规模空运部队。苏第105空降师在喀布尔国际机场着陆，迅速控制了机场和周围地区。随后，第103、104空降师在巴格兰姆基地着陆，同苏军地面部队一起控制了喀布尔战略公路的咽喉萨兰山口。27日晚7时左右，苏第105空降师的部队和苏联克格勃特种部队占领了喀布尔电报大楼和广播电台，对阿富汗总统府实施包围和突袭。克格勃特种部队突进总统府，"阿尔法"特别小组打死了阿富汗总统阿明。苏军地面部队同时发起攻击，进入阿富汗，不久就与空降师会合，占领了阿富汗战略地区。

28日清晨，苏联扶持的阿富汗卡尔迈勒傀儡政府宣告成立。

29日，勃列日涅夫电贺巴布拉克·卡尔迈勒任阿富汗人民民主党总书记和国家最高职务，"我以苏联领导和我本人的名义祝愿您在为友好阿富汗人民的幸福而进行的多方面的全部活动中取得重大成就。我相信，在目前条件下，阿富汗人民能够捍卫四月革命的成果，捍卫阿富汗的主权、独立和民族尊严"。[①] 1980年1月2日，苏共中央政治局召开会议，将苏军侵入阿富汗的兵力确定为5万人。这时期，勃列日涅夫指望苏军3到4周内结束战斗。勃列日涅夫在1月份的一次苏共中央政治局会议上提出，苏军可以撤出一部分军队。但是，安德罗波夫、乌斯季诺夫、葛罗米柯和波诺马廖夫反对总书记的建议。他们认为，卡尔迈勒政权尚不够强大，没

---

① 《真理报》1979年12月29日。

有苏联军队的进驻,卡尔迈勒政权很快就会垮台。勃列日涅夫没有坚持自己的观点。不过,勃列日涅夫作为总书记提出了一个建议,那就是召开一次中央全会。随后,召开了中央全会,确认苏军"进入"阿富汗的正确性。苏共中央政治局将阿富汗事务交给安德罗波夫、乌斯季诺夫和葛罗米柯全权处理。他们又成立了一个工作组,处理阿富汗问题,其中国防部代表为阿赫罗梅耶夫("8·19"事件不久自杀)、克格勃代表为克留奇科夫(后来参加"8·19"事件的苏联克格勃主席)、外交部代表为格奥尔基·科尔尼延科。他们对阿富汗局势作具体的处理和运作。

为配合苏军进攻阿富汗,苏联中央高层进行了防御性准备:在西线苏军和华约军队处于高度警备状态;在东线苏军没有采取什么特殊措施,但是蒙古国却进入了全面战备状态,苏海军总司令访问越南,提醒中国可能对越南的突然行动。然而,苏联入侵阿富汗给新年带来了仇恨和眼泪,也使全世界陷入了巨大的惊愕状态。世界从惊讶苏醒过来后出现一片谴责声和抗议声。苏联侵入阿富汗行动迅速而成功,但是,历史给侵略者规定的逻辑就是,进去容易出来却难。苏联很快就陷入阿富汗人民抵抗的汪洋大海之中。

苏军侵入阿富汗以后,美国朝野反应强烈,争论也很激烈。当时在美国,有人认为,苏联领导人决定入侵阿富汗出于完全错误的判断,他们预料美国不会采取激烈的措施和强烈的反应。但是,另一些人则认为,苏联此次行动是经过深思熟虑后做出的决策。美国分析家认为,苏联入侵阿富汗标志着进入对外军事扩张的新阶段[1]。美国官方当然抓住机会,采用一切可能采用的方式谴责苏联。中国对此特别敏感,强烈谴责苏联的这种侵略行径,并将其视为中苏关系正常化的三个障碍之一。

勃列日涅夫贼喊捉贼

1980年1月12日,勃列日涅夫在答《真理报》记者问说,苏共始终不渝地、创造性地奉行和平、缓和和裁军的方针,如果就广义而论,苏联已经做成的事情主要是,打破了"世界大战—短暂的和平喘息—再次爆发世界大战"这样一种悲剧性的循环。勃列日涅夫分析说,在70年代至80年代之交,国际形势明显地复杂化了。他认为,这是帝国主义势力,

---

[1] 美国哥伦比亚大学国际变化研究所所长比亚勒:《在苏联发动和平攻势之前》,《国际先驱论坛报》1980年1月21日。

首先是美国某些集团的过错。勃列日涅夫为苏联出兵阿富汗辩护。他说，1978年4月，阿富汗完成了一个革命，阿富汗人自己掌握了政权，然而这个政权受到了外部势力粗暴的干涉，帝国主义分子对革命的阿富汗实行了不宣而战。阿富汗当局多次要求苏联出兵援助，苏联也警告帝国主义分子，苏联不会"置身于局外而让阿富汗人们遭受灾难的"。"正在不断进行的武装干涉和外部反动势力野心勃勃的阴谋，有使阿富汗丧失自身的独立，并把它变成帝国主义在我国南部边界的军事基地的现实危险。换句话说，已经到了这样的紧急关头，即我们已经不能不对同我们友好的阿富汗政府的请求做出反应了。不这样做，就意味着容忍阿富汗遭受帝国主义的折磨，容许侵略势力在这里重演，譬如它们在智利（在那里，人们的自由被淹没在血泊中）能够得逞的那些勾当。不这样做，就意味着熟视无睹地看待在我们的南部边界出现严重威胁苏维埃国家安全的策源地。"他说："对我们来说，向阿富汗派遣苏联军事人员不是一个简单的决定。但是，党中央和苏联政府采取行动是充分意识到自己的责任的，并考虑了整个情势。对苏联军事人员提出的唯一任务就是帮助阿富汗人反击外来侵略。只要迫使阿富汗领导请求我们出兵干预的原因不复存在，苏联部队就将从阿富汗全部撤出。"勃列日涅夫说："不言而喻，过去和现在都不存在苏联任何的'干涉'或'入侵'。而存在的是另一种情况：我们应阿富汗政府的请求，帮助新阿富汗捍卫民族独立、自由和本国的荣誉，使其免遭外来的武装侵犯。"勃列日涅夫在这里强烈攻击了中国政府，并认为，阿富汗事件不是目前国际局势复杂化的真正原因。[①] 1980年2月22日，勃列日涅夫在会见莫斯科鲍曼区选民时表示，在阿富汗过去和现在都不存在俄国人的任何"武装干涉"，苏联是根据苏阿友好条约采取行动的。阿富汗三届更迭的政府都极力请求苏联帮助捍卫这个国家免遭外来的反革命势力的入侵。"要知道，是美国人自己伙同中国人以及其他人在进行这种干涉，这种干涉对阿富汗的革命以及我国南部边境的安全造成了严重威胁。"[②]

苏联最高决策层确实没有预料到美国和其他国家会掀起如此剧烈的反抗苏联入侵阿富汗的巨浪。反对苏联侵入阿富汗使得苏联最高决策层感到

[①] 《真理报》1980年1月13日。
[②] 《真理报》1980年2月23日。

比较恼怒和紧张。苏共中央政治局多次开会研究对策，但没有什么更好的办法，因为苏联的军事冒险已经使苏联的国际信誉降到了最低点，以致出现了信任"赤字"和"透支"的政治现象。

第十五章 外交新思维

二十七大上的外交构想

苏共中央对国际局势的估计主要体现在苏共二十七大上。戈尔巴乔夫认为，当代世界是复杂的、多种多样的、变化多端的，贯穿着各种对立倾向，充满着矛盾。这是一个需要进行最复杂的抉择、充满了不安和希望的世界。

苏共新党纲表示："苏联共产党的出发点是：帝国主义侵略集团推行的政策不论给和平造成多大的威胁，**世界大战也不是注定不可避免的。防止战争、使人类免遭惨祸是可能的。这就是社会主义、我们星球上所有进步和爱好和平力量的历史使命。**"值得注意的是，苏共新党纲对时代问题阐述了观点："这是从资本主义向社会主义和共产主义过渡、两个世界社会政治体系进行历史竞赛的时代，是社会主义革命和民族解放革命、殖民主义崩溃的时代，是社会发展的主要推动力量——世界社会主义、工人运动和共产主义运动、已解放国家的人民、群众性民主运动——反对帝国主义及其侵略和压迫政策以及争取民主和社会进步的时代。"从这里可以看出，苏联中央高层对时代的看法与勃列日涅夫时期有一些不同，但总体思想没有大的变化，苏联中央高层的时代观是，当代就是竞赛与革命的时代。

从苏联现实政治的需要出发，戈尔巴乔夫提出了对外政策的基本目标和方针。他表示，苏联经济和社会发展的基本任务也决定了苏共的国际战略。苏联外交政策的主要目标就是：保证使苏联人民能够在持久和平与自由的条件下劳动。目前局势下实现这一要求，首先就意味着制止从物质上准备核战争。在戈尔巴乔夫看来，核武器孕育着一场能使人类从地球表面上消失的龙卷风。社会主义无条件地否定把战争作为解决国与国之间政治和经济矛盾及意识形态争端的手段。"我们的理想，是没有武器和暴力的世界，是每个国家的人民都能够自由地选择发展道路和生活方式的世界。"他指出："今后党在世界舞台上的活动的主要方针，依然是**为反对**

核危险和军备竞赛、为争取维护和加强普遍和平而斗争。"停止军备竞赛,将更多的注意力放在国内,为改革创造一个和平的、缓和的国际环境是戈尔巴乔夫外交政策的主要考虑。

苏共新党纲对苏共国际政策的主要目标和方针作了明确的阐述:

△为在苏联完善社会主义社会和向共产主义迈进保障良好的外部条件;消除世界战争的威胁,实现普遍安全与裁军;

△不断扩大并加深苏联同兄弟社会主义国家的合作,大力促进世界社会主义体系的加强与进步;

△同已解放国家发展平等的友好关系;

△在和平共处、求实互利的合作的基础上保持和发展苏联同资本主义国家的关系;

△同共产党和革命民主政党、国际工人运动、各国人民的民族解放斗争保持国际主义团结。

为贯彻和实现苏联共产党提出的国际政策的主要目标和方针,戈尔巴乔夫还提出了"合理需要"的概念。苏联既不追求更大的安全,但也不同意更小的安全。戈尔巴乔夫依然沿用了苏共中央过去对国际矛盾的分析方法,认为世界上存在着四对矛盾。关于社会主义与资本主义的矛盾,他提出在核时代里核战争是社会主义所不能接受的。两种政治制度之间必须和平共处。"全面对峙、军事对抗的政策是没有前途的。"

苏共在其新党纲中还承认了国际共产主义运动多样化的观点,公开表示,每个国家的共产党人独立地分析和估计局势,自主地确定自己的战略方针和政策,选择争取实现最近目标和最终目标以及共产主义理想的斗争途径。共产党积累的经验是宝贵的国际财富。苏共还表示要认真研究外国共产党的问题和经验。

苏共二十七大关于外交政策上的"新思维"不是没有阻力的。按照惯例,党的代表大会上的政治报告关于外交政策部分一般由苏共中央国际部撰写。苏共二十七大政治报告的外交政策部分也是由波诺马廖夫主持的苏共中央国际部准备的。但报告提交后,戈尔巴乔夫不满意,他批评波诺马廖夫没有贯彻新思维的方针,没有抛弃旧思想。波诺马廖夫反击说:"什么是新思维?我们的思想是正确的,让美国人去改变他们的思想吧。

戈尔巴乔夫在国外的言论完全替他们、替西方说话！"① 外交政策的争论很快就开始了。1986年在起草苏共二十七大政治报告时就出现了不同的意见。原稿里曾经有必须从阿富汗撤军的字样，但到最后一稿时这个观点被删掉了。

70年的外交总结

戈尔巴乔夫的外交新思维有一个发展过程。1987年正好是十月革命70周年。苏共中央借此机会对苏联的内政外交进行一番总结和部署。在这次大会上，戈尔巴乔夫对苏联的外交政策进行了反思和批判，提出了一系列引人注目的观点和思想。以往人们往往忽视了对这些思想的研究，但恰恰是这些思想将新思维引入更深入的境地。在戈尔巴乔夫看来，事实上，与最初的预料相反，击溃资本主义制度最"薄弱环节"并不是"最后的决定性战斗"，而是长期而复杂的过程的开端，从而开始了与资本主义的长期的"共居"历史。他承认，苏联的外交政策既有成就，也有一系列失误，"对帝国主义的挑衅行动的反应并非总是相当的"。他认为，和平共处是胜利了的无产阶级政策的继续，它在今后，特别是核时代已经成为全人类生存的条件。

戈尔巴乔夫提出的几个问题特别值得注意：

第一个问题，主要的军事危险的根源来自帝国主义的本质，那么，在世界发展的现阶段，在世界相互依存性和整体性的新水平上，是否能够杜绝帝国主义最危险的表现呢？换言之，"是否能指望以全人类的价值为重的整体世界的规律性会限制资本主义体系以我为中心的和狭隘阶级的规律性的破坏作用的规模呢"？

第二个问题，"资本主义能不能摆脱军国主义，不搞军国主义它在经济上能不能发挥作用和不断发展呢？我们邀请西方国家来草拟和比较和平时期经济计划，也就是使经济走上和平的轨道，这是否是空想呢？"

第三个问题，"资本主义体系如果没有它赖以生存的根源之一——新殖民主义能维持得下去吗？换句话说，这个体系如果不同'第三世界'进行造成难以预料的后果的不平等交换能发挥作用吗？"

第四个问题，希望把理解世界正处在灾难性危险之中变为实际政策，这能有多大现实性呢？他认为，世界上还存在着不能低估的和取决于经济

---

① 多勃雷宁回忆录：《信赖》，第651页。

利益因而也是取决于阶级利益的东西。换言之,"资本主义能不能适应无核的和解除武装的世界的条件,新的公正经济秩序的条件和真诚地比较两个世界精神价值的条件?"

戈尔巴乔夫认为,这些问题远非空洞的问题。今后几十年历史的事态将如何发展取决于对这些问题的回答。可见,他对这些问题十分重视。戈尔巴乔夫认为,认识这些问题,需要新思维,"把新的思维注入对外政策的活动,用从实际政策中得到的经验加以纠正,使它更明确。"

他提出,必须同资本主义国家一起建立安全世界。戈尔巴乔夫是这样认识资本主义的,"现在的情况不同了。资本主义不仅由于上次战争的教训,而且由于害怕自己在已成为世界体系的社会主义面前被削弱,不愿意使内部矛盾发展到极限。内部矛盾已经转化为相互间的技术竞赛,利用新殖民主义来'缓和一下',世界发生了某种新的'和平'的重新划分—是根据列宁揭示的那种规划,即按'资本'来划分,谁更富有,谁在此时更强大,谁就拥有更多的份额。在一些国家,借口'苏联的威胁',把资金转给军界工业界集团,以此来'消除'经济中的紧张状况。资本主义经济技术基础和组织基础的改造也有助于调节矛盾,平衡利益。"戈尔巴乔夫在会晤参加十月革命70周年庆典的各国党和运动代表团时表示:"在历史螺旋的每一圈上,旧世界的势力都有可能消除当时最危险的矛盾,延长自己的统治"。科技革命在很大程度上改变了资本主义。戈尔巴乔夫的意思是,帝国主义的本质在变化,这些变化导致它们之间可以避免战争,避免危险的军事冲突。就是说帝国主义之间的关系在变化。

戈尔巴乔夫又论述说,问题不简单在于这一点。过去面对法西斯的威胁时,社会主义国家和资本主义国家可以结成联盟,难道在全世界都受到核浩劫的威胁时,在全世界都必须保证核动力的安全、克服生态危险这样一个局面时,不能再次实行联合吗?就是说社会主义和资本主义国家之间关系也在变化。

戈尔巴乔夫进一步论述说,资本主义经济在不进行军事化的情况下可以得到发展,"不管那里的情况如何,许多国家的现代资本主义经济的迅速发展时期是在军费最低的条件下发生的。并且这个时期的经验已载入史册。"

戈尔巴乔夫回答了第三个问题,发达的资本主义过去不能,将来也不能没有这些发展中国家的资源。这是客观现实。

以上表明，戈尔巴乔夫正式放弃了"资本主义总危机"的传统理论。戈尔巴乔夫分析完资本主义世界之后，又对社会主义进行了反思。他说："生活纠正了我们关于向社会主义过渡的规律和速度的认识，纠正了对社会主义在世界范围所起的作用的理解。"这表明他对社会主义建设事业的困难程度有新的认识。他还说："我们并不认为，世界上所发生的一切进步的变化都归功于社会主义。但是，人类最重要的问题的提出和探索这些问题的解决情况证实了世界进步同社会主义这支国际力量的不可分割的联系。"戈尔巴乔夫正式否认了社会主义的唯一模式论，他说："我们相信，社会主义没有，也不可能有供所有人学习的某种'模式'。"① 这表明，苏联正在抛弃将苏联模式绝对化的思维逻辑，承认了社会主义革命和建设模式多样化的现实。

新的外交思维

戈尔巴乔夫在《改革与新思维》一书中对新的政治思维进行了阐述，从而使新思维成为一个完整的体系。他认为苏联是在国际局势日益紧张的形势下开始改革的，苏联的对外政策在空转，美国不响应苏联的和平呼吁。所以，他准备从新的角度，用新的眼光去观察世界，"从旧的框框中摆脱出来"。他说："是该结束从帝国立场出发看待对外政策的时候了。无论是苏联，还是美国都不可能把自己的意志强加于人。"②

新思维的主要内容是：

△杜绝核战争。他说："新的政治思维的基本原则很简单：核战争不可能成为达到政治、经济、意识形态及任何目的的手段。这个结论具有真正的革命性质，因为它与传统的关于战争与和平的概念彻底决裂。须知，正是战争的政治功能一向是它为自己辩护的理由，使它具有'合理的'意义。核战争是毫无意义的，反理智的。在全球性的核冲突中，既没有胜利者，也没有失败者，但世界文明将不可避免地被摧毁。这甚至不是通常的所理解的战争，而是自杀。"他认为，克劳塞维茨的公式——战争是政治以另一种方式的继续——已经过时了。它应藏在图书馆里。"在历史上第一次迫切需要把社会的道德伦理标准作为国际政治的基础，使国际关系

---

① 以上引语均出自《真理报》1987年11月3日。
② 《改革与新思维》，第174页。

人性化，人道主义化。"① 他的观点是，由于不可能用军事力量和核力量来解决国际矛盾，便需要有一个实力与安全的新辩证法。现在，安全是不能用军事手段来保障的，无论使用武力，无论恫吓、无论怎样不断完善"剑"和"盾"，都不能保障安全。谋求军事优势的任何虚拟企图都是可笑的和荒谬的。现在又要通过宇宙来谋求军事优势了。这是一个令人震惊的时代错误，它之所以能够被保留下来，是因为军国主义集团在制定政策中起了极大的作用。"从安全的角度看，军事竞赛是荒谬的，因为它的逻辑导致国际关系的不稳定，并最终导致核冲突。""通向安全的唯一道路是政治解决的道路，是裁军的道路。"②

△安全是不可分割的。戈尔巴乔夫表示："新的政治思维需要承认另一个简单的公理：安全是不能分割的。安全只能是对大家都一样的，或者都没有。它唯一的坚实基础是：承认各国人民和各个国家的利益，承认它们在国际生活中的平等地位。要使自己的安全与国际社会所有成员同样的安全结合起来。"③ 在他看来，不能靠牺牲别国的利益来谋求自己的安全，各国的共同的最高利益就是，不允许发生核浩劫。戈尔巴乔夫强调了新的政治思维中的绝对防御性的军事理论的性质，即军备的合理的足够程度，非进攻性防御，消除各种武装力量的不平衡和不对称等。

△国家关系非意识形态化。戈尔巴乔夫表示："不应把意识形态分歧搬到国家关系中来，使对外政策服从于意识形态分歧，因为意识形态可能是完全对立的，而生存和防止战争的利益则是普遍的、高于一切的。"④

△着眼于发展问题。戈尔巴乔夫表示："新的政治思维认为，除了消除核威胁之外，解决包括经济发展和生态问题在内的所有其他全球性问题，是保证持久与公正和平的有机条件。按新方式思维，就是要看到裁军与发展之间的直接联系。""我们主张国际上共同努力，把裁军变成发展因素。"⑤

新思维的核心是全人类的利益高于一切。戈尔巴乔夫表示："在20世纪，在这个紧张的世纪的末期，人类应当承认，迫切需要把全人类利益

---

① 《改革与新思维》，第177页。
② 《改革与新思维》，第178页。
③ 《改革与新思维》，第179页。
④ 《改革与新思维》，第180页。
⑤ 《改革与新思维》，第180、181页。

置于时代的至高无上的地位。"这是戈尔巴乔夫对新思维核心最明确的表述。"和对内政策一样,在对外政策中,几个世纪以来一直是把阶级利益放在首位。当然,在正式场合,阶级利益通常都是用民族利益、国家利益或者集团利益等等掩盖起来的,阶级利益还被'共同福利'或者宗教说教弄得模糊不清。但是,归根到底,无论是马克思主义者,还是其他清醒地判断问题的人都深信,任何一个国家或国家联盟的政策,都是由在这些国家中占优势的社会政治力量的利益所决定的。在国际舞台上这些利益的尖锐冲突,在整个历史过程中曾导致了武装冲突和战争。结果是,人类的政治历史在很大程度上成了一部战争史。今天,这一传统径直通向核深渊。整个人类现在是同舟共济,是沉是浮,只能在一起。因此,裁军谈判不是赌博。大家都应当赢,要不大家全都输。"他明确表示:"新思维的核心是承认全人类的价值高于一切,更确切地说,是承认人类的生存高于一切。"

戈尔巴乔夫预料到他的新思维会引起人们的怀疑和批判,所以他解释说:"某些人可能会对共产党人特别重视全人类的利益和价值这一点感到奇怪。的确,从阶级角度来看待社会生活的各种现象,这是马克思主义的基本常识。这种态度在今天既完全符合存在着各种阶级利益对抗的阶级社会的现实,也完全符合充满这种对抗的国际生活的现实。直到最近为止,阶级斗争仍然是社会发展的核心,现在阶级斗争仍然是划分为阶级的国家的核心。同样,在马克思主义世界观中占主导地位的是用阶级态度对待社会现实的主要问题。全人类概念是最后一个阶级——工人阶级斗争的职能和最终结果,工人阶级解放了自己,并正在使整个社会摆脱阶级对抗。""但是现在,随着大规模(普遍的!)毁灭性武器的出现,国际舞台上的阶级对抗有了客观的限度,超过这个限度就会出现全部毁灭的威胁。第一次出现了现实的,而不是抽象的,今天的,而不是遥远的全人类的利益——使人类文明免于毁灭。"① 戈尔巴乔夫说,苏共二十七大正式修改了不同社会制度的国家和平共处是阶级斗争的特殊形式的观点。

---

① 《改革与新思维》,第184、185页。

第十六章 缓和与收缩外交

第一节 苏联对美政策的变化

从某种意义上说，20世纪的外交是大国的外交。而苏联一直处于世界外交舞台的核心地带。从历史上看，俄罗斯也曾渴望走向世界的舞台中心，一直梦想主宰和统治世界。俄罗斯历史上的扩张速度是任何国家都不能比拟的。但在20世纪初期以前，俄罗斯一直处于欧洲的边缘。尽管有时俄罗斯会对欧洲产生巨大影响，但德、法、英等国仍然将其视为东欧边缘的政治实体。苏联成立后情况就不同了。苏联作为扩大了的俄罗斯，在世界上迅速崛起，特别是在"二战"中取得伟大胜利后，彻底改变了传统的世界格局。苏美两霸争夺世界的国际格局，意味着苏联在国际上起着举足轻重的作用。问题在于，苏联为了实现称霸世界的目标，在自身的发展与前进方面，付出了极其惨重的代价。这同其僵化的体制一起，成为苏联发展停滞乃至衰落的主要原因。

到80年代初期，因力不从心，苏联在总体外交战略上必须作出选择：要么放弃与美国针锋相对的争霸目标，实行缓和与收缩战略，为振兴经济争取时间；要么继续与美国及西方国家竞争，使全国继续处于紧张状态，冒因经济崩溃而遭到失败的风险。戈尔巴乔夫上台后，苏联的外交战略决策是与改革和新思维的总体思路连在一起的，目标是要为改革提供有利的国际环境。因此，戈尔巴乔夫着手大幅度调整苏联的军事战略和外交政策，首先是改善同美国的关系，以缓和同美国的军备竞赛和军事对抗，减轻这方面的沉重负担。

这时期，戈尔巴乔夫的外交政策构想是零碎的不完整的，他主要提出了以下几个方面的想法：

△苏联不能通过武力来战胜帝国主义；

△停止军备竞赛，重点解决苏联国内问题；

△苏联应该想办法将美国军队赶出欧洲；

△尽最大努力改善苏美两国关系。

谋求与美国改善关系

戈尔巴乔夫和周围的顾问们十分清楚，不同美国改善关系，就不可能从总体上改善苏联的国际环境。1985年3月，在苏共中央非常全会上，戈尔巴乔夫当选党的总书记之后发表讲话时表示，在对外政策方面始终不渝地奉行和平与进步的方针，永不放弃本国及盟国的利益。他还表示，希望同美国停止军备竞赛，建议冻结核武库和停止继续部署导弹。3月13日，戈尔巴乔夫在红场契尔年科葬礼上的讲话中表示，要目标明确地为加快社会经济发展速度、增强国家经济和防御实力而奋斗。实际上美国总统里根也一直准备同苏联最高领导人举行最高级别的会晤。契尔年科去世、戈尔巴乔夫任苏共中央总书记之后，里根立即派副总统布什去莫斯科参加契尔年科的葬礼，同时向戈尔巴乔夫表示祝贺并正式邀请他访美，同里根总统举行会晤。

如果说，勃列日涅夫执政18年目睹了从约翰逊、尼克松到卡特和里根的美国总统更迭，那么，里根总统也目睹了苏联从勃列日涅夫，经过安德罗波夫和契尔年科再到戈尔巴乔夫为总书记的令人眼花缭乱的更迭过程。里根曾经说过，他不是不准备与苏联领导人会晤，而是他们去世得太快了，以致还没来得及达成最高级会晤的协议，他们就匆匆离开人寰。里根政府对戈尔巴乔夫做了精深的研究，几次表示邀请戈尔巴乔夫访美。美方还表示，如果戈尔巴乔夫刚刚当选，一时离不开苏联的话，里根也可以先访问苏联。里根的邀请在苏联最高决策层引起了争论。许多政治局委员不同意戈尔巴乔夫匆忙与里根总统会晤，认为在举行首脑会晤之前苏联和美国应该达成有关协议。戈尔巴乔夫对与美国总统里根会谈很感兴趣，他在政治局会议上坚持尽快与里根会谈。他认为，如果要先就军控问题达成协议，那么，最高级的会晤就不可能在两三年内举行，也许根本就不可能举行，现在时间不多了，苏联需要举行最高级会谈来了解里根以及他的计划，最重要的是与美国总统进行私人对话。① 葛罗米柯不同意戈尔巴乔夫立即举行苏美最高级会谈的建议，不过他没有坚持自己的主张，因为他感到明确反对总书记的建议不太合适。于是，戈尔巴乔夫的建议在中央政治

---

① 多勃雷宁回忆录：《信赖》，第645页。

局会议上得到了通过。

1985年4月18日,《真理报》发表声明,表示苏联支持美国提出的举行最高级会谈的建议。不过双方在会晤的地点问题上有不同的看法。里根建议戈尔巴乔夫去华盛顿,而戈尔巴乔夫建议里根来莫斯科。最后,双方达成协议,他们将于11月在第三国——传统的中立国瑞士的日内瓦举行他们之间的第一次首脑会晤。

裁军问题一直是苏联为维持军事战略均势而进行的讨价还价的手段。戈尔巴乔夫担任党的总书记后,苏美两国仍然继续玩弄"裁军"这个讨价还价的谈判游戏。1985年3月22日,戈尔巴乔夫会见社会党国际裁军咨询委员会成员时表示,苏联坚决反对把谈判变成掩盖加紧军备竞赛的幌子,对于美国的意图,苏联将根据其实际行动来判断。这表明戈尔巴乔夫对美国的裁军诚意抱有深刻的怀疑态度。3月28日,戈尔巴乔夫致函联邦德国统一和平组织,希望日内瓦谈判取得成功,他指责美国利用日内瓦谈判作为掩盖其军事集结计划的一个屏障。第二天,出席斯德哥尔摩裁军会议的苏联代表团团长格里涅夫斯基表示,会议迄今未能从玩弄辞令转入实际谈判。美国和北约某些国家的非建设性立场破坏了会议的求是节律。4月3日,苏联外长葛罗米柯在会见加拿大外长克拉克时表示,只有美国方面采取相应行动,苏美日内瓦谈判才能达到目标。苏联不会从1985年1月就裁军内容达成协议上后退。

这时期,苏联将目标放在两个主要方面,一是迫使美国暂停研制、试验和部署太空武器及冻结战略武器;二是迫使美国停止在西欧部署中程导弹。1985年4月7日,戈尔巴乔夫在同《真理报》编辑谈话时提出重要建议,即苏美在谈判期间暂停研制、试验和部署太空武器及冻结战略武器,美国停止在西欧部署中程导弹,苏联也采取对应措施;他宣布苏联从1985年4月7日至1985年11月暂停在欧洲部署中程导弹,此后作何决定,要看美国是否停止在欧洲部署中程导弹。4月9日,苏联外长葛罗米柯会见荷兰外交大臣范登布鲁克时就在西欧部署导弹等问题举行了会谈。他表示,必须制止在西欧部署美国导弹的不良进程。

从这时期对美政策的基调来看,苏联最高决策层的态度具有两面性,一方面比较强硬,主张与美国保持军事战略均势,遏制美国谋求军事战略优势的企图,将美国"挤出"西欧;另一方面谋求与美国缓和关系,通过真正的裁军达到维持军事战略均势的目的,减轻苏联国内的经济压力。

5月5日，戈尔巴乔夫在会见苏联老战士和老劳模时表示，西方把赌注压在谋求军事优势上，这一方针正在将世界推向核灾难的边缘。苏联将利用一切机会同西方开展建设性对话，使国际局势健康化。5月9日，戈尔巴乔夫在纪念胜利日招待会上表示，政治明智和卓有成效的合作诚意在国际关系中必胜。当代世界政治问题只能通过谈判、耐心的建设性对话来解决。这些讲话准确地表达了戈尔巴乔夫对美政策的两面性。

但是，这时期，戈尔巴乔夫的缓和政策并没有取得应有的效果，原因是美国对苏政策依然采取强硬态度，这导致苏美日内瓦谈判没有取得突破性进展。5月30日，苏美第二轮控制军备谈判在日内瓦举行。苏联代表团团长是维克多·卡尔波夫，美国代表团团长是马克斯·坎伯尔曼。在谈判中苏联重申了戈尔巴乔夫提出的建议，但美国没有响应苏联的倡议，继续研制、试验进攻性太空武器，不准备放弃"战略防御计划"。7月29日，戈尔巴乔夫发表声明，宣布从1985年8月6日起单方面停止任何核爆炸，直至1986年1月1日。他表示，希望美国对此作出积极反应。如果美国不进行核爆炸的话，则苏联的这种暂停将继续有效。9月1日，戈尔巴乔夫在答美国《时代》周刊问时表示，苏美关系出现了某些希望，但总体上仍在继续恶化。他批评美国政府抵制苏联的建议，缺乏对世界命运的责任感。他表示，苏联积极准备日内瓦高级会晤。他批评美国的"星球大战"计划是十分危险的，必然导致苏美关系再度尖锐化。如果美国目前在太空武器问题上的立场已成定局，则日内瓦谈判将失去任何意义。他警告说，如果美国人以为出现超过和逼迫苏联的机会，那是幻想。苏联一定会找到对应措施。9月2日，戈尔巴乔夫在会见美国参议院民主党党团领袖伯德时表示，尽管苏美之间存在制度性差异，但不能妨碍对人类所负的责任，要消除核威胁和维护和平。他对苏美日内瓦高级会晤充满信心。9月中旬，戈尔巴乔夫在会见日本社会党中央执行委员会书记长石桥政嗣时表示，苏联愿在美国不采取会导致亚太地区战略局势发生变化行动的情况下，冻结苏联在亚洲部分的数量。这是戈尔巴乔夫提出的最新建议。10月2—5日，戈尔巴乔夫访问法国。访问期间，他提出了新的裁军建议，即要求苏美将各自的战略核武器减少50%，并全面禁止发展、制造和部署进攻性太空武器，苏联同英国、法国单独就远程导弹问题达成协议；由本国控制核查协议的执行情况，但可在合作基础上作补充检查。这些建议表明，苏联在裁军问题上采取了比较灵活和主动的姿态，作出了让步,向美国发出了一系列缓和的外交信号,旨在为苏美日内瓦最高级会晤做铺垫,以便取得重大突破。

值得注意的是,苏联军方的观点与最高决策层的观点存在着明显的差别,军方主张与美国实施对垒和强硬政策。4月14日,苏联国防部部长索科洛夫在苏联防空军节时发布命令,他表示,在复杂而紧张的国际局势下,在美帝国主义势力及其北约盟国进行空前规模的军备竞赛条件下,防空军全体官兵要随时处于战斗准备状态。5月4日,苏联国防部部长索科洛夫表示,如果美国使太空军事化,破坏现存的战略均势,苏联除了采取报复措施以挽救局势外,别无其他选择。5月12日,华约联合武装部队副司令霍夫林在华约签订30周年之际表示,美国奉行"二战"以来最反动和最好战的对外政策。

外交部的改组和外交政策的变化

苏联外交领域很快出现了变化,令世界感到惊奇,首先是葛罗米柯离开了外交部,荣升为苏联最高苏维埃主席团主席,使世界一惊;从来没有搞过外交的谢瓦尔德纳泽入主苏联外交部,使世界二惊。谢瓦尔德纳泽新的外交政策立即给世界一个很深的印象。同时,亚历山大·雅科夫列夫在为戈尔巴乔夫制订外交政策和外交理论。

谢瓦尔德纳泽上任后,马上召集了副部长会议,他说:"我对你们毫无保留,我的处境糟得不能再糟了。我在外交政策方面的知识没有什么能使你们吃惊的地方。我只能许诺,我将努力工作,我不会在你们面前感到惭愧,而你们也不要有愧于我。但说到底,我还是不相信会搞得很像样。在葛罗米柯的威望及其留下的遗产的背景下,我感到特别困难。我拿什么跟他这艘世界级对外政策的巡洋舰来比呢?我只不过是一条小船。不过,这是一条带马达的小船。"[①] 谢瓦尔德纳泽进行了三方面的工作:第一,确立他的个人自决权,成为一个名副其实的部长;第二,本部门的改革——完全符合戈尔巴乔夫提出的外交政策的战略目标的改革;第三,贯彻新的对外政策战略,同时要与社会和国家的改革、与民主化的任务紧密联系在一起。他到外交部以后,根据新的情况设立了新的外交机构,即限制军备和裁军局、国际人文合作和人权局、国际法局、新闻局,将几个主管欧洲问题的部门进行合并。谢瓦尔德纳泽感到苏联外交政策还缺乏理论

---

① 参见谢瓦尔德纳泽的回忆录:《我的选择》。

的和哲学的基础，于是他准备召开范围广泛的科学实践会议，结果激发了苏联外交部工作人员的热情，共提出了 800 多条在他看来有价值的建议和设想，绝大多数出自年轻的外交官之手。这位新任外交部部长受到了鼓舞。

1987 年 2 月，苏联外长谢瓦尔德纳泽论述了苏联外交工作改革的主要任务。他讲了以下几点看法：

1. 不要让国家为维持防御能力和维护自己的合法对外利益而多花钱；
2. 大力帮助国家机关在经济、科学、贸易、生态方面建立能大大促进经济改革获得成功的国际合作；
3. 更多地考虑经济方法，提高对外政策的赢利，在同其他国家的关系中尽量少给苏联的经济增加负担；
4. 为使苏联人能安心工作建立稳定的心理环境；
5. 苏联外交的目的是为国内发展创造有利的外部条件。①

日内瓦会晤

经过一番讨价还价，11 月 18 日，戈尔巴乔夫和里根在日内瓦举行了苏美最高级首脑会谈。双方讨论了战略防御计划和削减核军备方案，同时还讨论了阿富汗问题、人权问题以及苏美关系问题。会谈的焦点是里根的"战略防御计划"问题。里根在对苏政策上推行"全面对抗"战略，提出要在核军备竞赛中夺取对苏联的战略优势，并在欧洲、中东以及世界各地对抗苏联的扩张，直至把苏联"推回"到"二战"前的状态。"战略防御计划"就是里根的一张王牌，他扬言推行这个计划可以或者使美国具有不受苏联具有优势的战略核导弹进攻的安全保障，从而夺取对苏战略优势；或者逼迫苏联同美国进行新三轮费用更加昂贵的太空军备竞赛，从而从经济上拖垮苏联。这样，阻止"战略防御计划"的实施就成为苏联对美政策的一个关键问题。为此，苏联一直坚持以美国停止推行"战略防御计划"、停止研制太空武器，作为削减战略核导弹和解决欧洲中导之争的先决条件。戈尔巴乔夫上台后，为了同美国妥协，改善苏美关系，先后在这个问题上作了一些松动。他提出不反对在实验室范围内进行太空武器的基础理论研究，但反对研制和部署这种武器；他宣布苏联从 1986 年 1 月 1 日起单方面停止一切核试验，如果美国也这样做，暂停还将继续下去

---

① 《苏联外交通报》1987 年第 2 期。

（其用意是阻止美国进行研制太空武器的地下核试验）；在削减战略武器谈判中，他提出把削减幅度由 25% 提高到 50%。正是这些松动，才使得苏美日内瓦首脑会晤得以举行。然而，尽管戈尔巴乔夫力图在"战略防御计划"问题上迫使里根总统让步，但里根在这个问题上没有作出一丝一毫的妥协。戈尔巴乔夫来去两手空空，而里根则受到了美国右派的欢迎。戈尔巴乔夫对日内瓦会晤从内心里感到不满。他在日内瓦的一次记者招待会上表示，美国总统约翰逊曾经说过："谁统治了太空，谁就统治了地球"，这句话暴露了美国领导人的野心，现在则表明美国领导人野心不死。① 这次最高级会谈没有取得重大突破，但是苏美两国首脑举行会晤本身就意味着苏美两国关系在发生变化，在朝着缓和的方向发展。更重要的是，戈尔巴乔夫和里根进行了两次长达 5 小时的单独会谈，相互之间建立了良好的个人关系。里根在会晤后表示，他终于遇到了"可以与之交谈的苏联领导人"。会谈之后，苏共中央政治局对戈尔巴乔夫与里根会谈也给予了肯定。

日内瓦最高级会晤仍然没有取得明显的成果，但会谈本身就是一种巨大的外交成果。此后，苏联更加重视对美关系。12 月 5 日，谢瓦尔德纳泽在莫斯科会见波兰外长奥热霍夫斯基时表示，不单是我们星球的政治气候，而且连我们星球的命运都在很大程度上取决于苏美关系的状况。戈尔巴乔夫对这次会晤表示满意。12 月 10 日，他在会见美国商务部部长鲍德里奇时说，苏美首脑在日内瓦会晤总的成果是积极的，为讨论多年积累下来的一些爆炸性和尖锐问题奠定了基础。如果不消除政治障碍，两国贸易关系就不会有正常的大规模的发展。

"缓和"是戈尔巴乔夫执政之后在外交方面本能的选择。苏联不仅要同西方缓和关系，而且也必须同周围的社会主义国家改善关系。美国外交官戏言，苏联应该予以同情，因为它是世界上被"敌对共产党国家所包围"的唯一国家。②

外交上引人注目的举措

从 1985 年春天开始，戈尔巴乔夫与里根每隔几周就交换一次信件，双方讨论问题的态度很坦率。

1986 年新年伊始，戈尔巴乔夫就在外交上开展了新一轮和平攻势，

---

① ［美］杰里·霍夫：《美苏关系前景》，美国《当代史》1986 年 10 月号。
② 《苏联解体亲历记》（上），第 85 页。

投出了一枚重型炸弹。这颗炸弹是苏联外交部第一副部长科尔尼延科和苏军总参谋长谢尔盖·阿赫罗梅耶夫共同制订的。1月15日,戈尔巴乔夫发表声明,提出在2000年以前完全销毁全世界核武器的一揽子计划。这个计划分三个阶段实施:第一阶段,苏美在5—8年内把能够打到对方领土上的核武器减少一半,双方保留下来的核弹头不能超过6000枚;第二阶段,从1990年开始的5—7年内,其他核大国也加入核裁军的行列;第三阶段,在1995—1999年期间彻底销毁世界上所有剩余的核武器。戈尔巴乔夫在声明中还提出,要停止军备竞赛,避免人类所面临的威胁;要抛弃"石器时代思维",进行"新的政治思维"。苏联第一次表示愿意销毁其SS—20弹道导弹。苏联向美国作出了重大让步。里根对戈尔巴乔夫的声明很感兴趣,但美国怀疑这又是苏联一贯的宣传伎俩。不过,里根在欧洲中导问题上明确表示同意"零点方案",并同意进行就地核查。

3月29日,戈尔巴乔夫就苏联暂停核试验问题发表电视讲话,宣布如果3月31日以后美国仍进行核爆炸,则苏联将不得不恢复核试验。他建议与美国就禁止核试验监督问题立即开始谈判。4月11日,苏联政府发表声明,强调由于美国4月1日进行了核爆炸,苏联今后不再承担单方面不进行核爆炸的义务。这表明,戈尔巴乔夫使用外交手段向美国提出条件并准备引导美国朝着停止军备竞赛的方向前进。5月31日,苏联政府就美国拒绝继续遵守苏美关于限制进攻性战略武器条约发表声明,指责美国旨在奉行大力进行军备竞赛的政策,这会加剧国际局势的紧张。声明表示,苏联不会坐视美国破坏在限制进攻性战略武器方面达成的协议。苏联仍将采取一切措施来可靠地保障社会主义大家庭的安全和国际安全。6月11日,苏联在苏美日内瓦裁军会议上提出了新建议,即"中间方案"。该方案要点是,苏美双方保证在15—20年内不退出苏美1972年签署的关于《限制反弹道导弹防御系统条约》,双方将进攻性武器限制在同等水平上,将运载工具总数削减到1600件;苏美双方把中程导弹谈判与其他武器谈判分开另行解决;只要美英将其核武器限制在现有水平上,苏美在中程导弹谈判中可以不涉及其核武器系统。8月19日,参加斯德哥尔摩裁军会议的苏联代表团在开幕式上表示,苏方接受现场军事检查的建议,检查范围包括军事演习、部队活动和调动军队等军事活动。这实际上标志着持续了近三年的斯德哥尔摩安全会议最后一轮会议取得了重大进展。9月,苏联宣布申请加入关税贸易总协定,并表示对国际货币基金组织和世界银行感兴趣。

但是,所有这一切都有一个前提:那就是要美国放弃"战略防御计划",在这个基础上实现缓和。而这恰恰是里根所不能接受的。由于在这个核心问题上双方僵持不下,1986年苏美在日内瓦举行的三轮军控谈判均未能取得进展。

雷克雅未克会晤

然而,力争同美国达成妥协,使苏美关系得到缓和和改善,毕竟是戈尔巴乔夫的主要意图。因此,他仍然写信给里根,建议在冰岛的雷克雅未克同里根举行工作会晤。里根政府则开始遇到财政困难,不得不削减国防预算,因而也希望同戈尔巴乔夫会晤。就在双方因"间谍"事件闹得不可开交时,里根在白宫会见了谢瓦尔德纳泽,讨论了首脑会晤问题。接着,双方达成了交换扎哈罗夫和达尼洛夫的协议。9月29日,达尼洛夫获准回国,30日,里根就正式宣布将于10月11—12日同戈尔巴乔夫会晤。美国仍然十分乐意在不与"战略防御计划"挂钩的情况下,同苏联达成销毁中程导弹的协议。

戈尔巴乔夫给里根写信,建议在冰岛的雷克雅未克举行苏美首脑工作会议。戈尔巴乔夫的建议引起了美国的重视和惊奇,因为冰岛是美国的盟国,苏联不提在中立国召开会议,而提出在美国的盟国领土上会晤这本身就表明苏联开放和不教条了。雷克雅未克会晤引起了国际社会的广泛关注。"如果他们把最高级会晤的前途当作商品一样做交易的话,那么好运已经得而复失。两位领导人自己都在从事着一种类似套汇的买卖,都想从波动的市场中迅速地获得政治利润。"①

这次戈尔巴乔夫的顾问班子进行了比较充分的准备。他们的计划部署使用了"突然性"这个方案,即苏联方面突然宣布戈尔巴乔夫去雷克雅未克参加会晤,苏联方面还一直暗示戈尔巴乔夫准备签署一项单独的、同其他军备控制问题不相联系的中程导弹的协议。而在日内瓦会晤中,苏美是分三个小组进行谈判的,即削减战略武器谈判、太空防御谈判和正常核力量谈判。这次苏联暗示准备在中程导弹问题上做出动作,显然是针对同美国的谈判部署的。"所谓中程核武器,其本身是具有巨大破坏力的,但

---

① [美]迈克尔·曼德尔鲍姆、斯特罗勃·塔尔博特:《雷克雅未克和雷克雅未克以后》,《外交季刊》1989年冬季号。

是从火力方面来说，与战略武器的数量和威力相比，它们就几乎成了附带性的武器了。但是中程核力量在北约的政治中是极为重要的；所谓的欧洲导弹象征着美国所承担的用自己的核武器保卫西欧的义务。反之，苏联掀起的阻止美国部署导弹的运动则是它鼓励西欧'脱离'美国的这一更为广泛的努力的一部分。"① 为了消除苏联对西欧的直接威胁，10月11—12日，雷克雅未克会议召开。这实际上不是一次正式的首脑会晤，在美国总统里根看来，这是通向华盛顿首脑会晤的"最后一个营地"。

但开会之后，美国人发现苏联带来的是一揽子方案。在第一天上午的会议上戈尔巴乔夫提出了内容广泛的军备控制协议，提出了非常详细的建议和看法。美国方面感到，苏联领导人准备"进行一次大赌博"。里根表示："他带来一大堆建议，但我想他是冲着战略防御计划而来的。"② 随后，会议分为两个小组进行讨论，讨论时间安排得很紧张，甚至进行通宵讨论。美国的保罗·尼采和苏联的阿赫罗梅耶夫元帅主持军备谈判小组；美国罗扎尼·李奇韦大使和亚历山大·别斯梅尔特内赫主持地区冲突、人权和双边交流小组的谈判。苏联方面在军备控制谈判方面作出了较大的让步，但是在其他方面却斤斤计较。在戈尔巴乔夫与里根会谈时，戈尔巴乔夫接受了美国提出的建议，即苏联削减50%的重型陆基导弹，保留少量中程导弹，苏联还同意美国可以进行现场视察。但是，双方还存在分歧，一个是，戈尔巴乔夫提出到2000年销毁所有核武器，而里根只同意销毁所有弹道导弹。另一个问题是，戈尔巴乔夫坚持一切有关战略防御武器的研究都应限于在实验室内进行，里根则不同意。他提出实验室以外的试验是必不可少的。最后会谈的结果是，里根接受了戈尔巴乔夫提出的关于最终销毁所有核武器的建议，但在有关战略防御计划试验方面毫不让步。里根在这个问题上的反应"就好像让他把他所珍爱的孩子扔进正在喷发的火山口"。③ 当然会谈没有取得进展。其实，在戈尔巴乔夫会晤之前苏共中央政治局曾经开会研究和部署了会晤时的策略，确定了会晤让步的最低界限。戈尔巴乔夫只要能够阻止美国部署战略防御系统，则苏联就可以接受美国

---

① [美]迈克尔·曼德尔鲍姆、斯特罗勃·塔尔博特：《雷克雅未克和雷克雅未克以后》，载《外交季刊》1989年冬季号。

② [美]迈克尔·曼德尔鲍姆、斯特罗勃·塔尔博特：《雷克雅未克和雷克雅未克以后》，载《外交季刊》1989年冬季号。

③ 《苏联解体亲历记》（上），第108页。

的立场。然而，苏联没有达到目的，美国和苏联领导人都对这次会议的结果感到不满。从这里可以看出，战略防御计划多年来一直是苏美关系中最有争议的问题。"戈尔巴乔夫坚持认为这项计划会使美国获得军事技术优势和对苏联的第一次打击能力。里根总统同样毫不退让地坚持认为战略防御计划将会产生一个针对一切核力量的纯粹防御性质的盾牌，因此它是取代传统的、以相互有把握摧毁为基础的威慑战略的合乎道德的另一种选择。"① 戈尔巴乔夫和里根都不肯接受对方的建议。美国国务卿舒尔茨多次用"失望"来形容这次会晤，而美国总统办公厅主任里甘则公开对记者表示："他们终于在摊牌的时候，露出了自己的真面目。""在我看来，在近期内不会有另一次首脑会晤。"② 戈尔巴乔夫在中央政治局会议上将会议没有取得成果归罪于里根，他在这次会议上用极为刻薄的语言攻击了里根。

尽管这次会晤没有达到突破，但从这次会晤上可以看出，戈尔巴乔夫切实将苏联的外交政策推向了一个新的阶段。戈尔巴乔夫在1987年11月庆祝十月革命70周年大会上说，雷克雅未克会晤是标志国际形势发展新阶段的事件，"这次会晤使新思维具有实际的能量，使它在各种社会集团和政治集团中得到加强，使国际政治接触更有成效了。"③ "从一定的意义上说，戈尔巴乔夫只是使苏联的外交政策重新回到正常状态，回到大致上衰老症开始使苏联的决策机制失灵以前所达到的水平上。然而，从一种更加根本的意义上说苏联的外交政策正在进入新的阶段。苏联的新领导正在从根本上重新评价苏联同外部世界的关系。"④ 戈尔巴乔夫后来表示："雷克雅未克会晤使我们达到了一个极为重要的阶段，认识到我们处于何处。在这方面，需要有明确的想法，而不应当持肤浅的看法。无论在什么场合，我都不会认为雷克雅未克会晤是一次失败。这是复杂而困难的对话过程中以及谋求解决方案过程中的一个台阶。应当在广泛范围内谋求解决方案。只有在这种情况下，才有可能达成协议。我们从雷克雅未克会晤中得

---

① ［美］迈克尔·曼德尔鲍姆、斯特罗勃·塔尔博特：《雷克雅未克和雷克雅未克以后》，载《外交季刊》1989年冬季号。
② ［美］迈克尔·曼德尔鲍姆、斯特罗勃·塔尔博特：《雷克雅未克和雷克雅未克以后》，载《外交季刊》1989年冬季号。
③ 《真理报》1987年11月3日。
④ ［美］斯蒂芬·拉瑞比、艾伦·林奇：《戈尔巴乔夫：通向雷克雅未克的道路》，美国《外交政策》季刊1986年冬季号。

出的结论是，对话的必要性更加增强了。正因为如此，在雷克雅未克会晤之后，我更加乐观了。"戈尔巴乔夫还认为："雷克雅未克会晤的不成功在于西方某些集团所固有的两个带有战略性质的错误观点。第一，认为俄国人害怕战略防御倡议，因而会作出任何让步。第二，认为我们对裁军的利害关系要比美国的利害关系更大。这种情绪也对雷克雅未克会谈的进程产生了影响。"①

雷克雅未克会谈之后，美国并没有按照苏联的外交脚本去行动，这使苏联最高决策层感到尴尬和愤怒。1986年11月6日，苏联宣布如果美国不同意暂停核试验，则苏联在1987年1月1日恢复核试验。12月5日，苏联发表声明，谴责美国关于部署131架B—52重型轰炸机的决定违反了苏美第一阶段限制战略武器协定和第二阶段限制战略武器的条约。但声明表示苏联不准备退出该条约。12月18日，苏联政府发表声明，宣布1987年在美国进行第一次核爆炸后苏联将恢复核试验。

不仅如此，1986年，苏联和美国之间还出现了"间谍"纠纷和相互驱逐对方人员的事件。8月，美国联邦调查局逮捕了联合国秘书处的苏联籍雇员根纳季·扎哈罗夫，指控他在美国从事间谍活动。苏联以牙还牙，逮捕了《美国新闻与世界报道》驻莫斯科记者尼古拉斯·达尼洛夫。里根直接给戈尔巴乔夫写信，要求释放达尼洛夫。戈尔巴乔夫采取拖延战术。美国感到震怒，里根下令把在联合国工作的25名苏联官员驱逐出境，并扬言这些人绝大部分是苏联间谍。对于美国驱赶苏联在美人员，雷克雅未克会晤前戈尔巴乔夫忍了一口气。待雷克雅未克会晤一结束，苏联就采取行动将5名美国外交官驱逐出境。苏联进行外交上的报复；美国不甘示弱，进行反报复，而且规模巨大：将华盛顿和旧金山55名苏联外交官驱逐出境，并规定苏联驻华盛顿大使馆人员不能超过225人；旧金山领事馆的人数不能超过26人。戈尔巴乔夫不能容忍里根如此反报复，于是，苏联撤走了驻苏美国外交机构中的苏联雇员，并又一次驱逐了5名美国外交官。

从零点方案到"全球双零点方案"

面对日益严峻的国内形势，戈尔巴乔夫不得不在同美国对抗还是对话、紧张还是缓和中作出抉择。1987年2月，他终于在中导问题上放弃

---

① 《改革与新思维》，第317、318页。

了同美国的"战略防御计划"挂钩的要求，表示愿意在雷克雅未克谅解的基础上单独就全部销毁欧洲中程导弹同美国达成协议，也就是接受里根提出的"零点方案"。1987年2月28日，戈尔巴乔夫发表声明，就裁减欧洲中程导弹问题提出新建议，即将欧洲中程导弹问题从其他问题中单独列出来，就这一问题缔结单独协议。一旦销毁苏美在欧洲的中程导弹问题达成协议，则苏联就从民主德国和捷克斯洛伐克撤出加大射程的战略战术导弹。3月30日，戈尔巴乔夫在会见英国首相撒切尔夫人时表示，中程导弹问题派生出一整套条件和对苏联的要求，北约组织正在从自己的"零点方案"立场开始后退。苏联耐心地等待北约对华约提出的关于常规武器和武装力量的建议的答复，准备坚决降低两个集团在从大西洋到乌拉尔区域内的军事对抗水平。他还表示，苏联的外交政策比以往任何时候都更多地从国内政策出发加以考虑。4月，戈尔巴乔夫在访问捷克斯洛伐克时提出了一系列军备控制的新建议，即第一，就削减欧洲射程为500公里至1000公里的战术核武器问题举行会谈；第二，采取广泛的核查措施，其中包括现场核查导弹基地、试验场和生产核武器的工厂；第三，举行35国外长会议，以便早日就削减欧洲常规部队和常规武器问题举行新的会谈；第四，在今年就制定限制化学武器问题的国际公约举行积极的谈判。4月14日，戈尔巴乔夫在接见来访的美国国务卿舒尔茨时表示，就进攻性战略武器、反导弹防御系统和核试验制定关键原则。

接着，由于西欧坚持要求同时销毁短程导弹，戈尔巴乔夫只好把苏联的中短程导弹引入协议，这样就形成了所谓欧洲"双零点方案"，即美苏部署在欧洲的中程和中短程导弹都全部销毁。以后亚洲国家又提出"欧亚对等"原则，要求美苏同时销毁他们部署在亚洲的中导。于是美苏把中导协议扩大到全球，达成了"全球零点方案"的协议。1987年7月22日，戈尔巴乔夫在答印尼记者问时提出了"全球双零点方案"倡议。他表示，苏联愿把苏联在亚洲部分的中程导弹全部消除，条件是美国也要这样做。战役战术导弹也将消除。苏联不把美国在韩国、菲律宾、迪戈加西亚岛的核存在问题同该倡议联系在一起。戈尔巴乔夫还提出了缓和亚太地区紧张局势的措施：第一，苏联承担不在苏联亚洲部分增加运载核武器飞机的数量的义务，条件是美国不在该地区额外部署能达到苏联领土的核武器；第二，降低苏美在太平洋上的军舰活动；第三，如期召开讨论印度洋问题的国际会议；第四，坚持不懈地争取达成禁止核试验协议。正是这个协议，为戈尔巴乔夫的美国之行铺平了道路。10月2日，戈尔巴乔夫提出建立北极和平区的6点建议。10月23日，戈尔巴乔夫在会见美国国务卿舒尔茨时提出新建议，即第一，苏美从11月1日起暂停一切与中短程导弹的制造、试验和部署有关的工作；第二，美国在法律上承担10年内不退出反弹道导弹防御系统条约并严格遵守条约的义务，苏联同意对对方战略武器的弹头数量规定限额；第三，苏联在1年内单方面暂停克拉斯诺亚尔斯克雷达站的建设工作，美国停止建设苏格兰雷达站。

面子重要，还是国家利益重要？

随着戈尔巴乔夫大权在握，他在外交政策方面越来越专断。他不断将外交政策的制定和实施的过程避开苏共中央政治局。这样，苏共中央政治局讨论外交政策的会议越来越少了。一般地说，自赫鲁晓夫开始，苏共中央政治局（中央主席团）经常讨论外交政策和国际问题。苏共中央总书记会见外国首脑需要政治局仔细讨论，会见之后还要向政治局汇报，由政治局做出决议。在这个过程中苏联外交部需要向政治局详细通报情况，提出建议和谈判方案。但是，到了戈尔巴乔夫时期，他将这些外交政策的决策程序逐渐地都改变了，只有戈尔巴乔夫、谢瓦尔德纳泽和雅科夫列夫对苏联的外交政策有决策权。从这个前提出发就可以理解为什么苏联外交政策出现了如此大幅度的调整。戈尔巴乔夫还经常提出一些没有经过细心准备的方案和建议，做出临时决定。据多勃雷宁回忆，1987年4月，美国国务卿舒尔茨在莫斯科与苏联领导人谈判。苏联中央决策层的底牌是，只要美国放弃1983年以来部署在欧洲的同样导弹，则苏联就放弃SS—20导弹和其他武器。戈尔巴乔夫要求多勃雷宁和总参谋长阿赫罗梅耶夫给他写一份备忘录。阿赫罗梅耶夫向戈尔巴乔夫表示，苏方的SS—23最新类型的100多枚中短程导弹不在与舒尔茨谈判议程之内，苏方不能对此做出让步。在谈判中舒尔茨一再提出SS—23中短程导弹问题。戈尔巴乔夫开始时表示拒绝，后来舒尔茨在谈判结束时又一次提出这个问题，戈尔巴乔夫犹豫一下表示让步，同意将苏联的SS—23中短程导弹也包括在谈判之列，这令多勃雷宁和阿赫罗梅耶夫大吃一惊。事后，阿赫罗梅耶夫质问戈尔巴乔夫为什么在最后时刻改变立场？戈尔巴乔夫回答说，他忘记了备忘录中的内容。阿赫罗梅耶夫表示马上向舒尔茨纠正苏联的立场，但戈尔巴乔夫训斥了这位苏军总参谋长："你是在建议让我们告诉舒尔茨国务卿，作为总书记的我不了解军事方面的问题，在我们的将军们给我做了纠正之后，我现在来改变我的立场，让我食言吗？"① 这里的问题是，是戈尔巴乔夫总书记的面子重要，还是苏联国家利益重要？

中导条约的签署

在《改革与新思维》一书中，戈尔巴乔夫阐述了对美国的看法。他表示，美国的政策至少是在两种错误认识的基础上形成的。第一，相信苏联的经济体制就要开始崩溃了，它的改革将一事无成；第二，指望西方技术上和工艺上并且最终在军事上能取得优势。这种幻想就产生了下述方针：通过军备竞赛来拖垮社会主义，然后就迫使对方接受自己的条件。这就是蓝图，这种蓝图是幼稚可笑的。② 他表示，现实的对外政策有两个特征：考虑本国利益和尊重别国的利益。

戈尔巴乔夫十分向往美国，他曾在《改革与新思维》一书中流露出这样的心情。他说："早在莫斯科大学学习的时候，我就对美国的历史感兴趣，我读过不少美国作者写的书，还一直注意到我们两国关系的状况。"③ 他十分渴望访问美国。在苏共中央高层的漫长岁月里他曾访问过英国、加拿大；担任党的总书记之后他多次会见西方领导人，几次与里根总统面对面地进行谈判。日内瓦、雷克雅未克留下了他的足迹，但他最终还是想去华盛顿、纽约，去看看对手的王国。1987 年 12 月，戈尔巴乔夫第一次访问美国，同里根总统举行了首脑会谈。访问期间，双方正式签署了中程导弹条约。根据这个条约，苏联不仅同意销毁苏联部署在欧洲的全部中短程导弹，而且还同意销毁苏联在亚洲部署的中程导弹。作为回报，美国将销毁用来对付苏联中程导弹的潘兴 2 型导弹和巡航导弹。

戈尔巴乔夫是一位善于即兴表演的出色政治演员，他在华盛顿演出了一场街头话剧。当他的车队飞快行驶时，他要求停车，然后他从容地走下车，与街头美国人交谈。过去的苏联领导人从来没有尝试过这样的举动，这令美国安全人员和苏联安全人员心惊肉跳，紧张不已。戈尔巴乔夫达到了目的，第二天全世界都报道了他的举动，给他外交增添了活跃的色彩。戈尔巴乔夫对里根说："我今天上午看到的美国人民与别人告诉我的不一样。"他接着说："我想让你知道我将再也不会用老眼光看待美国人了。"

---

① 多勃雷宁回忆录：《信赖》，第 705 页。
② 《改革与新思维》，第 287 页。
③ 《改革与新思维》，第 272 页。

对戈尔巴乔夫的这个举动，美国驻苏大使马特洛克表示："还有一个更重要的原因，不论过去还是现在，戈尔巴乔夫都喜欢这种盛大场面，喜欢被人们众星捧月般地围绕，渴望人群的欢呼。在国内，他对自己还没有达到众望所归的程度开始感到恼怒，并'遏制'像叶利钦这样比他更孚民心的政治家。在华盛顿以及以后在西欧各国首都，他都得到了他在国内无法得到的东西：敬慕的人群的崇拜。"①

第二节　对西欧和其他地区的政策

对西欧国家的政策

苏联对西欧的外交政策有三个相互联系的目标：

其一，使用各种手段将美国赶出欧洲，削弱美国在欧洲的影响。1988年，戈尔巴乔夫在《改革与新思维》一书中提出了"全人类的利益高于一切"的思想，作为他推行"新思维"外交的理论根据。在《改革与新思维》一书中，戈尔巴乔夫提出了建立"全欧大厦"的思想。"'全欧大厦'这个概念首先意味着承认某种整体性，虽然这里说的是社会制度各异并分别属于对立的军事政治联盟的国家。这个概念中既包括必要性，也包括可能性。"②戈尔巴乔夫强调全欧合作，目的是旨在使欧洲自主化。他表示："我们不希望有谁一脚踢开全欧大厦的大门并且喧宾夺主地坐在主人的座位上。"③

其二，离间西欧国家与美国的关系，遏制西欧一些国家尤其是联邦德国与美国关系的发展，苏联希望联邦德国不要同美国外交政策绑在一起，实行对苏联缓和关系的政策。

其三，苏联竭力增强对西欧的渗透能力，同西欧大国缓和关系。

日内瓦会晤给苏联与西欧国家关系的发展带来了契机。1985年12月12日，戈尔巴乔夫在会见法国国民议会议长梅尔马兹早时说，苏联已拆除部署在欧洲地区的SS—20导弹。他判断说，欧洲和世界局势已经趋于缓和，国际事务中出现了好转的迹象。

---

①《苏联解体亲历记》（上），第174页。
②《改革与新思维》，第252页。
③《改革与新思维》，第270页。

尽管日内瓦会晤后苏美关系有所发展，但苏联与西欧关系仍然处于比较紧张的状态，也就是说，苏美关系出现缓和迹象，而苏联与西欧国家的关系仍然保持紧张对峙的惯性。这表现在两方面：

一方面，苏联依然对联邦德国施加压力，旨在制止联邦德国参与美国的星球大战计划。1985年4月18日，苏联最高苏维埃民族外交委员会副主席、苏共中央书记齐米亚宁在波恩访问时表示，苏联坚决反对修改二战结果，其中包括战后国界，反对复仇主义。5月16日，苏联外长葛罗米柯在维也纳会见联邦德国外长根舍时表示，如果联邦德国参与实施美国太空武器计划，就要同美国一起对破坏军事战略均势的后果负责。12月20日，苏联外长谢瓦尔德纳泽在会见联邦德国大使时表示，联邦德国应承担参加美国星球大战计划所产生的一切后果。苏联塔斯社也表示，联邦德国政府通过参加星球大战计划的决定是一种危险的选择，是暗中破坏限制反弹道导弹防御系统条约。1986年4月18日，戈尔巴乔夫在民主德国统一社会党第11次代表大会上表示，在联邦德国政策中没有逻辑可言。他指责联邦德国部署针对东方的"潘兴"式导弹和巡航导弹，特别批评联邦德国有人声称还存在着"悬而未决的德国问题"的观点，要求联邦德国放弃复仇主义思想。

另一方面，苏联分别与西欧国家发生外交纠纷，"驱逐"事件屡屡发生，严重影响了苏联与西欧国家关系的发展。1985年4月，英国政府驱逐苏联在英国工作的若干人员，指责他们从事了与身份不符的活动。22日，苏联外交部召见英国驻苏联大使，对此提出抗议。9月12日，英国驱逐苏联驻英国的25名人员。14日，苏联外交部提出强烈抗议，同时驱逐25名英国人出境。9月16日，英国再次驱逐苏联驻英国人员。18日，苏联外交部向英国提出强烈抗议，并相应驱逐了6名英国人员出境。1986年2月，法国和意大利先后驱逐苏联外交官。苏联外交部进行报复，先后驱逐法国和意大利外交官。

不过，尽管苏联与西欧国家关系紧张，但不排除苏联主动缓和与西欧国家的种种努力和姿态。1985年9月14日，戈尔巴乔夫在会见联邦德国一个代表团时表示，苏联赞成实施关于在北约和华约交界处建立"无核走廊"的建议。苏联保障和尊重在中欧建立无化学武器区。戈尔巴乔夫访问法国也有谋求拉拢西欧国家挤走美国的意图。1986年5月20日，戈尔巴乔夫在会见西班牙首相冈萨雷斯时表示，需要在世界政治中采用新思维和新的态度。5月27日，戈尔巴乔夫在莫斯科会见英国副首相怀特时提出了新建议，即如果英国正式做出有关销毁自己核武器的决定，则苏联愿意对等地削减自己的核潜力，如果英国同时从本国领土撤走外国核武器，则苏联也将保证其核武器不瞄准英国领土，而且任何时候也不对英国使用核武器。1987年2月27日，戈尔巴乔夫在会见意大利外长安德烈奥蒂时说，苏联在世界各个地区之间的关系没有任何阴谋，苏联以理解的态度对待西方国家在东方和南方的利益。但无论是蓄意侵犯历史上业已形成的关系，还是不愿意考虑新兴国家的合法权利，同样都孕育着一触即发的局势。苏联愿意同西方国家进行合作，寻求利益的最佳平衡。7月7日，戈尔巴乔夫在同联邦德国总统魏茨泽克会谈时表示，苏联与联邦德国关系的稳定意味着欧洲的稳定。他表示，没有两国的积极参与，欧洲的建设是不可思议的。他强调，德国分裂的过错不在于苏联，存在两个德国是一个现实，它们都有自己的价值观，历史会对两个德国的命运做出决定。如果有人要求走另外的道路，后果将很严重。8月6日，苏联外长谢瓦尔德纳泽在日内瓦裁军会议上表示，72枚联邦德国潘兴—IA导弹的美国核弹头影响苏美达成中导和战役战术导弹协议。如果美国不想要零点方案，还继续按照目前的"72=0"的方式办，则苏联会根据自己盟国的要求，在其领土上部署同类武器。他希望联邦德国能够明确在潘兴—IA导弹问题上的模棱两可的态度，免除其他国家对联邦德国的担心，苏联永远不会容忍联邦德国变为核国家。此外，戈尔巴乔夫还呼吁同时解散华约和北约，结束欧洲两大军事集团对抗的局面。这些都表明，戈尔巴乔夫对西欧国家下了很大的功夫。

阿富汗问题

戈尔巴乔夫上台后苏联外交上的又一个重要信号就是在阿富汗问题上也改变调门，为从阿富汗撤军作舆论准备。早在1985年10月17日，苏共中央政治局会议讨论阿富汗问题时，戈尔巴乔夫就表示，苏军撤出阿富汗的时间已经到来，"我们把我们的军人派到那里，他们在那里做什么并不十分明确。离开的时间已经来临。"他还表示："不管是支持卡尔迈勒，还是抛弃卡尔迈勒，我们都应该坚决采取一种尽早使我们从阿富汗撤兵的方针。"[①] 在日内瓦会晤时，戈尔巴乔夫还对里根说，他是从广播中得知

[①] 多勃雷宁回忆录：《信赖》，第505、506页。

苏军进入阿富汗的。言外之意是，他同这场战争没有什么个人关系。1986年，戈尔巴乔夫进一步把阿富汗战争称为"流脓的创伤"，公开表露了结束这场战争的愿望，他已经不再像过去那样将苏联进入阿富汗说成是履行"国际主义义务"了。1986年4月21—23日，苏联邀请阿富汗总理基什特曼德访苏。苏联表示"支持"阿富汗政府提出的"现实而建设性"的政治解决计划。5月19日，苏共中央书记多勃雷宁表示，苏联准备在不久的将来从阿富汗撤军。他还表示苏联已经与阿富汗方面达成分阶段撤军期限的协议。1986年7月28日，戈尔巴乔夫在符拉迪沃斯托克表示，苏联愿意从阿富汗撤军，并宣布到1986年底将有6个团撤回苏联境内。10月31日，苏联宣布结束从阿富汗撤出6个团的工作。不仅如此，他还让纳吉布拉替代卡尔迈勒执掌阿富汗政权，并将卡尔迈勒接到莫斯科生活。戈尔巴乔夫迫使苏共中央政治局多次讨论阿富汗问题，戈尔巴乔夫的目标是苏军将在1989年以前全部撤出阿富汗。1987年1月5—7日，苏联外长谢瓦尔德纳泽和苏共中央书记多勃雷宁对阿富汗进行工作访问，强调如果阿富汗当局的民族和解放政策能够成功，将意味着在阿富汗实现和平，苏联军队很快就能够撤军。7月23日，苏军总参谋长阿赫罗梅耶夫元帅表示，如果停止对阿富汗内政的外来干涉，苏军可以在短期内从阿富汗撤军。苏联的这些举动为以后苏联撤出阿富汗埋下了伏笔。1989年2月15日，苏军彻底撤出阿富汗。

固守对亚太、拉美和非洲地区的既得利益

为贯彻新思维外交构想和缓和不利的国际环境，苏联决策高层不仅缓和对美关系和对欧洲的关系，而且也固守对亚太、拉美和非洲地区的外交既得利益。

戈尔巴乔夫在亚太地区的基本政策集中体现在他在视察远东时的讲话中。1986年7月28日，戈尔巴乔夫在符拉迪沃斯托克发表重要讲话，就苏联的亚太地区的政策提出了新主张。他表示，苏联也是亚太国家，不谋求某些特权和特殊地位，不是出于自私目的依靠别人来加强自身的安全，不是依靠损害别人来寻求好处。他表示对亚太地区军事化和军事威胁速度的增长感到不安。戈尔巴乔夫在讲话中对中苏关系苏美关系和苏日关系进行了分析，提出把亚太地区纳入建立全面的国际安全体系的总过程的建议：第一，调解地区冲突；第二，不在亚太地区扩散和扩充核武器；第三，建议开始进行关于停止军事，尤其是装备核武器的军舰在太平洋活动的谈判；第四，彻底削减武装力量和常规武器；第五，实施信任措施和不在该地区使用武力。这是戈尔巴乔夫对亚太地区的基本政策。在这种基本政策的指导下苏联积极开展与印度、日本、越南和中国的关系。

苏联十分重视同印度的传统关系。1985年5月21—26日，印度总理拉·甘地对苏联进行正式访问，戈尔巴乔夫与甘地讨论了苏印关系的基本问题和国际问题，指责美国加强印度洋军事力量的做法。1986年11月25—28日，戈尔巴乔夫访问印度，强调苏印友好合作是亚洲和全世界和平与稳定的因素。1987年7月3日，戈尔巴乔夫会见来访的印度总理拉·甘地时表示，苏联对亚太地区的政策和意图得到越来越多的理解，这种意图不是要反对谁的利益，也不是想损害谁的独立。1986年12月15日，利加乔夫出席越南共产党六大，强调越中关系正常化有助于亚洲局势的改善和整个国际气氛的健康化。他还表示苏越对话有助于消除不必要的猜疑和不信任。1985年10月12日，苏联外长谢瓦尔德纳泽接见日本驻苏联大使鹿取。鹿取转交了日本首相中曾根给戈尔巴乔夫的亲笔信，要求苏联同日本缔结和平条约，并强调两国解决领土争端的重要性。1986年1月15日，苏联外长谢瓦尔德纳泽出访日本。这是苏联外长10年来第一次访问日本，双方会谈涉及北方领土问题。苏联改变了最近几年拒绝就领土问题进行谈判的态度。苏联虽然对领土问题仍持原有立场，但苏联同意恢复和平条约谈判，而和平条约谈判是以讨论领土问题为对象的。1月17日和23日，他还先后访问了朝鲜和蒙古国。1986年4月23日，苏联政府发表声明，指责美国和日本把亚太地区的未来看成是不同国家的对抗这一观点。声明表示，建立所谓"太平洋共同体"就是企图达到这个目的。如果不制止这种政策，则会引起亚太地区紧张局势的严重尖锐化。声明提出了召开全亚洲会议的主张。5月29—31日，日本外相安倍访苏。戈尔巴乔夫在会见安倍时表示，不能违反第二次世界大战的结果和边界不可动摇的格局，拒绝日本提出的缔结和平条约的条件。这表明苏联对日政策前后有所改变。

安哥拉问题是苏美在非洲争夺的重要问题。戈尔巴乔夫上台后依然利用这个问题与美国进行较量。1986年1月27日，苏联、古巴和安哥拉就南部非洲局势问题在莫斯科召开会议，进行磋商。会议谴责美国对安哥拉彻底独立全国联盟的公开支持和增加援助，并使安哥拉局势有可能恶化。苏联和古巴都强调了它们与安哥拉的条约义务。这也表明，苏联与美国在非洲争夺的态势。1986年安哥拉总统多斯桑托斯访苏。苏联与安哥拉就南部非洲局势发表联合声明，谴责美国采取直接反安哥拉行动、向安哥拉彻底独立全国联盟提供最现代化武器装备。两国表示准备采取协调行动保卫安哥拉独立、主权和领土完整。1985年12月2—4日，津巴布韦非洲民族联盟—爱国阵线主席兼第一书记、津巴布韦共和国总理穆加贝访苏。戈尔巴乔夫在会见穆加贝时谴责美国对中非国家内部事务的干涉不断升级。

当时，美国与利比亚关系紧张。苏联通过支持利比亚来反对美国。1985年10月10—14日，利比亚领导人卡扎菲访苏。戈尔巴乔夫和卡扎菲一致谴责美国对利比亚不断施加军事和经济压力。苏联还声明支持利比亚为维护其主权、独立和国家领土完整所实行的措施。1986年4月15日，苏联政府就美国飞机袭击利比亚发表声明，谴责美国的侵略行径。16日，戈尔巴乔夫致函利比亚领导人卡扎菲，抗议美国奉行的反利比亚冒险政策，保证"坚定地"履行自己承担的进一步加强利比亚防御能力的义务。

此外，苏联还在世界范围内宣布自己的"和平"主张。1986年3月13日，戈尔巴乔夫在给阿根廷、印度、墨西哥、坦桑尼亚、瑞典和希腊领导人的联名信中表示，停止核试验是使人类摆脱军备竞赛及其一切危险后果道路上的重要一步。

上述情况表明，在1988年以前，苏联在亚太、拉美和非洲地区依然贯彻与美国争夺势力范围的政策，在原有的焦点问题上与美国讨价还价，争论不休。1988年以后，苏联在亚太、拉美和非洲等地区全面收缩。由于国内动荡和国际地位的下降，苏联越来越依附于美国的外交政策，充当了美国的小伙伴。这样，苏联的全球战略彻底破产。苏联在安哥拉、古巴、拉美和中东的既得利益丢失殆尽。戈尔巴乔夫的后期外交基本上围绕与美国的关系而展开。所以，在探讨戈尔巴乔夫后期外交政策时，我们集中讲述苏联对美政策，因篇幅关系苏联对其他地区的政策不再赘述。

评价

戈尔巴乔夫上台后，苏联外交政策急剧变化。戈尔巴乔夫最初实行的是缓和构想，主张与美国改善紧张关系。然后，苏联最高决策层形成了外交新思维，主张"全人类利益高于一切"，将与美国全面改善关系作为外交政策的基点。经过日内瓦会晤到雷克雅未克会晤，再到华盛顿会晤，苏美首脑外交在1987年达到高峰，取得了重大成果，这就是中导条约的签署。苏联不仅实现了与美国缓和关系的目的，而且大大超过了这一外交构想，苏美关系朝着密切合作的方向发展。美国由遏制苏联的政策，转变为与苏联对话政策，再往前就是同苏联达成全面缓和的政策。里根总统由一个极端反苏的总统变为对苏联十分友好的总统，他在任期后期，抛弃了自己的关于苏联是一个"邪恶的帝国"的思想，认为苏联是可以改变和改造的。苏美关系从紧张走向缓和，从对抗走向对话。经过两三年的时间，苏美关系就出现了迅速解冻和春暖花开的景象，完成了历史性的跨越。但是，应该看到，这个跨越基本上是以苏联的让步为代价的。例如，1987年签署的苏美中导条约，苏联作出了巨大的妥协和让步：首先，苏联放弃了原有的条件，不再将销毁中程导弹与取消战略防御计划挂钩；其次，苏联承认了"不对等"的现实；最后，苏联允许美国核查人员现场监督。这些让步在过去是不可想象的。戈尔巴乔夫力图以此换取同美国关系的大幅度全面改善。在1987年，苏联的这个目的达到了。但是，在1988年以前，苏美仍然没有完成从敌手到伙伴的转变。苏美关系的敌对性质没有改变。关于这一点，戈尔巴乔夫和里根总统在各自的讲话中都得到了明确的阐述。1988年以前苏美关系改善的最直接的意义就是，它为冷战格局的终结奠定了基础。

第十七章　静观东欧剧变

第一节　1989 年以前对东欧的政策

东欧是苏联的势力范围，是苏联与西方的缓冲地带。有了东欧，苏联就多了一层安全圈。但是，由于东欧与苏联结合得太紧密，不仅苏联自身致命的病毒不同程度地传染了东欧肌体，而且东欧的剧变因素反过来也会感染苏联。东欧局势的变化历来牵动着苏联中央决策者的神经，直接影响苏联的高层决策。40 年代末期的南斯拉夫事件如此，50 年代的波匈事件如此，60 年代的"布拉格之春"如此，70 年代初期的波兰 12 月事件如此，80 年代初的波兰危机如此，80 年代末期的东欧剧变更是如此。

强调平等、合作和抵制帝国主义

戈尔巴乔夫上台后对发展同东欧国家的关系十分重视，继续将东欧国家看成是苏联的盟国和自己的安全利益外圈。这时期苏联领导人与东欧国家领导人的往来十分频繁。戈尔巴乔夫等苏联党政领导人分别访问东欧国家，而东欧国家领导人也纷纷前来莫斯科，朝拜新任党的总书记戈尔巴乔夫，探探莫斯科新任领导人的虚实和政策走向。

从这时期苏联与东欧国家的关系模式中可以看出，苏联领导人主要强调以下几个方面的原则：第一，社会主义国家发展的自主性和独立性原则，强调每个社会主义政党独自探索建设社会主义道路的必要性；第二，强调社会主义国家团结一致的必要性和潜力；第三，强调社会主义国家之间加强各方面的合作；第四，强调联合起来抵制帝国主义；第五，强调社会主义改革的迫切性和紧迫性。这是戈尔巴乔夫上台后对东欧国家的基本原则和要点。例如，1985 年 3 月 24—29 日，苏共中央政治局委员、苏共中央书记格·罗曼诺夫率领苏共代表团应邀出席匈牙利社会主义工人党第 13 次代表大会。他在代表大会上表示，在社会主义大家庭中没有"统治"和"从属"的关系，不允许把一些人的意志强加给另一些人。他还表示，在社会主义体系中不要求机械的划一。他还指责帝国主义国家集团企图破坏社会主义大家庭的团结。7月10日，苏联外长谢瓦尔德纳泽在莫斯科会见匈牙利外长尼尔科尼，强调两国的合作问题。1985年9月25日，戈尔巴乔夫在莫斯科会见了匈牙利社会主义工人党总书记卡达尔。双方表示：第一，积极促进经互会一体化进程；第二，进一步加强华沙条约缔约国行动上的团结一致；第三，抵制帝国主义的战争威胁。1986年5月14日，戈尔巴乔夫会见来访的罗马尼亚领导人齐奥塞斯库，强调社会主义国家的团结一致问题。1986年12月9—12日，南斯拉夫共产主义联盟代表团访苏。联合公报强调，苏南关系发展的基础是互不干涉内政，尊重两国国家社会主义建设道路的特点和不同的国际地位；指出每个党独立制定其政治战略，进行平等对话，消除某个政党对真理的垄断，增强合作。1987年4月9—11日，戈尔巴乔夫访问捷克斯洛伐克。他强调苏联根本不想要别人效仿苏联的改革做法，任何一个政党都无权垄断真理，在社会主义世界谁都无权追求特殊地位。1988年3月14—18日，戈尔巴乔夫访问南斯拉夫。他承认：1948年苏联对南斯拉夫领导人的攻击给南斯拉夫社会主义造成了损失。1988年4月12日，苏共中央书记多勃雷宁在布拉格表示，当前影响世界共产主义运动发展的客观原因主要有三个：第一，在科技革命条件下共产主义运动传统依靠的群众基础的性质在发生变化；第二，社会主义在目前的发展阶段实际上还没有充分发挥自己的优越性，其吸引力在减弱；第三，社会主义政党之间不断发生争论，导致党际关系尖锐化。1988年10月5日，戈尔巴乔夫会见罗马尼亚领导人齐奥塞斯库。

上述情况表明，苏联与东欧国家领导人会晤时苏强调的重点有所不同。在苏联看来，南斯拉夫、匈牙利、捷克斯洛伐克、罗马尼亚都是曾与苏联"对着干"的国家，是不"老实"的伙伴。在历史上，南斯拉夫早在斯大林时期就与苏联发生激烈冲突。南斯拉夫总统铁托反对斯大林的大国主义和大党主义，不买苏联"教师爷"的账，引起斯大林的愤怒。结果，南斯拉夫被开除共产主义情报局，南斯拉夫共产党被看成是"修正主义"的党。赫鲁晓夫上台后主动与南斯拉夫修好关系，承认错误，导致苏南关系正常化。但赫鲁晓夫执政后期，苏南关系又出现紧张情况。勃列日涅夫时期，南斯拉夫坚持自己的独立自主的外交路线，强调走自己的道路。苏联领导人将其看成是社会主义阵营中的"异教者"。而匈牙利在50年代出现了"匈牙利事件"。在这个事件中匈牙利明显表现出反对苏联大国主义和大党主义的情绪和倾向。当时匈牙利政府甚至准备脱离苏联阵营，实行中立，表现出摆脱苏联控制的愿望。赫鲁晓夫当然不会让匈牙利脱离苏联的控制圈，派兵进入匈牙利。卡达尔上台后，与苏联保持密切联系，控制国内节奏，逐渐打消苏联对自己的疑虑，与苏联保持相安无事。与此同时，匈牙利推进改革进程，实行静悄悄的改革。捷克斯洛伐克在1968年出现激变形势，"布拉格之春"震惊了苏联和世界，勃列日涅夫集团终于忍耐不住，出兵镇压了这次改革浪潮，给苏捷关系蒙上了厚厚的一层阴影。尽管胡萨克上台后紧跟苏联步伐，亦步亦趋，但苏联对捷克斯洛伐克还是采取十分警惕的态度。而罗马尼亚在齐奥塞斯库的领导下，一直与苏联保持距离。可以这样说，罗马尼亚是东欧国家中除南斯拉夫外最具有独立性的国家，也是最敢与苏联抗争的国家。齐奥塞斯库经常就苏联对东欧国家的政策提出批评，但罗马尼亚并不主张与苏联闹翻。在苏联看来，罗马尼亚是最有"个性"的国家，是苏联阵营的"批评者"，苏联可以与之保持关系，但不能依靠它。所以，苏联领导人与这些国家领导人会晤时经常强调"平等""自主性"等思想。

至于苏联与阿尔巴尼亚的关系则比较特殊。在50—60年代中苏论战时期，苏阿关系就出现了紧张的局面，60年代两国和两党关系破裂，直到戈尔巴乔夫上台时苏阿关系尚未恢复和改善。

关注德国问题和波兰问题

"德国问题"是冷战产物和第二次世界大战遗留问题，是世界两大体系斗争和对抗的焦点问题之一。民主德国地处世界两大政治体系对峙的前沿，战略地位十分重要。苏联在这里驻有重兵。从斯大林时期开始，"德国问题"就是苏联最高决策层的一块心病。斯大林制造过"柏林危机"，对柏林实施封锁，但这不仅没有解决问题，反而使局势更加不利于苏联。赫鲁晓夫时期苏联最高决策层与美国和其他西方国家在德国问题上进行激烈争斗，最后，苏联又一次制造了"柏林危机"。赫鲁晓夫高筑"柏林墙"，旨在将社会主义阵营与西方阵营"隔开"和"阻断"。赫鲁晓夫还将西柏林视为西方身上的一个"脓包"和"伤口"，只要苏联想让西方不舒服，感到疼痛，就捅捅"柏林"这个地方。勃列日涅夫时期苏联对民主德国的控制程度和关注程度是有目共睹的。民主德国是苏联的前哨国家中的前哨。戈尔巴乔夫上台后不能不关注这个国家。他刚刚上台不久，民主德国统一社会党第一书记昂纳克就前来莫斯科，与戈尔巴乔夫会谈。

1985年5月5日，戈尔巴乔夫会见昂纳克：讨论了两国之间的关系情况及其前景，共同表示反对关于"德国问题尚未解决"的观念。1986年4月16日，戈尔巴乔夫出席民主德国统一社会党第11次代表大会。他表示，社会主义世界正经历一个特殊的转折时期。他还表示，苏联完全支持民主德国对联邦德国提出的合法要求。1985年9月9日，苏共中央书记扎伊科夫访问民主德国，强调社会主义大家庭的力量和不可战胜性，表示社会主义国家发展政治、经济、意识形态和防御领域的密切相互协作是非常必要的。1988年9月28日，戈尔巴乔夫会见来访的民主德国领导人昂纳克。这些情况表明，苏联与民主德国的往来十分频繁，联系极为紧密。

波兰民族是一个多灾多难的民族，历史上它三次被瓜分。1939年，法西斯德国突然发动对波兰的战争，随后苏联出兵占领了波兰东部地区。波兰又被瓜分了。在长期遭到外敌侵略的环境下，波兰人民形成了热爱祖国、强烈反对侵略、维护国家主权和民族独立的意识。波兰是一个容易患"政治感冒"的国家。50年代波兰就出现过动荡。在赫鲁晓夫批判斯大林的背景下，波兹南出现工人罢工浪潮，演化成政治危机。苏联的干涉导致苏波关系紧张。由于哥穆尔卡据理力争，缓和了苏波矛盾。同时，哥穆尔卡实行改革政策，在一定程度上缓解了国内的矛盾。但是，由于波兰没有从根本上改变经济体制，1968年又出现了政治动荡。导致政治动荡的原因有三个，一是，波兰经济体制改革没有深入下去，出现经济困难局面。二是，1967年6月，阿以战争中以色列获胜，激起波兰犹太人的喜悦情绪。这种情绪遭到波兰主流社会的谴责，出现了反对"犹太复国主义"运动。这样许多犹太人离开波兰，没有离开波兰的犹太人，有的被开除公职，有的被开除出党，激起民怨。三是，1986年捷克斯洛伐克出现了"布拉格之春"，这对波兰是一个巨大的政治刺激。1986年波兰知识分子和学生中间孕育着不满情绪，3月份，这种不满情绪终于爆发，酿成了波兰1968年"3月事件"。这次政治危机削弱了哥穆尔卡的政治势力，盖莱克影响增强。

1970年波兰出现"12月事件"，导致波兰出现了新的政治危机。这次政治事件的直接起因是波兰政府提高食品价格遭到民众的反对。另一个原因是，哥穆尔卡政府1968年积极参与苏联出兵捷克斯洛伐克的行动，激起国内民众的不满情绪。这次骚动酿成流血事件，导致哥穆尔卡下台。盖莱克接任波兰统一工人党第一书记。盖莱克上台后实行"高速发展战略"。在这个战略指导下，波兰虽然取得了很大的经济成绩，但积累了一系列问题，最主要的是导致国民经济失调，市场萧条和外债剧增。这些因素导致 80 年代初波兰又一次出现动荡和危机形势。以美国为首的西方国家利用波兰危机大做文章，支持瓦文萨反对派，致使波兰局势更加恶化。盖莱克被迫辞职，雅鲁泽尔斯基上台后，先发制人，在波兰实行战时状态，对国家实行军管。这个行动一方面旨在遏制以瓦文萨为首的国内反对派，缓和国内危机局势；另一方面避免苏联出兵干预波兰内部事务。

戈尔巴乔夫上台后注视波兰事态的发展，希望波兰局势能够得到控制，不要给苏联改革增添什么麻烦。基于这种考虑，戈尔巴乔夫支持雅鲁泽尔斯基政权。1985 年 4 月 20 日，苏联党政领导人致电波兰统一工人党中央第一书记雅鲁泽尔斯基，纪念苏波条约签署 40 周年。贺电表示，美国正在加紧扩充武器，德国的复仇主义势力试图对"二战"后形成的欧洲领土和政治现实提出怀疑。在这种情况下，加强社会主义国家的团结一致具有特殊意义。1985 年 12 月 5 日，谢瓦尔德纳泽在莫斯科会见波兰外长奥热霍夫斯基。他表示，社会主义大家庭国家团结一致，社会主义国家的阶级团结与协作，加强外交政策活动的协调，这一切都具有头等重要的意义。1986 年 3 月 17—18 日，苏联外长谢瓦尔德纳泽访问波兰。他强调苏波关系是联盟关系，是两国人民的巨大财富。他还表示，苏联人民关心波兰人民所面临的考验，对波兰的命运表示忧虑，苏联有决心帮助波兰捍卫社会主义。苏波两国还发表了联合公报，强调尊重二战和战后形成的领土政治现实是欧洲和平与安全的必要条件。1986 年 6 月 28 日—7 月 1 日，戈尔巴乔夫出席波兰统一工人党第 10 次代表大会。他在会上强调，波兰 70 年代末 80 年代初的社会危机反映了社会矛盾，同时也包括了世界两大制度当前对抗的全部复杂性。他表示，波兰的教训对一切社会主义国家都是重要的，但波兰危机不是工人对社会主义的抗议，而是对歪曲社会主义的抗议。必须击退帝国主义势力的抵抗，必须加强抵制帝国主义施加的经济、政治和军事压力。1988 年 4 月 6 日，苏联部长会议主席雷日科夫会见来访的波兰部长会议主席梅斯内尔。这时期戈尔巴乔夫指望波兰领导人能够采取强有力的措施遏制政治危机和经济危机，不要将危机扩大到其他国家。

推动华约组织和经互会运转

这期间，苏联与东欧国家关系的发展不仅依靠双边关系的推动，而且主要依靠华约组织和经互会来实现。1985 年 9 月 10 日，苏联、民主德国和波兰三国军队在华沙举行"友谊"—85军事演习。10月24日，戈尔巴乔夫访问保加利亚。他表示，华约国家今后将在国际事务中共同行动，始终不渝地奉行阶级路线，不让帝国主义的"实力政策"得逞，不能允许美国破坏军事战略均势。1986年3月19—20日，苏联外长谢瓦尔德纳泽出席在华沙举行的华约外长会议。会议的主题是加强华约国家的团结一致。6月8—9日，戈尔巴乔夫访问匈牙利。6月10—11日，戈尔巴乔夫出席在布达佩斯举行的华约政治协商会议。12月1—3日，华沙条约国国防部长会议在华沙举行，会议讨论了苏美首脑会晤的问题，决定进一步扩大盟国间的军事合作。1987年3月24—25日，在莫斯科举行华沙条约缔约国外长委员会会议，讨论裁军和加强安全问题。1988年7月5日，戈尔巴乔夫会见匈牙利部长会议主席格罗斯。同一天，苏联部长会议主席雷日科夫参加布拉格经互会第44次会议，他承认社会主义正在经历困难的转折时期。他表示，苏联对经互会经济合作中暴露出来的问题越来越担忧。他认为，历史上形成的这些国家之间的分工的粗放模式的潜力已经耗竭，相互供货情况已经达到了无法忍受的地步。他主张改革经互会，搞联合市场，发展一体化进程。

第二节　对东欧剧变的基本态度

东欧剧变的国内外因素

1989年东欧国家相继发生了剧变：共产党纷纷倒台；反对共产党的政治势力纷纷上台。东欧政治和社会制度发生了根本性的变化。

东欧剧变是由一系列特殊因素促成的。从东欧各国国内情况来看有以下几个因素——

1. 苏联着意推行和输出样板模式，导致东欧国家"食而不化"，弊端丛生。战后斯大林竭力向东欧国家灌输苏联模式，将苏联模式视为唯一正确的社会主义模式。谁不照搬照抄苏联那一套，谁就是异端分子，谁就是"修正主义者"；哪个国家和共产党不照搬照抄苏联模式，哪个国家和共产党就不是社会主义国家，就不是真正的共产党，就要遭到苏联组织的围攻、打击和批判。这种状况给刚刚独立的东欧社会主义国家带来极大的阴影和消极影响。

2. 东欧国家改革和探索进程逐渐终止，"体制"问题明显暴露出来。

赫鲁晓夫批判个人崇拜之后，东欧国家出现了不稳定的迹象，出现了波匈事件。这个事件之后，东欧国家出现了改革浪潮。匈牙利和波兰开始进行改革，探索适合自己的发展道路。例如，卡达尔提出要走"匈牙利独特的社会主义建设道路"，提出"社会主义商品生产和市场"的概念，在"计划与市场"的结合上做文章。同时，向西方开放市场。波兰在1956年以后也开始了改革进程，哥穆尔卡提出了"波兰道路"的思想，制定了十月方针。1968年，捷克斯洛伐克出现了改革浪潮，这实际上是迟到的改革浪潮。在50年代波兰和匈牙利进行改革时，由于捷克斯洛伐克领导人抱残守缺，失去了这次改革机会。到60年代底，捷克斯洛伐克的改革时机成熟了。杜布切克提出了一系列改革主张。而南斯拉夫则是最早抵制苏联模式的，成为东欧改革与探索的先驱国家。但这些改革和探索的进程因各种原因都没有坚持下去，第一种原因是一些国家国内保守势力过于强大，导致改革进程受阻；第二种原因是当权者只有改革姿态，缺乏改革勇气，改革成为一种装饰物；第三种原因是苏联压制这些国家，不许这些国家实行改革。苏联出兵镇压捷克斯洛伐克的"布拉格之春"就是很好的证明。正因为改革没有出现总体良性效果，导致体制弊端越来越严重，到80年代照搬的"苏联模式"在东欧国家出现严重的功效曲线下降的现象。

3. 苏联与以美国为首的西方阵营对垒，不惜牺牲东欧国家人民的利益，加强控制，进行督察，将东欧国家作为与西方阵营较量的工具、砝码和"人质"。苏联利用经互会和华约组织对东欧国家进行经济、政治和军事方面的控制。苏联有时甚至亲自安排东欧一些国家的政治事务，对某个领导人上台与下台具有决定性的发言权。哪一个国家对苏联不驯服，哪一个国家就要遭到苏联的惩罚，甚至镇压。这种现象严重违背了社会主义国家之间的基本原则，伤害了东欧国家人民的感情，损害了这些国家的根本利益。可以这样说，东欧国家的实际处境是准苏联加盟共和国。当然，控制越严，反弹就越大。

4. 进入80年代，这些国家国内的经济形势都出现了危机征兆，有的国家甚至呈现出危机状态。同时，这些国家的政治局面也不容乐观，最高领导人的僵化和保守使这些国家仍然处于停滞状态。这些国家绝大多数领导人都是在赫鲁晓夫和勃列日涅夫时期上台的，照搬苏联模式，个别领导人头脑清楚，悄悄实行改革，但这种改革因受到国内外各种因素的制约和压制，不可能深入下去。

5. 西方国家改变策略，将"西化"重点放在东欧国家，力图从"外圈"削弱苏联。美国等国家利用东欧一些国家所出现的问题和危机局面，频频以经济援助等手段为诱饵离间东欧国家与苏联的关系，造成了东欧国家局势更加不稳定。

从东欧剧变的国际背景来看有以下两个因素——

1. 苏联改变了国内外基本战略和政策，实行了新思维方针。苏联的变化给东欧国家剧变提供了前提条件；

2. 由于苏联推行新思维，苏美关系明显改善。在世界两霸走向缓和的时刻，东欧国家受到了强大的西方政治力量的吸引。在他们看来，苏美关系的缓和是历史性的机会，东欧国家必须利用这个机会摆脱两霸对垒自己处于"人质"的尴尬状态，必须挣脱苏联的束缚，寻求自己的支点。

东欧剧变进程与苏联最初的反应

东欧剧变是从波兰开始的。在经济危机和政治危机的严峻形势下，在苏联改革影响下，1988年，波兰党中央决定改变政策，缓和与团结工会的紧张关系，承认其政治合法性，并愿意与其举行圆桌会议，进行政治接触。1989年2月6日至4月5日，举行波兰圆桌会议。政府代表与以团结工会为首的反对派进行多次谈判。最后，政府方面让步，正式在法律上承认团结工会是合法政治组织。根据圆桌会议精神，波兰举行参议院选举。结果，团结工会一举获胜，以波党为首的执政联盟惨遭失败。1989年7月19日，雅鲁泽尔斯基被选为波兰总统。随后，团结工会领导人马佐维耶茨基担任总理。这样，波兰就形成了总统是统一工人党领导人，而总理是反对派团结工会领导人，两派联合执政的局面。1989年11月23—27日，波兰部长会议主席马佐维耶茨基访苏。团结工会咄咄逼人，迫使雅鲁泽尔斯基同意提前举行全民直接选举总统。1990年12月，瓦文萨战胜了同伴马佐维耶茨基，成为波兰新总统。至此，波兰政治剧变完成。

如果说波兰因以团结工会为代表的反对派步步紧逼，迫使波兰统一工人党丢掉政权，那么，匈牙利的情况则不同。匈牙利社会主义工人党实际上是因其高层内部存在巨大分歧而导致党失去政权。1988年5月，党的全国代表大会成为匈牙利政治剧变的开端，其主要标志是卡达尔离开政坛，格罗斯接任党的总书记，波日高伊等人进入中央政治局。随后，在苏联公开性和民主化的大环境下，1989年，匈牙利决策高层提出为1956年事件和纳吉平反，在匈牙利激起巨大政治波澜。匈牙利党中央越来越出现严重政治分歧，党中央主导派宣布匈牙利实行政治多元化和多党制。在这种背景下，匈牙利反对派迅速壮大，出现了反对政府的"民主论坛"。匈牙利社会主义工人党悄悄地将政权送与他人。1989年6月13日，匈牙利举行三方圆桌会议。7月6日，美国总统布什访问匈牙利。布什鼓励匈牙利人要在打开铁幕进程中"带个头"。1989年7月25日，戈尔巴乔夫在会见来访的匈牙利社会主义工人党主席涅尔什和该党总书记格罗斯时说，社会主义世界正在社会主义真正价值的基础上积极寻求复兴社会主义的道路。在社会主义国家之间不存在某种灵丹妙药。10月初，匈牙利社会主义工人党改名为社会党。10月18日，匈牙利人民共和国改名为匈牙利共和国。10月26日，布什总统宣布给匈牙利以最惠国待遇。1990年3—4月，匈牙利举行全国自由大选。民主论坛主席安托尔组阁。戈尔巴乔夫对匈牙利演变持肯定态度。匈牙利社会主义工人党领导人涅尔什曾经对舆论界表示，1987年他在莫斯科时戈尔巴乔夫问他在干什么，他表示，匈牙利在向西方寻求出路，匈牙利准备实行多党制。戈尔巴乔夫表示赞同。涅尔什认为，戈尔巴乔夫是一个"务实主义者"。[①]

在波兰、匈牙利等国政治剧变的影响下，1989年11月，保加利亚出现政治变动，保共党的总书记日夫科夫被姆拉德诺夫取代。随之，保加利亚出现了政治多元化。面对反对派的进攻，保共改名为社会党，并与反对派在1990年1—4月举行圆桌会议。4月，社会党领导人姆拉德诺夫当选为保加利亚首届总统。1990年，社会党在议会选举中获胜，但此后社会党步步退让，在1991年举行的新的大选中败北。

民主德国在波兰和匈牙利的影响下出现了严重的不稳定局面。最突出的事件是匈牙利和捷克斯洛伐克为民主德国民众前往联邦德国打开了通道。这样，成千上万的民主德国人经过匈牙利和捷克斯洛伐克踊向联邦德国，酿成移民大潮。与此同时，戈尔巴乔夫敦促民主德国实行改革。1989年6月28日，戈尔巴乔夫会见来访的德国统一社会党第一书记昂纳克，就民主德国改革问题表明了苏联的态度。面对移民大潮，民主德国出现了动荡局面，国内示威游行接连不断，当局束手无策。1989年10月6—7

[①] 参见刘祖熙主编《东欧剧变的根源与教训》，东方出版社1995年版，第475页。

日，戈尔巴乔夫访问民主德国，他表示苏联毫不怀疑民主德国领导人一定能够同所有社会力量一起找到解决问题的答案。他强调，对发展形式的选择是每个国家人民独立自主的事情，但需要交流经验和讨论，需要联合行动。他认为，真正的危险是对生活没有反应。戈尔巴乔夫一方面支持昂纳克"坚持社会主义道路"；另一方面，又敦促民主德国必须加速改革。10月18日，昂纳克辞去党的第一书记职务，由克伦茨接任。动荡局势越来越恶化，11月7日，民主德国部长会议集体辞职，8日，民主德国党中央政治局集体辞职。11月11日，民主德国踊向西柏林的人数达70万，12日就达到130万。柏林墙被冲倒。1989年12月16日，戈尔巴乔夫向德国统一社会党非常代表大会发去贺电，他表示民主德国党内进行的变革和作出的决定是理所当然的，总的来说，发生了本来应该发生的事情。

1987年捷克斯洛伐克的反对派组织"七七宪章"开始公开活动。1988年该国的反对派组织不断壮大。1989年波兰、匈牙利和民主德国相继出现剧变形势之后，捷克斯洛伐克面临巨大的政治压力。11月17日，是捷大学生反法西斯暴行纪念日，"七七宪章"领导人哈韦尔和杜布切克领导反对派和大学生联合举行纪念大会，要求捷领导人下台，实行政治多元化。捷共节节败退，内部出现分化。而反对派则联合起来，"七七宪章"组织反对派联合成"公民论坛"。在反对派的进攻下，捷共失去政权，12月28日，杜布切克当选为捷联邦议会主席。12月29日，哈韦尔被联邦议会选为共和国总统。1989年12月4日，保加利亚、匈牙利、民主德国、波兰和苏联领导人在莫斯科宣布，1968年这些国家出兵捷克斯洛伐克是一个错误，是对该国内政的严重干涉，应受到谴责。1990年5月21日，戈尔巴乔夫在会见捷联邦议会主席杜布切克时表示，1968年苏联对捷的军事干涉是没有根据的，这对苏联也产生了消极影响。

在东欧国家相继剧变的情况下，罗马尼亚出现不稳迹象。1989年3月，罗马尼亚虽然还清了外债，但国内人民生活状况很不好。12月16日，罗马尼亚西南部蒂米什瓦拉爆发了反政府群众示威游行。齐奥塞斯库未予重视，出访伊朗。20日，他回国后在首都布加勒斯特召开群众大会，谴责群众示威游行，结果引起参加群众大会的民众不满，导致首都出现大规模示威游行。齐奥塞斯库准备调动军队予以镇压，不料军队倒戈。齐奥塞斯库夫妇被处决。罗马尼亚救国阵线委员会接管政权。

1989年12月23日，苏联政府就罗马尼亚局势发表声明，表示苏联政府支持救国阵线委员会旨在国内建立安定和秩序的努力，苏联决定给罗马尼亚人民和国家新领导以刻不容缓的人道主义的援助，以消除最近几天悲剧性事件的后果。27日，戈尔巴乔夫同罗马尼亚救国阵线委员会主席伊利埃斯库通电话，希望加强两国的合作。12月31日，戈尔巴乔夫在新年讲话中表示，革命性的革新的浪潮席卷了东欧。在柏林和布拉格、在索非亚和布加勒斯特所发生的戏剧性的事件中，社会主义同民主相结合的必要性再一次得到了十分有力的证实。1990年1月3日，苏联外交部新闻局局长格拉希莫夫在记者招待会上表示，在罗马尼亚事件中，苏联没有干涉该国的内政，这再次证明了苏联外交政策的原则性方针。1月5日，苏联外长谢瓦尔德纳泽发表谈话时表示，濒于死亡的齐奥塞斯库政权企图指责苏联、华约其他国家在罗马尼亚组织了反政府的行动，干涉了罗马尼亚的内政，这是没有根据的。罗马尼亚人民运动是自发的，谁也没有对此进行准备。他还表示，苏联没有对齐奥塞斯库政权的性质及他的声望抱有幻想。有高度文化素养的罗马尼亚人民不会接受齐奥塞斯库管理方法的。苏联不把自己的立场强加于人。每个国家的人民自己有自由确定自己如何利用历史赋予他们的机会的权利。1月6日，苏联外长谢瓦尔德纳泽访问了罗马尼亚。他重申苏联人民声援罗马尼亚人民，主张实现自由、独立和民族尊严的理想，支持救国阵线为消除独裁政权后果和形成民主权力结构而作出的努力。

此外，在90年代初期，阿尔巴尼亚和南斯拉夫也相继出现剧变形势。

本想让东欧跟上自己的改革步伐，结果却……

东欧国家出现急剧的制度性变化出乎戈尔巴乔夫的预料。

苏联改革给东欧国家两个明显的信号：一是，苏联向东欧国家自觉或不自觉地施加了很大压力，希望东欧国家能够赶上苏联改革的步伐，与苏联同步进行改革。应该说，戈尔巴乔夫一直对东欧一些国家政治经济改革所采取的消极态度表示不满，他希望东欧国家的改革与苏联的改革相配合，共同创造一个改革的整体氛围。戈尔巴乔夫确实对东欧一些国家施加了政治压力，要求他们进行苏联式的政治变革。这使东欧国家原有领导人处于十分被动的境地，像胡萨克、昂纳克、日夫科夫等领导人就不同程度地受到了戈尔巴乔夫的这种压力。例如，1989年10月戈尔巴乔夫访问民主德国时就明确表示，民主德国需要变革。他警告昂纳克，不改革就会受到生活的惩罚。果然，不久民主德国就出现了"变革"的态势。再如，他对保加利亚党的最高领导人日夫科夫表示不满，将其看成是勃列日涅夫时代的守旧人物，他鼓励保加利亚领导人姆拉德诺夫取代日夫科夫。1989年11月，姆拉德诺夫访问中国后经过莫斯科，同戈尔巴乔夫进行了密谈，回国后保加利亚就出现了大的政治变革：日夫科夫被姆拉德诺夫所取代。此外，戈尔巴乔夫还写信给齐奥塞斯库，希望罗马尼亚实行变革。戈尔巴乔夫对匈牙利的改革十分欣赏。戈尔巴乔夫的算盘是，苏联的改革需要东欧国家的配合，苏联已经走出了勃列日涅夫时期的"老人政治"，东欧国家却慢了一拍。勃列日涅夫时代的领导人还在台上，这令戈尔巴乔夫不可忍受。他希望通过苏联的影响和政治压力，使这些国家都出现戈尔巴乔夫式的倡导改革和新思维的领导人。然而，戈尔巴乔夫的算盘打错了。旧的领导人失去苏联的支持就很难控制住局势，而被戈尔巴乔夫新扶植起来的领导人或者缺乏经验，被激进的反对派和平推翻，或者主动拱手让出政权，与反对派合作。

二是，苏联大规模改革给东欧国家带来了强劲的冲击，苏联逐渐改变对东欧国家的政策，尤其在1987年以后，苏联主动给东欧国家"松绑"，声言不再控制东欧国家，这就在东欧国家长期积存的"脱离控制"蓄水池堤坝上打开了一个缺口。"勃列日涅夫时代"的东欧领导人在国内和苏联再加上西方的压力之下，再也控制不住局面，纷纷退出历史舞台，而新的共产党领导人又无法在"继承"与"更新"之间作出很好的选择，找不到政治支点。不仅如此，这些领导人在强大的历史"重负"面前无能为力，或者迅速主动交权，或者被反对势力所推翻；或者出现政治"断裂"。而反对派的能量却迅速膨胀起来，它们最大限度地利用了人民群众的逆反心理和激进的政治情绪，很快就占据了国家的政治核心地位。新得势的东欧国家政治力量看到了与苏联捆在一起是什么结果：经济落后，不许改革；政治没有发言权，只能是苏联的"小伙伴"；稍有与苏联不合拍的时候，苏联就出兵镇压；充当与西欧对垒的前方。所以，苏联的改革激活了东欧、一些政治力量内心里的离心倾向。当戈尔巴乔夫敦促东欧实行像苏联一样的改革时，东欧的一些政治实力利用了苏联的心理，细心地体会苏联领导人的执政思路，并准确地判断出如果东欧国家"走自己的路"，则苏联不会出兵加以干涉。于是，东欧出现了剧烈的政治转折，其转折的速度之快，令苏联领导人赶不上节拍。还需要注意的是，对于东欧国家来说，最害怕的就是苏联的出兵，然后将其宣布为苏联的加盟共和国。但在1987年，戈尔巴乔夫终于主动撤销了最后一道警戒线，他宣布苏联永远不会对东欧国家实施武力。掩藏在东欧社会机体中的民族主义情绪在失去限制之后不可遏制地迸发出来，很快就超过了戈尔巴乔夫所设置的"柔软"的政治防线和规定范围，朝着戈尔巴乔夫所没有预见到的方向迅速移动，最后逃离苏联所能够有效干预的最后界限，奔向西方阵营。东欧当权者的一个真实的想法就是，趁苏联还没有"醒悟"过来之时，赶紧跳出苏联设置的"篱笆"，跨入另一个园地，造成一个既定事实。

戈尔巴乔夫没有得到来自东欧的准确信息。亚历山大·别斯梅尔特内赫曾经说过，1989年东欧剧变震惊了莫斯科，因为驻东欧的苏联外交人员没有向莫斯科提供有关东欧形势的准确情报。当外交部得到有关民众不满的消息并问及此事时，苏联大使们总是这样说："我昨天还刚刚见过昂纳克（或胡萨克或雅鲁泽尔斯基）呢，他说一切都好，我们不要受西方宣传的蛊惑。"①

波兰团结工会取得胜利之后，齐奥塞斯库向谢瓦尔德纳泽写信，提醒苏联不能对波兰事件漠视不管，要求苏联对波兰实行军事干预。戈尔巴乔夫拒绝了这个要求。齐奥塞斯库及其夫人的暴死使戈尔巴乔夫感到震惊和害怕，他要求加大安全保护的力度。在苏联，有权决定国际政策问题的只有两三个人，首先是总书记。实际上戈尔巴乔夫和谢瓦尔德纳泽掌握着国际事务的一切情报，戈尔巴乔夫与外国领导人的谈话记录根本没有向其他政治局委员传阅过，苏联外交部和克格勃把最重要的情报只报告给戈尔巴乔夫。关于苏联外交政策的决策问题，苏联领导人有着不同的观点。谢瓦尔德纳泽在苏共二十八大上表示，"我再次强调指出，所有有关国家安全和军事问题的决定都是在国防部，其中包括总参谋部以及国家安全委员会、中央国际部和其他有关主管部门参与下作出的。所有与东欧和德国问题有关的决定都是由最高政治领导层集体研究和作出的。"② 但据博尔金回忆，"社会主义大家庭各国发生的剧变从未在有关会议上重点讨论过，我记得，无论是政治局还是总统委员会，无论是安全会议还是苏共代表大会和代表会议，从未认真地提出过这个问题。苏联最高苏维埃也没有就这

---

① 《苏联解体亲历记》（上），第225页。
② 《真理报》1990年7月11日。

个问题进行过专门的讨论。"① 前苏联驻美大使、曾经担任过苏共中央国际部部长的多勃雷宁也认为，苏联的外交政策是极少数几个人制订的。

如何对东欧局势作出反应？苏联作出的最明确的反应就是向西方保证，无论东欧国家出现什么情况，苏联都不会使用武力。东欧剧变是在苏联出现改革和新思维的情况下发生的；东欧国家发生剧变之后，戈尔巴乔夫静观事态，任其演变，所有这些都使西方国家领导人确信，苏联领导人确实转变了思想和方针。从这个意义上，前美国国务卿基辛格认为，戈尔巴乔夫将作为20世纪有创新精神的人物之一被载入史册。他认为，东欧国家重新"获得自由"，应该归功于戈尔巴乔夫。② 撒切尔夫人也表示：东欧人民应该感谢戈尔巴乔夫的勇气和远见。③

尽管东欧国家发生了剧变，但苏联领导人仍然认为华约和经互会会继续发挥作用。1989年7月7—8日，在布加勒斯特举行华沙条约缔约国政治协商委员会会议。参加会议的有缔约国党中央第一书记、政府首脑、国防部长和外交部长。会议主要讨论了欧洲稳定、裁军、加深国际对话与合作等问题。会议主张华沙条约国家使华约与北约的关系实现非对抗的性质，增强相互之间的政治和军事方面的建设性对话。1989年2月11日，苏联政府就欧洲驻军问题发表声明，表示"冷战"结束了。欧洲国家间开始向崭新的国际秩序过渡。苏联已经开始同捷克斯洛伐克、匈牙利两国进行有关苏军撤军的谈判，并已单方面削减苏联驻民主德国的军队。2月23日，苏联国防部长亚佐夫表示，苏联主张把欧洲从军事联盟中解放出来，同时解散华约和北约两大军事联盟。但是，东欧国家发生了一系列重大变化，标志着论战格局的坍塌，标志着雅尔塔体系的瓦解，标志着两大政治制度的对垒结构出现消失。剧变后的东欧国家不可能留在原来的体系之内，华约和经互会的组织存亡问题很快就提到需要解决的日程上来了。1991年3月31日，苏、波、匈、捷、保、罗达成关于解散华沙条约军事组织结构的协议正式生效。苏联卫星国体系如此之快地坍塌下来，令戈尔巴乔夫感到意外。他没有料到华约会议会这么快就解散。

有关东欧问题苏联中央最高决策层确实有些操之过急。戈尔巴乔夫没

---

① ［俄］瓦·博尔金：《戈尔巴乔夫沉浮录》，中央编译出版社1996年版，第173、177页。
② 参见《新闻》周刊1991年9月2日。
③ 1990年1月30日撒切尔夫人发表的新年祝词。

有经过苏共中央政治局充分的讨论就宣布从东欧撤走自己的军队。苏军从东欧撤走是应该的,但要有步骤地进行,要事先安排好这些军人的住房和家属的安置工作。多勃雷宁评价说:"戈尔巴乔夫证明了他是一个最差劲的组织者;削减军队的规模并把裁减下来的士兵送回家这原本是恰当而又确实必要的主张,但由于拙劣的安排却成了国家严重和长期的负担。"多勃雷宁还表示:"面对东欧的剧变,苏联人民得不到政府对这些变化做出清楚解释,最初感到迷惑不解,后来就变得愤怒起来。部队的士气削弱了,军队和老百姓都弄不明白苏联的军队到底是怎么啦,不仍然是第二次世界大战欧洲战区的胜利者吗?怎么就像被弃掉一样一下子被遣返回家了呢?这就是戈尔巴乔夫时代不光彩的一幕。"①

第三节 对德国统一态度的转变

德国不能统一

尽管苏联对东欧剧变持静观姿态,但德国问题不能使苏联逃避东欧剧变的环境之外。在戈尔巴乔夫看来,民主德国对苏联的战略利益最大,无论如何也不能使民主德国与联邦德国统一,退一万步说,在民主德国出现一个非共产党政权执政,也比两德合并要好得多。戈尔巴乔夫认为,两德统一不是现实的选择。1989年底,他表示,两个德国的存在是历史发展的结果,是"二战"之后形成的实际格局。企图打破这个格局,统一德国就是干涉两个德国的内政。② 但美国的布热津斯基则表示,一个分裂的德国能立足于一个分裂的欧洲之中,但却不能存于一个统一的欧洲之中。如果苏联希望有一个"共同的欧洲家园",则必须正视德国统一问题。③ 苏联最初对德国问题没有很快地作出反应。戈尔巴乔夫和谢瓦尔德纳泽对民主德国新领导人关于"国家的地位"的承诺表示满意。但是,1989年底出现的柏林墙坍塌事件令苏联决策者感到事态的严重。1989年11月28日,联邦德国总理科尔在议会上发表讲话,就如何统一两个德国问题提出10点计划。在华盖计划中科尔提出了实现德国统一的三个步骤,即第一

---

① 多勃雷宁回忆录:《信赖》,第709页。
② 戈尔巴乔夫1989年11月15日在苏联大学生集会上的讲话。
③ 《苏联解体亲历记》(上),第302页。

步是建立两德"条约共同体";第二步是两德建立"邦联";第三步是实现两德完全统一。科尔还强调德国统一的进程要在东西方关系和欧洲联合的框架内进行,不会"单独行动"。科尔的计划得到联邦德国民众的支持,也在民主德国引起了巨大反响。民主德国执政的统一社会党和政府最初明确拒绝科尔的计划,但后来在民众要求统一的压力下逐渐改变态度,倾向于两德统一。

苏联最高决策层两德统一问题持什么态度呢?1989年12月5日,戈尔巴乔夫会见联邦德国副总理、外长根舍。两国领导人讨论了两个德国问题。戈尔巴乔夫表示,民主德国是可靠的盟国,是欧洲和平与稳定的重要保障,苏联将声援和支持民主德国。根舍表示,尊重民主德国在没有外来干涉的情况下解决自己的发展问题。同一天,苏联外长谢瓦尔德纳泽在同根舍会谈时表示,企图利用社会主义国家改革中的困难来达到单方面的自私目的,会使欧洲的稳定与和平受到威胁。谢瓦尔德纳泽表示,联邦德国某些人对民主德国的行动可能引起危险后果。他批评科尔的10点计划的某些条款是对民主德国发号施令。他批评科尔提出的关于两个德国联邦制的构想只能加剧混乱。谢瓦尔德纳泽警告说,在民主德国进行艰巨改革时联邦德国不要进行干涉。联邦德国更不要忽视民主德国是苏联的盟国这一点。他表示,目前的发展涉及苏联和华约的根本利益,也涉及全欧根本利益。根舍表示,联邦德国坚持赫尔辛基最后文件的基本原则,遵守同社会主义国家签署的一系列条约。这表明,戈尔巴乔夫是不赞同德国统一的。

德国可以统一,但不能加入北约

随着形势的迅速发展,苏联也逐渐改变态度。1989年12月21日,苏共中央国际部部长瓦连金·法林对美国驻苏大使马特洛克说:"我们一直希望德国统一是未来的一个问题,但现在很清楚,事已临头。"[①] 戈尔巴乔夫看到阻止德国统一已经不太可能了,所以,他又提出德国可以统一,但统一后要退出北约,并保持中立。这是苏联的第二张牌。

戈尔巴乔夫之所以改变态度,主要有以下几个考虑:一是两德统一愿望十分强烈,苏联没有办法阻挡得住;二是戈尔巴乔夫指望通过"中立"模式遏制统一后的德国可能对苏联造成的潜在威胁;三是德国统一后苏联可以从德国那里捞取更多的经济好处。

---

① 《苏联解体亲历记》(上),第303页。

1990年1月30日，他在会见民主德国部长会议主席莫德罗时表示，德国的统一是必然的，是预料之中的事情。德国人有权统一。这表明，戈尔巴乔夫的态度开始"软化"。他不反对德国统一，但条件是统一后的德国不能加入北约。民主德国领导人得到苏联准确信息后，加快了统一的步伐。2月1日，莫德罗提出实现德国统一的"四阶段方案"。他同意科尔提出的德国统一的三个步骤。从该方案的内容中可以看出，民主德国和联邦德国的统一计划没有原则性的差别，最大的区别是，民主德国主张统一后的德国实行中立政策，非军事化，不加入北约；而科尔的计划则明确表示统一后的德国加入北约和留在欧共体。莫德罗方案的提出标志着，两德政府都赞同德国统一，于是，两德统一问题被提上了议事日程。

针对两德统一步骤的加快，戈尔巴乔夫固守德国统一的条件，即统一后的德国不能加入北约。1990年2月10日，戈尔巴乔夫在会见联邦德国总理科尔时，苏联同意德国统一，但条件是必须实行中立，统一后的德国必须正式向东方国家保证永远放弃领土要求。两国还发表了会谈公报。会谈公报表示，苏联、联邦德国和民主德国在德国统一问题上没有分歧。戈尔巴乔夫表示，德国统一问题应由德国人自己解决。3月，戈尔巴乔夫同民主德国部长会议主席莫德罗在莫斯科举行单独会谈。他表示，德国统一要考虑到两个德国人民的利益和其他国家人民的利益，战后边界是不可破坏的。统一的德国参加北约是绝对不可能的。两德统一不应该匆忙行事，蛮干，必须采取分阶段处理的办法。3月，戈尔巴乔夫再次会见莫德罗时强调，统一后的德国以任何形式加入北约都是绝对不能允许的。4月10日，戈尔巴乔夫在会见英国外交大臣赫德时表示，苏联不能接受统一的德国加入北约，如果美国对东西欧和苏联发生的变化感到担忧，就应当努力消除这种担忧。4月13日，苏波两国总统戈尔巴乔夫和雅鲁泽尔斯基会谈，双方认为德国统一应同形成新的全欧结构同步进行，这就要求保证欧洲现有边界的不可动摇性。4月29日，戈尔巴乔夫会见来访的民主德国部长会议主席德梅齐埃时表示，反对统一后的德国加入北约。德梅齐埃表示，民主德国将遵守对苏联的义务，并忠实于华约。5月，他在会见法国总统密特朗时表示，德国问题可能是当今世界政治的关键问题；如果统一后的德国加入北约，则会破坏世界政治战略点的平衡。他警告西方国家不要浑水摸鱼，如果西方国家坚持统一后的德国加入北约，那就谈不上德国的统一问题。但是，苏联高级外交官很快就向美国同行暗示，苏联的官方立场不会那么强硬。5月5日,苏联外长谢瓦尔德纳泽在波恩六国外长会议上表示,德国问题对苏联来说是特别重要的问题。他警告说,如果有人在涉及苏联安全问题上使苏联处于窘境,就会使苏联的政治灵活性猛然受到限制,因为国内情绪将十分高昂,复杂的民族感情就会复燃。5月8日,莫斯科举行纪念卫国战争胜利45周年大会。戈尔巴乔夫在会上表示,苏联以同情的心情对待德国人要求统一的愿望,但德国统一需要有一些可靠的保证,以使这一过程不损害苏联的安全利益,也不损害其他国家人民利益,不破坏欧洲及世界的稳定。应当签署德国条约,这一条约应规定德国的军事地位在全欧安全结构中的地位,载明德国有不破坏战后边界的义务。5月13日,苏联国防部长亚佐夫在华约成立35周年之际发表谈话指出,统一的德国如加入北约,就会破坏战略平衡,使局势不稳定,这是苏联人民不能接受的。这表明,戈尔巴乔夫在对待德国统一问题上的态度是明确的,具有原则性。

同意"2+4方案"

在德国统一节奏加快的情况下,美国积极参与德国统一问题的进程,研究德国统一的具体方案。1990年1月,布什总统领导一个小组专门策划这个方案。该小组包括国务卿贝克、美国国家安全顾问布·斯考克罗夫特和副顾问罗·盖茨、国务卿顾问罗·佐利克、负责欧洲事务的助理国务卿雷·塞茨和政策计划处处长丹·罗斯。塞茨提出了"2+4"方案。所谓"2+4"方案,即两个德国谈判有关统一"内部方面"问题,如两德统一的方式、时间和速度以及两德经济、政治、社会和法律等方面的问题。"二战"后对德国具有占领权的四个大国——美、苏、英和法谈判有关统一的"外部方面"问题,如有关四大国对德国的权利和责任、德国统一后的军事和政治地位问题、与其他国家的关系问题、战后边界问题以及柏林的地位问题等。

美国"2+4"方案制订出来后,立即开始摸其他大国的底细。英国外交大臣赫德得知美国的方案后提出了"4+0"方案,即只由四个大国决定德国统一问题,将两德排除在问题解决进程之外。但赫德在美国反复劝说下同意了美国的方案。随后,贝克在华盛顿秘密会晤联邦德国外长根舍。根舍表示同意美方的方案,但明确强调该方案只能是"2+4",而不能是"4+2"。他强调应该先由两德决定自己的命运。他还反对英国的"4+0"方案。贝克问德国统一问题是否需要欧洲其他国家参与。对此根舍明确表示，他反对欧洲其他国家参与德国统一问题的解决：反对"2＋15"方案，不同意北约盟国参与问题的解决；反对"2＋35"方案，不同意欧安会成员国参与德国统一进程。联邦德国欣赏的就是"2＋4"方案。法国外长迪马在同贝克会谈时表示，法国同意美国的方案，但法国的首选方案是"4＋0"方案。2月7日，贝克在莫斯科会见谢瓦尔德纳泽，提出解决德国统一问题的方案。谢瓦尔德纳泽作不了主，建议贝克必须直接向戈尔巴乔夫提出这个问题。第二天，贝克向戈尔巴乔夫提出了"2＋4"方案。戈尔巴乔夫虽然感到惊奇，但没有立即表态。贝克介绍了英法和联邦德国等国的看法后，戈尔巴乔夫表示他更欣赏"4＋0"方案。这表明，英法苏三国在最初的选择时都倾向于"4＋0"方案。谢瓦尔德纳泽向美国国务卿贝克提出"4＋2"方案。贝克表示拒绝，认为这不简单是数字的颠倒，而是政治含义改变了。2月中旬，华约和北约外长在渥太华召开会议。贝克利用这个机会，首先同英法联邦德国外长秘密协调了一致的立场，然后联合向谢瓦尔德纳泽提出"2＋4"方案，要求苏联明确立场和态度。谢瓦尔德纳泽不能独自作主，他立即向戈尔巴乔夫汇报。戈尔巴乔夫听后对美国的方案表示同意，但提出修改意见，如突出"邻国安全"等问题。随后，贝克迫不及待地向新闻记者宣布了四大国的方案。四大国将其他小国外长抛在一边，秘密解决德国统一问题，引起与会的其他国家外长的不满。他们提出了许多修改意见。

统一后的德国可以"有条件地"加入北约

为配合德国统一，美国提出了改革北约的一揽子建议。贝克于1990年5月飞往莫斯科同戈尔巴乔夫会谈，他向戈尔巴乔夫表示，欧洲将会出现一个新北约和新德国。戈尔巴乔夫则坚持说，统一后的德国不能留在北约，这样会根本上改变欧洲力量平衡，并且给全世界的印象是苏联最终失败了。戈尔巴乔夫提出一个建议，德国保持中立，围绕安全问题，欧洲需要建立一个新的安全结构，实际上他的意图就是同时解散华约和北约。贝克拒绝了戈尔巴乔夫的建议，他表示北约绝对不会通过自我解散来维持某种力量的平衡。戈尔巴乔夫听后马上表示，苏联将被迫申请加入北约。贝克对戈尔巴乔夫的建议感到十分惊奇。在谈判时，戈尔巴乔夫采取的策略是，同美国人谈德国问题时将重点放在政治因素方面，而同德国人谈判时则将重点放在金钱方面。1990年5月，联邦德国总理科尔的国家安全顾问霍斯特·泰尔奇克同苏联领导人举行秘密会谈。雷日科夫向联邦德国人详细地谈论了苏联的经济危机，强调苏联需要大量的经济贷款。联邦德国人马上感到苏联这是在敲竹杠，同时也感到希望很大。

1990年6月2日，戈尔巴乔夫访问美国，同布什举行最高级会谈。布什总统有备而来，提出了9点计划。该计划是美国与盟国经过精密协商后提出来的。该计划的要点是：

1. 削减欧洲常规力量条约包括统一后的德国和中欧其他国家的武装力量的限额；
2. 加速关于削减欧洲短程核力量的谈判；
3. 同意苏军继续留在民主德国若干年的过渡性步骤；
4. 德国不拥有核武器和生物化学武器；
5. 北约保证不在民主德国部署部队（统一前和统一后都是如此）；
6. 不改变"二战"欧洲各国边界，德国不向波兰和苏联提出领土要求；
7. 提高欧安会的地位和作用；
8. 审查和修改北约战略及其武装力量的结构，适应欧洲新现实；
9. 联邦德国应该给予苏联以经济安排，支付苏联在过渡期内苏军在民主德国的驻军费用、撤军费用和军人安置费用。

布什总统的计划内容十分明确地将统一后的德国纳入北约范畴，同时在某种程度上考虑到苏联的安全和经济利益。

戈尔巴乔夫没有赞同布什总统的9点计划，他提出了德国中立化的建议。他在同布什总统的会谈中强调两点，一是统一后的德国或者保持中立，或者同属于华约和北约；二是应该改变北约的性质，使华约和北约关系形成崭新架构。针对戈尔巴乔夫的态度，布什总统表示，应当让统一后的德国人民决定是加入北约还是加入华约，或者保持中立。戈尔巴乔夫没有接受布什总统的这个建议。

在这种情况下，美国、两个德国和英法等国积极行动起来，向苏联展开各种政治、经济和外交攻势，迫使苏联接受美国的方案。本来戈尔巴乔夫在德国统一问题上就经常摇摆不定。在西方国家的攻势下，戈尔巴乔夫很快就让步了。

戈尔巴乔夫为什么会放弃原有的立场？除了政治原因和经济原因之外，戈尔巴乔夫主要指望通过改变北约和华约的性质来消除统一后的德国加入北约可能对苏联产生的不良影响。但这就暴露出戈尔巴乔夫在处理外交政策方面的幻想主义色彩。事实上，将要垮掉的是华约，而不是北约。美国从来没有改变北约性质或者解散北约的意图，美国准备在新的历史条件下利用北约继续控制欧洲。

从美国回来后他在会见民主德国部长会议主席德梅齐埃时表示，苏联绝不阻碍德国统一进程，德国可以加入北约，条件是，德国成为北约的联系成员国。1990年6月12日，他在苏联最高苏维埃会议上发表讲话，提出新建议，即德国可以作为联系国参加北约，条件是华约和北约在德国统一进程中走到一起；不改变两德承担的义务；华约和北约进行自身改革。就是说，如果北约和华约的性质发生变化，苏联可以同意德国成为北约成员国。他表示，统一后的德国可以"有条件地"加入北约。德国统一后应继承两个德国的一切义务，联邦德国的军队服从北约，民主德国的军队服从新的德国政府，苏联的军队继续留在德国。但戈尔巴乔夫的方案没有得到布什的认可。美国要求统一后的德国无条件地加入北约，戈尔巴乔夫再也不坚持什么"有条件"了。

德国可以无条件地统一：戈尔巴乔夫彻底退却

1990年7月16日，戈尔巴乔夫和联邦德国总理科尔会谈，即"1+1"会谈。

科尔此次访问莫斯科，本来是准备与戈尔巴乔夫进行一系列艰苦谈判的，希望苏联对德国统一采取最积极的措施。然而，戈尔巴乔夫不顾苏共中央政治局的反对，在同科尔谈判时取消了一切原来为德国统一设置的障碍，并同意德国统一后加入北约。戈尔巴乔夫的"慷慨"行动使科尔惊讶不已，因为来莫斯科之前所制订的几套备用方案都可以不用了。最后，达成协议：

1. 德国的统一涉及民主德国、联邦德国和柏林；

2. 如果德国统一过程完成，则四大国的责任及其权利将完全取消；

3. 统一的德国在实现其不受限制的主权的同时，可以自由和独立地决定属于哪个联盟和集团（科尔补充说，统一的德国将成为北约成员，他表示相信，这符合民主德国政府的意见）；

4. 统一的德国将同苏联签订在三四年期间完成从民主德国撤军的双边条约；

5. 在苏联军队没有撤离原来的民主德国领土之前，北约结构将扩展到德国的这一部分。科尔同时指出，未编入北约结构的联邦德国国防军和

本土防御军队在德国统一以后可以部署在那里;

6. 在苏联军队部署在原来的民主德国领土上时,三个西方大国的军队可以留在柏林。科尔表示,同柏林当局签署的专门条约应当对这一点作出规定;

7. 联邦德国政府表示,还准备在维也纳谈判过程中就承担在三四年期间把统一德国的武装力量裁减到 37 万人的义务,这一裁减应当在维也纳削减欧洲常规武器条约生效以后开始进行;

8. 统一的德国将拒绝制造和拥有核武器、化学武器和细菌武器,并将成为关于不扩散这些武器条约的成员国。

此外,德国支付 120 亿马克以加快苏军撤离德国;苏联与德国签订友好条约。科尔表示,德国准备向苏联提供 300 亿美元的经济援助。

戈尔巴乔夫与科尔的"1+1"会谈取得实质性的突破,就连美国政府都感到意外和惊讶。惊讶之余,西方国家纷纷称赞戈尔巴乔夫的让步。

但是,戈尔巴乔夫主动对德国统一采取积极态度,使苏联在今后与美国的谈判中失去了强有力的一张王牌。戈尔巴乔夫将德国统一问题与欧洲安全问题分开考虑,实际上就是没有完整地考虑到苏联自身的利益,因为毕竟是德国对苏联进行了一场残酷的战争。苏共中央政治局开会讨论这些问题,戈尔巴乔夫用一种很不严肃的态度来对待其分歧。但是,戈尔巴乔夫却使德国总理科尔敬佩不已,他对戈尔巴乔夫在德国统一问题上的贡献表示感谢。①

9 月 12 日,苏联、美国、英国、法国、联邦德国和民主德国 6 国外长会议结束后,签署了《最终解决德国问题条约》,并批准两个德国统一和重新取得全部主权。9 月 20 日,苏联外长谢瓦尔德纳泽在苏联最高苏维埃国际事务委员会发表谈话,主题是德国统一条约签署的意义及其影响。他说,在整个战后年代,"德国问题"一直是世界政治的核心问题。只要德国是分裂的,只要欧洲中心保持着大规模的军事对抗,则欧洲的战争威胁就是不可避免的。他认为,9 月 12 日德国统一条约的签署,已经使战争威胁不复存在。谢瓦尔德纳泽表示,德国统一条约的签署完全符合苏联、苏联各民族及各加盟共和国的利益,完全符合巩固欧洲安全与国际安全的利益。他还表示,西方准备在华约和北约之间建立新型关系的立

---

① 1991 年 8 月 19 日,科尔在记者招待会上的讲话。

场，改变了苏联对德国加入北约的态度。华约和北约都正在发生变化，它们将来有可能成为全欧安全结构的组成部分和基础，并可能会融为一体。欧安会的政治机构则将发挥越来越大的作用。德国统一后的苏德关系将会很快扩大规模，新的德国将是苏联一个强大的可靠的伙伴。苏联与德国的合作不是为了反对任何人，双方的目标是建设一个信任、团结与合作的欧洲。10月1日，苏、美、法3国外长和两德外长在纽约签署宣言，宣布停止4国在柏林和德国行使权力。10月3日，两德正式宣布统一。10月9日，苏联和德国在波恩正式签署苏联撤军条约。

从苏联对德国统一的态度变化上可以看出，苏联最高决策层的态度经历了一个由"硬"到"软"的过程。戈尔巴乔夫为什么会一退到底？一是英法美三国态度强硬，两德立场坚决，苏联外交没有回旋余地；二是英法美对苏联安全利益和经济利益作出了一定程度的考虑；三是两德对苏联作出了种种承诺；四是戈尔巴乔夫在苏共二十八大上再次确认了领袖地位；五是戈尔巴乔夫的决策作风使然。

第四节　外交争论

中央国际部官员对东欧剧变的评价

东欧国家出现的剧变不可能不在苏联出现反应。1990年苏联官方人物、苏共中央国际部副部长B.穆萨托夫发表一篇文章，专门阐述了苏联官方对东欧剧变的看法，这是苏联官方对东欧剧变最明确、最完整的评价。

穆萨托夫表示，"从全球意义上来说，如果我们舍弃意识形态公式，有一般理由认为，东欧盟国发生的变化是世界性民主趋势的反映，其实质就是从极权主义向议会多元化、向公民社会、向法制国家的过渡。"他还表示："如果对东欧国家的变化作更具体深入的探讨，其性质可以说是一个建立在'以党治国'的行政命令体制上的社会制度被取代的过程，是'现实社会主义'意识形态概念威信扫地，而在对外政策方面，则是对战后欧洲分裂状态的放弃，是我们联盟体系的转变。"在他看来，东欧剧变过程实际上就是抛弃传统行政命令体制的过程。

他还分析了东欧国家发生剧变的原因，承认这是东欧国家长时期内不断成熟的社会危机的结果。其基本原因是"国家社会主义概念及其专制官僚主义体制和教条主义意识形态立场的危机"，执政的共产党失去了自我革新的能力，失掉了人民群众的信任。他还说，东欧地区的大多数国家，共产党人在进行改革方面耽搁得太久了，作者将东欧国家出现的问题一方面归结为体制上的失误，另一方面归结为党的墨守成规。

他认为，东欧国家这种悲剧性的事态进程是不可避免的，其原因基本是内部的。但是，当然一些重要的外部因素也起了作用。"苏联的改革，新政治思维为社会主义革新提供了推动力。但是，大多数前领导人未能抓住时代的信号，习惯于按指示办事的普通党员则迷失了方向。""东欧的事态表明，我们这些国家在积极和消极两个方面有着相互依赖和相互影响的意义。在苏共二十大之后，由于非斯大林主义化，我们经受了相同的过程。现在则发生了某种类似的情况，但是在完全不同的历史条件下发生的，并有着不同的结局。苏联的变化显示了范例，这些变化搅乱了人们的思绪。但是，苏联承认'现实社会主义'概念的缺陷，重新考虑许多历史的评价，这在客观上削弱了东欧各国实行垄断统治的党的存在的合法性基础。与此同时，统治阶层把希望寄托在他们绝对正确上，不愿意改变政策，企图采取镇压措施对付局势的做法，这些只会加剧人民不满的浪潮。但是，这次同50—60年代不同，虽然人民叫嚷'社会主义的末日'，苏联却只以另一种方式行事，勃列日涅夫主义'有限主权论'已被抛弃。这种立场合乎逻辑地源于苏共宣布的新政治思维，源于对人民有权作出社会选择和党对本国人民负责的思绪的承认。但是，如果不指出苏联改变旧的立场给各种反对派增加了勇气，那也是把问题看得过于简单了。德意志民主共和国事态的例子在这方面是特别明显的。"这表明苏联当局并不回避"苏联因素"在东欧剧变中的作用和影响。

他回答人们普遍关心的一个问题：苏联领导已经预感到即将发生的变化，那么它为什么不进行干预？

△这种论调本身取自停滞时期的武库，1985年4月和从阿富汗撤军之后再不可能谈论什么武力干涉的问题了。

△苏共领导把自己的立场和对形势的估价通告给了自己的伙伴。从1986年至1989年期间，在双边和多边会晤中曾多次谈到过革新的必要性和停滞不前的危害性。但是对此反应不一。有的同意，有的伪善地赞同，有的完全不同意。

△各国党在人民的大规模行动过程中撤换了原领导人，而且首批撤换新上台的领导人通常都是短暂的。新领导人参与旧领导的工作导致进一步

的人事变动。

没有苏联的保险网络，尤其是没有苏联军事干预这样的最后手段，东欧国家专制政权的稳定系数实际上就不大了。

作者从东欧剧变中得出的教训是积极的，即社会主义是可以更新的，社会主义的潜力不可能耗尽。"我们相信社会主义再生的潜力"。作者指出了东欧国家社会主义因素存在的必然性。他表示，在40年代里，在群众心理上和行为中已经形成了集体主义习惯，他们习惯了社会保障和社会公正，形成了对剥削的不容忍的精神。大树倒了，根子却没断。

作者还对东欧国家出现的一系列过激的政治现象提出批评，指出东欧国家在滋生反共情绪的浪潮。

作者得出的一个结论是，"许多东西取决于苏联改革的进程，但不是一切都取决于苏联改革的进程。"他的观点是，东欧国家正进入一个相对不稳定时期，进入一个政府频繁更迭、探求对外政策方针的时期，也进入一个社会紧张增长的时期。作者从东欧剧变反过来分析苏联局势。他认为动摇、思想妥协和采取政治措施时优柔寡断，导致东欧国家的共产党出现分裂，导致丧失阵地。他强调苏共要同分裂主义分子和宗派分子划清界限（越快越好）可以保持党的活动能力。他认为，苏共应当仍然是一个选择社会主义的、具有灵活的组织结构、能够解决议会内外斗争任务的、群众性的、民主的政党。

作者还提出了苏联对东欧国家的外交政策原则问题，"毋庸置疑，苏联的改革需要一个良好的外部条件。苏联关注同东欧改革的得体的睦邻关系。因此，寻求新的利益平衡的必要性提上了议事日程，它将不再有党的、意识形态化的基础，但却要有助于建立牢固的互利合作。""我们与我们的邻国的共同任务是，建立集体的、非联盟的欧洲安全体系，创造欧洲的信任和平等的经济和科技合作的气候。我们共同的利益是，保障本国的民主变革在和平与稳定的条件下获得成功。"① 看来作者是从国家利益层面思考问题的。

改革军师——雅科夫列夫的评价

雅科夫列夫对东欧剧变问题十分关注。他几次接受记者采访，表明自

---

① B. 穆萨托夫：《东欧的变化和我国的改革》，《真理报》1990年5月14日。

己的态度。雅科夫列夫的观点是："在我看来，东欧国家所发生的一切乃是不自由地产生这种或那种社会制度的结果。倘若这些国家的社会发展曾是自由的、独立的话，我想，我们今天所看到的就会是另外一种情景。这些国家发生变化越晚，就会经受更多的磨难，有时也就会更加悲惨。我是否看到了一些征兆呢？是的，看到了。1956 年的匈牙利、1968 年的捷克斯洛伐克和 80 年代的波兰，都是如此。然而，我们自身却处在不可能对这些征兆作出相应反应的处境之中。我们对这一切持对立的态度，认为，正确的是我们，并仅仅是我们。从中我们得出拭目以待的结论？当然，存在有关安全感的一些问题。这些问题将成为我们注意的中心。同时也还有其他方面。我只想论及一点：无论我们遇到多大程度的指责，也不论如何责难我们，我们的士兵任何时候不应参与安排世界上任何一个国家的社会生活。"他在回答"是否存在共产党与社会民主党接近的可能性"问题时表示："我们的政治路线过去所出现的错误之一就是对社会民主党持敌对态度，坚决与之划清界限。这就给工人运动和整个民主运动带来巨大损失。至于说与社会民主党的接触，那么可以说我们之间早已有接触。假如我们都在谈论全人类价值，谈论人类进入和平发展的新纪元，那么，我们还有什么可纷争的呢？当然，思想分歧仍然存在，我们将就这些问题进行争论，但合作也是必要的。"①

雅科夫列夫在另一个场合把东欧事变看成是"巨大进步"。他强调，东欧剧变开辟了"新天地"，在解放人民和个人事业中前进了一步。② 看来，雅科夫列夫对东欧的剧变持完全支持的态度。

在 1990 年苏共二十八大上，雅科夫列夫在回答代表们提问时表示，"每个国家各有各自的发生变化的原因，但是，对于所有国家也有共同的原因。如果人民不再理睬这些党，那就意味着他们不再把这些政党的政策看作是自己的政策，人民的政策。而且，问题不仅在于存在反社会主义力量，这种力量当然是显而易见的。但是，主要的恰恰是人们和广大共产党员对党的态度。今后还可再作分析。但是，同志们，现在有人指责苏共中央使社会主义体系瓦解了，我们应该记住，1953 年在柏林所发生的事情，1956 年在匈牙利所发生的事情，以及 1968 年在捷克斯洛伐克所发生的事

---

① 《共产党人》1990 年第 4 期。
② 《新时代》1990 年第 44 期。

情。1968 年我在捷克斯洛伐克，在那里重建社会主义基础，我至今还对这一使命感到很尴尬。"他表示："也不应该急于在东欧埋葬社会主义。假如说社会主义的重要成份现在也在西方存在，特别是在社会领域存在，那么这些成分也会在这些国家里显示出自己的作用；但这是生活现实，毫无办法。用中央决议的办法并不能取消这样的事实：目前南朝鲜比北朝鲜工业产值高 9 倍，联邦德国的生活水平比民主德国的社会水平高得多。难道我们大家在这里的代表大会上就能够解决这些问题吗？不成，我们是不能解决这些问题的。"① 雅科夫列夫对经互会和华约前景的判断是良好的，充满信心，预言看不到解散的前景。

2 月中央全会上的交锋

在东欧剧变问题上苏联最高决策层存在着意见分歧。1990 年 1 月 13 日，苏共中央政治局委员利加乔夫对苏联新闻社记者发表讲话时表示，苏联没有插手东欧正在发生的一切。东欧的一系列事件是盟国事态发展和外部影响的结果。苏联欢迎革新社会主义，但应该指出，东欧正在出现复辟资本主义、摧毁社会主义和瓦解坚持共产主义和社会主义原则的政党的种种事件。把苏联一些共和国的变化过程同东欧的变化等同起来是错误的。1990 年 1 月 18 日，苏联外长谢瓦尔德纳泽则表示，东欧所发生的进程的性质是积极的，但变化规模如此之大，速度如此之快，会带来一种不稳定的效果。

1990 年 2 月在苏共中央全会上，利加乔夫锋芒一转，指向外交领域。他反对德国统一。他警告说，"我不能不再谈一点，即欧洲事件。我认为，在那里发生的千变万化中，我们不应该忽略危险的来临。我指的是德国重新统一的加速，而实际上这是吞并德意志民主共和国。不看到在世界地平线上出现一个拥有巨大经济和军事潜力的德国，那将是不可饶恕的近视和错误。需要国际社会和世界一切民主力量作出实际努力，及时地防止提出修改战后边界问题，坦率地讲，就是不允许出现战前的慕尼黑。我认为，现在已是时候，应该认识到当今的这种新的危险，大声地向党和人民讲明这种危险，为时还不晚。我认为，这个问题也值得在我们议会中讨论。"② 针对利加乔夫的发言，谢瓦尔德纳泽表示："我们在任何地方，在

---

① 《真理报》1990 年 7 月 11 日。
② 《真理报》1990 年 2 月 7 日。

任何一个场合也没有向任何人作过任何让步，如果我们作了让步，那也只是向理智作了让步。至于交出阵地的问题，则是那么多年以前发生的事情，现在我们已经恢复了这些阵地。尽管吃力，但还是收回了。"他明确表示，苏联不可能出兵干涉东欧国家发生的事变。①

苏共二十八大上的交锋

在1990年苏共二十八大上，东欧问题又一次成为讨论的焦点，许多代表发言批评戈尔巴乔夫对东欧的基本政策。对此戈尔巴乔夫予以反击。他说："不能听命于对政治不懂行的人，否则将是不幸的。争取成为先锋队的党应当引导各种思潮，而不是顺应各种思潮。……我们没有干涉东欧发生的事件，这样做对吗？难道我们又要动用坦克，又要去教训别人如何生活吗？"② 他表示："东欧正在发生深刻变革。有人说这是'社会主义垮台'，我们则反问，是什么样的'社会主义'？是我们所抛弃的、实质上是斯大林专横官僚体制模式的那种社会主义吗？有人甚至责怪我们，说'我们不战而退'。这是在出主意让我们采用以前我们采用过的和我们已经坚决与之决裂并且坚决予以谴责的办法。""是的，存在着这些国家在自己社会经济发展中朝何处去的问题。但是，这是这些国家人民自己作出选择的问题。而我们过去和将来都严格遵循自由选择原则，这一原则是进步的必备条件和整个现代文明自我保全的条件。"③

谢瓦尔德纳泽在这次代表大会上回答了代表们提出的"东欧社会主义的瓦解是不是您所领导的苏联外交的惨败"，这个敏感问题。他说："如果我们的外交尽力不让邻国发生变化，如果因此而使我们同它们的关系恶化和激化，那才是惨败。苏联外交没有也不可能抱着这样一个目的：反对别国消除别人强加给它们的、与它们格格不入的行政命令制度和极权主义政权。这样做就会违反我们自己行动的逻辑和新政治思维的原则。再有，即使东欧事件不符合我们的利益，我们也决不会干涉这些国家的事务。这样的干涉是不可取的，因为今天我们不是在口头上，而是在行动上承认国家平等、人民主权、不干涉它们的事务，承认有自由选择的权利。采取任何别的立场，就是滑向十足的沙文主义和帝国主义，这是违背真正

---

① 《真理报》1990年2月8日。
② 《真理报》1990年7月11日。
③ 《真理报》1990年7月3日。

共产党人一贯宣布的那些原则的。""我认为，在盟国人民命运发生这种危险转折的关头，我们大家仍然坚持站在一起并且继续并肩前进，在这点上苏联的外交和我们的整个政策起了决定性的作用。盟国民主选举出来的新领导人前来莫斯科参加华约最高机构会议，并没有由此而使我们联想到外交工作的失败。我认为，他们的到来是对我们的改革和外交政策新思维的尊重。""还有一个问题：外交官、外长和最高政治领导是否都曾知道东欧的事态会如何发展呢？是的，我们原则上预测到会发生变化，觉得变化势在难免。有朝一日可以把米哈伊尔·谢尔盖耶维奇（即戈尔巴乔夫——作者注）的谈话记录拿出来，可以了解从这些国家的首都发来的电报。我们感到，如果不发生重大的变化和改革，情况会发展到悲剧事态的地步。然而，我们从新的政治思维原则出发，不能干涉别人的事务，不能干涉他国的事务。我认为，我们做得对。"①

有关德国统一问题一直是苏联中央高层争论的焦点问题。

1990年在苏共二十八大上，谢瓦尔德纳泽专门阐述了德国问题。他的观点如下：

"我们对德国统一进程感到担忧是可以理解的。我们大家身心的某个深处被刺疼了。考虑到我们过去的经验、我国人民在同法西斯的斗争中遭受的重大牺牲，这是可以理解的。如果人们对这个问题没有表现出高度的敏感性的话，那就奇怪了。诚然，我们已经习惯于既定的'德国'现实。认为这种现实才是自己安全的保障。可是让我们仔细想一想：这种以人为地和违反自然地分裂一个伟大民族为基础的保障可靠吗？这种情况能持续多久呢？

"难道战后时期没有由于德国事务和围绕着德国问题发生过危机吗？也许，最好能找到确保自己安全的其他途径——依据国际法在欧洲求得最终的解决，并使德国统一的外部问题得到这样解决，即保证永不再从德国土地上发生战争威胁。

"我提醒一下，德国问题的调解是在我们的直接参加下进行的，没有取得我国同意就不能通过。四大国和两个德国达成的协议将提交苏联最高苏维埃批准。它意味着欧洲要降低军队和军备水平并以此为依据。这一清除军事对峙的过程已经进行。在这些削减的范围内，联邦国防军的人数将

---

① 《真理报》1990年7月5日。

大大减少。在将来的'大德国'中,军队将比联邦德国现在的军队少。什么对我们来说更好呢?是同50万联邦德国军队打交道好呢?还是,譬如说,同统一德国的减少一半的军队打交道好呢?还应当考虑到,目前的欧洲是相当'透明的'大陆,军事活动方面的这种开放程度今后仍将提高。还不能忽视一个事实:欧洲已经可能向新的民主和集体的安全结构过渡。这种结构在今年年底到明年年初就将成为现实。已经对赫尔辛基进程的制度化取得了共识。我预测,各个集团本身,它们的学说、战略、军队和军备水平将发生变化。与此同时,各集团之间、各国之间的关系也将发生变化并实现正常化,这些国家现在已经是民主国家,它们将相互协作,而不是相互对抗。

"由此可见,我们将生活在完全不同的、新的欧洲中,生活在另一种军事政治格局中,在这种格局中,1939年的事件不可能重演。可以排除这种情况。我也相信,苏联将同统一的德国在政治、经济和所有其他领域进行广泛和大规模的互利合作。同志们,我可以坦率地、十分负责地说:迟迟不在总体调解范围内解决德国统一的外部问题对我们没有好处。"①

谢瓦尔德纳泽在这次代表大会上回答代表们提出的关于德国统一问题时表示,在德国问题上苏联有两种方案,"第一个方案:争取在'2+4'即'6国'范围内,在全欧进程范围内,就德国统一的外部条件达成一个最终的国际法解决协定。这个协定应符合我们的安全利益,应有利于欧洲稳定。这是可能的。第二个方案:利用我们驻扎在民主德国的50万军队来阻止统一。这会产生什么后果,是可以想象得到的。同志们,我们选择了第一条道路。我想,所有明智的人,所有不想把欧洲和我国人民推向灾难的人都支持我们这样做。这就是对那些主张不应同意统一的人的回答。"②

从这些争论中我们可以看出,戈尔巴乔夫、谢瓦尔德纳泽和雅科夫列夫对东欧剧变的观点大体一致,都认为东欧剧变是历史的进步,具有积极性质。而利加乔夫则认为,东欧剧变是复辟资本主义,而且德国统一危及苏联的国家安全利益。这反映了苏联最高决策层对东欧问题的两种基本态度。

---

① 《真理报》1990年7月5日。
② 《真理报》1990年7月11日。

第十八章 "伙伴"外交

第一节 外交争论

谢瓦尔德纳泽的方针

随着新思维方针提出,苏联外交政策越来越发生根本性的变化。苏联外长谢瓦尔德纳泽不遗余力地贯彻戈尔巴乔夫新思维外交路线。研究一下谢瓦尔德纳泽的外交观点是十分必要的。

1988年7月25日,苏联外交部召开科学实践讨论会。苏联外交部部长谢瓦尔德纳泽在会上发表了讲话。他认为,最重要的一点就是要建立一个有效的、符合宪法规定并拥有全权的讨论国际政治问题的机制。他表示,苏联外交政策的最首要的任务是"用政治手段来为国内的改革创造和平的、一切方面有利的条件"。他将戈尔巴乔夫的外交政策思想归结为:国际关系的民主化、非军事化和人道主义化;越来越多地把安全保障从军事政治解决领域转向政治配合的领域;利用科学技术潜力来共同解决全球问题;为使各国和各民族在物质精神上相互丰富、为巩固世界和平的结构而发展各国与各民族的多种多样的和平等的联系。

谢瓦尔德纳泽表示,在世界政治中促进这些趋势和深化是我们的主要使命。他还表达了这样一个思想,即国内民主化是国际关系民主化的前提和必要条件。他还提出,需要建立一个能对国家安全的威胁做出现实主义的综合性分析估计的更精确和协调的机制,这种机制应能排除任何外来意志的压力。他强调,对外政策也像对内政策一样,是由党和国家最高选举机构来制订,由相应的对外政策机关采用其特有的职业手段来实施。这里特别需要集体制、同步性和创造性的合作原则。他说:"任何外交,特别是社会主义的外交,积极对外宣传自己国家的政治社会理想,它的精神和道德价值。在捍卫和发展这些理想价值的同时,外交也为国际法、国际往来和全人类行为准则和规范的形成做出了自己的贡献。""国家正是通过外交手段在国际社会中确立自己的地位。国家借助于外交来适应周围的国际环境。在这方面，按照反馈法则，外交的最重要职能之一是影响周围环境，使之尽可能地有利于自己国家，当然不能去损害别人。""外交应该知道许多事，应当善于去做许多事，但只有一点不允许做，不允许造成损害国家主权、领土完整和独立生存的形势。发生军事冲突、特别是战争，这是外交的失败。但就当事情发生这种转折时，外交也必须争取最大限度地减少损失，尽快结束和消除其不良后果。"苏联外长批判了一些过去的观点，如和平共处是阶级斗争的特殊形式等。他说："新思维已经为我们对外政策规定了方向，在这种情况下也就为实行根本性的政治改革创造了前提。现实主义，利益的平衡，全人类价值观念的优先地位，有利于所有人的同等安全思想以及同所有人平等对话，国际法的领导地位，在处理国际事务中政治手段同所有其他手段相比应绝对处于优先地位——这一切已成为制定对外政策战略的组成部分。"

关于安全问题，他表示："这些准则要求明确民族利益同其他国家合法利益之间的相互关系，要求别把自己的安全同共同的安全分隔开来。""新的政治思维作为一种哲学和谋求安全世界的一种工具是我们所需要的，这不仅仅是指国际关系的实践而言。新的政治思维的原则已经成为国内革命性改革的基础。只有这样密切地联系起来，才能明显地说明，国家的外交政策是直接取决于内部事务的。""新思维是在核时代现实的背景下来看待这一原则的。我们有充分理由不把它看作是阶级斗争的特殊形式。不能把建立在诸如互不侵犯、尊重主权和民族独立以及互不干涉内政等原则基础之上的共处同阶级斗争等同起来。这当然并不否定阶级斗争的客观规律，也不否定国家政治取决于其统治阶级的利益。但是，这些阶级利益能够而且应当把全人类的利益当作公分母。""两种对抗性制度的斗争已不再是决定当今时代的走向。现今，起决定作用的，是我们依靠先进科学、现代化设备和尖端技术来加快物质财富生产与合理分配的能力，以及我们开发和保护那些人类生存所必不可少的资源的能力。""总之，当把国际关系同阶级斗争相提并论时，就很难承认作为最高普遍原则的和平共处的现实可能性和不可避免性，以及不同社会政治制度国家之间的互利合作的现实可能性不可避免性。"他的观点是，要正确地评价和保障自己的民族利益，就必须认清和理解人类发展的总趋势和方向。

谢瓦尔德纳泽提出了政治决策的经济代价问题，关于对外政策的经济效益问题。他说:"外交政策中的每一步骤都有自己的价值,或者给国家平安的预算增加些东西,或者挖去些东西。有时挖的东西太多了。粗暴草率地抛到政治天平上的砝码总是使得指针急剧地移向减号。""外交的主要任务是为自己国家寻找朋友并找到朋友、至少不要给自己树敌。""我们的外交必须全力以赴地推动和平进程。我们将忠于列宁的原则:一个国家确定什么发展方向,是这个国家的内政。由它自己来选择自己的道路,自己的发展模式。我们在继续忠于民族解放运动理想的同时,不输出革命。"①

此外,谢瓦尔德纳泽利用各种外交场合阐述苏联新思维外交路线。1988年9月27日,苏联外长谢瓦尔德纳泽在第43届联大会议上发言表示,世界的普遍安全要求进行真正的国际合作。全人类的国际合作应该高于分歧。苏联主张国际关系非意识形态化,和平共处是国与国之间关系的无所不包的原则。10月12日,苏联外长谢瓦尔德纳泽在联合国教科文组织巴黎总部表示,建立在新政治思维构想之上的苏联外交政策的要点是:主张自由选择,放弃对最终真理的垄断,放弃将各种主张、理论和模式强加于人;主张政治上、文化上的多元化,反对对抗,从国际关系中排除意识形态分歧中的独断专行,将本国安全与世界普遍安全结为一体,靠理智而非武力争取和平、在国际关系中严守国际法。

上述表明,谢瓦尔德纳泽的观点是与苏联最高决策层制订的新思维外交路线一脉相承的。

外交政策上的争论

应该说,戈尔巴乔夫的新思维在中央政治局是有不同看法的。利加乔夫就对新思维表示了不同的意见。谢瓦尔德纳泽的讲话受到了苏共中央政治局委员利加乔夫的批评,他认为将全人类的利益置于最高的位置,会在苏联人和外国朋友的认识中制造混乱。但是,这种争论是非常隐蔽的,而且都在中央高层之间进行。1988年8月,利加乔夫在高尔基市发表讲话。他强调不能绝对按市场规律来发展经济和反对"不用阶级观点"来处理对外政策,"绝不要把共处和阶级斗争等同起来"。他说:"我们的出发点是国际关系中的阶级特性。在这个问题上的任何其他解释只会造成苏联人民以及国外朋友们的意识混乱。积极参与人类所面临的共同问题的解决,

---

① 《谢瓦尔德纳泽在苏外交部科学实践讨论会上的报告》,《外交部公报》1988年第15期;《真理报》1988年7月26日。

决不能人为地用来作为停止社会和民族解放斗争的理由。"①

　　引人注目的是亚历山大·雅科夫列夫参与了争论。他发表了看法，大谈人类共同利益。他说："防止核威胁、以和平的名义裁军、以安全的名义相互信任与合作、关心人类的生存——所有这些都是当今世界所要完成的任务。但是如果我们在历史的范畴里进行思考，完成上述任务只是公正地、民主地、合理地解决人类面临的所有其他问题的一个主要的、最根本的前提。这些问题包括：减少饥饿，维护生命赖以存在的地球环境，合理利用地球上远非取之不竭的资源。"他对人类共同利益进行了论述，"人类共同利益不是哪一位思想家在象牙塔中通过苦思冥想而假设出来的抽象的哲学范畴。在我们的时代，由于人类的利益不是分成若干抽象的类别……由于按一下电钮就可以使人类整个历史停止前进，由于任何世界大事都成为与全世界50亿人口有关的事情，因此我们人类的共同利益便成了有血有肉的东西。"他进一步阐述全人类的共同利益，"这些都是全人类的利益所在。这也是我们的利益所在，因为我们是人类的一部分，而且还是推动人类社会进步的最重要的因素之一。把人类凝结在一起的正是这些利益，这意味着它们能够超越几个世纪以来阻碍人类文明发展的那些力量，即分裂、矛盾、对峙以及战争。正是这种共同利益将使对立各方走到一起，因为当哲学的、抽象的、历史的分类与纯粹实践的、世俗的、日常经验的东西融合在一起之时，这种共同利益便使个人的利益融入到了大家的利益里。"他对马克思主义关于人类共同利益问题进行了解释："马克思主义是从历史观的角度、从所有人类发展的前景出发，是对人类共同利益的诠释。它不是只考虑哪一个国家或哪一个阶级、民族、社会团体的利益。它把那些受剥削的社会最底层的利益放在首位，并在特定的社会结构里将之单独作为一个阶级划分出来，以承担解放人类的历史使命，我们能说社会主义的缔造者们是以这个阶级的利益来对抗所有其他阶级的利益吗？当然不能。""优先考虑人类共同的利益，这个观点很有价值，因为它包含着发展的客观趋势。它要求放弃僵化的世界观、国家观、民族观。它有助于我们现实而又理智地把政体不同的国家之间的共处看成是历史的要求，是国际主义者追求全球发展的体现。"② 这样，利加乔夫和雅科夫列夫的分

---

①　《真理报》1988年8月6日。
②　《真理报》1988年8月13日。

歧便公开暴露出来。当时，戈尔巴乔夫正在度假。看来，每次戈尔巴乔夫休假或者出国、利加乔夫主持工作时，苏联政局总要出现一些微妙变化。

到1991年外交政策的争论更加激烈。1991年2月，苏共中央和苏共中央监察委员会联席全体会议在一份材料中批评说："将全人类的利益和阶级利益对立起来，把全人类价值放在首位，我们给社会主义思想帮了倒忙……破坏了阶级的和全人类的辩证统一。我们都知道，任何人在任何时候都没有表示过全人类利益胜于工人阶级……"非意识形态化"现在只能有一种结果，使社会主义利益、目标和价值成为资产阶级的牺牲品，难道民主、自由和正义能够在某种社会制度以外存在吗？在当代世界中除了社会主义和资本主义外不存在其他社会制度"。①

利加乔夫与谢瓦尔德纳泽和雅科夫列夫的争论表明，苏联最高决策层的外交战略方面存在着不同的看法和深刻的分歧。

让步

根据"新思维"，1988年2月，戈尔巴乔夫在中央全会上表示，苏联以"利益平衡"和同等安全构想来对抗作为实力地位政策基础的黩武主义理论。他强调新思维的中心环节是全人类价值的新的作用，他强调要放弃国家关系中的意识形态化。接着，他宣布苏联将从阿富汗撤军，具体实施协议将在4月份出台。过去苏联一直拒绝与美国讨论人权问题，但到1988年苏联准备就人权问题与美国进行认真对话，列入两国的谈判议程。面对苏联外交政策的大幅度调整，美国有些力不从心，不知道苏联的外交举措是真诚的还是在玩花样。但是，苏联从阿富汗撤军使美国感到苏联的外交政策确实在改变。戈尔巴乔夫还觉得不够，苏联的外交要作更大的调整。1988年12月，戈尔巴乔夫在联合国大会上宣布，苏联单方面削减苏联军队。其实，戈尔巴乔夫这样做曾经遭到了军方的反对，苏军总参谋长阿赫罗梅耶夫等人坚持要与美国进行谈判之后，再决定裁军问题，而且要与美国对等裁军。但戈尔巴乔夫否定了这个建议，决定向美国人让步。他的这个举动不是一时的心血来潮，而是贯彻其外交"新思维"的一个组成部分。同时，戈尔巴乔夫还强调各国有权做出自由选择，他曾经表示："选择的自由是条普遍的原则，它不应该有任何例外。"② 联系到当时东欧

---

① 《真理报》1991年2月4日。
② 《戈尔巴乔夫言论集》，莫斯科政治文献出版社1990年版，第188页。

的形势，敏感的外交官马上感到东欧即将要发生重大的政治事情。

　　戈尔巴乔夫越来越独断外交事务，他常常绕过苏共和苏联正常的外交决策渠道和决策机构，越来越将自己的决策兴奋点移向国际事务。由于好大喜功，再加上喜欢国际舆论，尤其是西方舆论的赞扬和吹捧，这位超级大国的最高领导人经常处于头脑发昏状态，后期因自己的国内政绩不佳，他更愿意会见外国客人，更愿意倾听西方领导人的恭维和夸奖，而不愿意聆听国内的批评意见。由于缺乏外交谈判经验和不依赖外交专家，戈尔巴乔夫向西方作出的让步不仅危害了苏联自身的国家利益，而且也造成了世界格局朝着有利于美国方向倾斜。西方领导人经常利用戈尔巴乔夫随机应变和不成熟的弱点利用谈判智取苏联，取得了原来根本不敢想象的有利于西方的成果。在军备谈判、东欧剧变、德国问题、海湾危机等问题上，西方都得到了苏联慷慨的让步和妥协。不能说是西方牵了苏联的鼻子走，实际上是戈尔巴乔夫主动作出这些让步的，就连西方领导人都感到惊讶和不解。苏联的外交在戈尔巴乔夫和谢瓦尔德纳泽的领导下朝着变形的方向发展。

第二节　对美政策的重大变化

苏美高层互访不断

　　中导条约签署后，苏美关系发展到了新阶段。1988年1月1日，戈尔巴乔夫向美国人民发表新年祝词。5月28日，苏联最高苏维埃主席团举行会议，批准了1987年12月8日在华盛顿签署的苏美中导条约。5月29日—6月2日，美国总统里根访苏，与戈尔巴乔夫在莫斯科举行会晤，这是苏美关系发展的另一个重要阶段。苏美首脑讨论了两国关系、国际问题、地区性冲突问题以及裁减军备、削减和限制进攻性战略武器、禁止化学武器、人权等问题。苏美还签署了有关军备控制和双边关系的9个协定，互换了苏美中导条约批准书，使该条约生效。里根总统在莫斯科给苏联人上了一次"人权"课。他利用人权问题向苏联领导人施加了很大的压力。许多苏联持不同政见者被邀请到美国使馆赴宴。在苏联最高级会晤联合声明中双方表示，莫斯科首脑会晤是在为苏美关系打下有效而牢固基础的过程中迈出了重要一步，尽管在一些重要问题上存在严重分歧，但两国间业已形成的公开对话对克服分歧具有决定性意义。声明强调，在核战争中不会有胜利者，双方决心防止苏美间发生任何战争，都不谋求取得军事优势。

1988年以后，苏美高层互访接连不断。1988年2月21—22日，美国国务卿舒尔茨访苏，同戈尔巴乔夫、部长会议主席雷日科夫、外长谢瓦尔德纳泽等举行了会谈，主要讨论内容包括苏美争执关系和经济贸易合作、核裁军问题以及近东局势、两伊冲突和阿富汗等地区性冲突问题。7月6日，苏军总参谋长阿赫罗梅耶夫访美，与美军参谋长联席会议克罗海军上将讨论了双方的军事理论、军事方面的接触、防止苏美武装力量之间发生危险事故和裁军等问题。8月1—4日，美国国防部长卡卢奇访问苏联，他是有史以来第一次访问苏联的美国国防部长。苏联最高苏维埃主席团主席葛罗米柯和苏联国防部长亚佐夫会见了卡卢奇。卡卢奇还参观了苏联一些保密的军事设施和绝密的"海盗旗"式最新式战略核轰炸机。1989年5月10—11日，美国国务卿贝克访苏。苏联外长谢瓦尔德纳泽会见了贝克，并就裁军、苏美关系和某些国际问题举行了讨论。戈尔巴乔夫在会见贝克时表示，他对两国外长商定在1989年6月恢复战略武器的谈判感到满意。他建议贝克着手研究关于监督停止生产所有武器裂变材料的双边协定。他还强调，苏联准备在对等的基础上停止任何核爆炸。贝克表示，苏联的改革为苏美稳定和富有成果的关系开辟了更多的可能性。1989年9月21—25日，苏联外长谢瓦尔德纳泽访问美国，同美国国务卿贝克举行了会晤。这次会晤十分重要，苏联在军控问题上做出了一系列重大让步，例如不再坚持将削减核武器的谈判与反导弹防御问题联系起来；将海基巡航导弹问题作为单独的问题处理；机动洲际导弹可以不受限制；等等。由于苏联作出这些重大让步，这次苏美外长会晤在双方争论已久的裁军问题上取得了突破。这次会晤还有一个特点，那就是两国外长就苏联国内局势深入地交换了意见，这在以前是不可想象的。这次会晤标志着苏美关系进入了新的阶段，正如两国外长在声明中所阐述的，两国共同的目标是建立一种更为稳定的建设性的持久关系，这种关系的性质是开放性和合作取代不信任和竞争。至此，苏美关系进入了"密切合作"的新阶段。

新建议、履行中导条约和不大不小的摩擦

与此同时，苏联接连不断地提出外交新建议，令人眼花缭乱。例如，1988年1月13日，苏军总参谋长发言人列别杰夫少将提出缓和北极地区

紧张局势的 6 点建议。他表示，北极已成为华约和北约最强大的海空军集群对抗的地区，而且对抗的危险越来越大，因此苏联建议同北欧各国一起共同讨论采取信任措施的问题。① 2 月 22 日，苏联国防部长亚佐夫在苏联建军节庆祝集会上表示，苏美之间、华约和北约之间的军事战略平衡具有真正历史性的意义。3 月 11 日，戈尔巴乔夫在莫斯科会见美国参议员克兰斯顿时表示，苏联仍然坚持把削减进攻性战略武器与遵守 1972 年的反导弹防御条约直接联系起来的立场。4 月 25 日，苏联海军总司令切尔纳温建议把苏美在地中海的海军力量冻结在各 15 艘军舰和 10 艘供给船的水平。他表示，在苏美达成冻结后，其他非地中海国家的舰队不得增加军舰和加强在地中海的基础设施。6 月 7 日，苏联外长谢瓦尔德纳泽在纽约表示，苏联在裁军问题上提出了 7 点建议，其中包括继续消除核武器的进程，禁止和着手消除化学武器，大幅度削减军队和常规武器，消除在外国土地上的所有军事基地，把部署在别国的军队撤回本国境内等。1988 年 12 月 7 日；戈尔巴乔夫在联合国大会上就裁军等问题提出重大建议。他宣布，苏联在今后两年内将单方面裁军 50 万，常规武器的数量也将大大减少。

为履行中导条约，苏联开始销毁中程导弹的进程。1988 年 7 月 22 日，苏联在伏尔加格勒的卡普斯廷一亚尔导弹发射场销毁了第一枚 SS—20 中程导弹。8 月 1 日，在哈萨克的萨雷奥泽克军用试验场，苏联销毁了第一批共 4 枚短程导弹。从此，除星期六和星期天外，此处每天将销毁 4—8 枚 SS—20 和 SS—23 中短程导弹，一年半内全部销毁苏联的 926 枚中短程导弹。8 月 8 日，苏联在乌克兰西部罗夫诺州的一个军事基地开始销毁 SS—20 导弹的发射装置以及用来运输和装卸该导弹的运输工具。美国核查人员现场监督。1989 年 1 月 8 日，苏联外长谢瓦尔德纳泽在巴黎召开的关于禁止化学武器的国际会议上表示，在过去的两年中，苏联对化学武器的立场发生了根本变化：从生产化学武器到完全放弃生产这种武器；从不谈现有储备的数量到公布有关材料；从努力把企业和仓库隐蔽起来到同意全面开放并邀请外国观察员观看销毁化学武器的进程。他呼吁所有国家停止生产化学武器。同一天，他还会见了美国国务卿舒尔茨。双方表示苏美两国关系已经大大改善。

当然，这时期苏美关系中仍然存在着讨价还价的现象和不和谐的声

---

① 《莫斯科新闻》1988 年 1 月 13 日。

音。1988年1月15日，戈尔巴乔夫会见莫斯科参加"人类生存和发展国际基金会"成立大会的该组织领导成员时表示，西方如果把军备竞赛转向太空，就会破坏稳定。不能在一些领域搞裁军，而在另一些领域搞军备竞赛。他认为苏联主张不要降低裁军速度。在消除中导谈判的过程中苏联显示了建设性的态度，在进攻性战略导弹问题谈判期间苏联需要更大的灵活性和建设性。1月19日，苏联外交部发言人格拉西莫夫宣布，苏联在苏美核武器和太空武器谈判中提出了"苏美削减和限制进攻性战略武器条约议定书"草案。2月13日，苏联外交部发言人说，美国海军的"卡伦"号驱逐舰和"约克敦"号巡洋舰12日在克里米亚南部海域侵犯了苏联海域，并与苏联军舰相撞。苏联对此向美国提出强烈抗议。2月16日，立陶宛官方代表正式向美国驻苏联大使马特洛克递交抗议美国干涉立陶宛内部事务的文件，并希望他转交给美国领导人和议员，但美国大使马特洛克拒绝会见这些代表。1989年5月5日，戈尔巴乔夫在会见日本外相宇野时对其明确提出北方领土问题表示惊奇。他向宇野提出了两个问题：苏联在东部降低军事潜力水平，而日美却为何在增加军事潜力？日美为何对苏联的良好愿望非常冷淡？日本外相宇野没有正面回答他的问题。

认同西方价值观

到1990年，苏联的局势发生了巨大的变化。随着苏联国内全面危机局面的出现，苏联越来越倒向以美国为首的阵营。这种"倒向"是自然而然出现的，中间没有出现什么大的障碍，因为新思维的贯彻使苏联最高决策层对西方的价值观有了全面的认同。戈尔巴乔夫在阐述"民主"、"自由"、"人权"、"全人类的利益"等方面，比布什总统还在行，比密特朗还深刻，比撒切尔夫人还动听。外交历来与国内政策有很大关系。由于苏联国内危机的出现，更由于以美国为首的西方国家教训了伊拉克，这使苏联最高领导人产生了幻觉，似乎美国对苏联在"民主道路"上的跃进负有道义上的责任和经济援助的义务。戈尔巴乔夫的逻辑就是，改变苏联不仅是苏联本国的事情，而且是西方世界的事情。因为苏联是一个恶魔，曾经严重威胁着世界，现在西方国家应该利用这个机会，帮助戈尔巴乔夫的民主派们改造苏联，使其洗心革面，成为西方国家的伙伴。面对西方国家的犹豫和援助迟缓，戈尔巴乔夫不惜一切代价，使苏联的改革方针最大限度地迎合西方的口味和要求，就连经济改革的方案也去征求美国人的意见，将其改革与"七国"援助挂起钩来。这就更使苏联的局势处于动荡状态。面对国内日益增长的不满情绪，戈尔巴乔夫手中只有一张外交牌可以"压服"同胞们。

美国对苏政策的调整

美国的战略意图就是要苏联朝着有利于美国的方向发展。在1990年以前，美国一直对苏联的改革持怀疑和观望态度，他们的最大目的就是实行"遏制"苏联的外交政策，阻止苏联挂着微笑的面孔推行静悄悄的扩张。在"遏制"的基础上最大限度地促使苏联发生变化，尤其是最大限度地促使苏联发生制度性的变化。1989年1月，美国总统布什就职。布什就任后马上将里根总统的外交政策班子全部换掉，对美国与苏联的关系进行评估，对戈尔巴乔夫的外交新思维表示怀疑。美国的这些变化引起了戈尔巴乔夫和谢瓦尔德纳泽的不安，他们摸不透布什的底牌。戈尔巴乔夫甚至对美国驻苏大使说，他目前正处于"一段非常复杂而又艰难的时期"，遇到了强大的阻力。他希望美国方面支持苏联的改革，"体谅"他的苦衷，少说些对莫斯科不利的话。这时期布什对苏政策存在着摇摆情况。布什班子甚至接受了基辛格的建议准备与苏联讨论东欧可能出现的危机问题，但在最后一刻取消了这个构想。

1989年是一个十分关键的年份，东欧国家的剧变，极大地鼓舞了西方政治家们，他们看到了东欧社会主义国家的脆弱。所以在东欧得手后，西方的政治家们就将目光不约而同地移向苏联，指望"奇迹"再度发生。1989年3月13日，美国安全委员会在一份秘密文件中表示，美国不要过重于支持戈尔巴乔夫个人，而应该同整个苏联打交道，推动苏联向美国所预想的方向改革。看来，美国对苏联有一套战略设想，而苏联对美国意图就是希望借助于美国的经济实力使苏联国家走出经济困境。美国驻苏大使马特洛克表示："我在1989年年初作形势回顾时，曾得出如下结论：这一年可为美国对正在演变的苏联体制施加影响提供绝佳机会。我们的政策已经成功地使诸如人权和新闻自由成为苏联议事日程的内容；现在是我们施加经济影响的时候了。我们要摈弃以前在冷战时期采取的经济制裁和惩罚措施，代之以支持行动，把苏联带进一个民主自由的社会，使它成为一个合作伙伴。"这位美国大使判断道："在经济领域美国采取更加主动的政策会加速苏联朝着符合我们利益的方向发展。"[1]

---

[1] 《苏联解体亲历记》（上），第205、206页。

布什总统感到美国的机会到来了，他改变了里根的"遏制"政策，提出了"超越遏制"的政策，经过一系列的论证和分析后，布什总统认为，苏联的变革符合美国的利益，因而他表示支持苏联的改革进程。1989年5月，布什总统在得克萨斯州农业和机械大学发表讲话，第一次明确阐述美国对苏政策的基本构想，提出了对苏联实施"超越遏制"的战略。在布什总统看来，美国多年来实行的"遏制"苏联的政策取得了成功，今后针对苏联国内所出现的重大变化，美国不仅继续遏制苏联的扩张主义，而且还应当鼓励苏联朝着一个开放社会的方向演进，美国的目标是欢迎苏联回到世界秩序中来。为实施"超越遏制"战略，布什总统提出应当促使苏联采取以下步骤：

△减少军事力量；

△放弃勃列日涅夫主义，保证中东欧国家自决；

△同西方国家合作，共同解决全世界争端；

△实现持久的政治多元化，尊重人权；

△与美国共同制止世界范围内的紧迫问题，如毒品走私、环境污染等。

1990年3月，美国国会提出的《国家安全战略报告》中明确表示，期望苏联的体制和做法发生根本性的变化。1990年10月，美国国务卿贝克几次发表有关对苏政策的讲话，例如10月16日贝克在纽约对外政策协会发表的《互利点：苏联的改革和美国对外政策》的讲演中表示，美苏关系的前景比以往任何时候都光明。他还明确表示，美国支持苏联的改革，希望苏联的改革取得成功，因为一个民主的苏联符合美国的利益。他还表示，美苏关系将是新型的互利合作关系。

美国的和平演变战略与戈尔巴乔夫的对西方价值观的认同结合起来了，这就使美国越来越多介入苏联的内部事务，影响苏联局势的发展进程，如在立陶宛事件中，在经济改革的方案的选择中，在舆论导向等问题上都明显地表现出美国影响的痕迹。在对外关系上，苏联跟在美国后面亦步亦趋，遥相呼应，成为名副其实的伙伴。在处理东欧剧变、德国统一等问题上美国对苏联的表现比较满意。

从马耳他会晤到华盛顿会晤

面对东欧事变的发展，面对苏联国内日益恶化的局势，戈尔巴乔夫最大限度地迎合西方国家，其目的就是希望"七国"在苏联危机时刻给予积极的、大规模的经济援助,支持苏联渡过经济难关。美国也准备利用这个机会,与苏联讨论剧变的世界格局,促使局面朝着有利于美国的方向发展。正是在这种背景下,戈尔巴乔夫和布什在马耳他举行会晤。

1989年12月2日至3日,戈尔巴乔夫与美国总统布什在马耳他举行了最高级会谈。他们就裁军问题、国际上的一些热点问题进行了交谈,并讨论了戈尔巴乔夫提出的关于1990年提前召开欧安会首脑会议的建议。双方都强调,苏美不再以对方为敌,苏美进入了互利和合作的新时代,而不再是竞争的旧时代。布什向戈尔巴乔夫提出了德国统一问题,戈尔巴乔夫用极其含糊的语言敷衍过去。他坚持一个全部欧洲进程和建设一个"共同的欧洲之家"。不过,戈尔巴乔夫坚持德国统一应该是欧洲大气候根本转变的一个成果和产物,欧洲大气候根本转变的一个标志就是首先使北约和华约从军事组织转向政治组织,并且最终解散这两个组织。从这里可以看出,戈尔巴乔夫将德国统一问题与欧洲安全问题联系在一起考虑。戈尔巴乔夫与布什的这次会谈主要是希望能够得到西方大规模的经济援助。因为在马耳他会谈以前谢瓦尔德纳泽向戈尔巴乔夫提交的一份外交备忘录中说,他不知布什是否能够积极支持苏联的经济改革。这种疑问是戈尔巴乔夫的一块,心病。戈尔巴乔夫与布什会谈的主要目的就是要求布什公开承认并支持苏联的改革。在他看来,苏联的改革符合苏美两国的利益。但在马耳他,布什总统只是泛泛地表示支持苏联的经济改革,同意给予苏联以最惠国待遇和支持苏联以"观察员身份"加入关税及贸易总协定。这样,这次会晤就有了一个突出的特点,那就是在苏美首脑会晤的历史上第一次讨论苏联国内局势。总的看来,这次苏美首脑会晤对苏美关系的发展具有十分重要的意义,可以说具有标志性的意义。戈尔巴乔夫对这次会晤的评价是,冷战时代已经彻底过去,它已让位于新时代;布什总统也表示,美苏关系进入了崭新时代。这次会晤标志着苏联争霸世界的冷战格局开始瓦解。

尽管苏美关系进入了"合作"时代,但双方在立陶宛和德国统一等问题上出现了一系列分歧。关于德国统一问题的分歧我们将在有关东欧事变的章节里阐述。1990年,苏联国内的局势出现了巨大的变化,立陶宛局势动荡,苏联准备采取强力措施,要求外国记者离开立陶宛。美国向苏联提出了抗议。美国政府表示不能容忍苏联对立陶宛动武,否则会严重影响美苏关系。1990年3月26日,苏联最高苏维埃联盟委员会主席叶夫根尼·普里马科夫在宴请美国代表团时,美国驻苏大使马特洛克向普里马科夫阐述苏联政府与立陶宛当局谈判的必要性。普里马科夫表示,与立陶宛谈判是不可能的,但如果立陶宛改变策略,进行讨论是可以的。马特洛克问普里马科夫"谈判"和"讨论"之间有什么差别?普里马科夫反问马特洛克,美国总统是否会与国内的其他政治集团谈判?马特洛克作了肯定的回答。普里马科夫说:"但是,他不会与要求独立的州长谈判。"马特洛克表示:可能不会,"但是我们的宪法并没有赋予各州脱离联邦的权利。"普里马科夫表示:"我们的加盟共和国有权脱离联盟,但它们必须依法行事。"不过,普里马科夫向美国方面保证,苏联不会使用武力解决立陶宛问题。① 4月12日,戈尔巴乔夫会见美参议院议员时表示,立陶宛领导通过一项项违法法令,使采取政治解决的余地越来越小。他警告美国应该避免教训人,否则会影响苏美关系。看来,在立陶宛问题上苏美分歧很大。1990年5月16—19日,苏美外长进行会谈。双方在限制战略武器的关键问题上达成一致意见。在欧洲撤回军事力量和德国统一后加入北约问题上没有达成一致意见。

在出现这些矛盾的情况下,戈尔巴乔夫急于会见布什总统。1990年5月31日—6月1日,戈尔巴乔夫访美。两国首脑在华盛顿举行会晤。这次会晤的主要特点是,戈尔巴乔夫和布什都强调苏美关系存在分歧,但这些分歧并不妨碍苏美关系进入崭新的合作时代,双方都彼此尊重和互相谅解。戈尔巴乔夫强调,苏美关系已经具有稳定性,并且前景越来越光明。戈尔巴乔夫警告美国不要竭力把自己的民主制度强加给苏联。会谈后,戈尔巴乔夫和布什签署了战略武器条约声明和一系列协议。这次会晤明显地表现出苏联地位的虚弱。在苏美首脑会晤中,苏联的处境越来越不利,越来越处在次要和从属的地位。

1990年9月13日,戈尔巴乔夫在莫斯科会见美国国务卿贝克、商务部长莫斯巴赫和美国经贸代表团。他表示,苏联不能忽视美国发展经济的经验。他们还讨论于苏美具体的经济合作方案。1991年3月14—16日,美国国务卿贝克访苏。戈尔巴乔夫对他表示,苏联对苏美关系的态度没有任何改变,他始终不渝地忠于既定方针,既不打算改变自己的观点,也不打算改变自己的信仰。4月16—19日,戈尔巴乔夫访问日本,这是苏联

---

① 《苏联解体亲历记》(上),第398页。

国家元首在两国关系史上首次访问日本。尽管两国首脑发表了联合声明，但在北方领土问题上没有取得任何进展。戈尔巴乔夫此次访问日本成果有限。4月19—20日，戈尔巴乔夫还访问了韩国。

第三节　对海湾危机的态度

苏美赫尔辛基会谈

中东地区是苏美争夺的重要地区，伊拉克曾经是苏联的传统的友好国家。戈尔巴乔夫上台后，苏联与伊拉克的关系继续保持良好关系。1985年12月16日，伊拉克总统萨达姆·侯赛因访苏。戈尔巴乔夫和葛罗米柯会见了萨达姆总统。1986年苏联外长谢瓦尔德纳泽会见伊拉克外长阿齐兹时表示，苏联主张尽快通过谈判解决两伊冲突，不允许帝国主义利用这场冲突。

但是，随着苏联的虚弱和战略方针的改变，苏联对中东地区的政策也发生了变化。1990年8月2日，伊拉克大规模侵入科威特，从而造成了严重的海湾危机。苏美政府第一次采取联合行动，共同一致地解决地区冲突问题。苏美发表声明，谴责伊拉克侵入科威特。1990年9月9日，苏美首脑在芬兰首都赫尔辛基举行会晤，重点讨论海湾危机问题。会晤之后，发表了苏美首脑联合声明，两国表示深信，不能容忍伊拉克的侵略行为，如果面积比较大的国家可以吞并面积比较小的自己的邻国，那就不可能有任何和平的国际秩序。戈尔巴乔夫在记者招待会上表示，同美国总统7个小时的会谈主要是为了寻求波斯湾冲突的政治解决途径。他说，布什总统已经向他保证，美国不打算在伊拉克对科威特的侵略引起的危机得到解决之后把军队留在波斯湾地区。戈尔巴乔夫还表示，苏联正在同伊拉克领导人讨论局势发展的各种方案。他表示，虽然对话十分激烈，但苏联认为继续进行对话是有益的，也不能排除在各种级别上进行新的接触和会晤。他说，以前苏联和伊拉克之间的联系性质可以使人们抱有这样的希望：能够进行这种联系，会有益于寻求问题的和平解决。而布什总统则表示，赫尔辛基会晤标志着苏美伙伴关系的开始。

戈尔巴乔夫的斡旋行动

海湾危机给戈尔巴乔夫提供了施展外交才能的时机。他积极投入精力促使危机和平解决。1990年10月5日，苏联外长谢瓦尔德纳泽在苏联议会作外交政策报告。他表示，在海湾危机问题上苏联没有参加军事行动的任何计划和打算。苏联的原则性方针是，在《联合国宪章》法律基础上，通过集体努力来维护世界公正的法律秩序。他认为，不管苏联愿意与否，在某种情况下为维护世界上的法律，联合国有可能使用有法律根据的武力。10月5日，戈尔巴乔夫派总统特使普里马科夫访问伊拉克，同萨达姆总统就海湾危机问题举行会谈。普里马科夫向萨达姆总统转交了戈尔巴乔夫的信件。10月16—17日，苏联总统特使普里马科夫出访意大利、法国、美国、英国，谋求海湾危机的政治解决。1991年元旦，苏美首脑互致问候。海湾战争前夕，苏联最高苏维埃通过关于海湾局势的决定，呼吁各方继续努力寻求危机的政治解决方案。1月18日，戈尔巴乔夫同美国、法国、德国领导人通过热线电话就海湾战争交换意见。1991年1月31日，苏联新外长别斯梅尔特内赫在回答《真理报》和塔斯社记者问时表示，美国无疑在苏联的外交政策中占据中心位置，但不能凌驾于其他国家之上。苏美关系已经达到信任和坦诚的水平。但不能排除苏美关系倒退的可能性，但是现在有充分机会使世界关系、包括苏美关系走上崭新阶段。他还表示，在解决地区冲突和海湾战争问题上，不能把所有希望都寄托在苏美身上，不应该说一切事情都取决于苏美。他表示要加强联合国的作用。1991年2月9日，戈尔巴乔夫就海湾局势发表声明，警告海湾战争有可能超越联合国决议的限制。2月14日，苏联外交部新闻局局长丘尔金在新闻发布会上表示，对伊拉克使用武力符合联合国安理会第678号决议，虽然军事行动是任何人都不喜欢的。但2月15日，苏联《消息报》在一篇文章中谴责海湾战争，认为"沙漠风暴"是"沙漠大屠杀"，而苏联站在凶手一边。

戈尔巴乔夫的"和平"计划

戈尔巴乔夫谋求通过和平手段解决海湾危机。2月18日，戈尔巴乔夫在莫斯科会见了伊拉克外长阿齐兹，提出政治解决海湾危机的具体计划，要点是：第一，为迅速实现和平，伊拉克不加任何先决条件地从科威特撤军；第二，苏联支持保持伊拉克的国家结构和边境；第三，苏联反对针对伊拉克的所有制裁，包括针对萨达姆·侯赛因本人的任何惩罚性行动；第四，所有其他问题，如巴勒斯坦问题，将通过谈判解决。美国和英国拒绝苏联的建议，法国不置可否，日本表示欢迎。戈尔巴乔夫的"和平计划"旨在防止美国在海湾全面取得胜利，另一方面也希望通过这种方法将伊拉克等国家拉回到苏联一边，赢得外交上的主动。2月19日，苏联外长别斯梅尔特内赫在苏联最高苏维埃会议上通报海湾危机问题，他表示苏联对海湾危机的立场不存在双重标准。2月22日，苏联外长别斯梅尔特内赫和伊拉克外长举行会谈，达成解决海湾危机的6点方案，即伊拉克同意执行联合国安理会第660号决议，立即五条件的从科威特撤回到1990年8月1日所在的阵地，撤军将在21天之内完成等。同一天，戈尔巴乔夫向美国总统布什电话通报伊拉克答应从科威特撤军的情况。但布什对伊拉克撤军期限过长表示不满。2月24日，美国开始对伊拉克实施地面战争，伊拉克溃不成军。戈尔巴乔夫"和平计划"流产。特别值得注意的是，苏联出现了不同的声音。苏联副总统亚纳耶夫指责美国发动战争，主张"和平"解决问题，这是戈尔巴乔夫的一贯观点。然而，戈尔巴乔夫的态度来了180度大转弯，他一方面对美军投入地面战争表示"遗憾"，另一方面又表示不反对多国部队投入地面战斗。戈尔巴乔夫还给布什总统通电表示，任何事情都不能破坏苏美两国领导人作出的改善关系的选择。戈尔巴乔夫还指示外交部在联合国同美国一起提出安理会第686号决议案，宣布尽管伊拉克已经撤出科威特，但安理会有关伊拉克的决议一律继续有效。戈尔巴乔夫的态度变化不仅使苏联国内都感到惊奇，而且美国也感到惊讶。2月28日，苏联总统新闻处主任伊格纳坚科表示，在美国总统布什宣布决定停止海湾战争以后，苏美关系进入了真正的新纪元。他认为，在海湾危机期间，苏美关系经受住了各种考验。苏美关系是建立在信任基础上的。

第四节　苏美关系出现波动

自1990年底，苏美关系出现波动。这个波动期正好与戈尔巴乔夫改变国内政策曲线相一致。1990年底，戈尔巴乔夫实行强硬政策，力图控制国内危机状态，引起国内"激进派"和"民主派"的强烈不满，同时也引起了苏美关系的波动。美国认为苏联有可能改变既定方针，这不符合美国的战略利益。美国还认为，戈尔巴乔夫经不住苏联传统派的压力，屈从于传统政治势力的威胁，这可能影响美苏合作前景，所以，美国在一系列问题上与苏联发生了分歧。这些分歧主要表现在以下几个方面——

1. 苏联对波罗的海的军事行动遭到美国强烈攻击，导致两国关系出现某种程度的紧张。由于戈尔巴乔夫竭力与美国建立合作关系和伙伴关系，所以，他追求与美国的全面合作和沟通，这种合作和沟通甚至涉及苏联国内事务。在这种情况下，美国乘机越来越多地介入苏联国内事务，支持波罗的海独立运动，支持苏联国内激进政治势力的夺权行动。戈尔巴乔夫在外交上过于依靠美国，越过有关国家安全利益和民族利益的界限之后，必然使自己受制于美国，这不仅在外交方面处处听从美国的意见，而且就连苏联国内事务也必须考虑美国的想法，看美国人脸色。由于美国的介入，苏联国内政治局势更加动荡。戈尔巴乔夫改变政策，不符合美国的利益，于是，美国就准备给苏联一点"颜色"看看。可见，苏美关系出现波动主要由美国引起。而美国对苏联的批评和干涉反过来又引起苏联国内一些政治势力的强烈反应。苏联强力部门首脑纷纷反击美国，反对美国对苏联施加压力，企图推翻苏联社会制度。

2. 如上所述，海湾战争开始后，苏联开始同美国的政策拉开了距离，不断警告美国不要"越线"。戈尔巴乔夫提出一系列和平建议和方案，派特使与萨达姆举行一系列会谈，这引起了美国政府的不满和反感。美国政府认为，苏联此举旨在破坏美国在中东的战略利益，旨在保留萨达姆政权并同美国争夺在中东的战略利益。美国国家安全事务助理斯考克罗夫特1991年2月24日明确表示，苏联在中东的目的与美国的完全不同。而苏联通过媒介则表示，美国对伊拉克动武，是为了彻底消灭伊拉克的军事实力和国家政权，确保美国在海湾战争后优先安排中东格局的特权地位。这样，苏美在海湾危机初期的合作态势变为相互指责，出现了利益上的冲突。

3. 在裁军领域也出现了问题。1990年11月，苏美等22个国家签署了大规模削减欧洲常规军备条约。这是一个十分重要的条约。苏美首脑都对此给予高度评价。但是，美国很快就向苏联发难，指责苏联具有欺骗行为，其主要理由是：第一，将7万件常规武器移至远东地区，不符合条约规定；第二，将陆军三个师改编为苏联海军，以便"蒙蔽"美国。苏联不得不进行"解释"：第一，苏联没有将美国所指出的常规武器移至远东地区，这是无稽之谈；第二，苏联将陆军的三个师改编为海军建制，目的是加强苏联海岸护卫。因为美国把海军排除在军控谈判之外，力图保持海上优势，苏联处于不对等的处境，不得不这样做，况且，这三个师是在条约签署之前完成的，谈不上"违背"条约问题。美国对苏联的"解释"十分不满。布什政府开始对苏联施加强大的压力，美国国务卿贝克甚至要求国会推迟批准大规模削减欧洲军备条约，美国政府还作出决定，放慢美苏关于削减战略武器的谈判。

因上述种种原因，苏美关系出现了波动。美国总统布什推迟了1991年2月访问莫斯科的计划，不准备在当时的气氛下举行美苏首脑会晤。戈尔巴乔夫多次通过各种方式向美国政府和布什总统解释苏联当局遏制危机的构想，希望得到美国的"理解"和支持。但是，布什总统又一次提出对苏联政策进行重新认定，美国看到了戈尔巴乔夫地位越来越虚弱，看到苏联局势越来越失控，所以，美国当局一方面希望苏联能够朝着美国所设想的目标行进，另一方面不希望苏联局势彻底失控。布什总统的基本做法是，采取双管齐下的外交策略，即一方面继续保持同戈尔巴乔夫的联盟政府的联系，另一方面积极开展与各主权共和国的联系。美国的政策使戈尔巴乔夫感到十分不满，1991年5月5日，他在会见默多克时表示，美国正在改变对苏政策，这使他感到不安。①

随着戈尔巴乔夫再次改变国内政策，随着"9＋1"进程的开始，美国逐渐改变对苏政策，继续推进对苏关系。布什总统多次通过热线电话向戈尔巴乔夫表示美国对苏政策没有改变。戈尔巴乔夫改变国内政策之后，又进一步主动调整同美政策。1991年6月1日，美国国务卿贝克与苏联外长别斯梅尔特内赫在葡萄牙首都里斯本会晤，苏联作出重大让步，同意执行大规模削减欧洲常规武器条约，苏美消除了这方面的分歧。与此同时，美国也向苏联作出了改善关系的姿态，6月3日，布什决定在贸易方面给予苏联以优惠待遇并提供贷款。苏美关系重新恢复到"伙伴"的水平上。

第五节　乞讨外交

向往参加西方七国首脑会议

苏联的经济危机日益加深，这使戈尔巴乔夫深感不安。他没有更好的办法使苏联走出经济危机。他开始乱了方寸，开始乱投医。但戈尔巴乔夫有一点是清楚的，他认为苏联的外交方面取得了重大的突破，与美国和其他西方国家建立了密切的关系；东欧剧变和德国统一都是在苏联理智的行动下实现的；冷战的结束也有苏联的巨大的功劳，美国和西方国家应该感

---

① 《真理报》1991年5月6日。

谢苏联,应该帮助苏联渡过经济难关。所以,戈尔巴乔夫对争取西方大规模的经济援助产生了浓厚的兴趣,认为这是医治苏联经济疾病的最直接、最有效的良方。戈尔巴乔夫显露出真正的"北极熊"的面目,那就是赤裸裸的利益交换,苏联认同西方的价值观,走西方认同的道路,西方国家就应该给予经济援助。美国驻苏大使马特洛克将戈尔巴乔夫的这一套称为"盲人的讹诈"。1991年,戈尔巴乔夫期待出席"七国首脑"会议。他多次让助手向西方各国作出暗示,最后,他忍耐不住,明确对来访的意大利总理表示,他希望参加七国首脑会议,对苏联至关重要的是,要尽可能争取在七国首脑会议上表明苏联的观点。什么观点,就是谋求对苏联经济援助的观点!1991年夏天,苏联经济显然呈现出强烈危机的景象。戈尔巴乔夫迫切需要一支遏制经济危机的"强心剂"。戈尔巴乔夫的理论是非常奇特的,他认为美国可以为了维护科威特的主权,不惜动用军队前去解救,花费了大量的钱财,那么,美国为什么不能支持和援助苏联,挽救苏联摇摇欲坠的经济体系呢?戈尔巴乔夫期待着参加七国首脑会议,成为大国俱乐部中的第8个成员国。戈尔巴乔夫经常给七国首脑打电话,商谈他去参加会议的可能性。七国首脑对是否同意戈尔巴乔夫参加这次会议意见不一,同时他们非常明确地表示,这些国家不会给予苏联所希望的大规模经济援助。他们强调西方国家很难说服本国民众,拿出如此之多的钱财援助苏联。但是,鉴于戈尔巴乔夫的国内的艰难处境,最后,七国首脑同意戈尔巴乔夫参加会议,但他必须向会议提出一份非常完整的向市场经济过渡的纲领和方案。布什总统点名要亚夫林斯基参加会议,并表示对亚夫林斯基的经济改革方案感兴趣。戈尔巴乔夫同意了布什的建议,并向布什表示,他马上派亚夫林斯基和普里马科夫去美国向布什汇报经济改革方案的起草情况。6月20日,戈尔巴乔夫会见欧共体主席德洛尔,提出西方在互利合作范围内支持苏联改革的可能性。德洛尔表示,他此行的目的是帮助实现欧共体援助苏联进行改革的计划。

1991年7月,英国前首相撒切尔夫人访苏,她表示西方社会应该拿出力量援助苏联。她在同美国驻苏联大使谈话时敦促美国要行动起来支援苏联。马特洛克表示苏联的经济条件很差,缺乏市场经济体制和条件,美国动用巨大的经济援助无疑会没有任何经济效果。撒切尔夫人批评他说话像个外交官,"你为什么不能像政治家一样考虑问题呢?我们需要一个政治决定来帮助这个转变过程,它对我们每个人都有重大的利害关系!"撒切尔夫人表示，帮助苏联转轨需要布什在保卫科威特时所表现出来的干劲，只有美国能够做到这一点。① 但是，戈尔巴乔夫并没有满足布什的要求，没有让亚夫林斯基参加首脑会议。

伦敦乞讨

1991年7月12日，戈尔巴乔夫在会见新闻界代表时表示，如果你们当中有人至今仍然以为戈尔巴乔夫去伦敦是为了在那里下跪恳求主要发达国家领导人救济，那就是不严肃的。7月17日，戈尔巴乔夫到伦敦参加西方首脑会议、谋求经济援助时，带去帕夫洛夫的反危机纲领和"哈佛计划"的"综合物"。戈尔巴乔夫又一次拿出了综合的本领。戈尔巴乔夫参加西方七国首脑会议，事先征求了9个共和国领导人的意见，得到支持。西方提出的"援助"条件是：（1）苏联朝着"民主"方向前进；（2）实行"市场经济"；（3）建立新的"世界安全秩序"。苏联对西方的要求是，加入国际货币基金组织和世界银行，取消关税壁垒，美国给予"最惠国待遇"，向苏联提供食品和药物。英国首相梅杰宣布了一项关于帮助苏联向市场经济过渡的6点计划。七国集团一致同意该计划。其要点是：

1. 同意苏联成为国际货币基金组织和世界银行的联系成员国；

2. 七国集团伙伴、国际货币基金组织、世界银行、经济合作与发展组织和欧洲复兴银行同苏联合作；

3. 在能源、军工企业转产、食品分配和核安全与运输方面向苏联提供技术援助；

4. 鼓励为苏联的商品和劳务开辟渠道；

5. 七国集团主席梅杰年底之前访问苏联；

6. 七国集团财长访问苏联，加强对话，进一步扩大接触。

戈尔巴乔夫在伦敦七国首脑会议上没有得到他所希望的一切，没有取得实际效果。七国首脑同意苏联成为世界货币基金组织及其世界银行的联系成员国，并责成这些组织协助苏联向市场经济过渡。戈尔巴乔夫对"联系成员国"不满意，他要求成为正式成员国。七国首脑最后同意了他的要求。在伦敦戈尔巴乔夫会见了美国总统布什。这次会谈戈尔巴乔夫显得十分愚蠢，他向布什提出了一个愚蠢的问题："美国到底希望苏联成为什么样子？只有得到了这个问题的答案，我们双边关系的许多问题才能明

---

① 《苏联解体亲历记》（上），第629页。

了。然而，剩下的时间不多了。"他抱怨美国等西方国家不愿意大规模地支持苏联渡过经济危机。据戈尔巴乔夫的助手切尔尼亚耶夫回忆，戈尔巴乔夫问布什想从苏联那里得到什么。"如果'七国'的朋友们在我们后来的会晤中告诉我：他们喜欢我目前所做的一切，愿意支持我，但开始时你必须'自作自受'一阵子，那么我必须告诉各位，其实我们在一个大家庭中。集中几百亿美元去解决一个地区冲突，这不奇怪吗？支持其他计划的钱会有的。但我们目前的问题是实施一项工程：改变苏联，赋予它新的性质，使它融入世界经济，它将不再是一般破坏性力量，不再是威胁的根源。历史上还从没有过如此伟大而重要的使命！"切尔尼亚耶夫评论说，戈尔巴乔夫的长篇大论给布什留下了很大的阴影，这是一个绝望的人的哀叹。① 布什回到美国评价说："真是可笑。他一直善于推销自己，但这次却不是。我想，他真让人难以理解。"②

布什总统着眼于苏联加盟共和国

1991年7月29日，布什作为美国总统首次访问苏联。戈尔巴乔夫与布什总统举行了苏美首脑会晤。双方讨论了苏美经济关系问题、南斯拉夫局势、下一阶段裁军进程等。这次首脑会晤取得了成果：决定在解决中东问题方面采取共同行动，签署了美苏经济合作议定书等5个文件；签署《削减战略武器条约》。7月30日，布什在莫斯科国际关系学院发表演说。他表示，这次美苏首脑会晤标志着一个新的开端，美苏结束了一个相互为敌的漫长时代，建立一种新的伙伴关系和一种牢固的和平。布什在演说中还认为，美苏新伙伴关系仍然存在着障碍：第一，美国支持日本要求归还北方领土的争端，可能阻碍苏联与世界经济的结合；第二，关于波罗的海三国的前途问题也是一个难题，美国希望给这些国家的人民以"自由"；第三，古巴障碍依然存在，苏联没有必要向古巴提供数百万美元的军事援助；第四，苏联应该将军事机器向和平时期的编制转变，大幅度削减军事开支。

布什这次访问苏联有新的举动，那就是他除了会见戈尔巴乔夫之外，还会见了叶利钦。值得一提的是，叶利钦不愿意同戈尔巴乔夫一起并在苏联总统的领导下与布什会见，而是在克里姆林宫单独会见了布什，以表明

---

① 《跟随戈尔巴乔夫的六年》俄文版；第455—457页。
② 转引自《苏联解体亲历记》（上），第647页。

俄罗斯的独立性。哈萨克斯坦总统纳扎尔巴耶夫与叶利钦不同，他专程从阿拉木图赶到莫斯科会见布什。布什访问了乌克兰。正值苏联处于非常关键的时期，布什访问乌克兰是有其政治目的的。他单独会见了乌克兰首脑克拉夫丘克。会见时苏联副总统亚纳耶夫等苏联中央官员没有参加，会谈是用英语和乌克兰语进行的，美国俨然将乌克兰当作了一个独立的国家来看待，就连美国驻苏大使马特洛克都承认："我们已经有点出格了，以往的来访者从未像我们这样把乌克兰视为一个独立的主权国家。"① 不过，布什也警告乌克兰要将独立和民主分开考虑。它们不是一回事。从布什的举动可以看出，美国明显地实施双管齐下的政策，既与苏联中央打交道，也与各主权共和国打交道。

守摊外交

震惊世界的苏联"8·19"事件期间，西方国家一致对苏联紧急状态委员会表示谴责。19日，美国总统布什发表声明，谴责通过政变手段搞掉戈尔巴乔夫，宣布暂时停止美国对苏联的经济援助。接着，加拿大、日本、欧共体、德国、英国、法国等也发表了类似的声明，对苏联紧急状态委员会施加压力。21日，俄罗斯总统叶利钦与美国总统布什通话，通报苏联政变已经破产。布什赞扬叶利钦的"勇敢精神"。同一天，苏联外长别斯梅尔特内赫强调，苏联的外交政策方针不会改变，他还同美国国务卿贝克通话，表示维护苏美关系的积极成果。"8·19"事件之后，西方国家纷纷表示加强对苏联的经济援助，帮助苏联向市场经济和民主制度方面迈进。8月24日，俄罗斯外长科济列夫表示，俄罗斯应该建立新的外交方针。他认为，对于俄罗斯来说，西方民主国家和享有并捍卫自由和民主价值的东方国家是真正的朋友。俄罗斯的外交永远不会再是苏共的外交队伍。9月6日，叶利钦对美国电视观众发表讲话，他主张苏军逐步撤出古巴。戈尔巴乔夫完全支持叶利钦的这一立场，并强调苏联和古巴的关系现在正在变成另一种性质。10月5日，戈尔巴乔夫就布什的核裁军倡议作出7点正式答复：

1. 在战术核武器方面，销毁所有核炮弹药和战术导弹上的核弹头，取消各部队防空火箭上的核弹头，将其集中在各中央基地，销毁一部分核弹头，销毁一切核雷；拆除水面舰艇和多用途潜水艇上的全部战术核

---

① 《苏联解体亲历记》（下），第664页。

武器。

2. 苏联的重型轰炸机不再进行战斗值班，轰炸机上的核武器安放在军队仓库内；停止研制用于苏联重型轰炸机上的改进型短程核导弹；停止研制机动微型洲际弹道导弹等。

3. 在 7 年削减期满后，苏联战略核弹头的数量将不是条约所规定的 6000 个单位，而是 5000 个单位。

4. 从即日起，苏联单方面暂停核试验一年。

5. 苏联打算裁军 70 万人。

6. 等等。

10 月 30 日，中东和会在马德里开幕。戈尔巴乔夫和布什共同主持会议。但从会议的整个情况来看，苏联实际上充当了美国的外交的小伙伴。美国的意图是，利用苏联同叙利亚和巴解组织的关系，使会议的召开减少阻力；苏联则帮助美国开好这次会议以谋求美国的经济援助。

"8·19"事件之后，苏联国际空前虚弱。为挽救这一点，11 月 19 日，戈尔巴乔夫任命谢瓦尔德纳泽为苏联对外关系部部长，指望他能够重振苏联的国际地位。11 月 21 日，西方七国集团同苏联的八个共和国就苏联外债问题达成协议。七国集团同意苏联总额为 36 亿美元的中长期贷款债务的偿还期延迟到 1992 年 12 月 31 日。

但这时期，美国政府的外交政策出现了改变，更注重于与各主权共和国打交道。11 月 27 日，布什总统下令对美国政策做出重大转变，即从苏联中央政府转向各共和国。他表示，如果乌克兰 12 月 1 日的公民投票决定脱离莫斯科，美国就迅速承认其独立。28 日，苏联总统新闻处发表通告表示，苏联对美国承认乌克兰独立的消息感到"困惑不解"，特别是它出现在乌克兰全民投票前夕。30 日，戈尔巴乔夫打电话给布什总统，强调乌克兰的独立不是要脱离联盟。当独联体宣布成立后，美国立即宣布承认。

冷战格局的终结

1985 年戈尔巴乔夫上台后，苏联与美国关系发展迅速，最终导致冷战格局的终结。这是 20 世纪国际关系史上最具有历史意义的事件。雅尔塔体系的坍塌是在苏联出现激变形势的条件下发生的，没有苏联新思维和激进改革的促使，冷战格局不会发生如此之快的变化。可以这样说，苏联剧变是由内因引发的，苏联体制核心出现了"失去"动力问题，苏联模式陷入危机状态。而苏联模式迟迟没有进行改革，究其原因与苏联推行的国际霸权主义政策有密切联系。所以，苏联若进行改革必须改变争霸世界的总体战略，为改革创造一个宽松的国际环境。这是苏联一个最基本的战略考虑。与此同时，里根总统在第一任期推行遏制苏联的政策，准备将苏联"推回"到原有的势力范围。但因军事方面投入太多，美国经济出现了"吃不消"的情况，所以，里根总统在第二任期改变政策，主张与苏联缓和，在缓和中改变苏联，促使苏联自我改变。这样，苏美缓和关系就有了共同的需要。戈尔巴乔夫为推行自己的改革，特别需要东欧国家的配合。他希望东欧国家也出现苏联那样的改革浪潮，对东欧国家原有领导人的守旧表示不满。他多次访问东欧国家，希望这些国家也出现戈尔巴乔夫式的改革人物。但是，在苏美缓和的大的框架下，东欧一些国家的新任领导人看到了历史性摆脱苏联的时机正在出现，他们巧妙地将脱离苏联的行动转化为脱离苏联原有模式的束缚，利用戈尔巴乔夫希望东欧出现改革浪潮的心理，急剧改变政策，寄希望迅速变化，在苏联还没有反应过来之前，几步跨入西方阵营。所以说，冷战格局的终结是从苏联外圈开始的。东欧的剧变极大地影响了苏联国内政策，促使苏联国内政策更加激进，促使苏联各主权共和国独立情绪更加高涨。而苏联危机的全面爆发，导致苏联国力虚弱，有求于美国的地方越来越多，最后，苏联只好实行屈从于美国政策的方针，乞求美国给苏联急剧恶化的经济肌体上注射"经济援助"的强心剂。

冷战的终结有两个明显的特征：第一，是以苏联失去传统的政治势力范围为前提的，是以东欧剧变、苏联卫星国全面"坍塌"为特征的；第二，冷战格局的终结是以苏联全面认同西方价值观为前提的，苏联所追求的所谓"纯粹"的社会主义破产了，苏联模式遭到了历史性的失败。苏联经过几十年的积累和努力与美国形成了平起平坐的敌对战略均势，但一朝之间，两国由"敌手"变成了"伙伴"，这是历史性的激变和跨越。苏联在完成这次冒险的跨越过程中不仅失去了传统的战略空间，也使自身的存在成为历史的陈迹。

冷战格局的终结，说明了三个最基本的问题：一是苏联模式彻底失败；二是苏联霸权主义的战略彻底失败；三是超级大国主宰世界的时代一去不复返，世界多极化趋向正在向新世纪延伸。